A LIBRARY OF
DOCTORAL
DISSERTATIONS
IN SOCIAL SCIENCES IN CHINA

中国
社会科学
博士论文
文库

美国与印度尼西亚的政治转型

The U.S. and Indonesian Political Transformation

仇朝兵　著

导师　王缉思

中国社会科学出版社

图书在版编目（CIP）数据

美国与印度尼西亚的政治转型／仇朝兵著. —北京：中国社会科学
出版社，2022.3

（中国社会科学博士论文文库）

ISBN 978 – 7 – 5203 – 9869 – 5

Ⅰ. ①美…　Ⅱ. ①仇…　Ⅲ. ①美国对外政策—影响—民主—政治
制度—研究—印度尼西亚　Ⅳ. ①D871.20②D734.221

中国版本图书馆 CIP 数据核字（2022）第 045082 号

出　版　人	赵剑英
责任编辑	赵　丽
责任校对	王桂荣
责任印制	李寡寡

出　　　版	中国社会科学出版社
社　　　址	北京鼓楼西大街甲 158 号
邮　　　编	100720
网　　　址	http://www.csspw.cn
发　行　部	010 – 84083685
门　市　部	010 – 84029450
经　　　销	新华书店及其他书店

印　　　刷	北京明恒达印务有限公司
装　　　订	廊坊市广阳区广增装订厂
版　　　次	2022 年 3 月第 1 版
印　　　次	2022 年 3 月第 1 次印刷

开　　　本	710 × 1000　1/16
印　　　张	22.75
插　　　页	2
字　　　数	358 千字
定　　　价	128.00 元

总　序

在胡绳同志倡导和主持下，中国社会科学院组成编委会，从全国每年毕业并通过答辩的社会科学博士论文中遴选优秀者纳入《中国社会科学博士论文文库》，由中国社会科学出版社正式出版，这项工作已持续了 12 年。这 12 年所出版的论文，代表了这一时期中国社会科学各学科博士学位论文水平，较好地实现了本文库编辑出版的初衷。

编辑出版博士文库，既是培养社会科学各学科学术带头人的有效举措，又是一种重要的文化积累，很有意义。在到中国社会科学院之前，我就曾饶有兴趣地看过文库中的部分论文，到社科院以后，也一直关注和支持文库的出版。新旧世纪之交，原编委会主任胡绳同志仙逝，社科院希望我主持文库编委会的工作，我同意了。社会科学博士都是青年社会科学研究人员，青年是国家的未来，青年社科学者是我们社会科学的未来，我们有责任支持他们更快地成长。

每一个时代总有属于它们自己的问题，"问题就是时代的声音"（马克思语）。坚持理论联系实际，注意研究带全局性的战略问题，是我们党的优良传统。我希望包括博士在内的青年社会科学工作者继承和发扬这一优良传统，密切关注、深入研究 21 世纪初中国面临的重大时代问题。离开了时代性，脱离了社会潮流，社会科学研究的价值就要受到影响。我是鼓励青年人成名成家的，这是党的需要，国家的需要，人民的需要。但问题在于，什么是名呢？名，就是他的价值得到了社会的承认。如果没有得到社会、人民的承认，他的价值又表现在哪里呢？所以说，价值就在于对社会重大问题的回答和解决。一旦回答了时代性的重大问题，就必然会对社会产生巨大而深刻的影响，你也因此而实现了你的价值。在这方面年轻的博士有很大的优势：精力旺盛，思想敏捷，勤于学习，勇于创新。但青年学者要多向老一辈学者学习，博士尤其要很好地向导师学习，在导师的指导下，发挥自己的优势，研究重大问题，就有可能出好的成果，实现自己的价值。过去12年入选文库的论文，也说明了这一点。

什么是当前时代的重大问题呢？纵观当今世界，无外乎两种社会制度，一种是资本主义制度，一种是社会主义制度。所有的世界观问题、政治问题、理论问题都离不开对这两大制度的基本看法。对于社会主义，马克思主义者和资本主义世界的学者都有很多的研究和论述；对于资本主义，马克思主义者和资本主义世界的学者也有过很多研究和论述。面对这些众说纷纭的思潮和学说，我们应该如何认识？从基本倾向看，资本主义国家的学者、政治家论证的是资本主义的合理性和长期存在的"必然性"；中国的马克思主义者，中国的社会科学工作者，当然要向世界、向社会讲清楚，中国坚持走自己的路一定能实现现代化，中华民族一定能通过社会主义来实现全面的振兴。中国的问题只能由中国人用自己的理论来解决，让外国人来解决中国的问题，是行不通的。也许有的同志会说，马克思主义也是外来的。但是，要知道，马克思主义只是在中国化了以后才解决中国的问题的。如果没有马克思主义的普遍原理与中国革命和建设的实际相结合而形成的毛泽东思想、邓小平理论，马克思主义同样不能解决中国的问题。教条主义是不行的，东教条不行，西教条也不行，什么教条都不行。把学问、理论当教条，本身就是反科学的。

在21世纪，人类所面对的最重大的问题仍然是两大制度问题：这两大制度的前途、命运如何？资本主义会如何变化？社会主义怎么发展？中国特色的社会主义怎么发展？中国学者无论是研究资本主义，还是研究社会主义，最终总是要落脚到解决中国的现实与未来问题。我看中国的未来就是如何保持长期的稳定和发展。只要能长期稳定，就能长期发展；只要能长期发展，中国的社会主义现代化就能实现。

什么是21世纪的重大理论问题？我看还是马克思主义的发展问

题。我们的理论是为中国的发展服务的，绝不是相反。解决中国问题
的关键，取决于我们能否更好地坚持和发展马克思主义，特别是发展
马克思主义。不能发展马克思主义也就不能坚持马克思主义。一切不
发展的、僵化的东西都是坚持不住的，也不可能坚持住。坚持马克思
主义，就是要随着实践，随着社会、经济各方面的发展，不断地发展
马克思主义。马克思主义没有穷尽真理，也没有包揽一切答案。它所
提供给我们的，更多的是认识世界、改造世界的世界观、方法论、价
值观，是立场，是方法。我们必须学会运用科学的世界观来认识社会
的发展，在实践中不断地丰富和发展马克思主义，只有发展马克思主
义才能真正坚持马克思主义。我们年轻的社会科学博士们要以坚持和
发展马克思主义为己任，在这方面多出精品力作。我们将优先出版这
种成果。

2001 年 8 月 8 日于北戴河

摘　　要

　　印度尼西亚（以下简称"印尼"）的政治转型是冷战结束以来亚太地区发生的最重大的事件之一。1997 年亚洲金融危机爆发后，经济危机在印尼引发了全面的社会政治危机。苏哈托下台，正式开启了印尼的政治转型进程。美国作为一支重要的外部力量，以各种方式对印尼的政治转型进程施加了影响。本书要回答的问题是：美国为何以及如何积极推动印尼的政治转型进程？美国的活动对印尼的政治转型进程产生了怎样的影响？美国对外扩展民主对中国有怎样的战略意涵？

　　本书第一章分析了美国对外扩展民主的道德理想追求和现实利益追求，并特别分析了美国积极支持和推动印尼政治转型进程的深刻原因。第二章，考察了亚洲金融危机对印尼政治转型进程之启动的影响及美国在开启印尼政治转型进程中的作用。第三章，研究了美国对印尼选举政治的援助和支持，包括选举援助、选举监督以及支持印尼政党发展等。第四章，重点考察了美国对印尼军政关系民主化改革的影响。第五章，分析了美国对印尼分权改革及地方民主治理活动的支持。本书结论部分，作者评估了美国在印尼政治转型进程中所发挥的作用，分析了美国之所以能够对印尼政治转型进程产生重要影响的条件，并指出了美国对外扩展民主对中国的战略意涵。

　　本书的研究认为，美国在印尼扩展民主的活动确实影响了印尼的政治转型进程：既推动了印尼民主制度的建设，也促进了印尼社会的民主精神和民主意识的发展。这种影响是以印尼政治转型进程的内在规定性为基础的，也就是印尼自身的社会政治发展决定了印尼政治转型进程的方向，美国作为一种外部因素只是给它施加了一个巨大的推力。也正是由于美国在印尼推进民主时是以印尼的现实为基础的，它的影响才是巨大的，而且可能是长期的。美国在印尼"扩展民主"对亚太地区安全形势及中国地区安全环境的持久和深刻影响值得深入研究。

关键词：美国；印度尼西亚；政治转型；选举政治；军政关系；分权改革；民主治理

Abstract

Indonesia's democratization is one of the major events taken place in the A-sia-Pacific Region ever since the end of the Cold War. The 1997 Asian Financial Crisis intrigued serious social and political crises in Indonesia. Suharto's resignation from his presidency was the landmark for Indonesian democratizing process upon which the United States, as an very important external force, has exerted great influence on all way possible ever since. This dissertation tries to provide some thoughts regarding the following questions: Why and how does the U. S. try so hard to promote democracy in Indonesia? To what extent has the U. S. exerted influence on Indonesian democratizing process? And, what is the strategic implication for China in terms of Sino-US relations.

Chapter one provides a detailed analysis of U. S. moral interests and realistic considerations when promoting democracy in other countries, and special emphasis is put on the deep-rooted reasons for U. S. efforts in promoting democracy in Indonesia. Chapter two examines the impact of the Asian Financial Crisis on Indonesian democratizing process, and the role played by U. S. in initiating this process. Chapter three details the U. S. assistance and support to Indonesian electoral politics, including election assistance, election monitoring and aid to Indonesian political parties. Chapter four focuses on the transformation of, and American impact on, Indonesia's civil-military relations. Chapter five gives a comprehensive sketch on American efforts in promoting Indonesian decentralization reform and the local democratic governance. In the concluding part, the author makes a comprehensive assessment on the role U. S. played in Indonesian democratization, and analyzes the prerequisite necessary for U. S. to exert its influences, and points out the strategic implications for China.

The author argues that U. S. efforts in promoting democracy do have significant impact on Indonesian democratizing process, and have promoted both the democratic capacity building and the awareness of democracy and rule of law in Indonesia. Moreover, the author points out that it is the internal factors that determine the Indonesian democratizing process, and the U. S. can only add some weight, and speed it up. If it was not that the United States correctly based its efforts on Indonesia's internal socio-political development, the United States would not have exerted such a significant influence on Indonesian democratizing process.

Key Words: U. S. ; Indonesia; Democratization; Electoral Politics; Civil-military Relations; Decentralization; Democratic Governance

目　录

Contents

绪　　论

第一节　选题意义

一　问题的提出

印度尼西亚（以下简称"印尼"）的政治转型是冷战结束后亚太地区发生的一个重大事件。1997 年亚洲金融危机首先在泰国爆发，后迅速波及马来西亚、新加坡、日本、韩国、印尼等国。金融危机在印尼诱发了全面的经济、社会和政治危机。印尼总统苏哈托（Haji Mohammad Suharto）下台，正式开启了印尼的政治转型进程。作为一支重要的外部力量，美国以各种方式对印尼的政治转型进程施加了影响。

美国是世界上对外"扩展民主"最积极的一个国家。冷战结束后，随着国际及地区形势的变化，特别是各国政治、经济和社会形势的变化，美国推动"民主扩展"的重点也在不断发生变化。在罗纳德·里根政府时期①及冷战结束后不久，美国首先关注的是前苏联以及东欧地区社会主义国家的政治转型。这是因为：一方面，东欧剧变和苏联解体，延续几十年的冷战格局突然被打破，前社会主义国家的政治和社会形势发生了剧烈变化，为美国"扩展民主"提供了机会；另一方面，这些前社会主义国家在冷战时期一直是美国在政治和意识形态上斗争的对象，在很长时期内

---

① 1982 年 6 月 8 日，美国总统罗纳德·里根在英国议会下议院的演讲中最早提出把"扩展民主"作为其对外战略的一部分。里根说，"这恰恰是我们今天的使命：维护自由及和平……我提出的目标很容易说明：支持民主的基础设施，言论自由、结社自由、政党自由、自由的大学制度等，使人们选择他们自己的、发展其自己的文化以及通过和平方式调解他们之间分歧的方式……为了实现和平和正义，让我们推动世界成为一个人民最终能够决定自己命运的世界"。见 Ronald Reagan, "Address to the British Parliament," June 8, 1982 (https://millercenter.org/the-presidency/presidential-speeches/june-8-1982-address-british-parliament).

都被美国视为其所领导的"自由世界"的威胁，成为美国遏制或"和平演变"的对象。苏东剧变、冷战结束为美国在这些国家"扩展民主"提供了契机。

冷战结束后，美国面临着与冷战时期完全不同的安全环境：长期敌对的超级大国苏联消失了，雅尔塔体系崩溃，国际体系发生了深刻变化。苏联的继承者俄罗斯初步完成了政治转型，美国在冷战时期面临的最大的战略性威胁似乎消失了。这使得那些在冷战时期作为反共盟友长期支持美国的独裁政权对美国的重要性相对下降，民主、人权、经济等问题在美国与这些国家的关系中被突出出来，越来越受到美国行政部门和国会的关注。像苏哈托统治下的印尼这样的、在冷战时期曾被美国视为反共盟友的非民主国家，其国内政治发展及民主和人权状况越来越多地受到美国的关注。一旦时机成熟，美国就会积极推动这些国家的政治转型。

1997 年亚洲金融危机及其在印尼引起的震荡，为美国推动印尼的政治转型提供了契机。虽然在亚洲金融危机前美国也比较关注印尼的民主与人权问题，已经开展了一些与推动"民主扩展"有关的行动，但其深度和广度远不及其在亚洲金融危机之后做出的努力。在苏哈托下台后，美国的影响深入印尼社会政治生活的各个领域。为推动印尼的政治转型，美国支持了印尼的政治选举、提供了经济援助、加强了与印尼的文化交流并为其公民社会组织的发展提供了援助和支持；必要时，也施加了政治和外交压力。

美国为何如此积极地推动印尼的政治转型（民主化）进程呢？美国作为一个外部因素如何影响以及在多大程度上影响了这一进程？积极推动印尼的政治转型对美国在亚太及更广泛地区的战略地位有怎样的影响和意义？美国在印尼等中国周边国家"扩展民主"对中国的地区安全环境有何影响？本书试图通过深入考察美国在 1997 年亚洲金融危机爆发后十年里推动印尼政治转型的活动，对上述问题做出初步回答。

本书把研究的时间跨度大致限定在 1997—2007 年有如下几个考虑：第一，对开启印尼政治转型进程具有导火索意义的亚洲金融危机发生在 1997 年。在亚洲诸国中，印尼在危机中受打击最为沉重。正是亚洲金融危机在印尼引发全面的政治和社会危机，导致苏哈托下台，才从真正意义上开启了印尼的政治转型进程。当然，在此前 10 多年里，印尼国内民主运动已有较大发展。政治上公开反对苏哈托政权的力量在 20 世纪 80 年代已经出现，进入 90 年代后有了更大发展，尽管这些发展尚不足以挑战苏哈托政权，但它们的出现是开启印尼政治转型进程和实现印尼政治转型的必要条件。但正如美国著名政治学家罗伯特·达尔（Robert Alan Dahl）所言，发展一种允许政府与反对派之间的对立、抗衡或者竞争的政治制度，是民主化的一个重要方面，但民主化过程与公开反对派的发展过程并非一回事。① 因此，本书不拟考察 1997 年亚洲金融危机发生之前印尼的民主发展状况，主要关注亚洲金融危机爆发后印尼开始的政治转型进程。第二，美国真正大规模推动印尼政治转型的行动也是在 1997 年亚洲金融危机爆发后才开始的。此前美国政府通过国务院、美国新闻署（1999 年并入国务院）、美国国际开发署以及一些非政府组织和有官方背景的非政府组织，如亚洲基金会等，在印尼开展了一些促进"民主"或者说是为政治转型创造条件的活动，但这些都未触及政权更迭或政治制度改革层面的问题。只是在意识到单纯经济领域改革不足以遏制印尼的经济危机及其对全球经济的不良影响、且经济危机引发的政治危机可能会引发印尼更大规模的社会动荡时，美国才开始调整对印尼的政策，特别是对苏哈托政权的态度，施加压力，促使苏哈托下台，推动印尼走向政治转型。苏哈托下台后，美国推动印尼政治转型的努力，无论从广度，还是从深度上来看，都远超过亚洲金融危机爆发之前。第三，到 2007 年，印尼政治发展方向已基本确定，政治转型过程基本完成。虽然其社会与政治生活中还存在种种问题和弊端，但印尼的民主制度基本实现了巩固和稳定。2004 年印尼完成了立法机构的选举，并成功地举行了印尼历史上第一次总统直选；2005 年，完成了省、区等地方立法机构的选举。美国对印尼民主发展的成果也持乐观和肯定态度。

二　学术价值

美国对外"扩展民主"是一个在美国学术界引起激烈争论和讨论的话题。② 对外"扩展民主"也是冷战结束以来美国对外战略的重要组成

---

① ［美］罗伯特·达尔：《多头政体——参与和反对》，谭君久、刘惠荣译，商务印书馆 2003 年版，第 11 页。

② 美国学术界关于这一问题的讨论，参见 Michael Cox, G. John Ikenberry and Takashi Inoguchi, "Introduction," in Michael Cox, G. John Ikenberry And Takashi Inoguchi ed. , *American Democracy Promotion: Impulses, Strategies, and Impacts*, New York: Oxford University Press, 2000.

部分。

　　本书的主题是美国作为一种外部因素（力量）对印尼政治转型进程的影响。从根本上讲，任何一个国家的政治发展历程或政治转型进程最终都只能由其内部社会政治发展决定。但在第二次世界大战之后，随着全球化日益走向深入，世界各国经济交往日益密切，信息和思想超越国界的交流日益增加，一国内部政治、经济和社会之发展也不可避免地会越来越深刻地受到外部世界的影响。本书研究美国对印尼政治转型的影响，也是以承认印尼政治转型进程的内在决定性为前提的。欲准确把握美国对印尼政治转型进程的影响，就不能不从印尼内部政治和社会发展的角度考察印尼政治转型的内在动力、进程以及促进甚至阻碍其民主巩固的因素等。但本书主要是从"外部因素对转型国家政治转型进程的影响"这一视角来观察印尼政治转型进程的，研究的是美国对印尼政治转型进程的影响，重点考察的是美国的动机、采取的政策、行动及实质、施加影响的方式及效果等，因而行文中只对印尼内部政治和社会发展作为考察其政治转型进程之外部影响的必要背景予以交代。与较早实现政治转型的国家和地区相比，印尼是一个新生的民主国家。到目前为止，国际学术界对印尼政治转型及相关问题的研究已有了较多成果，但尚无专门系统考察"美国作为一个外部因素对印尼政治转型进程的影响"这一问题的成果。因此，本书的研究可以填补这一缺憾，并能够进一步从一般意义上深化对影响政治转型进程的外部条件和外部因素的认识。

　　"民主"作为一种制度，被普遍认为是源于西方的东西。西方政治学界对"民主""民主化""民主转型"及"民主巩固"等问题已进行了大量理论研究和实证研究。生活在不同历史和文化背景下的人们，对"民主"往往会有不同的理解和认知，不同的文化和历史经验也会给"民主"（无论是作为观念的，还是作为制度的）留下自己的烙印。但无论文化背景和历史经验差异有多大，人们在理解"民主"时都会有一些大致相同的标准。也就是说，拥有不同文化背景和历史经验的人们对"民主"的基本要素的认知通常是有一定共识的。美国针对印尼的政治转型所采取的政策、所实施的行动是在与印尼政治转型进程的内在规定性的互动中发挥作用的。对"民主""民主化""民主转型"及"民主巩固"等基本概念和理论问题认识上的分歧和共识，可以在这种互动中找到结合点和参照物。于是，对这些基本概念和理论问题的认识也会更加深刻，共识的部分可以进一步强化，分歧的部分也会变得更加清晰，这也有助于深化对美国等西方国家"扩展民主"活动的认识。

美国对印尼政治转型进程的影响是本书研究的重点，但不是终点。其终点是对美国对外"民主扩展"战略、美国外交政策和外交行为及其本质的认识，特别是对美国对外"扩展民主"的做法对亚太地区战略安全形势及中国地区安全环境等影响的理解。

对外"推进民主"，不仅是冷战后美国对外战略的一项重要内容，也是其外交政策的一个重要目标，还是美国实现其对外政策目标的一种重要手段。对外"扩展民主"，既体现着美国在国际政治中的道德诉求，也反映着它对现实政治利益的追求。深入地研究和认识美国在对外扩展民主方面的所作所为，有助于深刻地理解美国外交政策的一个重要方面，有助于理解美国对外战略思想与实践。尽管在整个 20 世纪，美国一直与一些独裁政权保持着友好关系，干预其他国家的内部事务，而非"推进民主"，但正如卡内基国际和平基金会副会长托马斯·卡罗瑟斯（Thomas Carothers）所指出的："虽然推进民主一直是美国国际传统的一个重要组成部分，但其实施一直不是一贯的。不认真思考民主理想/观念，就无法理解美国过去百年的对外政策。同样，没有对美国在世界舞台上的作用的持续关注，同一时期内全球民主的历史也是不完整的。"① 本书试图以西方政治学对"民主""民主化""民主转型"以及"民主巩固"等问题的已有研究为基础，结合印尼的社会和政治发展，对印尼的政治转型进程进行阶段划分，分别考察美国在印尼政治转型进程各阶段、各领域为促进印尼民主发展所采取的政策、所实施的行动、所关注的问题以及所取得的效果等。对这些问题的研究，无疑有助于深化对美国外交政策、外交行为及其本质的认识，有助于深化对印尼政治转型进程的认识，有助于深化对东亚、东南亚国家政治发展的认识。

三　现实意义

探讨美国推动印尼政治转型进程的活动，从学术角度看，具有重要意义。同时，它还有重要的现实意义，对中国具有重要的政策意涵。美国对

---

① Thomas Carothers, *Aiding Democracy Abroad: The Learning Curve*, Washington, D. C. : Carnegie Endowment for International Peace, pp. 3 – 4.

外"扩展民主",并非出于利他和无私的目的,其背后有着深刻的现实利益追求。尽管"民主"作为一种价值或理念在一定程度上是具有实践意义的,但这并不意味着"民主"肯定能够给世界各个角落的人们带来实实在在的利益。各个国家之间内在的政治、社会和文化环境各不相同,在民主发展的过程中,只有采取与各自历史文化背景相适应的模式,选择适当的民主发展道路,才能趋利避害,推进社会稳定、进步和发展。应该说,民主的模式并不带有普遍性,缺乏真正民主精神的"形式民主"或"选举民主"可能会给转型国家带来灾难。

在这个相互依赖愈益深刻的世界里,任何一个国家都不太可能封闭自处。国内政治国际化的趋势日益深刻。任何一个国家的灾难,如政治崩溃或社会动荡,都可能会对周边国家和地区的形势与安全产生消极影响。因此,从维护各自国家的稳定与和谐、地区和平与安全的角度来看,国际社会也应该为"民主扩展"及"民主化"问题寻求一种稳妥的应对之道。寻找一条循序渐进地、尊重各国国情和历史文化传统的民主发展道路,防止因所谓"推进民主"而在一定时期内给一些国家和民族造成灾难。研究美国对印尼的政治转型进程所施加的影响,显然有助于深化对这个问题的认识,并为相关国家现实的政策选择提供一定借鉴。

中国也在探索适合自身发展和中国国情的有中国特色的社会主义民主。中国在和平崛起的过程中,也面临着各种内外挑战。以各种方式在中国"推进民主"也是美国及其他西方国家影响中国的一种方式,它们"和平演变"中国的图谋实际上一刻也未停止。美国在中国周边国家"扩展民主"的行动,引起了这些国家的政治与社会变动,给中国的国家利益、政治安全都带来了一定挑战。如何在发展有中国特色社会主义民主政治的同时,有效应对这些挑战,也需要深刻认识和把握美国对外"扩展民主"的战略及其行动。

经过40余年的改革开放,中国的综合国力大幅提高,在国际事务中的影响力也日益增强并引起国际社会广泛关注。一个真正意义上的世界大国,除了要在维护世界和平、安全与繁荣等方面有所贡献外,还应该为世界贡献一种能够为世界上很多国家和人民理解和接受的、具有普世性的思想、价值观念或其他制度层面的东西。尽管美国对外"扩展民主"的做法在其国内学术界和政界就存在很大争议,中国学术界更是予以严厉批判，但从历史的眼光来看，美国的民主发展对人类历史发展曾有过积极意义。正是美国革命成为世界上许多国家革命的榜样。中国革命的先行者孙中山也是美国民主制度的推崇者。正是美国革命的示范作用首先把"民主"（无论是作为思想，还是作为政治制度）传到了世界的其他地方，促进了人类社会历史的进步。这种历史的进步性，也早已为真正的马克思主义者所肯定。冷战结束以来，美国积极支持和推动前苏东地区新独立国家的政治转型，已为其自身在其中一些国家赢得了战略、安全与经济等方面的利益，扩展了影响力。目前，塑造中国的国际形象、提高中国的软实力是近年来中国外事部门和部分学者高度重视的一个问题。对任何一位致力于提高中国的软实力和塑造中国形象的人士来说，也必须考虑中国可以把哪些思想和智慧传播出去。美国对外"扩展民主"的做法，可以为中国提供借鉴和参考。

第二节　概念阐释与研究综述

"民主"和"民主化"在很长时间以来一直是比较政治学的一个重要研究领域。研究任何与"民主化"有关的问题，都不可避免地会涉及"民主""民主化""民主转型""民主巩固"等基本概念及相关的理论问题。研究"美国作为一个外部因素对印尼政治转型进程的影响"这个问题，也不可避免地会涉及对这些基本概念和相关理论问题的理解。研究"民主化"问题，"如果不精通民主标准、原则和价值，这些是用来规范新兴政治秩序的，就形不成一个适当的解释框架，也不能合理评价一个案例"。[①] 本节的主要任务是对国际学术界关于"民主化"问题、特别是印尼政治转型问题的研究现状进行简单梳理，同时简要介绍这些基本概念和相关理论，从而为确立本书的分析框架和理论依据奠定基础。需要指出的是，本书研究的主题是"美国对印尼政治转型的影响"，这里对学术界关于"民主""民主化"问题研究状况的综述只涵盖与本书主题相关的若干主要问题和主要方面，而不求面面俱到。

---

① 劳伦斯·怀特黑德：《比较政治学：民主化研究》，见〔美〕罗伯特·古丁，汉斯-迪特尔·克林格曼主编：《政治科学新手册》（上），生活·读书·新知三联书店2006年版，第518页。

一　"民主""民主化""民主转型"及"民主巩固"等基本概念的界定

（一）对"民主"的界定

要对"民主"做出准确的界定，恐怕就像界定"文化"一样困难。如果用西方政治学中大致约定俗成的理解，把当前世界上所有算得上民主国家的这些国家按照"民主"程度排序的话，就会发现，它们虽同属民主国家之列，但民主发展的程度却有很大不同，品质也有很大差别。因此，人们从各自的研究对象和研究视角出发，对"民主"做出五花八门的界定也就不足为奇了。对这些基本概念界定的差异，本身也反映了学术界关于"民主化"及相关理论与实际问题研究的争论。

著名政治学家查尔斯·蒂利（Charles Tilly）把学术界对"民主"的界定大致分为四类：宪政民主（constitutional）、实质民主（substantive）、程序民主（procedural）以及过程导向的民主（process-oriented）。"宪政民主"集中关注的是一个政权颁布的关于政治活动的法律。"实质民主"关注的是一特定政权推动的生活和政治条件：这个政权是否促进了人的福祉、个人自由、安全、公正、社会平等、公共协商以及和平解决冲突。"程序民主"的支持者们只是选择政府比较少的一些做法来界定一个政权是否是民主的。关注程序性内容的大多数人把注意力集中在选举上，关注的是大量公民参加的真正竞争性的选举是否会定期引起政府人事和政策的改变。"过程导向的民主"与"宪政民主""实质民主"和"程序民主"具有很大差异，它要求具有某些最低限度的、在被认定为民主的情况下必须持续运行的程序。①

塞缪尔·亨廷顿在界定"民主"和"民主化"这两个概念时指出："作为一种政体，民主一直是根据政府权威的来源、政府所服务的目的和组成政府的程序来界定的。民主不论是被定义为权威的来源或是目的，都会出现含糊不清、不精确等严重问题。"② 因此，亨廷顿在《第三波：20世纪后期的民主化浪潮》一书中就使用了最早由约瑟夫·熊彼特提出的程序性的定义。

---

① Charles Tilly, *Democracy*, Cambridge University Press, 2007, pp. 7 – 9.

② ［美］塞缪尔·亨廷顿：《第三波：20世纪后期民主化浪潮》，刘军宁译，上海三联书店1998年版，第4页。

　　"古典民主理论"认为，"民主方法就是为现实共同福利做出政治决定的制度安排，其方式是使人民通过选举选出一些人，让他们集合在一起来执行它的意志，决定重大问题"。熊彼特指出这种界定存在的缺陷：第一，"不存在全体人民能够同意或者用合理论证的力量可使其同意的独一无二地决定的共同福利"。第二，"即使有一种充分明确的共同福利——譬如功利主义者提出的最大经济满足——证明能为所有人接受，这并不意味着对各个问题都能有同等明确的回答。对这些问题的意见分歧可能重大到足以产生关于目的本身'根本性'争论的大部分后果"。第三，"作为前面两个命题的结果，功利主义者据为己有的这个人民意志的特殊概念就烟消云散了，因为这个概念必须以存在人人辨得出的独一无二地决定的共同福利为先决条件"。① 进而，熊彼特提出了对"民主"的程序性的界定，也就是："人民的任务是产生政府，或产生用以建立全国执行委员会或政府的一种中介体"；"民主方法就是那种为做出政治决定而实行的制度安排，在这种安排中，某些人通过争取人民选票取得作决定的权力"。② 与用来源和目的对民主的界定相比，绝大多数学者认为，只有程序性的民主概念才能够提供分析上的准确性和经验上的参照物，从而使之成为有用的概念。③

　　根据熊彼特式的程序性的界定，"民主"就是一套政府制度或过程，其最基本的要件是公开、公正、自由的选举。最有权势的决策者群体应该是通过公正、诚实和定期的选举产生的。选举是必要但非充分条件。

　　与熊彼特类似，罗伯特·达尔也对"民主"做出了程序性界定；不同的是，达尔为"民主"设定了更多的条件。达尔首先把"民主"设定为这样一种政治制度，"其特征之一就是能完全地或者几乎是完全地响应所有公民的要求"。为此所有成年公民都必须拥有以下充分的机会："（1）明确阐述他们的选择；（2）通过个人行动和集体行动向其他公民和政府表明他们的选择；（3）使他们的选择在政府行为中受到同等的重视，也

---

　　① ［美］约瑟夫·熊彼特：《资本主义、社会主义与民主》，商务印书馆 2007 年版，第370—373 页。

　　② ［美］约瑟夫·熊彼特：《资本主义、社会主义与民主》，商务印书馆 2007 年版，第395—396 页。

　　③ ［美］塞缪尔·亨廷顿：《第三波：20 世纪后期民主化浪潮》，刘军宁译，上海三联书店1998 年版，第 5 页。

就是说政府在考虑这些选择时不因其选择的内容或选择由谁提出而加以歧视。"为确保人数很多的一群人有这三种机会，达尔进一步设定，社会的制度必须至少提供八项保证："（1）建立和加入组织的自由；（2）表达自由；（3）投票权；（4）取得公共职务的自由；（5）政治领导人为争取支持而竞争的权利/政治领导人为争取选票而竞争的权利；（6）可选择信息的来源；（7）自由公正的选举；以及（8）根据选票和其他的民意表达制定政府政策的制度。"①

界定"民主"，实际上也确立了衡量"民主""民主化"进程以及"民主巩固"程度的标准。达尔对"民主"的界定，基本确立了一个民主国家之所以为民主国家的标准。如果一个国家具备达尔假设的这些条件，基本可以断定其为民主国家。但现实中，具备这些条件的转型国家，其民主发展的品质往往有很大的差别。因此，学术界有人又把民主国家划分为多种类型。

美国《外交》杂志原执行主编的法里德·扎卡里亚（Fareed Zakaria）在《非自由民主的兴起》一文中对"自由主义民主"（liberal democracy）和"非自由民主"（illiberal democracy）做了区分。他认为，几乎在过去的一个世纪里，"民主"作为一种政治制度，在西方的意思就是自由主义民主，其特征不但有自由和公正的选举，还包括法治、分权、对言论、集会、宗教信仰以及财产权等基本自由的保护等。扎卡里亚把后面这些自由称为"宪政自由主义"（constitutional liberalism），认为它关注的不是选择政府的过程，而是政府的目标，也就是追求对个人自主权和尊严的保护，反对压迫等。而在非自由民主国家里，通过民主的方式选出的政权，往往是那些被以全民公决的方式重新选上或被重新确认的政权，常常会忽视宪法对其权力的限制，剥夺其公民的权利和自由。② 与熊彼特和达尔的程序性的界定相比，扎卡里亚对"民主"的界定，一定程度上向"古典民主理论"的界定回归了。

德国洪堡大学政治学教授沃尔夫冈·默克尔（Wolfgang Merkel）也批评了理论性和经验型的民主巩固学（consolidology）的主流所使用的是独

---

① ［美］罗伯特·达尔：《多头政体：参与和反对》，谭君久等译，商务印书馆2003年版，第11—14页。

② Fareed Zakaria, "The Rise of Illiberal Democracy," *Foreign Affairs*, Vol. 76, No. 6, Nov/Dec 1997, pp. 22 – 26.

裁与民主的二分法，认为这种简单的二分法未能明确地区分巩固的自由主
义民主与它们程度较低的子类型（diminished sub-types）之间的不同。而
事实上，在所有新的"选举民主"国家中，一半多国家是民主国家的低
级子类型的特定变种。默克尔把它们称为"有缺陷的民主国家"（defec-
tive democracies）。从内嵌的（embedded）民主（包含 5 个相互依存的机
制：选举机制，政治权利，公民权利，横向责任，有效的统治权力）这一
根本观念出发，默克尔把"有缺陷的民主"分为 4 个子类型：排他性民
主（exclusive democracy）、非自由民主、委任制民主（delegative democra-
cy）以及监护式民主（tutelary democracy）。① 意大利佛罗伦萨大学政治学
教授里奥纳多·莫里诺（Leonardo Morlino）对"好的民主国家"做出了
界定。他说，好的民主国家有稳定的制度结构，能够通过其制度和机制的
合法和正确的运作实现公民的自由和平等。好的民主国家首先要有能够让
其公民满意的合法政权。第二，好的民主国家里，组成它的公民、协会和
社区等至少要享有适度的自由和平等。第三，在好的民主国家里，公民本
身有权制衡和评估政府是否根据法治追求自由和平等的目标。莫里诺进一
步确定了衡量好的民主国家的 5 个纬度：法治、责任承担、制度对公民和
市民社会的期望做出反应或纠错的速度、对权利的尊重和更高程度的政
治、社会和经济平等的逐步实施等。② 英国政治学家戴维·赫尔德（Da-
vid Held）在《民主的模式》一书中指出，"在今天，民主要想繁荣，就
必须被重新看作一个双重的现象：一方面，它牵涉到国家权力的改造；另
一方面，它牵涉到市民社会的重新建构。只有认识到一个双重民主化过程
的必然性，自治原则才能得以确定：所谓双重民主化即是国家与市民社会
互相依赖着进行的转型。"③

　　从上述几位政治学家对"民主"所做的界定和更为细致的区分，大
致可以确立评判转型国家民主发展程度的基本标准和指标。我们认识
"民主"，至少需要从民主的形式、过程和实质三个方面进行理解。

---

　　①　Wolfgang Merkel, "Embedded and Defective Democracies", *Democratization*, Vol. 11, No. 5, December 2004, pp. 33 – 58.

　　②　Leonardo Morlino, "What Is a 'Good' Democracy?" *Democratization*, Vol. 11, No. 5, 2004, pp. 12 – 13.

　　③　［英］戴维·赫尔德：《民主的模式》，燕继容译，中央编译出版社 2004 年版，第 396 页。

　　（二）"民主化""民主转型"与"民主巩固"

　　"民主化"（democratization），指的是一个国家政权从非民主的转变成民主政权的过程。加州大学欧文分校的石度初（Doh Chull Shin）教授把民主化分为4个阶段：（1）独裁统治的式微（decay）；（2）转型（transition）；（3）巩固（consolidation）；以及（4）民主政治秩序的成熟。[1] 国际学术界研究"民主化"问题的学者在解释各转型国家的民主化进程时，也大都采取了类似的阶段划分。对"民主化"过程的这种阶段划分便于对问题的分析，但不同国家的"民主化"进程会因特定的历史条件和现实状况而表现出很大差异，不同阶段之间的界限往往也不是那么明显，因此，不同的学者、在解释不同国家的民主化进程时都会根据具体情况，对这种解释模式进行适当调整。托马斯·卡罗瑟斯对这种在过去几十年理解民主化的普遍范式进行了分析，认为这种解释范式曾在某种程度上是有用的，但目前已不太合适了。因为第三波国家中大多数还未实现运作相当有效的民主或尚未深化或推动它们已开始的民主进程。大多数转型国家，既不是独裁的，也不是明显走向民主的，而是进入了一种政治灰色地带。这一转型模式是特定时代的产物，那一时代已经过去了。[2] 德国吕讷堡大学民主研究中心教授克里斯蒂·韦尔泽（Christian Welzel）认为，"民主化"有四种类型，包括"响应性民主化"（responsive democratization）、"开明民主化"（enlightened democratization）、"机会主义民主化"（opportunistic democratization）和"强加的民主化"（imposed democratization）。其中，"响应性民主化"是主导类型的民主化，是回应民众压力而走向民主的过程。在后面三种类型的民主化过程中，权力精英的在垄断权力方面的兴趣为其他原因而非民众的情况下压力所克服，最后形成的是社会反应冷漠的民主而非嵌入式民主。在"开明民主化""机会主义民主化"和"强加的民主化"当中，精英阶层会在没有民众压力的情况下对民主让步。在这三种类型的民主化当中，只有在"开明民主化"当中，精英阶层才会实际上尊重民主自由；在"机会主义民主化"和"强加的民主化"当中，精英阶层并不是真正尊重民主自由。只有在"响应性民主化"这种类型

---

　　[1]　Doh Chull Shin, "On the Third Wave of Democratization: A Synthesis and Evaluation of Recent Theory and Research," in *World Politics*, Vol. 47, No. 1, October 1994, pp. 135 - 170.

　　[2]　Thomas Carothers, "The End of the Transition Paradigm," *Journal of Democracy*, Vol. 13, No. 1, January 2002, pp. 5 - 21.

中，民主才会变成社会嵌入性的，进而也会成为具有社会可持续性的。①

　　"民主化"涉及的内容是非常宽泛的。除了政权的转移外，"民主化"还意味着社会中的各项法律和制度以及社会观念等也都必须进行相应的改革。石度初（Doh Chull Shin）和李俊汉（Junhan Lee）把"民主化"界定为多维度和多层次的现象。他们认为，作为多层次的现象，"民主化"是政权本身、政治制度（institutions）及个体公民在各个层次上发生的转型过程。他们指出：在宏观层次上，"民主化"包括民主政权取代独裁政权、建立代表普通公民利益和选择的制度（institutions）。但除非公民本身扩大、深化和加强其对民主作为政治观念和政治实践的支持，否则，法律、制度及其他正式规则的各种转变都不会产生重要作用。实现民主，需要改变公民坚持的那些文化价值观。大众对民主的支持，是民主化的基本组成部分。② 华盛顿大学乔治·莫德尔斯基（George Modelski）教授等认为，民主化是建立或创造民主的过程。这一过程是沿两条相关但也有区别的路径进行的：民主的宏观决策技术无论在哪里被发现并向其他地方传播，这些创新的传播过程就开始了。另外，还可以把它视为民主社区（community）成长的过程，以一种形式聚集（或集中）成为更大的民主的社区；新形式的社区的演进，也是一种形式的创新。这两种过程是相互依赖的：除非是植根于更大的平等和自由的条件并得到其滋养，程序性权利得以有效实施并认为是能发挥作用的，否则民主程序的扩散只会造成"形式的"民主；没有遵守民主程序，平等和自由的社会就不可能持久。③

　　"民主转型"（democratic transition）是民主化过程中的一个阶段，指的是一个国家从非民主体制转变为民主制度的过程。转型本身并不意味着必然会转向民主，也可能是转变成不同于原有政权和制度的其他性质的政权。"民主转型"只是意味着新的民主政权的出现，它并不能确保民主政权的稳定和民主制度的巩固。关于"民主转型"的模式，亨廷顿把"第三波"中发生民主转型的国家分成三类，归纳出三种转型模式：（1）变

---

①　Christian Welzel, "Theories of Democratization," in Christian Haerpfer et. al eds., *Democratization*, 1ˢᵗ Edition, Oxford University Press, 2009, pp. 87 – 88.

②　Doh Chull Shin & Junhan Lee, "Comparing Democratization in the East and the West", *Asia Pacific: Perspectives*, Vol. 3, No. 1, May 2003, pp. 40 – 41.

③　George Modelski & Gardner Perry III, "Democratization in Long Perspective," *Techonological Forecasting and Social Change*, Vol. 39 (1 – 2), March-April 1991, pp. 22 – 34.

革（transformations），威权体制下掌权者们在结束威权政权、并把它变成民主政体的过程中起着带头作用，并扮演着决定性的角色；（2）置换（replacement），在政权内部改革派太弱，或根本不存在。政府中占主流的保守派坚决反对任何形式的变革。因此，反对派力量增加，而政府力量削弱，直到政府崩溃或被推翻；（3）移转（transplacements）。在移转过程中，"民主化"是由政府和反对派采取的联合行动产生的。① 同时，亨廷顿对各种模式的转型发生的条件也做出了精辟分析。后人对这一问题的研究，基本上只是结合具体问题，截取了亨廷顿研究的部分内容进行阐发，理论上并未实现实质性的突破。如，特洛伊大学（Troy University）曼纽尔·H. 约翰逊（Manuel H. Johnson）政治经济学中心丹尼尔·萨特（Daniel Sutter）教授在其《从独裁统治转型：一种博弈分析》一文中指出：研究第三波"民主化"的学者把"民主转型"大致区分为两类：一类是威权主义政权领导的转型；一类是反对派领导的转型。② 基于这一判断，萨特研究了"协商转型"（negotiated transitions）这种模式，也就是威权主义政权和反对派通过协商、妥协达成协议，共同努力实现的民主转型。参照前面所引亨廷顿归纳的民主转型模式，可见萨特所谓的"协商转型"就是亨廷顿所谓的"转移"（transplacements）。

　　"民主转型"之后还必须经历"民主巩固"（democratic consolidation）阶段。"民主巩固"是一个复杂的过程。圣母大学（University of Notre Dame）政治科学系 J. 萨缪尔·巴伦苏埃拉（J. Samuel Valenzuela）教授对"民主巩固"这一概念做出了明确的界定，并讨论了有助于或阻碍"民主巩固"的五种情况（向民主政府转型的模式，对被取代政权的历史记忆所产生的影响，政治冲突的缓和，社会冲突的管理，以及民主政府对军队的控制等），认为"在最重要的政治行为体和公众都期望民主程序能够持久时，在它不再被称为'倒行逆施的制度'（perverse institutions，也就是监护的权力、保留的政策领域、故意过分歪曲选举制度和政治代表制以及广泛存在的对用非选举手段建立全国性政府的可能性的信仰等）时，

　　① ［美］塞缪尔·亨廷顿：《第三波：20 世纪后期民主化浪潮》，刘军宁译，第 138—201 页；或：Samuel P. Huntington, "How Countries Democratize," *Political Science Quarterly*, Vol. 106, No. 4, 1991 – 1992, pp. 578 – 616.

　　② Daniel Sutter, "The Transition from Authoritarian Rule: A Game Theoretic Approach", *Journal of Theoretical Politics*, Vol. 12, No. 1, January 2000, pp. 67 – 89.

就可以说实现了民主巩固"。① 美国著名政治学家拉里·戴蒙德（Larry Diamond）指出，民主要想变得巩固，选举产生的民主国家必须更加深化、更自由。这要求行政部门（包括军方）对法律和政府其他部门及公众的监督负责；减少被边缘化团体的政治参与和政治动员的障碍；以及更有效地保护所有公民的政治权利和公民权利。② 泰国著名学者、法律专家苏吉·布邦坎（Suchit Bunbongkarn）认为，只有在独裁主义的复辟变得不可能时，民主才是巩固的。他认为，影响民主巩固的既有结构层面的因素，也有文化层面的因素：第一，精英阶层对民主的信守和坚持是巩固民主的一个最基本的前提条件。如果精英阶层不信守民主，不信仰民主原则，民主就不可能稳固。精英仅仅具有对民主的信仰是不够的，他们还必须遵守民主规范。第二，在公众层次上，只有在大多数人相信民主是最好的政府形式，且适应那一特定时期的时候，民主才是巩固的。第三，组织和团体对民主的信守也是民主巩固的一个根本性的前提条件。政党、社会运动、公民社会组织、利益团体以及其他社会组织在加强和深化民主方面也都可以扮演重要角色。③

如果从以下三个层次上界定"民主"这一概念，或许有助于对民主化进程和民主巩固的理解：第一，民主是一种政治制度，它指的是一套制度安排及其运行规则；第二，民主是一种价值观念，它指的是一个团体或国家对社会制度做出评判时的价值取向；第三，民主是一种思维方式，它指的是认识、分析和解决社会问题一种基本方法，是民主精神和民主素养的本质之所在。观念的传播和基于观念的制度的传播往往不是同步实现的。作为一种价值观的民主精神，有时可能是存在于某些非民主国家之中的，但只有在具备合适的内外条件时才能转变为能够运行的政治制度；在一个已开始了民主化进程的国家，民主的制度可能得以确立，但由于文化

① J. Samuel Valenzuela, Democratic Consolidation in Post-Transitional Settings: Notion, Process, and Facilitating Conditions, Working Paper #150, Kellogg Institute, December 1990（https://kellogg. nd. edu/sites/default/files/old_ files/documents/150_ 0. pdf）.

② Larry Diamond, "Is The Third Wave OF Democratization Over? The Imperative of Consolidation", Working Paper #237, Kellogg Institute, March 1997, p. 9（https://kellogg. nd. edu/sites/default/files/old_ files/documents/237_ 0. pdf）.

③ Suchit Bunbongkarn, "The Role of Civil Society in Democratic Consolidation in Asia", in Yoichiro Sato ed. , *Growth & Governance in Asia*, Honolulu, Hawaii: Asia-Pacific Center for Security Studies, 2004, pp. 140 – 141.

传统、旧的习惯和思维方式等的影响，民主观念的深化可能需要相当长的时间，民主制度的巩固过程持续的时间也可能会比较长。只有在民主观念在整个社会中被人们普遍接受、民主制度得以有效运行时，民主才是巩固的。

还需要注意，"民主精神""民主制度"和"民主的运作"是既有区别又有联系的、不同层次的概念。作为一种精神和原则的"民主"应该是具有普世意义的，民主的精神和内核是相同的；但作为政治制度的"民主"，在不同国家往往各有其特色；民主制度的运作或运转在各个国家和地区更是千差万别。在不同层次或不同纬度上理解"民主"，才能更好地理解转型国家的民主发展，才能更好地理解外部因素对一个转型国家民主发展的影响。

"民主精神"或"民主观念"的传播，有时候是看不见、说不清的。外部因素的影响，无论是直接的，还是间接的，经常是看不见、说不清楚的。人们能够感受到这种影响，但却不能充分地、雄辩地说明外部因素与民主发展之间的关系。比如："民主"无论是作为一种观念、原则还是制度，它在其他国家的传播，在很多情况下是间接的。如，示范效应。在全球化过程中，虽然一些国家未发生政治转型，但民主，无论是作为一种精神，还是作为一种价值观，都可能已经得到了广泛的传播，外部世界的榜样已经形成了示范效应；只是由于缺乏一个契机，使之处于潜伏状态。因此，研究转型国家的转型前阶段的"民主"思潮之发展，也是非常有意义的。如果没有之前的传播，"民主转型"可能就会变得非常困难，甚至是不可能的。

二　"扩展民主"：外部力量可能推进一个国家的民主发展吗？

一个国家选择什么样的民主发展道路，从根本上讲是由其内在因素决定的，其中包括历史文化传统、种族与阶级构成、精英阶层的团结与分裂、中产阶级的发展程度、公民社会的发育以及经济发展程度等。所有这些因素相互交织、相互影响，共同决定着一个国家的社会政治运行及政治演进的前景。但从世界历史发展的经验来看，民主无论是作为一种观念，还是作为一种思维方式，都是可以传播的。民主观念的传播是无形的，也是很复杂的：有的个人、群体和社会易于接受它，而有的又拒绝它、排斥它，这大概与个人、群体及社会业已形成的价值观、历史经验以及利益诉求等都有密切关系。

从 20 世纪 80 年代中期开始，特别是随着"民主化"浪潮在中东欧、非洲和亚洲的扩展，国际学术界对"民主援助"（democracy assistance）、"促进民主"（democracy promotion）、"民主发展援助"（democratic development assistance）等的研究逐步增多。这些概念指的就是国际上有意识地鼓励、支持或影响其他国家的民主转变和政治改革的切实可行的活动。① 研究"民主化"问题的学者对于"内部因素在一个国家民主化进程中的决定性作用"这一点大致是有共识的，其分歧主要在于：外部因素能否影响或推动其他国家的民主化？如果能够推动，那么外部因素是如何影响或推动一个国家的民主化进程的？尽管促进民主之观念成为美国外交政策的一个主题已有数十年时间，民主的理想在 20 世纪后半期已经让国际制度丰富多彩，外部力量能够提供具体的、技术性援助以推动民主发展的观念还是比较新的。②

（一）外部因素能否推动其他国家的民主化？

关于"民主"在各个国家的发展，拉里·戴蒙德认为：任何一个国家都可能变成民主的，无论是文化，还是历史，抑或贫困都不是不可克服的障碍。在世界上依然深陷贫困的国家，越来越多的证据和政策分析表明，民主的、负责任的和透明的治理是持续发展的基本条件。民主是没有前提条件的，只要一个国家的精英阶层愿意用民主的方式进行统治。但其本身需要来自底层公民社会和外部国际社会的强大压力，以促使产生进行民主改革的政治意愿。在不利的文化、社会和经济条件下，持续的民主需要能够支持高效、负责任的治理的制度以及坚定的国际接触和支持。③ 在分析了石油及其他矿产资源等现实利益对中东国家民主化产生的阻碍作用之后，普林斯顿大学政治学与公共事务教授卡尔斯·博伊克斯（Carles Boix）也表示：民主化在任何地方都是有可能的——也就是，任何地方都没有阻碍实现政治自由的内在的文化、心理或民族性格理由；只是实现民

---

① Eric C. Bjornlund, *Beyond Free and Fair: Monitoring Elections and Building Democracy*, Washtington, D. C.: Wilson Center Press, 2004, p. 9.

② Eric C. Bjornlund, *Beyond Free and Fair: Monitoring Elections and Building Democracy*, Washtington, D. C.: Wilson Center Press, 2004, p. 11.

③ Larry Diamond, "Can the Whole World Become Democratic: Democracy, Development, and International Policies," Center for the Study of Democracy, University of California (Irvine), April 17, 2003 (https://escholarship.org/uc/item/7bv4b2w1).

主的方式比许多人期望的更困难。[①] 与自然及财富分配的影响相比，文化或宗教因素在民主化进程中只是发挥第二位的作用。

戴蒙德和博伊克斯都认为，民主在任何社会中都可以发展。如果把这个判断作为基本前提，可能会得出这样一种很自然的推论：外部因素有可能在任何一个国家推动其民主发展。但是，说民主是可以传播的，是可以在任何社会中发展的，并不意味着一个国家可以任意在其他国家"推进民主"。在其他国家"推进民主"必须是有条件的，其程度和范围也必然是有限的。

首先，必须承认内部因素对一国民主转型进程的决定性影响。

纽约圣约翰学院肯尼思·E. 鲍宗（Kenneth E. Bauzon）博士在提交"国际地球村学会"（GASI）第 14 届年会的论文中指出：民主最终只能由当地人民，运用符合当地形势的本土特点的措辞表达，他们所表达的独特诉求与他们自己的历史经历是相联系的。它既不能被输入，也不能被输出，它也不能按照其他国家的意志随便开启或者关闭。它更不能被以武力的方式强加给充满抵抗和独立精神的人们。[②] 密西西比州立大学历史学助理教授威廉·A. 海（William Anthony Hay）也表示，民主不可能被整体移植，因为它是从支持性的政治文化中有机地发展而来的……没有长期的准备和复杂的政治文化的发展，没有国家能够创建持久的自由民主政权。没有必需的整体架构，只是复制民主的比较肤浅的方面，只会造成不自由或无法持续的结果……在发展中国家，不存在很容易地增强民族凝聚力和民主制度的途径。迫使加快民主化的步伐，会冒出现动荡的风险，特别是在社会内部存在严重分裂情况下。党派差异和对立的经济利益都不利于形成民主所要求的基本共识，种族冲突会导致另外的经常与宗教和经济差距结合在一起的不稳定因素。[③] 美国对外关系委员会主席理查德·N. 哈斯（Richard N. Haass）也说："尽管可以从外部推动一个国家的民主发展，但民主根本上是从内部发展起来的。民主化根本上是由一国民众推动的过

---

① Carles Boix, "The Roots of Democracy," *Policy Review*, No. 135, February & March 2006, p. 4.

② Kenneth E. Bauzon, "Demonstration Elections and the Subversion of Democracy", Centro Argentino de Estudios Internacionales, Programa Teoría de las Relaciones Internacionales / IR Theory Program, pp. 24 – 25.

③ William Anthony Hay, "What Is Democracy? Liberal Institutions and Stability in Changing Societies", *Orbis*, Winter 2005, p. 150.

程。只有他们才能推动宽容的精神和实践，尊重少数和个人的权利。如果美国或其他外国政府试图把民主的外部标志（trappings）强加给一个国家，其结果将是既非民主的，也不会持久。"① 美国著名社会学家、政治学家查尔斯·蒂利认为，只有在至少部分实现三个大的进程的情况下，民主化才可能发生：人与人之间的信任网络融合到公共政治当中；公共政治杜绝了绝对的不平等；以及以增大普通民众对公共政治之影响力和增加公共政治对国家表现之控制的方式消除自治的、靠强制进行控制的（coercion-controlling）权力中心或使之中立化。信任网络从公共政治中的根本撤离，公共政治中绝对的不平等的增加以及强制性权力中心的日益增长的自主性都会推动去民主化（de-democratization）②

　　所有这些研究都表明，一国民主之发展，根源和条件都取决于其国内社会自身的发育。这些条件发育不够成熟，其民主转型的进程就不可能顺利，也很难实现真正的民主巩固。

　　其次，一个国家的经济发展与其民主发展有很大的相关性。

　　美国政治社会学家、哈佛大学政治学与社会学教授西蒙·马丁·李普塞特在其《政治人：政治的社会基础》一书中探讨了欧美国家经济发展与民主增长之间的关系。③ 这也是学术界关于民主化及现代化问题研究中争论的一个重要问题。纽约大学教授亚当·帕里沃斯基（Adam Przeworski）等指出，尽管现代化理论认为独裁制度下的发展孕育了民主是错误的，但李普塞特认为民主一旦在富裕国家建立就更可能持久这种看法是正确的。一旦一个国家足够富裕，人均年收入6000多美元的时候，民主肯定能够存活。尽管国际因素及政治制度（institutions）在不够富裕的国家里对民主的持久很重要，但经济表现确实是非常重要的。④ 亨廷顿也认为，尽管无法证明经济发展与民主的水平之间存在必然的因果关系，但二

① Richard N. Haass, "Toward Greater Democracy in the Muslim World," *The Washington Quarterly*, Vol. 26, No. 3, Summer 2003, p. 146.

② Charles Tilly, *Democracy*, Cambridge: Cambridge University Press, 2007, p. 78.

③ ［美］西蒙·马丁·李普塞特：《政治人：政治的社会基础》，张绍宗译，上海人民出版社1997年版，第24—43页。

④ Przeworski, Adam, Michael Alvarez, Jose Antonio Cheibub, and Fernando Limongi, "What Makes Democracies Endure?" *Journal of Democracy*, Vol. 7 No. 1, 1996, pp. 39 – 55.

者之间确实存在着极高的相关性。① 俄亥俄州立大学的瑞安·肯尼迪（Ryan Kennedy）对民主与发展之间条件概率（conditional probability）问题的研究也表明，在经济上更发达的国家发生的转型更可能是民主的。这种理解与以前关于现代化的研究成果和理论是一致的，也为现代化的条件概率解释提供了强有力的支持。② 经济现代化被认为从两个层次上推动了民主发展：第一，经济现代化使民主转型的可能性更大了；第二，经济现代化使民主变得更稳定，有助于转型国家实现民主的巩固。

第三，外部影响的大小、内容及方式，会影响一个国家的民主化进程。

亨廷顿指出："在西方，选举民主建立在并产生于自由主义的政治传统之上，这一传统的核心是人权和法治……植根在个人自由、个人尊严思想中的自由民主是一个西方的产物……自由民主并非内在地与其他主要的非西方文化不相容，然而，非西方社会接受无论是自由民主还是选举民主的程度因它们受西方的影响程度不同而异。"③ 一个国家受西方影响较深的国家，可能更容易开启民主化进程，也就更容易实现民主的巩固。西方国家在这些国家推动民主的活动，受到的抵制可能会更少。而查尔斯·蒂利认为，示范效应和外部支持经常会面临严重的局限。它们可能会影响民主磋商的程序、组织形式以及宪政准则（constitutional formulas），但却不能产生民主化最终依赖的社会变革（social transformations）。它们自身无法把信任网络（trust networks）整合到公共政治当中，把公共政治与绝对的不平等（categorical inequality）隔离开来，或者降低自治权力中心对公共政治和国家的影响。④

一个国家面临的国际环境也会影响其民主发展。牛津大学的迈克尔·克勒西（Michael Colaresi）和印第安纳大学的威廉·R. 汤普森（William R. Thompson）研究了内部发展（经济增长和民主化）与国际环境之间的

---

① ［美］塞缪尔·亨廷顿：《第三波：20 世纪后期民主化浪潮》，刘军宁译，上海三联书店1998 年版，第 3 页。

② Ryan Kennedy, "Re-Conceptualizing the Social Requisites of Democracy: A Conditional Probability Analysis of Modernization Theory," （http://web.missouri.edu/~umcasisam/Awards/Kennedy.pdf）.

③ ［美］塞缪尔·亨廷顿：《第三波：20 世纪后期民主化浪潮》，刘军宁译，上海三联书店1998 年版，第 8—10 页。

④ Charles Tilly, *Democracy*, Cambridge: Cambridge University Press, 2007, p. 190.

关系，认为有一些国际因素，如外部威胁、冲突及贸易开放等，能够促进或阻碍民主化和经济增长。来自其他国家的外部威胁往往会减少民主。①

此外，外部力量施加影响的方式，也会影响对象国的民主发展。康奈尔大学政府系的瓦莱丽·邦斯（Valerie Bunce）指出：在使用民主的方法的时候，在与其他国际行为体合作的时候，在它集中于已具有民主政治的某些要素的环境时，美国"促进民主"的努力是非常成功的。在这个意义上说，只有在与国内推动民主的努力结合在一起时，国际上推动民主的活动才能产生最大效果。邦斯同时也指出：促进民主也可能会产生恰恰相反的效果——例如，导致混乱，加剧国内在政治技巧、参与和影响的程度的不平等，以及通过糟糕的制度选择，削弱国家并分裂政治和经济。另外一个无意中产生的后果是——迫使独裁者保护他们的权力并通过加强控制手段保护他们对腐败的经济的控制，造成美国推进民主与增进国家安全的目标之间的分裂。② 加拿大蒙特利尔大学政治学系教授黛安娜·埃塞尔（Diane Ethier）对外部行为体为推进对象国民主发展实施的制约性（Conditionality）和激励性（Incentives）两种战略和进行了比较研究，认为：在以制约性为基础时，促进民主确实极大地影响了民主化的进展；与激励性战略相比，制约性战略是一种更有效的民主推进战略。③ 而美国雪城大学（Syracuse University）马克斯维尔学院政治学系教授汉斯·彼得·施密茨（Hans Peter Schmitz）的研究认为，外部干预是挑战独裁主义行为方面是一种强有力的因素，但它们并不是简单地取代（displace）既有的国内做法和条件。尽管跨国活动家和学者经常赞扬人际关系网建设和动员所发挥的赋能作用，但对这些干预的长期影响理解还不够充分。跨国联系可能

① Colaresi, Michael, and William R. Thompson, "The Economic Development-Democratization Relationship: Does the Outside World Matter?" *Comparative Political Studies*, Vol. 36, No. 4, May 2003, pp. 381–403.

② Valerie Bunce, "Democracy and Diversity in the Developing World: The American Experience with Democracy Promotion," June 26, 2005 (http://www.apsanet.org/imgtest/TaskForceDiffIneqDevBunce.pdf).

③ Diane Ethier, "Is Democracy Promotion Effective? Comparing Conditionality and Incentives," *Democratization*, Vol. 10, No. 1, 2003, pp. 99–120. 所谓制约性战略（Conditionality），指的是外部行为体要求一个主权国家在获得已承诺的好处之前建立或巩固民主，如果它不能满足外部行为体的要求将会受到制裁或被剥夺可预见的奖励。所谓激励性战略（Incentives）指的是，为说服、鼓励或帮助一个主权国家在未来进行民主改革，一国或多国政府为其提供免费的好处（财政援助、装备、建议、联盟等）。

会使国内活动家无法在国内建立联盟，或者从整体上削弱他们的合法性。①

第四，"扩展民主"的局限，还体现在民主化在对象国可能产生的消极后果。

担任《外交事务》杂志前主编的印度裔美国学者法里德·扎卡里亚道出了在缺乏宪政自由主义背景的情况下，一个国家的民主化可能造成的问题。他说，成熟的自由民主国家往往能够在不使用暴力和恐怖手段的情况解决种族分裂问题，也能够与其他自由民主国家和平地生活在一起。但在没有宪政自由主义背景的情况下，在分裂的社会中引入民主实际上已激起了民族主义、种族冲突甚至战争。选举要求政治人物竞争人民的选票。在没有多种族集团或者同化的强大传统的社会里，很容易按照人种、种族或者宗教界线组织起支持。一旦一个种族集团掌握权力，它就倾向于排除其他种族集团。② 所有这些都已为冷战结束以来的历史事件所证明。这也充分表明，在缺乏民主传统的国家里，民主的巩固需要较长的时间，因为民主素养和民主精神需要相当长的时间才能培养起来，民主作为一种思维方式为整个社会所接受也需要时间。

（二）学术界关于美国对外"扩展民主"问题的研究

自冷战后期以来，历届美国政府都把对外"扩展民主"作为其外交政策的重要内容。但在冷战结束之后，美国学术界才较多地关注这一问题，围绕美国为何要对外扩展民主及应该如何扩展民主等问题进行了研究和争论。

第一，美国为何要对外扩展民主？总的看来，对这一问题的解释可归结为两种：一种诉诸美国的道德理想追求；另一种诉诸美国的现实利益追求。

关于美国对外"扩展民主"的道德理想追求，人们往往会追溯到美国人"使命意识"的起源。早在美国作为一个国家诞生之前很久，民主就开始在这块土地发展了。早期移民新大陆的清教徒怀有一种宗教理想，就是要把新大陆建成一座"山巅之城"，成为"自由"的灯塔。这种理想

---

① Hans Peter Schmitz, "Domestic and Transnational Perspectives on Democratization," *International Studies Review*, Vol. 6, No. 3, September 2004, pp. 403 – 426.

② Fareed Zakaria, "The Rise of Illiberal Democracy," *Foreign Affairs*, Vol. 76, No. 6, Nov/Dec 1997, p. 35.

在美国文化传统中逐步溶化为一种积极向外扩展民主和自由的精神冲动，也是蕴含在美利坚文明中的一种道德理想追求。与对现实利益的追求不同，这种道德理想追求是时隐时现、时强时弱的；同时，它与现实利益追求时而相融，时而矛盾。冷战时期，对外扩展民主有时会被认为是不符合美国的现实利益的，因此有人就反对不顾现实利益而主动推动其他国家的民主化。学界、政界对于要不要对外推动民主，曾存在激烈争论。因此，在对外扩展民主这个问题上，美国也就经常表现出"双重标准"和看上去有些矛盾的行为。

　　在现实利益追求这一层面上，可以把"民主和平论"看作美国对外"扩展民主"的重要理论基础。冷战结束前后，国际格局发生巨变，世界范围内民主化浪潮进一步发展。美国学界和政界对于对外"扩展民主"这一问题的论述也发生了变化，道德理想追求与现实利益追求无论在官方的文件中还是在学者的论著中都成为一体的了。"民主和平论"成为风潮，"扩展民主"也被论述为美国大战略的组成部分。①

　　尽管对外"扩展民主"已成为美国政府官员的口头禅，但具有批判意识的学者却更强调美国扩展民主背后的意图。如，俄亥俄州立大学政治学系兰德尔·施韦勒（Randall L. Schweller）教授认为，美国人可能对维持美国的霸权而非对推进民主本身更感兴趣。② 威尔士大学（阿伯斯威）国际政治系教授史蒂夫·史密斯（Steve Smith）也认为，美国在历史上是在有助于削弱苏联政权的时候才支持民主的，它同样也愿意削弱那些倾向于苏联的土生土长的民主政权；扩展民主并未成为 20 世纪美国外交政策的一个目标；即便它在其他国家推动民主时，也是在支持其他更重要的政策目标。③ 也有一些学者批评克林顿总统任内口头上高喊"扩展民主"，行动上积极扩张经济利益，把经济利益追求置于比扩展民主高得多的位置上。

---

　　① G. John Ikenberry, "America's Liberal Grand Strategy: Democracy and National Security in the Post-War Era," in Michael Cox et al. eds., *American Democracy Promotion: Impulse, Strategies, and Impacts*, New York: Oxford University Press, 2000, pp. 103 – 126.

　　② Randall L. Schweller, "US Democracy Promotion: Realist Reflections," in Michael Cox et al. eds., *American Democracy Promotion: Impulse, Strategies, and Impacts*, New York: Oxford University Press, 2000, pp. 60 – 62.

　　③ Steve Smith, "US Democracy Promotion: Critical Questions," in Michael Cox et al. eds., *American Democracy Promotion: Impulse, Strategies, and Impacts*, New York: Oxford University Press, 2000, pp. 65 – 66.

但对比冷战结束前后历届美国政府在对待对外"扩展民主"这个问题上的基本态度和基本政策，可以大致得出这样的结论：冷战结束后的美国政府越来越把"扩展民主"视为美国重要的国家利益，因而对外"扩展民主"也成为其重要对外政策目标。

第二，美国应该如何"扩展民主"？

美国学术界对于美国"扩展民主"之政策或做法的批评，并是反对它这么做，而更多是反思美国在这方面的做法存在的问题。在研究美国对外"扩展民主"这一问题的论著中，有些研究批评了美国的政策，指出了美国对外"扩展民主"面临的问题与挑战，并提出了一些有针对性的建议。

比如，法里德·扎卡里亚针对很多选举产生的政府滥用权力、压制人权的状况提出，"应该用与宪政自由主义相关的标准来衡量政府。经济自由、公民自由和宗教自由处于人类自主权和尊严的核心位置。如果一个政府，拥有有限的民主，但却在逐步扩大这些自由，那就不应给它加上独裁的污名。"① 他认为，面对非自由主义习惯逐步扩张的情形，国际社会，最重要的是美国，能够发挥的最大作用是在民主已扎根的地方巩固民主，并在全球促进宪政自由主义的逐步发展，而不是寻找新土地进行民主化，在新地方举行选举。② 时任克林顿政府负责民主、人权及劳工问题助理国务卿的约翰·沙特克（John Shattuck）和当时的美国国际开发署署长 F. 布赖恩·阿特伍德（F. Brian Atwood）在美国《外交》杂志撰文批评扎卡里亚的说法有三个错误：第一，曲解了美国当前的民主援助，仅视之为推动选举；第二，低估了表面慈善的专制政权的政治压制；第三，使用有问题的证据来说明"民主化"加剧了而不是降低了社会紧张。③ 他们认为，"民主化是一个长期和复杂的斗争过程，经常伴随着前进和倒退。选举只是发展民主的文化的一部分，当然不是医治被冲突撕裂的社会或被贫困或经济危机摧毁的国家的万能良药。但这并不意味着美国应该放弃在国外推动选举

---

① Fareed Zakaria, "The Rise of Illiberal Democracy," *Foreign Affairs*, Vol. 76, No. 6, Nov/Dec 1997, pp. 40 – 41.

② Fareed Zakaria, "The Rise of Illiberal Democracy," *Foreign Affairs*, Vol. 76, No. 6, Nov/Dec 1997, pp. 42 – 43.

③ John Shattuck & F. Brian Atwood, "Defending Democracy: Why Democrats Trump Autocrats," *Foreign Affairs*, Vol. 77, No. 2, 1998, p. 167.

的努力；而是意味着应该在任何有可能的机会的地方以各种方式提供长期援助，以支持公民社会、基本自由、法治及民主文化的发展"。①

很多学者认为，强加的民主难以有效运作。拉里·戴蒙德说："'扩展民主'并不意味着'输出'民主。除了极少数情况下，强加了外国模式的民主是不能有效运作的，美国式民主的很多特点不适应贫穷、不稳定和分裂的国家。美国人也不能在没有民主的地方强加一种民主的偏好。"②美国以军事干预形式"扩展民主"，其效果可能就更令人怀疑了。北得克萨斯大学政治学系的詹姆斯·米尔尼克（James Meernik）在研究美国的军事干预与被干预国家的民主发展之间关系时也发现，在大多数被干预的国家，美国的军事干预似乎并未导致其民主水平的提高，大多数国家还维持在其当时的民主层次上。不过，对受到干预和未受干预的国家之间的比较则表明，前者更可能经历民主增长。③

美国以怎样的方式对外"扩展民主"才是最好的呢？巴德学院政治学副教授奥马尔·G. 恩卡纳西翁（Omar G. Encarnación）指出，美国对外推进民主的经验表明，在其强制性的、笨拙的方法受到制约、并把精力集中在推动建立使其他国家能够按照其自由意志拥抱民主的条件时，美国的这种使命才是最有效的。④ 密西西比州立大学历史系副教授威廉·A. 海认为："对美国来说，在国外引导政治改变的更好的方式是，改革现存的结构和政治制度，以确保在相互竞争的集团之间实现基本平衡，加强这些结构和制度使之能够促进改变，以及推动公民社会发展等。这种方式在短期内不可能产生引人注目的结果，但与在全世界扩展民主的宏大项目相比，它能更好地服务于美国的利益。"⑤ 威尔士大学（阿伯斯威）国际政治系教授迈克尔·考克斯（Michael Cox）更强调美国国内因素对其"民主扩展"活动的影响。他认为，只要美国经济富有活力、文化具有多样

① John Shattuck & F. Brian Atwood, "Defending Democracy: Why Democrats Trump Autocrats," *Foreign Affairs*, Vol. 77, No. 2, 1998, pp. 169–70.

② Larry Diamond, "Promoting Democracy," *Foreign Policy*, No. 87, 1992, pp. 27–28.

③ James Meernik, "United States Military Intervention and the Promotion of Democracy," *Journal of Peace Research*, Vol. 33, No. 4, November 1996, pp. 391–420.

④ Omar G. Encarnación, "The Follies of Democratic Imperialism," *World Policy Journal*, Vol. 22, No. 1, 2005, pp. 47–60.

⑤ William A. Hay, "What Is Democracy? Liberal Institutions and Stability in Changing Societies," *Orbis*, Vol. 50, No. 1, Winter 2006, p. 151.

性、政治制度富有生命力，就可以对世界的其他地方产生巨大的影响力……美国推进民主的成功，最终更多取决于美国作为一个国家兑现其承诺的能力，而非其投入到其政策中的金钱的数量。如果它能够继续这样做，它在国外的活动就可能是成功的；如果不能继续这样做，推进民主作为大战略可能达不到其支持者所提出的目标，也就是，让世界变得更安全、更和平。① 在美国政治学家弗朗西斯·福山（Francis Fukuyama）看来，美国实际上并未在任何地方促进民主，是那些想生活在民主社会里的人在促进民主；美国只能在攸关成败的关键时刻瞅准时机提供帮助，促进民主是它不能真正掌控的过程。②

三 学术界关于印尼民主化问题的研究

学术界对印尼民主化问题的研究主要集中在印尼政治发展本身，涉及印尼政治转型进程的启动、制度改革、选举政治、军政关系改革、司法制度改革、分权改革以及公民社会发展等各个方面。对于外部因素在印尼政治转型进程中的作用，学术界也有所关注。

（一）关于印尼政治发展的研究

第一，关于印尼民主化进程的启动

关于印尼民主化进程的启动，学术界的讨论可分为两个方面：一个是其民主化进程启动的内因，另一个是外因。关于内因，已有研究成果主要讨论了苏哈托统治后期政治上的反对派的发展、政治伊斯兰的兴起、苏哈托对军队控制力的降低、公民社会组织的发展等。关于外因，从近因看，学者们强调较多的是亚洲金融危机的影响；从远因看，经常被强调的因素有菲律宾"人民力量"运动、苏联东欧的剧变、泰国的民主运动等对印尼的示范效应。印尼的政治转型进程在1998年正式开启，既有内部因素的决定作用，也有外因的推动和刺激。学术界在这一问题上强调的侧重点虽有所不同，但都不否认内外因素在其中的作用。

瑞典隆德大学副教授安德斯·尤林（Anders Uhlin）认为，"印尼争

---

① Michael Cox, "Wilsonianism Resurgent? The Clinton Administration and the Promotion of Democracy," in Michael Cox, G. John Ikenberry & Takashi Inoguchi eds. , *American Democracy Promotion: Impulse, Strategies, and Impacts*, New York: Oxford University Press, 2000, p. 239.

② Francis Fukuyama, "Do We Really Know How to Promote Democracy?", speech at New York Democracy Forum, May 24, 2005 (http://www.fpa.org/usr_ doc/Francis_ Fukuyama.pdf).

取民主的斗争主要是受到国内形势的刺激和推动，而不是受到外部力量的操纵……外部影响作为一种刺激之源在表明改变有可能发生时似乎是非常重要的。这种鼓励性的影响可能比传播关于民主和民主化的具体思想更为重要。外部影响应该被视为印尼最近日益增加的民主要求的重要刺激和催化剂。然而，国内因素——如更强大的工人阶级和中产阶级的出现、统治精英内部的冲突，更不用说无数活动家和知识分子在柏林墙倒塌和菲律宾的'人民力量'出现之前的反对独裁的活动——很可能是当代印尼争取民主的非常激烈的斗争背后更重要的问题。没有这些'准备'，最近世界上其他地方发生的民主斗争的示范效应就不可能在印尼引起积极的反应。"① 丹麦北欧亚洲研究所高级研究员蒂莫·基维马克（Timo Kivimaki）则更强调外部因素对开启印尼民主化进程所发挥的作用。他说："尽管任何民主化过程都主要是公民社会压力所造成的结果，但说国际社会在印尼转型中发挥了重要作用，应该是公平的。一方面，政治剧变是由燃油价格的上升引起的，而这又是国际货币基金组织一揽子救援方案中设定的计划。另外，遵守该一揽子方案中的这一特定内容，也是美国坚持的。第二，精英阶层的抗议行动主要是受到经济问题和以辞职抗议苏哈托经济政策的'部长叛乱'的驱动，是在国际货币基金组织印尼首席对话者、经济发展协调部长吉南加尔·卡尔塔萨斯米塔（ Ginandjar Kartasasmita）领导下展开的。美国对经济上的'必要性'（necessities）的自由主义的解释，在那一刻很容易通过印尼所有经济技术专家，特别是通过吉南加尔·卡尔塔萨斯米塔，融入印尼精英的思维之中。"②

1997 年的亚洲金融危机在马来西亚和印尼都引发了政治动员，但其结果却截然不同：在竞争性选举威权主义的马来西亚，改良主义（reformism）采取的大致是一种选举路线，进行了边缘性、自上而下的制度性变革，促进了民主规范。而在印尼，支配性（hegemonic）选举威权主义政权被突然爆发的、受到精英派系分裂鼓励的草根性抗议活动推翻。美国东西方中心研究员梅雷迪斯·L.韦斯（Meredith L. Weiss）博士比较了马来西亚和印尼的改革进程，认为与不够开放的制度相比，相对来说更民主的

① Anders Uhlin, *Indonesia and the "Third Wave of Democratization"*: *The Indonesian Pro-democracy Movement in a Changing World*, New York: St. Martin's Press, 1997, p. 239.

② Timo Kivimaki, "U. S. -Indonesian Relations during the Economic Crisis: Where has Indonesia's Bargaining Power Gone", *Contemporary Southeast Asia*, Vol. 22, No. 3, December 2000, p. 542.

制度可以为自发的挑战者提供更大空间，进行长期的组织和动员。特别是，在更民主的制度下，公民社会组织可以积聚社会资本及与之类似的组织层次的联盟资本（coalitional capital），促进动员。这样的政权比更独裁的政权能更好地遏制或缓和反抗，后者更容易突然崩溃（尽管其政治上的反对力量是分裂的），并在随后的民主巩固过程中面临严重的障碍。①

俄亥俄大学政治学系助理教授迈克·马利（Michael Malley）的研究也表明了政治上反对派的虚弱对印尼民主转型的影响。他认为，苏哈托政权的迅速崩溃和反政权力量的虚弱，使得政权捍卫者能够运用其对转型话语的广泛影响力，以保护实质性的独裁权力。印尼的转型很可能会因而被拖延。因为，这种转型发生时，政权挑战者尚未做好准备，以利用独裁政权倒台提供的时机。他们缺少准备可能不会避免转型发生，但却可能限制转型发生的程度。因而，在举行民主选举之后，依然还会有紧张的冲突。②

这些研究表明，转型前印尼的政治体制、各种社会力量的互动，特别是反对派力量的发展等决定了印尼民主转型的方式、民主化的道路。当然，这些研究也都不同程度地承认外部因素对印尼开启民主化进程所起到的作用。

第二，对印尼政党与选举政治的研究

发达国家和发展中国家政治的一个重要差别是政党体制的制度化水平。一个国家的政党体制的制度化水平越低，往往会伴随着低水平的责任承担和不稳定的治理。政党的发展水平和制度化水平，既对政治选举有重要影响，也对选举之间的治理有重要影响。印尼政党及选举政治也是一些研究印尼民主化及政治发展问题的学者关注的重要问题。

北加利福尼亚大学助理教授佩奇·约翰逊·坦（Paige Johnson Tan）运用斯科特·梅因沃林（Scott Mainwaring）和蒂莫西·斯卡利（Timothy Scully）提出的政党体制制度化框架③，分析了苏哈托下台后的七年里印尼政党的表现，认为印尼政党及政党体制优缺点并存，政党组织还缺乏稳

---

① Meredith L. Weiss, "What a Little Democracy Can Do: Comparing Trajectories of Reform in Malaysia and Indonesia", *Democratization*, Vol. 14, No. 1, February 2007, pp. 26 – 43.

② Michael Malley, "Beyond Democratic Elections: Indonesia Embarks on a Protracted Transition," *Democratization*, Vol. 7, No. 3, 2000, pp. 153 – 80.

③ Scott Mainwaring & Timothy R. Scully, *Building Democratic Institutions: Party Systems in Latin America*, Stanford: Stanford University Press, 1995.

定的结构和系统性，未实现制度化，其合法性受到破坏。总的看来，由于总统和地方领导人直选中个人魅力所起的压倒性作用，2004 年选举和2005 年地方选举表明印尼政党和政党制度进一步走向非制度化。民主确实可能是唯一可行的制度，但其运作却是不稳定的。不过，由于选民运用其权力奖励和惩罚政党和政治领导人，它们在责任承担方面还是有一些改善的。总的看来，政党不被信任，但选举本身却受到尊重，民众对选举的总体印象是非常正面的。①

还有一些学者研究了伊斯兰政党和世俗政党在印尼几次重大选举中的表现，以此说明：政治伊斯兰在印尼政治中仍然处于少数地位。事实确实表明，在两次选举中，世俗民族主义政党都占有大多数，伊斯兰政党保持少数。而且，在 2004 年的议会选举中，伊斯兰教根本不是问题。绝大多数印尼穆斯林更关心复兴经济，根除腐败，实现社会稳定，而不是实施伊斯兰教法。议会内不是以世俗政党和伊斯兰政党画线的，而是以全国联盟和人民联盟画线的。前者主要由世俗政党组成，但后者也有世俗政党，而且一些由穆斯林组成的政党也以"潘查希拉"（Pancasila）作为其意识形态。② 绝大多数研究印尼选举问题的学者也都认为，印尼的几次重要选举基本上是在和平的气氛下举行的，选举本身是自由的、公正的。

印尼全国性立法机构选举和总统选举是研究印尼政治发展的学者关注的一个重点问题，但也有学者考察了印尼的地方选举。如，韩国西江大学东亚研究所访问研究员崔暖炯（Nankyung Choi）通过研究地方议会议员在 2001 年日惹（Yogyakarta）市长选举中的非民主行为和腐败行为，指出印尼虽然经历了民主改革，但"金钱政治"仍然操纵着政治进程。③

第三，关于伊斯兰教及穆斯林组织在印尼政治发展中的作用

伊斯兰教在印尼民主发展中的作用非常独特。印尼是一个穆斯林人口占绝大多数的国家，伊斯兰教在印尼社会政治生活的影响巨大。人们大都对政治伊斯兰在印尼的崛起，特别是极端穆斯林团体的发展感到担忧。但

---

① Paige Johnson Tan, "Indonesia Seven Years after Soeharto: Party System Institutionalization in a New Democracy", in *Contemporary Southeast Asia*, Vol. 28, No. 1 (2006), pp. 88 – 114

② Aris Ananta, Evi Nurvidya Arifin & Leo Suryadinata, *Emerging Democracy in Indonesia*, Singapore: Institute for Southeast Asian Studies, 2005, pp. 34 – 35.

③ Nankyung Choi, "Local Elections and Party Politics in Post-Reformasi Indonesia: A View from Yogyakarta," *Contemporary Southeast Asia*, Vol. 26, No. 2, 2004, pp. 280 – 302.

很多学者的研究都注意到，印尼伊斯兰势力的发展对印尼民主发展也起到了推动作用。亚利桑那州立大学马克·伍德沃德（Mark Woodward）副教授在《印度尼西亚、伊斯兰教及民主的前景》一文中说，印尼不是只有一种伊斯兰教，而是有多种，它们对伊斯兰教法、民主和多元主义持不同的态度①；穆斯林教育的扩展以及对伊斯兰教在现代世俗世界体系中作用的思考，极大地促进了 1997 年经济危机之后作为一支重要政治力量的民主运动的发展。② 印尼人民协商会议前主席阿米安·赖斯（Amien Rais）曾表示，伊斯兰运动和组织确实在导致前政权倒台的抗议和示威中发挥了重要作用。他们提供了领导者和追随者，参加了反对政府的集会和示威。③ 印尼战略与国际研究中心高级研究员和共同创始人尤素福·瓦南迪（Jusuf Wanandi）也认为，尽管存在由某些极端穆斯林组织引起的问题，但印尼温和、主流的伊斯兰教的现代化在继续发展并不断扩展。年轻的穆斯林领导人和学者的出现，将极大地有助于实现一个民主与和平的印尼。④ 亚洲基金会"印尼伊斯兰教与市民社会项目"主任罗宾·布什（Robin Bush）博士也认为，没有伊斯兰教，最近几年印尼的民主运动就不可能得以发展。以民众为基础的穆斯林组织，为在其成员中传播民主观念发挥了关键作用，并在选民教育和 1999 到 2004 年选举过程中的选举监督中发挥了重要作用。⑤

　　第四，关于军政关系改革、分权改革等问题的研究

　　军政关系改革和分权改革，都是印尼政治转型的重要组成部分，对印尼政治发展进程也有至关重要的影响。这些问题都引起了学术界的关注。如，匹兹堡大学亚洲研究中心主任希德哈斯·钱德拉（Siddharth Chandra）和新加坡国立大学助理教授道格拉斯·坎曼（Douglas Kammen）对 1998 年

---

　　① Bahtiar Effendy 也有类似看法。见 Bahtiar Effendy, *Islam and the State in Indonesia*, Singapore: Institute of Southeast Asian Studies, 2003, pp. 222 – 3.

　　② Mark Woodward, "Indonesia, Islam, and the Prospect for Democracy", *SAIS Review*, Vol. XXI, No. 2, Summer-Fall 2001, p. 29.

　　③ Amien Rais, "Islam and Politics in Contemporary Indonesia," in Forrester, Geoff, ed., *Post-Suharto Indonesia: Renewal or Chaos?* Singapore: ISEAS, 1999, pp. 198 – 202.

　　④ Jusuf Wanandi, "Islam in Indonesia: Its History, Development and Future Challenges", *Asia-Pacific Review*, Vol. 9, No. 2, 2002, pp. 104 – 112.

　　⑤ Robin Bush, "Muslim Civil Society and Democracy", April 26, 2005 (https://usindo.org/briefs/muslim-civil-society-and-democracy/).

5 月苏哈托统治结束到 2001 年 7 月间梅加瓦蒂·苏加诺普翠（Megawati Soekarnoputri）当选总统这段时间印尼军队的表现进行了深入研究，并比较、分析了印尼、加纳、尼日利亚、葡萄牙和泰国的军队，突出了政权转移期间内部组织因素对军队行为的决定作用。文章认为，政治转型的分析必须考虑军方作为一个独立变量的内部动力，而且在很多情况下，内部动力是一个非常重要的变量。在印尼，支持维持现状的军官与支持改革的军官是以不同职业预期为基础的，更高级的军官不愿意放弃其职位和影响，而更低级的军官希望通过领导改革和重新界定军政关系来获取利益。[①]

印尼 SMERU 研究所高级研究员沙伊库·乌斯曼考察了印尼 10 个省的 13 个区为分权改革所做的准备、最初采取的一些措施，以及在地方政府管理分权改革过程中出现的一些重要问题，其中重点关注的问题有两个：第一，地方政府管理其新的权力与责任的内部程序；第二，各地区在地方自治之下制定公共政策的过程能否反映透明、善治及民主的精神。[②]

还有学者研究了印尼政治转型进程中所面临的挑战与问题。如，奥斯陆大学政治学与发展研究教授奥勒·特恩奎斯特（Olle Törnquist）评估了印尼的民主发展，认为存在这样几个问题：（1）印尼民主发展有两面性，有自由但又缺乏民主，一方面印尼实现民主是可能的，而且也不仅仅是表面现象，另一方面，它还存在严重的民主赤字，甚至有危机的迹象；（2）印尼有选举但缺乏代表性，除组党自由和选举外，所有推动直接或间接代表性的机构表现都非常糟糕；参与自由和公正的选举的主要是缺乏代表性和不能对民众诉求迅速做出反应的政党和政治人物；政党为金钱政治和强大的既得利益所操纵；（3）民主化进程因精英阶层垄断权力、建立寡头民主而被阻滞，推动民主的团体和民众诉求被边缘化了。[③]

---

① Siddhart Chandra & Douglas Kammen, "Generating Reforms and Reforming Generations: Military Politics in Indonesia's Democratic Transition and Consolidation," *World Politics*, Vol. 55, No. 1, October 2002, p. 126.

② Syaikhu Usman, "Indonesia's Decentralization Policy: Initial Experiences and Emerging Problems", A Paper Prepared for the Third EUROSEAS Conference Panel on Decentralization and Democratization in Southeast Asia, London, September 2001 (https://www.smeru.or.id/sites/default/files/publication/euroseasexperience.pdf).

③ Olle Törnquist, "Assessing Democracy from Below: A Framework and Indonesian Pilot Study", in *Democratization*, Vol. 13, No. 2, 2006, pp. 244 – 8.

（二）关于外部因素对印尼民主化进程的影响

除关注外部因素对印尼民主化进程的启动的影响外，学术界对外部因素对印尼的民主发展与巩固的影响也有所研究。这些研究主要考察了国际援助对印尼民主发展的影响。如，加利福尼亚大学政治学助理教授安尼特·克利尔（Annette Clear）通过分析印尼 1999 年 6 月的议会选举，研究了国际援助与民主发展之间的关系。国际捐助者为此次议会选举提供了技术援助，联合国开发计划署作为国际捐助者共同体的协调者发挥了重要作用。该文认为，印尼已制定了新的政治和选举法律，但通过帮助印尼实施其新的政治性法律及管理 1999 年 6 月的大选，国际捐助者已帮助它实现了这些重要的政治改革。① 耶鲁大学政治学高级研究员哈里·布莱尔（Harry Blair）评估了美国国际开发署在印尼和菲律宾开展的市民社会项目的影响，包括参与、责任承担及竞争等对民主至关重要的内容。他认为外国捐助者的援助，对增强公民社会组织代表边缘化选民之利益的能力发挥了积极作用。②

苏哈托下台，为国际行为体卷入印尼的政治改革进程提供了机会。一些多边和双边发展机构把"治理改革"作为其在印尼优先关注的问题。2000 年 10 月，联合国开发计划署、世界银行和亚洲开发银行（ADB）发动建立了印尼"治理改革伙伴关系"项目。英国利兹大学大学政治学与国际问题研究所高级讲师戈登·克劳福德（Gordon Crawford）和印尼万隆天主教大学国际关系讲师尤利尤斯·P. 赫马万（Yulius P. Hermawan）分析了关于"伙伴关系"和"国家所有权"（national ownership）的神话，也对国际组织不愿放弃控制治理改革活动的表现进行了分析。他们认为，"伙伴关系"和"国家所有权"的说辞，是国际机构的战略走向的一部分，这使得它们对主权国家的政治和经济改革的干预被伪装起来，同时获得了更大的合法性；这些国际组织通过"治理改革伙伴关系"有效地实施了它们自己的改革议程，其本身与经济自由化而非民主的政治改革的关系更为密切。③

---

① Annette Clear, "International Donors and Indonesian Democracy," *Brown Journal of World Affairs*, Vol. 9, No. 1, 2002, pp. 141 – 155.

② Harry Blair, "Assessing civil society impact for democracy programmes: using an advocacy scale in Indonesia and the Philippines," *Democratization*, Vol. 11, No. 1, 2004, pp. 77 – 103.

③ Gordon Crawford& Yulius P. Hermawan, "Whose Agenda? 'Partnership' And International Assistance to Democratization and Governance Reform in Indonesia," *Contemporary Southeast Asia*, Vol. 24, No. 2, 2002, pp. 203 – 229.

总的看来，学术界对印尼民主化问题的研究主要集中于印尼民主化进程本身及其中存在的问题，而对外部因素对印尼民主化的影响，相对较少。对美国推动印尼民主发展的活动，有一些介绍性、描述性文章；对美国在印尼民主化进程中所起的作用，缺乏系统、全面和深入的学术性研究。这正是本书要完成的任务。

第三节　分析框架

上述对学术界关于"民主""民主化""民主转型"及"民主巩固"等基本概念和相关问题研究状况的部分文献综述，基本厘清了这些概念的含义，为评价印尼民主化进程及民主巩固程度确立了大致的标准，为评价美国对印尼政治转型进程的影响提供了参照，也为本书的研究提供了理论支撑和方法论指导，确立了本书初步的分析框架。

本书是在广义上使用"民主"这一概念的，它既包含程序性定义的内容，也包括目的性界定的内容；它既是一套制度安排，也是一种价值观念和思维方式。

"民主化"是一个过程。根据学术界对民主化进程的阶段划分，理论上也可以把印尼的政治转型进程划分为三个阶段：（1）开放及自由化阶段，也就是为"民主化"做准备的阶段，这在 20 世纪 80 年代到 90 年代中期一直在发展；（2）"民主化"的突破与民主转型阶段，亚洲金融危机引发印尼全面的社会政治危机，苏哈托下台正式开启了印尼政治转型进程，也开始了印尼的"改革"时代；（3）民主巩固阶段，包括政治制度改革的深化、政党发展、司法改革、公民社会发展、媒体发展等。在第一个阶段，美国开展了一些所谓"为民主化做准备"的项目和活动。这些活动主要是由美国国际开发署及其合作伙伴，如亚洲基金会等开展的。但整体而言，在第一阶段，美国推动印尼民主发展的力度和规模远不及印尼政治转型进程正式启动之后。

由于其民主发展及政治转型的复杂性，实际上很难把印尼的民主转型与巩固阶段截然分开，因此，本书不打算按照学术界关于民主化进程的阶段划分，逐一考察美国在印尼政治转型进程各阶段的影响，而是重点考察美国对印尼政治转型进程的启动及印尼选举政治发展、军政关系改革、分权改革与地方治理这几个关键领域民主改革所采取的政策、实施的行动、发挥的作用。

一　本书的分析框架和主要内容如下

第一章，分析美国支持和推动印尼政治转型进程的动力。首先，分析美国在全球"扩展民主"的意识形态根源（或所谓"道德理想"追求）和现实利益追求；其次，分析美国积极推动印尼政治转型进程的利益追求。同时，本章还考察了美国对外"扩展民主"的制度安排，简单介绍参与美国对外"扩展民主"之努力的政府机构和非政府组织等，也对美国对外"扩展民主"的方式进行简单介绍。

第二章，考察亚洲金融危机与印尼政治转型进程的启动。首先，对亚洲金融危机及其对印尼的影响做一简单的历史回顾，以便为理解美国在印尼开启政治转型进程中的作用做出铺垫；其次，重点分析美国在印尼政治转型进程的启动中所发挥的作用；最后，简单回顾印尼的政治转型进程，并分析这一进程所取得的进展和所面临的问题与挑战。美国对印尼民主发展的支持和援助，正是针对这些问题和挑战展开的。

第三章，分析美国对印尼选举政治发展的支持和援助。主要是以印尼1999年和2004年的立法机构及总统选举为中心，重点考察了美国在印尼开展的选举援助活动、选民教育活动、选举监督活动及支持印尼政党发展的活动。

第四章，分析美国为推动印尼军政关系改革所采取的政策、开展的活动及所发挥的作用。首先，简要回顾了政治转型之前印尼的军政关系，分析政治转型时代印尼军政关系改革面临的挑战与问题；其次，深入、细致地考察美国为印尼军政关系改革提供的援助和支持；最后，对美国的作用做出评估。

第五章，论述了美国对印尼分权改革及地方民主治理的支持与援助。本章首先简单介绍了印尼在政治转型进程中开展的分权改革，并分析了其分权改革存在的问题及地方民主治理所面临的挑战；其次，重点分析了美国印尼分权改革及地方民主治理的援助和支持，包括美国在印尼开展的各种援助项目等。

本书"结论"部分指出了分析美国对印尼政治转型进程的影响时应注意的问题，对美国在印尼政治转型进程中所发挥的作用做出了初步评估，分析了美国能对印尼民主发展与巩固产生影响的条件，并点出了美国在印尼"扩展民主"的活动对中国的战略意涵。

　　最后需要说明的是，本书主要考察的是"美国作为一个外部因素对印尼政治转型进程的影响"，这里所说的"美国"不是单纯的一个国家，而是一个社会。① 作为一个社会，在政府以外，"美国"还存在着强大公民社会力量。因此，本书在考察美国对印尼政治转型进程的影响时，既关注美国作为一个国家在政府层面上对印尼政治转型进程施加的影响，也关注美国的公民社会组织在其中所发挥的重要作用。本书在论证美国对印尼政治转型进程的影响时，对很多问题（如，对印尼选举政治发展、军政关系改革、分权改革与地方民主治理等的支持等）的分析和论述也都会强调美国公民社会组织在其中发挥的作用。

二　本书的创新点和不足之处

　　学术创新是每个有学术理想的学者的内在追求，但真正做出有意义学术创新实非易事。与政治转型相关的学术研究，在国际学术界可谓汗牛充栋，关于"民主""民主化""民主转型""民主巩固"等的理论研究及相关的实证研究都是如此。但限于笔者学术积累之薄弱，本书无法对相关理论问题做出全面的把握，做出真正有意义的理论创新。如果说本书对学术还有点贡献的话，主要在于选题。从1997年亚洲金融危机开启印尼政治转型进程，到2009年印尼总统大选，印尼已经完成了民主转型，基本实现了民主巩固。"研究综述"部分已表明，学术界对与印尼政治转型进程有关的问题、特别是关于印尼内部政治发展等问题的研究成果比较多，但对外部因素在印尼政治转型进程的启动及印尼的民主发展与巩固中的作用的研究比较少。目前国内外学术界尚无深入、全面、细致考察美国对印尼政治转型进程之影响的成果。本书力求尽可能全面、深入地考察美国对印尼政治转型进程的影响，在一定程度上弥补这一缺憾，抛砖引玉。同时，通过对这一问题的研究，本书也力求深化对美国外交政策和外交行为、特别是美国对外"扩展民主"战略的认识，深化对美国亚太战略的认识。整体而言，本书的选题具有一定学术价值。

　　除缺少理论创新外，本书的不足之处还体现在以下几个方面：

---

　　① 王缉思："序言"，载朱世达主编《美国市民社会研究》，中国社会科学出版社2005年版。

　　第一，本书虽试图"全面"考察美国对印尼政治转型进程的影响，但受笔者个人的学术积累、学术视野以及相关研究所需资料之限制，实际上"全面"只能是相对而言，不可能涵盖美国影响印尼政治转型之活动的全部内容，而且对很多问题的研究和考察肯定不够"深入"。只有在对"细节"问题有深入把握的基础上，才有可能实现真正有意义的理论创新和突破。对具体问题考察不够"深入"和"全面"，也是导致本书无法实现理论创新和突破的一个重要原因。

　　第二，由于对对象国（包括美国和印尼）的直观和具体感受之不足，且使用的主要是英文文献，对很多问题的理解不可避免地会受到"文化隔膜"的困扰，因而行文中难免会存在一些表达不够准确的地方。

　　第三，本书的选题属典型的政治学领域的问题，但写作主要采用了历史叙述法，对印尼政治转型中的种种现象缺少更深入的研究，研究方法也存在一定缺陷。研究方法的缺陷造成的后果就是，对美国为推动印尼政治转型而采取的各种行动与印尼政治发展的实际效果（政治转型进程的实际进展）之间的因果关系和逻辑联系的分析和论证可能还不够有力。

第一章

美国推动印度尼西亚
政治转型的动力

很久以来，对外"扩展民主"就是美国外交政策的重要内容，也是美国在全球范围内拓展其国家利益的重要手段。1990 年《美国国家安全战略》报告认为"稳定和安全的世界、支持政治自由、人权和民主制度"是美国的一种持久的利益和目标，把推动"自由、民主的政治制度之发展"视为"人权及经济和社会进步的最佳保障"。① 特别是在冷战结束之后，布什政府、克林顿政府和小布什政府都把"扩展民主"作为其外交政策的重要内容和实现其外交政策目标的重要手段。在 1993 年《美国国家安全战略》报告的序言中，乔治·赫伯特·沃克·布什（George Herbert Walker Bush）总统写道："我们的政策有一个最重要的目标：真正的和平——不是通过恐怖平衡维持的虚幻的和脆弱的和平，而是基于共同价值观的持久的民主的和平。只有在以法治为基础时，这样的和平才能存在……我们希望世界上每个地区都能享有这样的和平和自由，使每个地区自由的人们和自由的经济都能够繁荣昌盛。"② 这份报告提出，通过"接触和领导"（engagement and leadership）战略，美国寻求在世界范围内建立"开放、民主和代议制的政治制度"，支持"开放和民主的制度"，以确保"人权和对每个公民的尊重"，并致力于强化对国际行为规范的尊重；积极推动增加政治参与（特别是在东欧和苏联）符合美国的利益。③ 到克林顿政府时期，美国更是非常明确地把对外"扩展民主"作为其国

---

① White House, National Security Strategy of the United States, March 1990, pp. 1 – 2.
② White House, National Security Strategy of the United States, January 1993, "Preface".
③ White House, National Security Strategy of the United States, January 1993, p. 3.

家战略的一个重要目标。克林顿总统在 1994 年的《美国国家安全战略》报告的序言中概述了新时代美国国家安全战略的三个核心目标，其中之一就是对外扩展民主。① "九·一一"事件之后，乔治·沃克·布什（George Walker Bush）政府还把它视为推动"和平"与反恐的工具。民主被视为其外交政策的基石，实现未来和平与繁荣的关键。② 在其第二任就职演说（2005 年 1 月 20 日）中，布什总统说："自由在我们这块土地上的生存，越来越依赖她在其他国家的成功。在我们的世界里，和平的最大希望就在于自由在整个世界的扩展。"③ 美国 2006 年《国家安全战略报告》开篇一句宣称，美国外交政策目的是"寻求和支持各个国家和每一种文化中的民主运动和制度，最终目标是结束我们世界的暴政。"④

　　美国究竟在冷战后为何如此积极地对外"扩展民主"？国内外学术界对这一问题的研究主要从两个角度解释了美国对外"扩展民主"的行为。一个是用美国的文化传统和意识形态特征来解释美国对外"扩展民主"的行为，认为美国早期历史发展过程中形成的"使命观"是美国积极对外扩展民主的内在精神动力。另一个是从现实国家利益角度来评判美国对外扩张民主的行为，认为对外扩展民主符合并有助于实现美国的国家利益。"民主和平论"当属其中最具代表性的观点。

　　本章主要探讨美国推动印尼政治转型进程的动因。把文化和意识形态视为美国对外积极进行民主扩展的内在精神动因，对于解释美国对外"扩展民主"的具体案例具有普适性；学者们在研究美国在各个地区"扩展民主"的活动时，也都强调这一点。虽然很多研究成果把美国的文化和意识形态视为其对外扩张民主的内在动因，但对于具体案例而言它往往只是远因。因此，本章在分析美国推动印尼政治转型进程的动因时，承认文化和意识形态影响的深刻性和根源性，但不拟对其着墨太多，而是着重分析美国在其中的现实利益考量。

---

① White House, National Security Strategy of the United States, July 1994, "Preface".

② Paula J. Dobriansky, Strategies on Democracy Promotion, Remarks to the Hudson Institute, Washington, DC, June 20, 2005（http: //www. state. gov/g/rls/rm/2005/48394. htm）.

③ George W. Bush, "Second Inaugural Address," Thursday, January 20, 2005（http: //www. bartleby. com/124/pres67. html）.

④ White House, *The National Security Strategy of the United States of America*, March 2006, p. 1.

第一节 对外"扩展民主"与美国的国家利益

一般而言,任何国家的外交政策都是以追求国家利益为目标的。尽管不同的阶层、阶级和团体对国家利益的主观认知差别很大,而且国家利益也常常是与处于统治地位的阶级、集团的利益纠缠在一起的,但用"国家利益"来分析一国的外交政策和外交行为常常是很有解释力的。同时,强调"国家利益"在分析一国外交政策和外交行为时的重要作用,并不排斥文化和意识形态对其外交政策和外交行为的影响。处于统治地位的政治精英,无论它对国家利益的认知与其他阶层的认知差异有多大,也都同样会在很大程度上受其所植根其中的社会的文化观念和意识形态的影响和制约。一个国家的文化和主流的意识形态反映了其基本的价值观念、生活方式、制度认同等等。这都会影响和限定一个国家,特别是其政治精英,在处理与其他国家关系时的是非判断及其对国家利益的界定和认知。

一 对外"扩展民主"与美国的意识形态

从美国对外进行民主扩张的历史来看,其意识形态中的两大要素影响颇深。第一个是美国早期历史发展过程中形成的"例外论"和"天赋使命"观。它从源头上决定了美国的文化传统以及美国人对自己及他者的认知;更为重要的是,这些观念是在美国人早期开拓的历史中形成、发展而来的,与之相伴的是对宗教的虔诚。这种观念已深入到美国人的骨髓之中,为整个美国社会确立一套基本的价值体系和道德原则,因而其影响必然是深刻的。

早期清教徒不辞劳苦来到新大陆,"从表面上看似乎是迫于英国国内不宽容的宗教氛围,但就深层而言,他们中的许多人确实为了信仰而甘愿放弃国内优厚的生活条件来到这块对他们来说还是命运未卜的大陆寻找实现他们宗教理想的'净土'"。[①] 他们自认为是"上帝的选民",遵奉上帝的使命而来,有责任在这里建立一座"山巅之城",为新大陆以外的世界树立一个榜样。在美国历史发展进程中,这种使命观已成为美国人在认识自己的前途、观察和理解外部世界以及认识它与世界的关系时的基本价值

---

① 王晓德:《美国文化与外交》,世界知识出版社 2000 年版,第 24 页。

取向。他们总是试图把美国与世界的前途和命运联系在一起。美国著名社会改革家弗朗西丝·赖特（Frances Wright，1795—1852）在 1828 年 7 月 4 日发表的独立日演说《美国爱国主义的意义》中说："美国人应孕育出一种更高尚的情操，一种与他们的起源更一致，更有助于他们未来改善的情操。特别是美国人应当知道他们为什么热爱自己的国家，应当感到他们热爱自己的国家，不是因为这是他们的国家，而是因为这是人类自由的保障，是人类改善的好景象。"①

立国之初，美利坚合众国力量弱小，且面临英、法两个大国的威胁。美国的这种"使命观"，也只能诉诸一种榜样的力量。早期的开国元勋们也小心翼翼地处理与欧洲大陆国家的关系，以免卷入这些国家的纷争。乔治·华盛顿（George Washington）总统在告别演说中警告说："我们处理外国事务的最重要原则，就是在与它们发展商务关系时，尽量避免与它们发生政治关系……欧洲有一套基本利益，这些利益对于我们毫无或极少关系。欧洲经常发生争执，其原因基本上与我们毫不相干。因此，如果我们卷进欧洲事务，与他们的政治兴衰人为地联系在一起，或与他们友好而结成同盟，或与他们敌对而发生冲突，都是不明智的。"② 托马斯·杰斐逊（Thomas Jefferson）总统在第一任就职演说中也指出，要"与所有国家和平相处，互相通商，并保持诚挚的友谊，但不与任何国家结盟，以免纠缠不清。"③ 在第一次世界大战之前，这种孤立主义情绪一直主导着美国的外交政策和外交行为。他们不愿因卷入欧洲大陆的冲突而危及美国人民选择的新的社会制度和生活方式，而是希望通过为旧世界树立榜样，影响和改变其他国家。

到第一次世界大战开始后，随着实力的不断增强，美国开始越来越多地卷入世界事务。无论是采取孤立主义的政策，还是积极地卷入世界事务之中，美国的外交行为都反映着其早期历史发展过程中形成的基本意识形态和价值取向。只不过在国力强盛的时候，美国对外扩展民主制度和价值

---

① 弗朗西丝·赖特：《美国爱国主义的意义》，载戴安娜·拉维奇编《美国读本：感动过一个国家的文字》，生活·读书·新知三联书店 1995 年版，第 114 页。

② 乔治·华盛顿：《告别演说》，载戴安娜·拉维奇编《美国读本：感动过一个国家的文字》，生活·读书·新知三联书店 1995 年版，第 88—89 页。

③ 托马斯·杰斐逊：《第一任就职演说》，载戴安娜·拉维奇编《美国读本：感动过一个国家的文字》，生活·读书·新知三联书店 1995 年版，第 97 页。

观念的努力已不再仅仅凭借榜样的力量，而是更多运用其实力积极主动地进行推动。特别是在第二次世界大战之后，美国成为世界性强国，并领导西方世界与以苏联为首的社会主义阵营展开"冷战"。对外扩张民主制度和价值观念也开始进入美国政府对外政策的议程之中。美国人的"使命观"与美国的国家实力紧密地融合到一起了。

而把这二者紧密联系起来的，就是美国意识形态的第二个要素：自由主义思想。其核心是政治上的分权制衡，限权政府，定期、公开和自由的选举；经济上的自由企业制度，鼓励自由竞争；崇尚个人主义。这种思想在美国的具体体现就是形成了一套完备的资产阶级民主制度。经过 200 多年的发展，这种基于自由主义的民主制度逐渐进步并日趋完善，且得到美国不同种族和不同文化背景的人的广泛认同，自由主义也成为占主导地位的意识形态。

美国人的"使命观"，通过自由主义思想的制度化和具体化的形式，与美国的实力结合起来，合成为其对外扩张民主的内在动力。如美国著名历史学家丹尼尔·布尔斯廷（Daniel J. Boorstin）所言，正是二十世纪美国的民主制度"成功地使每一个人都成为整个社会的一部分，他们不再仅仅是从外部响应号召，他们已被卷入社会内部，成为社会神秘创造力的一部分……美国的使命似乎不再来自公民个人的自觉选择，而来自一系列规模庞大、速度惊人的全国性项目。"① 植根于美国人心底的"使命意识"，被美国式的民主制度幻化为一种国家抱负，进而融入美国的外交政策和外交行为之中。

塞缪尔·亨廷顿在论及自由主义思想对美国外交与安全政策的影响时说，自由主义在美国意识形态中的主导地位，首先意味着无法在美国外交和安全政策中更强烈地体会到一种保守的或者其他更加有用的哲学；其次意味着美国的自由主义在无法排除这一领域的责任时就试图创造出一种处理国家间关系的自由主义的方法。自由主义在美国意识形态中的这种主导地位在美国外交与安全政策中的一种表现是把其国内政策运用于国际事务。"外交政策问题涉及国家间权力的分配。无法直接解决这些问题，自由主义就试图把对外政策和安全问题简化为它能够有效应对的国内说

---

① ［美］丹尼尔·布尔斯廷：《美国人：民主历程》，中国对外翻译出版公司译，生活·读书·新知三联书店 1993 年版，第 629—30 页。

辞……美国人成功地促使采取一系列的内部改革作为解决国际问题的办法。普遍接受共和制形式的政府，国际自由贸易，落后地区的工业化，消除贫困，仲裁条约，国际法院（World Court），宣布战争为非法，公开达成盟约，国家间密切的文化联系等在不同时刻都曾被认为对美国的外交政策是非常重要的。在支持这些改革时，美国的自由主义试图把其国内的成功转换到国际关系之中。"① 这种转换已非常明显地体现在美国在发展中国家推进民主的活动之中。这些活动也都是以自由、个人和公民自由、民有、民享、民治政府等理想为基础的；这些价值也正是美国的立国基础，体现在美国社会和政治生活的方方面面。②

作为美国人深层价值观念基础的"天赋使命"观和集中反映美国社会政治现实的自由主义思想，基本上决定了美国政治精英阶层的世界观，限定了他们对美国国家利益认知的限度和范围——在观念上，对外"扩展民主"成为其重要的国家利益；在实践中，对外"扩展民主"成为美国实现其国家利益的重要手段，是美国外交战略的意识形态支柱。

二　对外扩展民主与美国的国家利益

冷战结束以来，对外"扩展民主"在美国政府有关文件及一些美国学者的论述中已被视为美国国家利益的一部分。这就把文化、意识形态等影响美国外交政策和外交行为的深层次的远因与现实的国家利益糅合在一起了。乔治城大学外交研究所（Institute for the Study of Diplomacy）主任葆拉·R. 纽伯格（Paula R. Newberg）和托马斯·卡罗瑟斯早在 1996 年就评论道，美国对转型国家的民主援助，是以其国家利益为基础的，大多数民主援助的规划与提供都未征询接受国政府是否想要这种援助，经常是作为更大的一揽子外交交易的部分被即兴宣布的，而且是在某种条件下很少被拒绝的。③ 在另一著作中，托马斯·卡罗瑟斯指出，冷战结束后，在美国产生了这样一种观念："美国外交政策中现实政治的安全利益和威尔

① Samuel Huntington, *The Soldier and the State: The Theory and Politics of Civil-Military Relations*, New York: Vintage Books, 1957, pp. 149 – 150.

② *"Democracy and Governance: A Conceptual Framework,"* Technical Publication Series, Center for Democracy and Governance, Bureau for Global Programs, Field Support, and Research, U. S. Agency for International Development, Washington, D. C., November 1998, p. 1.

③ Paula R. Newberg and Thomas Carothers, "Aiding—and Defining: Democracy," *World Policy Journal*, Vol. 13, No. 1, Spring 1996, p. 98.

逊式的道德利益之间的紧张关系已经终结。"① 对外"扩展民主"把美国的道德利益和现实利益紧密联系起来了。

国家利益是主观性很强的一个概念。在不同的时空背景下,人们对国家利益的界定和认知往往有很大差异。但无论这些认知有多大差别,在国家利益范畴内总有一些内容是不变的。美国政治学家唐纳德·E. 纽科特赖因(Donald E. Nuechterlein)在其著作中指出,"和其他大多数主要大国一样,美国既有不变、也有不断变化的国家利益:有些是其长期追求的,其他是短期内追求、随后又因不断变化的世界条件或新的国内政治环境而发生变化的。纵观美国历史,四种持久的国家利益限定了美国政府观察外部世界及其世界地位的方式:(1)捍卫美国及其宪政制度;(2)促进美国的经济福祉,推动美国产品的出口;(3)创造一个有利的世界秩序(国际安全环境);(4)对外扩展美国的民主价值和自由市场制度。"② 在美国的政治和学术话语中,纽科特赖因所列举的这四点,不是截然分开的,而是相互促进的。在长期的外交实践中,美国的"外交政策官僚机构也已逐步习惯了这一观念:扩展民主在美国的外交政策中处于重要地位。美国官员不再自然地把扩展民主视为边缘的想法了。"③

在1993年6月举行的世界人权大会上,时任美国国务卿的沃伦·迈纳·克里斯托弗(Warren Minor Christopher)在发言中说:"在过去两个世纪里,美国人已经发现,推动民主价值观和人权既符合我们最深厚的价值,也符合我们的实际利益……这正是美国与任何地方支持这些原则的男男女女站在一起的原因。这也正是克林顿总统把增进民主和保护人权作为我们外交政策的一个支柱——我们对外援助项目的一个主要关注的原因……民主是20世纪90年代的道德和战略上的迫切需求。民主将会为每个国家的人权建立起安全屏障。民主是在世界推动持久和平和繁荣的最佳途径……扩展民主是全球安全的第一道防线。民主国家组成的世界将会是一个更加安全的世界。这样的世界将会为人类发展做出更大贡献,并减少对人类的破坏。它将会促进所有人所共同拥有的东西而不是把他们撕裂开来的东西。

---

① Thomas Carothers, *Aiding Democracy Abroad: The Learning Curve*, pp. 4-5.

② Donald E. Nuechterlein, *America Recommitted: United States National Interests in A Restructured World*, Lexington: University Press of Kentucky, 1991, p. 17.

③ Thomas Carothers, *Aiding Democracy Abroad: The Learning Curve*, p. 5.

它将会是一个充满希望的世界，而不是一个令人绝望的世界。"①

克林顿政府在 1994 年 7 月发布的《美国国家安全战略》报告中非常清晰地阐明了"扩展民主"与美国的现实利益之间的关系：

"扩大民主和自由市场国家的共同体有助于推动美国——从促进国内繁荣到阻止来自外部的全球威胁对我们领土的威胁——所有战略利益。因而，与新的民主国家合作，帮助维持它们作为致力于自由市场和尊重人权的民主国家，是我们国家安全战略的一个关键部分……我们的民主战略的第一个要素是与世界上其他民主国家一道，并改进我们与它们在安全和经济议题上的合作。在扩大民主国家的范围方面，我们还寻求它们的支持。我们战略的核心是，在我们拥有最强烈的安全关注以及我们能够发挥最大作用的地方，帮助民主和市场得以扩展和生存。这不是民主的十字军东征；这是在对我们帮助最大的地方使自由生根的务实承诺。因而，我们必须把我们的努力聚焦于帮助影响我们战略利益的国家，比如拥有巨大经济实力、重要位置、核武器的国家，或者有可能导致难民流入我们自己的国家或者重要朋友和盟国的国家。我们必须把我们的努力聚焦于我们最有影响的地方。我们的努力必须是需求驱动的——它们必须聚集于其人民正在推动改革或者已经实现改革的国家。"②

克林顿政府发布的 1998 年《美国国家安全战略》报告中又明确指出，"在设计我们的战略时，我们承认，民主的扩展支持美国的价值观并促进我们的安全和繁荣。民主政府更可能相互合作，反对共同的威胁，促进自由贸易，并推动可持续经济发展。它们发动战争或侵犯其人民之人权的可能性更小。因而，整个世界走向民主和自由市场的趋势将会促进美国的利益。美国将通过继续在世界的积极接触来支持这种趋势。"③ 这份报告非常明确地指出，美国的国家安全战略是以三个国家目标为基础的：提升美国的安全，促进美国的经济繁荣和对外扩展民主。④ 对外促进民主、人权和对法治的尊重成为克林顿政府时期美国国

---

① "Democracy and Human Rights: Where America Stands," Remarks as delivered by U. S. Secretary of State Warren Christopher, World Conference on Human Rights, June 14, 1993, Vienna, Austria (http://dosfan.lib.uic.edu/ERC/briefing/dossec/1993/9306/930614dossec.html).

② White House, *National Security Strategy of the United States*, July 1994, pp. 18 – 20.

③ White House, *National Security Strategy of the United States*, July 1998, p. 2.

④ White House, *National Security Strategy of the United States*, July 1998, p. 6.

家安全战略的第三个核心目标。

美国对外积极"扩展民主"，是以如下假设为前提的：（1）其他国家的自由、繁荣和良好治理对美国的自由和繁荣至关重要，民主国家越多，美国的生活方式就越能得到更好的保护；（2）民主国家与美国有共同的制度和价值观基础，其政府更可能支持和遵守国际法；（3）民主国家的政府更可能实行公开、透明的国内治理，其国内经济增长和国际贸易长期稳定的可能性也更大；（4）国内实现良好治理，对外积极致力于发展贸易关系的国家，诉诸战争解决国家间分歧的可能性也更小。有学者研究表明，有限民主国家（limited democracy）是最富进攻性的政权形式；如果中间选民过于消极，完全民主国家（full democracy）是进攻性最小的政权形式；完全的民主化可以促进和平，而有限的民主化则会增加战争可能性。① 这也是冷战后在美国政界和学界盛行的"民主和平论"的基本论调。1997 年 9 月 17 日，负责民主、人权及劳工事务的助理国务卿约翰·沙特克在众议院外交委员会亚洲和太平洋事务小组委员会作证时说："扩展民主，既是目的本身，也是实现我们的安全和繁荣的手段。在全球范围内实现民主，是我们的非常强大的国家利益之所在。我认为，历史清楚地表明，自由国家在维持和平及发展商业等方面是更可靠的伙伴。"② 美国国防部在 1998 发布的《美国的东亚—太平洋地区安全战略》报告中也明确指出："推进民主远远超出了促进我们的理想。它可以促进我们的利益，因为我们知道，民主国家的数量越多，我们，所有国家共同体，将会更好。透明、负责任等民主价值，不但在政治领域非常重要，在经济领域也可以确保可持续发展和稳定的社会。这些价值也会影响国家对外相互作用的方式，提高公开性，最终可以促进互信和地区稳定。"③ 对外扩张民主，是美国重要和长期的国家利益，更是它在全球范围内实现和拓展国家

---

① Sandeep Baliga, David O. Lucca & Tomas Sjöström, "Domestic Political Survival and International Conflict: Is Democracy Good for Peace?" *Review of Economic Studies*, Vol. 78, No. 2, April 2011, pp. 458 – 486.

② John Shattuck, "U. S. Democracy Promotion Programs in Asia", hearing before the Subcommittee on Asia and the Pacific of the Committee on International Relations, House of Representatives, One Hundred Fifth Congress, 1st Session, September 17, 1997, p. 11.

③ U. S. Department of Defense, Office of International Security Affairs, *United States Security Strategy for the East Asia-Pacific Region*, November 23, 1998 (http://www.usconsulate.org.hk/ushk/others/1998/1123.htm).

利益的重要手段。拉里·戴蒙德说，推进民主是促进国家利益的最廉价、最划算的方式。①

　　作为实现和拓展国家利益的手段，它首先是在美国国内为其外交政策行为提供合法性与合理性，动员国内力量对美国外交政策的支持。1990 年 3 月，美国前国务卿詹姆斯·贝克（James Addison Baker III）在世界事务理事会（World Affairs Council）的演讲中说，美国应该把民主作为其外交政策的核心价值，努力以各种方式支持民主价值向国外传播，并支持和创造有助于民主繁荣的经济条件。他说："美国的理想是评判我们行动是非的标准。我们的实力是变这些理想为现实的工具。我们的外交政策，我们对其他国家的理解，为这项工作勾画了蓝图……随着我们进入一个民主的新时代，理想主义对现实主义的旧争论应该被理想主义加现实主义的新观点取代。如果不理解这一点，我们的政策可能会冒失去公众持久支持的风险……历史会充分地表明，美国人民不会长期支持一项背离他们的仁慈价值意识的政策，无论国家利益可以给它赋予多大的合理性。我同样相信，美国人也会反对完全基于道德说教而忽视我们采取行动的实力的政策……民主还是外交的实践工具，不是唯一工具，而是有特殊价值的一种工具，它可以为我们的外交政策凝聚国内外支持。"② 南加利福尼亚大学卢瑟·S. 利德基（Luther S. Luedtke）在贝克之前就曾指出，"国际危机以及不同思想体系的对抗，特别易于唤起民族团结和价值的自我意识。"③ 美国也常常把国际危机和斗争描述为不同社会制度、生活方式和价值观念之间的斗争。从第二次世界大战到冷战，再到"九·一一"事件之后的反恐战争，美国一直都声称是在捍卫其民主制度、价值观念和生活方式。美国国务院和国际开发署在一份报告中也表示，"21 世纪美国的外交是以基本信仰为基础的：通过确保其他国家的自由，我们的自由可以得到最好的保护；我们的繁荣依赖于其他国家的繁荣；我们的安全有赖于保护所有人权利的全球努力；美国人民的

---

① Larry Diamond, "Promoting Democracy," *Foreign Policy*, No. 87, 1992, p. 46.

② James Baker, "Democracy and Foreign Policy," speech to the World Affairs Council, March 1990（https：//patriotpost. us/documents/266）.

③ ［美］卢瑟·S. 利德基：《美国特性探索》，龙治芳等译，中国社会科学出版社 1991 年版，第 18 页。

历史就是信守我们的理想的活动的编年史"。① 诸如此类的种种解释把美国外交政策和外交行为中现实利益追求与美国人深层的价值观和意识形态结合起来，在很大程度上动员了国内力量对美国外交政策的支持。

其次，作为实现其国家利益的重要手段，美国对外扩展民主的战略只有在具体的外交实践之中才能反映出其效果。从冷战开始以来，美国在处理对外关系、应对各种危机和挑战的实践中，利用对外扩展民主来谋求自身的战略与安全利益的具体事例，可谓不胜枚举。比如，冷战时期美国对苏东国家的"和平演变"战略，特别是到冷战后期在很多国家实施了一些旨在培育和推动民主发展的民主援助项目。克林顿政府时期，美国在对外促进民主和人权方面主要的做法是：第一，在新兴民主国家，寻求国际支持，帮助强化正在从封闭社会向开放社会转型的国家中的民主和自由市场制度和规范；第二，继续维持美国的努力，在全世界范围内，包括在依然藐视民主进步的国家，敦促进行政治自由化和对基本人权的尊重。通过双边或多边组织，促进普遍遵守国际人权和民主原则；第三，开展人道主义项目，减轻人类苦难，帮助建立民主的、尊重人权的政权以及帮助寻求适当的经济发展战略。② 美国的这些做法，也都体现在其推动印尼政治转型的过程之中。

美国对外扩展民主的活动，在一定程度上也实现了其外交政策目标，一些反美的独裁政权为亲美的民主政权所取代。政权更迭和制度变更，改变了这些国家对美国的态度，美国的影响力也随之增强，其利益也得到更好的保护。美国国务院政治—军事事务局在 2001 年提交国会的一份报告中说："推动民主比促进我们的理想会产生更多的效果。它可以促进我们的利益，因为我们知道，民主国家越多，我们以及整个民族国家共同体会更好。为确保可持续发展和社会的稳定，透明和负责任等民主价值对政治和经济领域都很重要。它们还会影响国家对外交往的方式，提高开放性，并最终促进互信和地区稳定。"③

---

① U. S. Department of State & U. S. Agency for International Development, *Strategic Plan, Fiscal Years* 2004 – 2009: *Aligning Diplomacy and Development Assistance*, p. 1 (https: //2009 – 2017. state. gov/documents/organization/24299. pdf).

② White House, *National Security Strategy of the United States*, October 1998, pp. 33 – 35.

③ Bureau of Political-Military Affairs, *Foreign Military Training and DoD Engagement Activities of Interest Joint Report to Congress*, January 2001 (http: //www. fas. org/asmp/campaigns/training/annual-report2001/2568. htm).

　　现实世界远比观念的世界要复杂得多、丰富得多。任何战略和思想在付诸实践的时候，都会面临现实、实践与思想、观念的背离。在把对外"扩展民主"的战略付诸实践的时候，美国不得不考虑其理想与实力之间的平衡。美国著名经济学家华·惠·罗斯托（Walt W. Rostow）在其《美国在世界舞台上：近期历史试论》一书中谈到国家利益问题时说："明确国家利益的问题，就是如何把两种经常的考虑，即出于势力（实力）的考虑和出于理想的考虑，相互平衡和联系起来。问题是，既不要在行的方面纯粹出于势力（实力）和武力的考虑，而在言的方面却满口仁义道德；又不要在言的方面说的娓娓动听，而在行的方面实际上却未能解决在解决实质问题之前必须解决的那些具体问题。"① 在对外扩张民主的实践中，面对复杂现实的挑战，美国决策者平衡"出于势力考虑"和"出于理想考虑"这二者的结果就是明显的"双重标准"。

三　民主扩展与双重标准

　　美国用"自由""民主"为其对外政策注入了道义色彩，但纵观第二次世界大战结束以来美国的外交实践，呈现"双重标准"的状况却可谓俯拾皆是。在1946—1949年中国内战期间，美国一方面宣称支持中国走向"民主"，另一方面又积极支持坚持独裁统治的国民党政府。在几乎同时期的韩国，支持独裁的李承晚集团。在中东，美国是沙特阿拉伯这个独裁的伊斯兰国家的坚定盟友。在东南亚，美国曾支持南越的吴庭艳政权、柬埔寨的朗诺（Lon Nol）政权，也是印尼苏哈托政权30余年独裁统治的大力支持者。这种状况反映出意识形态和价值观念等道德利益对现实利益的让步。

　　国际政治是现实的。对美国来说，只有在道德利益和现实利益一致时，道德利益才会被置于"至高无上"的地位；当二者冲突时，道德利益往往只能让位于现实利益。美国对外扩展民主是有条件的，它对民主原则的坚持也是有条件的，道德利益只能服务于其现实利益。纽约大学政治学教授布鲁斯·布尔诺·德·梅斯奎塔（Bruce Bueno de Mesquita）等评论道："几乎每个美国总统都宣称要在世界上推广民主。然而一旦某些民

---

　　① ［美］华·惠·罗斯托：《美国在世界舞台上：近期历史试论》，世界知识出版社1964年版，第603页。

主国家或正在民主化的国家的人民选出的领导人执行美国选民不喜欢的政策，美国总统们对这些国家搞破坏一点都不手软。"① 美国著名政治学家弗朗西斯·福山和迈克尔·麦克福尔指出："在世界范围内民主扩展中，没有哪一个国家比美国获益更多……促进民主，并不意味着把自由主义或者民主强加给一个不想要它的社会……只是帮助把这个社会本身之中的公众偏好给暴露出来。独裁者经常通过诉诸暴力、压迫或者欺诈，以防止这些偏好产生政治影响力。促进民主者只是试图通过清除独裁者不公平的特权，使人们处于平等的基础之上……说美国应该在其外交政策中推进民主，并不意味着它在任何时候、任何地方都应该把理想主义的目标置于其他形式的国家利益之上。美国也从未把促进民主作为其外交政策的首要目标。"② 在冷战时期，为了对抗以苏联为首的社会主义阵营，美国与很多反共的独裁政权保持了密切关系，为其提供大量军事和经济援助。著名国际政治学家阿米塔·阿查亚（Amitav Acharya）在 1998 年的一篇文章中指出："直到最近，东南亚的民主几乎没有得到国际社会的任何直接支持。在冷战地缘政治引导下，西方把独裁主义视为取代共产主义的一种可以接受的选择。为了维持掌握着权力、独裁但反共的盟友，西方忽视了民主。"③ 冷战期间美国对苏哈托政权的态度和政策，就是其中一个典型案例。当时，美国政府视苏哈托政权为反共盟友，不但为其提供大量援助，甚至还容忍其占领东帝汶及其他一些侵犯人权的行为。④

　　美国是否在某个国家推动民主，首先取决于统治这个国家的政权是否对美友好，是否在重大国际问题上支持美国。凡是存在反美独裁政权的国家，美国都会打着"推动民主"的旗号，设法推动其政权更迭；即便是经由民主程序选出的政府，只要它是反美的，也会成为美国推动政权更迭

---

　　① ［美］布鲁斯·布尔诺·德·梅斯奎塔、阿拉斯泰尔·史密斯：《独裁者手册》，骆伟阳译，江苏文艺出版社 2014 年版，第 273 页。

　　② Francis Fukuyama & Michael McFaul, "Should Democracy Be Promoted or Demoted?", *Washington Quarterly*, Vol. 31, No. 1, Winter 2007 – 08, pp. 24 – 9.

　　③ Amitav Acharya, "Democratising Southeast Asia: Economic Crisis and Political Change", Working Paper No. 87, August 1998, Asia Research Centre, Murdoch University, Perth, Western Australia, p. 5.

　　④ 参见 Brad Simpson, "'Illegally and Beautifully': The United States, the Indonesian Invasion of East Timor and the International Community, 1974 – 76," *Cold War History*, Vol. 5, No. 3, August 2005, pp. 281 – 315.

的对象。这是服务于美国的全球战略或地区战略的。美国政府对"民主建设"的资助与其外交政策重点也是密切联系在一起的,一般会把资助投向符合或至少不反对美国的经济、外交和军事行动的团体。[①] 其次,美国是否在某个国家推动民主,还取决于这个国家是否存在有助于实现民主化的条件。只有在对象国国内出现了足够强大的推动民主的力量的时候,美国才会去明确推动政权转移和民主扩展;而在对象国支持民主的力量过于弱小的时候,美国更多会因自身经济、安全和战略利益考虑而维持现有政权的稳定。第三,美国是否在某个国家推动民主,还取决于美国对各种利益(道德利益与现实利益、眼前、急迫的利益与长远、非急迫的利益等)轻重缓急的权衡。斯坦福大学政治学副教授、胡佛研究所资深研究员迈克尔·麦克福尔指出,"大多数美国总统都把推进民主界定为美国的战略利益,但它却经常不是最重要或最急迫的目标。此外,尽管从长期看,民主在世界范围内的发展已让美国更安全,但在位的总统几乎很少考虑长期收益。他们经常会为被认为更急迫或更重要的安全或经济利益而牺牲诸如推进民主等战略性的目标……他们在推进民主时,还经常是有选择的……更有甚者,即便在美国总统宣称推进民主的时候,其言辞和行动之间的巨大鸿沟有时也是如此明显,以至于让观察家质疑美国对民主事业的规范承诺(normative commitment)的诚意。"[②] 圣约瑟夫学院政治学副教授肯尼思·E. 鲍宗博士批判道:"自由主义民主的这些支持者也未能把作为政治原则的民主和作为扩张主义和贪得无厌的经济制度的资本主义区分开来……当民主价值与资本主义目标相冲突时,后者总是占据上风……这解释了在不断推翻和/或削弱民主选举产生的政府—或任何政府——其国内计划与美国的政治、经济和战略利益及其公司的利润动机冲突——之后,美国为何毫无愧疚之意。"[③] 冷战结束后,美国强调把"扩展民主"作为其政策工具,但美国及其他西方国家并未急于推动东南亚国家的民主化,"对东南亚独裁统治的反对因为很现实地认识到该地区贸易和投资机

---

① Tom Barry, "World Movement for Democracy—Made in the USA", July 29, 2005 (http://rightweb. irc-online. org/rw/175. html).

② Michael McFaul, "Democracy Promotion as a World Value", *Washington Quarterly*, Vol. 28, No. 1, Winter 2004 – 05, pp. 147 – 163.

③ Kenneth E. Bauzon, "Demonstration Elections and the Subversion of Democracy", Centro Argentino de Estudios Internacionales, Programa Teoría de las Relaciones Internacionales / IR Theory Program, pp. 24 – 25.

会而得以缓和……西方国家不是通过制裁来支持民主化，而是期望经济发展和自由化，部分通过西方国家的贸易和投资，能够最终促进民主化。"[1]到 1997 年亚洲金融危机爆发并沉重打击印尼之后，美国及其他西方国家才开始积极、明确地推动印尼的民主化。

　　尽管第二次世界大战结束以来美国的对外干预"几乎没有表现出对民主原则的尊重，但其外交政策辞令……却经常被置于这样的光环之中"。[2]美国一方面为了自身的战略、安全和经济利益而不断地支持、援助一些对美友好的独裁政权，另一方面又通过各种方式设法推动那些反美独裁政权的民主化，同时还不断用"民主"等辞藻为其外交政策和外交行为树立"道德"制高点。这种看似矛盾的状况，在曾任美国驻联合国大使的珍恩·柯克帕特里克（Jeane J. Kirkpatrick）等美国学者看来，其实并不矛盾。她说："人们常常做出这样的反应，似乎国家利益是价值中立、无关乎道德的，似乎是它没有考虑自由、民主、人权以及我们为其一部分的文明。实际上，所有这些好东西——我们的自由、我们的繁荣和我们的文明——都依赖于我们国家的力量。如果我们的力量和我们的财富——我们的国家利益——不能受到保护的话，我们珍视的道德产品也将处于危险之中。"[3]美国外交行为中的"双重标准"实际体现的就是其道德利益追求对现实利益的让步和妥协。柯克帕特里克的辩护与贝克所说的"理想主义与现实主义的结合"在逻辑上是一致的。美国外交中道德利益追求对现实利益的让步，在克林顿时期和乔治·W. 布什时期表现得也非常明显。美国的这两位总统都把"扩展民主"的调子拉得很高，但在推进美国经济利益和国家安全利益时他们对"独裁的领导人和军事政变"又视而不见；面对其他更急迫的事务，他们都把"扩展民主"放在次要的位置上了。[4]需要指出的是，批评美国在对外"扩展民主"问题上的

　　① Amitav Acharya, "Democratising Southeast Asia: Economic Crisis and Political Change", Working Paper No. 87, August 1998, Asia Research Centre, Murdoch University, Perth, Western Australia, p. 6.

　　② Gerald Sussman, "The Myths of 'Democracy Assistance': U. S. Political Intervention in Post-Soviet Eastern Europe", *Monthly Review*, Vol. 58, No. 7, December 2006, pp. 26 – 27.

　　③ Jeane J. Kirkpatrick, *The United States and the World: Setting Limits*, American Enterprise Institute for Public Policy Research, 1986, pp. 2 – 3.

　　④ Rieffer, Barbara, and Kristan Mercer, "U. S. Democracy Promotion: The Clinton and Bush Administrations," *Global Society*, Vol. 19, No. 4, 2005, p. 406.

"双重标准",并不否认美国在推动民主扩展时确实存在某种道德利益追求。

了解美国在对外扩展民主问题上的"双重标准",有助于认识它在印尼推动民主的活动及其动因,有助于历史地认识美国与印尼的关系,有助于更恰当地评估美国对印尼政治转型进程所施加的影响。

第二节　印尼政治转型与美国的利益追求

美国推动印尼的政治转型进程,其中既有对道德利益的追求,也有对现实利益的追求,而且对后者的追求可能要远超过前者。认识美国积极推动印尼政治转型进程的动力,需要了解它自己所认知的在印尼、东南亚乃至整个亚太地区的利益;还需要了解印尼政治和社会转型对美国外交,特别是在"九·一一"事件后国际反恐背景下,所具有的政策意涵。

一　美国在印尼及东南亚的利益与印尼的战略地位

了解美国如何判定它在印尼和东南亚地区的利益和它所认定的利益,对于理解美国积极推动印尼政治转型进程的动因非常必要,这有助于恰当地认识"扩展民主"在美国对印尼的政策中的地位,也有助于认识美国积极推动印尼政治转型进程之努力的本质。

国家利益是讨论任何外交政策的基础。但人们对国家利益往往有不同认知。美国人对其国家利益也没有清晰的、完全相同的看法。即使是"外交政策精英"对今日美国国家利益的看法也非常混乱,几乎没有共识。① 但即便如此,还是可以梳理出一些共识性的、各方都认同和接受的部分,特别是涉及生死攸关的国家利益的部分。有时,他们的争执和分歧往往不是因为对国家利益的认知不同,而是因为对捍卫或促进国家利益的方式和政策有不同看法。而"利益与捍卫或促进这些利益的政策是不同的。利益是开出政策处方(prescriptions)的基础和起点。但在利益之外,最佳政策的选择要求对威胁和机会、行动选择以及成本和收益等进行复杂

---

① The Commission on America's National Interests, *America's National Interests: A Report from The Commission on America's National Interests*, July 1996, p. 13 (https://www.belfercenter.org/sites/default/files/legacy/files/americas_interests.pdf).

的分析。"① 利益的判断和认知是高度主观性的，而且还受到国家实力的影响。国家利益一旦被认定，对国家利益的追求就成为政策目标。而实现国家利益的方式和政策，经常也会随之被视为国家利益的一部分。因而，利益、目标和政策往往是一体的，有时可能很难分清楚。

　　认识美国在印尼的利益追求，需从整体上把握美国在整个东南亚的利益认知和政策目标。冷战既是意识形态之争，也是现实利益之争。美国在冷战期间对东南亚的政策，主要关注的是安全问题，为维持其在第二次世界大战期间获得的影响力而奉行了遏制共产主义的政策。为达此目的，它甚至支持东南亚的独裁政府，而把"民主""自由"等道德追求抛到一边。冷战后的十年里，美国对东南亚的政策一直是围绕着防止任何一个敌对大国控制该地区、保持该地区的稳定以及在该地区海上交通要道自由通行、鼓励该地区各国发展自由市场经济、尊重人权及促进民主等展开的。这在根本上与冷战时期并无不同，但在具体操作上却有变化。这一时期，整个亚太地区形势相对比较稳定，中国和东南亚国家经济保持着强劲的发展势头，美国关注的焦点是经济问题。"九·一一"事件之后，美国在东南亚的关注转向恐怖主义，安全问题再次凸显出来，东南亚成为美国全球反恐的"第二条战线"。

　　美国在思考和追求其国家利益时关注的重点会因时而异，但需要明了的一点是：美国的关注重点并非其唯一的利益所在；相反，这一关注重点与之外的利益追求在不同时期都是相辅相成、密切关联的。综观第二次世界大战以来美国—东南亚国家关系的历史，"在最基本的层次上，美国在东南亚的目标在过去50年里一直未变：（1）防止地区性霸权国家的出现，（2）保持通过该地区的海空航线的安全，以及（3）保持商品进入该地区的经济体，并保持商业需要的和平和稳定。"② 促进民主和人权也经常被视为美国在该地区长期追求的利益。克林顿总统任内提出的"太平洋共同体"这一设想，就是把安全利益与经济增长以及美国对民主和人权的责任等联系在一起的。克林顿政府在1998年10月和1999年12月公布的两份《新世纪国家安全战略》报告都指出，美国在东南亚的战略利

---

　　① The Commission on America's National Interests, *America's National Interests: A Report from The Commission on America's National Interests*, July 1996, p. 15.

　　② Marvin C. Ott, "Southeast Asian Perspectives", in *East Asia and the United States: Current Status and Five-Year Outlook*, September 2000 (https://irp.fas.org/nic/east_ asia. html#rlink05).

益是发展有助于预防和解决冲突、扩大美国对该地区经济体的参与的地区
和双边安全及经济关系；安全目标是维持与澳大利亚、泰国和菲律宾的安
全联盟，与新加坡及其他东盟国家达成安全准入安排（security access ar-
rangements），推动出现一个强大、有内聚力、能够促进地区稳定和繁荣
的东盟；推动各国尊重人权，并尊重和支持各国寻找自己形式的民主。①
美国对东南亚的政策包含两个取向（approaches）：第一，维持美国与东
盟越来越富有成果的关系——特别是在东盟地区论坛机制下的安全对话。
第二，是与东南亚各个国家达成双边倡议，促进政治稳定，支持市场导向
的经济改革，减少或遏制亚洲有组织犯罪的影响，特别是来自缅甸和该地
区其他国家的海洛因的流动。②"九·一一"事件之后，反恐是美国在东
南亚乃至整个亚太地区的首要关注。布什政府认为，恐怖主义网络在东亚
和太平洋地区的发展构成了对美国国家安全、海外美国人的利益以及该地
区的盟国和朋友安全的直接威胁。反恐与美国维持该地区稳定的长期和核
心目标是密不可分的，而且会对美国在该地区的另外五个目标产生直接影
响：推动和深化民主；促进经济可持续发展；反扩散和大规模杀伤性武
器；反对地区内国际犯罪；推动市场开放等。恐怖主义的发展极有可能破
坏该地区和平、繁荣和民主发展的趋势。③布什政府在2006年《美国国
家安全战略》报告中又指出，美国是一个太平洋国家，在东亚和东南亚
有广泛的利益。该地区的稳定和繁荣有赖于美国持续地接触：在前沿防御
部署（forward defense posture）支持下维持强有力的伙伴关系，通过扩大
贸易和投资支持经济一体化，促进民主和人权。④

　　从以上所引克林顿政府和布什政府的《美国国家安全战略》报告中
的这些内容，也可以看出：克林顿政府和布什政府时期美国对其在东南亚
的利益认知与冷战期间从根本上并无差异，依然是防止任何不友好的大国
对该地区的控制，保持该地区的稳定，确保该地区对美国商品和投资的开
放，促进民主发展等。但形势已经发生了变化，实现这些利益的方式和手

①　White House, A National Security Strategy for a New Century, October 1998, pp. 41 – 47.
②　White House, A National Security Strategy for a New Century, October 1998, p. 45.
③　James A. Kelly, Overview of Top Goals and Objectives for East Asia-Pacific Region, Statement before the Senate Foreign Relations Committee, Washington, DC, March 26, 2003 (https://2001 – 2009. state. gov/p/eap/rls/rm/2003/19066. htm).
④　White House, The National Security Strategy of the United States of America, March 2006, p. 40.

段必然会发生变化。这都会反映在美国政府所实施的具体政策中。美国对印尼的政策就是服务于它在东南亚乃至整个亚太地区的利益追求的。

印尼位于亚洲东南部，地跨赤道，由太平洋和印度洋之间 17508 个大小岛屿组成，从东到西连绵 8000 多公里，是世界上最大的群岛国家。北部的加里曼丹岛与马来西亚接壤，新几内亚岛与巴布亚新几内亚相连。东北部面临菲律宾，东南部是印度洋，西南与澳大利亚相望。印尼是太平洋和印度洋之间的门户，横跨几个重要的国际海峡，其中马六甲海峡连接着印度洋沿岸到南中国海和更广泛的太平洋沿岸，具有重要的战略地位，该地区海上航道的自由和安全通行对于世界商业和能源运输至关重要。全球贸易的三分之一和世界石油和液化天然气的 66% 是通过这条海峡运输的。通过马六甲海峡运输的能源比通过苏伊士运河运输的多 3 倍，比通过巴拿马运河运输的多 15 倍。它是中国、日本和韩国的能源生命线，其 80% 多的石油和天然气是来自东南亚或通过东南亚运输的。[①] 印尼陆地面积约 190 万平方公里，海洋面积约 316.6 万平方公里（不包括专属经济区），是东南亚最大的国家。它拥有丰富的石油、黄金、铜等重要的自然资源，拥有极其丰富的热带雨林和珊瑚礁。

其地理位置、人口和自然资源结合在一起赋予印尼极其重要的战略地位，使它成为东南亚的地缘政治中心和战略重心。印尼的重要地位还体现在它在地区及全球事务中所发挥的重要作用。它是地区安全支柱和该地区公认的领导。在苏哈托时代，印尼曾在东南亚国家联盟（以下简称东盟）建立和发展过程中发挥领导作用。东盟已发展成促进地区稳定与经济贸易发展的重要多边机制。1991 年，印尼作为共同主席为柬埔寨和平谈判发挥了积极作用。[②] 1993 年，印尼帮助建立了东盟地区论坛（ARF），为区域内涉及安全利益的国家提供了合作平台。印尼还是亚太经济合作论坛的重要支持者。1996 年，印尼帮助在菲律宾政府与摩洛民族解放阵线之间达成了结束长达几十年冲突的和平协议。印尼曾是不结盟运动的一个重要国家，在伊斯兰会议组织（OIC）中也发挥着积极作用。此外，印尼在亚太经合组织（APEC）的建立过程中也发挥了积极作用。印尼还连续几年

---

① The Asia Foundation, America's Role in Asia: Asian and American Views, 2008, p. 40.

② 参见 Prasad, M. Nagendra, *Indonesia's Role in the Resolution of the Cambodian Problem*, Burlington: Ashgate, 2001.

组织讨论南中国海问题，试图调解该地区领土争端。美国认为，印尼过去几十年的这些政策和行动促进了东南亚乃至更广泛的亚太地区的地区合作与稳定，它在更广泛的国际经济和安全问题上的作用也同样是建设性的。[①]

正是由于其重要的战略地位及其在东南亚的重要影响力，印尼对美国在该地区的利益和军事战略来说非常重要；美国也一直非常重视与印尼的关系，视印尼为东南亚地区安全的基石[②]。在冷战时期的大部分时间里，美国与印尼保持着良好的关系。苏哈托推翻苏加诺总统，开始了"新秩序"统治，需要美国的各种援助和支持。尽管印尼在对外事务中以不结盟国家立场行事，但通过经济、政治和防务政策与美国和西方保持密切关系。[③] 20世纪60年代和70年代上半期，美国在东南亚深陷越南战争，在全球范围内也处于冷战对峙的高峰期。印尼虽然不是美国的条约盟国，但依然因其反共立场而被美国视为反共盟友。因而，美国在冷战期间向印尼提供了大量军事援助[④]，两国的军事关系在冷战期间也没有太多龃龉。冷战结束后，美国外交政策议程也随着国际格局发生了重大变化。因菲律宾国会不再允许美国在菲拥有驻军和海、空军基地，美军太平洋司令部的"地方而非基地"政策把印尼放在最优先考虑的位置。从1990到1992年，美国与印尼举行了数十次军事演习、访问以及高级军官的其他交流活动。直到1991年底，二者关系的发展处于较高的水平上。[⑤] 冷战结束后，印尼在美国的亚太战略中依然占有重要地位。

在亚洲金融危机冲击下，印尼发生严重社会和政治危机，种族和教派

① Winston Lord, "US relations with Indonesia," *U. S. Department of State Dispatch*, Sept 16, 1996（http：//findarticles. com/p/articles/mi_ m1584/is_ /ai_ 18820032）.

② Marie T. Huhtala, "The Future of U. S. -Indonesian Relations：Building Mutual Understanding", Remarks to the Conference Sponsored by the U. S. -Indonesia Society and the Center for Strategic and International Studies, Washington, DC, November 17, 2004（https：//2001－2009. state. gov/p/eap/rls/rm/2004/38337. htm）.

③ John B. Haseman, "National interests and mil-to-mil relations with Indonesia", *Joint Force Quarterly*, Autumn 2002, pp. 21－22.

④ William D. Hartung & Jennifer Washburn, "U. S. Arms Transfers To Indonesia 1975－1997", in European Network Against Arms Trade（ENAAT）, *Indonesia：Arms Trade to A Military Regime*, Amsterdam, June 1997, pp. 25－41.

⑤ John B. Haseman, "National Interests and Mil-to-Mil Relations with Indonesia", *Joint Force Quarterly*, Autumn 2002, p. 24.

冲突加剧，分离主义运动愈演愈烈。由于东南亚的印尼、马来西亚和菲律宾的南部地区聚居着大量的穆斯林，且各国穆斯林之间有着较为密切的联系，印尼的社会政治动荡对整个东南亚地区安全构成了巨大的潜在威胁；印尼的团结和统一成为该地区核心的安全关注。[①] 印尼的经济衰退、政治和社会动荡对其国际地位已造成消极影响，也使它在东盟的影响力受损。前美国国防部国防情报局分析员马隆德（Ronald N. Montaperto）等在2000 年的一篇文章中指出，"由于印尼的不确定性，东南亚已经变得更加缺少内聚力，对外部的影响也更加敏感。如果印尼变得不稳定或者碎片化，其后果将会波及整个地区。"[②] 印尼的稳定对东南亚整个地区的稳定和美国的盟国包括澳大利亚、菲律宾和日本以及友邦新加坡等重大利益都是非常重要的。2001 年 1 月 1 日，由大约 60 位在美国外交与国防政策领域的知名人士组成的跨党派专家组发布的报告《承担责任：给当选总统的关于对外政策和国家安全的跨党派报告》（Taking Charge：A Bipartisan Report to the President-Elect on Foreign Policy and National Security）在谈到印度尼西亚作为一个地区大国的重要性时表示，印尼正在进行政治转型，可能会改变亚洲的地缘战略结构。其众多的人口——世界第四人口大国——及其战略位置使它的稳定和未来的道路成为美国至关重要的利益。最好的前景是印尼发展成为一个更加稳定和民主的国家。不幸的是，这种发展因虚弱的治理联盟、大量的暴乱和分离主义运动以及视自身为印尼国家的最后守护者和仲裁者的隐约出现的军队而受到威胁。当前时期对于印尼的未来至关重要。今天的印尼面临着 50 多年前独立以来对其稳定和领土完整的最严重的威胁。东帝汶的分离鼓励了经济上和政治上更重要的省份的分离主义运动。东部印尼还发生了广泛的种族和宗教暴力。印尼人自己担心，暴力可能会导致更广泛的宗派冲突，这可能会撕裂印尼，或导致军事独裁主义的回归。印尼严重的不稳定或解体可能会破坏整个亚洲的贸易和投资流动；造成范围广泛的暴力；导致大规模难民流；鼓励整个东南亚的分离主义运动；破坏民主在该地区的发展。因而，竭尽我们所能帮助

① Paul Dibb, "Indonesia：The Key to South-East Asia's Security，" *International Affairs*, Vol. 77, No. 4, 2001, pp. 837 – 8.

② Ronald N. Montaperto, James J. Przystup, Gerald W. Faber, and Adam Schwarz, "Indonesian Democratic Transition：Implications for United States Policy", *Strategic Forum* 171, April 2000（https：//apps. dtic. mil/sti/pdfs/ADA394721. pdf）.

避免印尼的政治崩溃并维持民主改革走上正轨应该是美国政府的优先关注。[①] 2001 年 7 月，在美国对外关系委员会东南亚独立课题研究组主任 J. 罗伯特·克里（J. Robert Kerrey）在致总统的备忘录中也建议布什总统注意："印尼……依然挣扎在社会、政治和经济不稳定之中。这三种力量形成一个恶性循环：政治不稳定使它很难从经济萎靡中崛起；经济萎靡又强化了政治和社会紧张状态。印尼应对这些困难的、相互影响的长期挑战，以振兴其国民经济并形成民主制度，其结果将会产生巨大的地区和全球影响。"[②]

　　冷战期间，美国通过支持独裁的苏哈托政权谋求和实现其在印尼和东南亚的利益。冷战结束之后，美国依然与苏哈托政权保持密切关系，甚至在印尼因亚洲金融危机而导致苏哈托政权危机四伏之时，克林顿政府依然担心因激怒苏哈托而损害美国在印尼和东南亚的利益，不愿明确对苏哈托施压，促其下台。苏哈托下台，印尼正式开启了民主化过程。在两国双边关系层面上，美国对实现其在印尼和东南亚的利益的方式做出新选择——开始把支持印尼的民主转型作为实现其利益的手段（当然本身也包含其道德利益追求）。但在"九·一一"事件之前，美国对印尼民主化进程的支持充满了冷战后自由漂流的理想主义；而在此之后，它更多期望从中获益。[③] 恐怖主义威胁的加剧，使得对外扩展民主在小布什政府的对外政策议程中位置更被凸现出来。

　　作为目标，扩张民主本身就是美国在印尼的重要利益；但作为手段，扩张民主与美国现实利益的实现之间的关系非常复杂，因为国家利益本身是很复杂的，而且是多层次的；实现国家利益的手段也有多种，扩张民主只是其中之一。美国在东南亚及印尼的利益，其中一些包括战略的、安全的和经济的利益都是其长期追求而且诉诸具体行动的，无论在任何情况下都不会有太大改变，但实现这些利益的方式会因时因势而有所变化；对于像扩展民主这样的道德利益追求，美国会根据现实利益需求和国际情势做

　　① Frank Carlucci, Robert E. Hunter & Zalmay Khalilzad, *Taking Charge: A Bipartisan Report to the President-Elect on Foreign Policy and National Security*, RAND Corporation, 2001, pp. 49 - 50.

　　② "Memorandum (from J. Robert Kerrey, Chair, Independent Task Force on Southeast Asia) to the President," in J. Robert Kerrey & Robert A. Manning ed., *The United States and Southeast Asia: A Policy Agenda for the New Administration*, New York: Council on Foreign Relations, 2001, p. 3.

　　③ Catharin E. Dalpino, "Indonesia's Democratic Difficulty: The Center Will Not Hold", *The Brown Journal of World Affairs*, Vol. 9, No. 1, Spring 2002, p. 93.

出取舍，往往是让位于现实而急迫的利益的。冷战时期，通过支持独裁的苏哈托政权捍卫美国在印尼及东南亚的利益；而在苏哈托下台之后，美国则通过支持印尼的民主转型实现其不变的利益追求。虽然方式迥异，但在不同时空背景下，可能都是最有利于美国实现其利益的方式。

二　印尼的政治转型与国际反恐

印尼是世界上最大的伊斯兰国家，人口约2.2亿，其中约90%为穆斯林。由于其特殊的历史发展经历，印尼虽然是一个穆斯林人口占绝大多数的国家，但伊斯兰教却不是它的国教，也不实行伊斯兰教法。苏加诺和苏哈托时代都对政治伊斯兰势力进行压制，限制其发展。印尼虽不是一个神权统治的国家，但也非完全世俗的国家；官方承认的五大宗教（伊斯兰教、罗马天主教、基督教、印度教和佛教）都受到保护。大多数印尼人认为宗教在社会中发挥着重要作用，但它应该是个人的选择，是私人事务。印尼绝大多数穆斯林非常温和，其信徒愿意与其他宗教信众共同生活在一起。他们的心态是开放的，都相信民主是天然的政治制度；人权，包括妇女的平等权等，都被视为伊斯兰教义的重要部分。印尼的伊斯兰信徒还认为，私营部门和市场应该是经济的决定性因素，但社会正义对于市场体制来说，也同样重要。[1] 印尼最大的两个穆斯林组织，"伊斯兰教士联合会"（NU）和"穆罕默迪亚"（Muhammadiyah）也都反映了伊斯兰教真正的和平、宽容和和谐的传统。[2] 印尼与很多伊斯兰国家不同，在很大程度代表着一种温和形式的伊斯兰，可以用来平衡伊斯兰教的更极端的情绪。

到其统治后期，特别是从20世纪90年代初起，由于与军方矛盾增多，苏哈托开始放松对政治伊斯兰势力的压制，并利用它来平衡军方，政治伊斯兰势力有了较快发展。特别是在苏哈托下台之后，印尼穆斯林宗教意识日益滋长，为激进组织及其实施的暴力活动提供了更大的政治空间。[3] 20世纪80年代初期，随着全球范围内伊斯兰复兴运动的发展，

---

[1]　Jusuf Wanandi, "Islam in Indonesia: Its History, Development and Future Challenges", *Asia-Pacific Review*, Vol. 9, No. 2, 2002, p. 104.

[2]　N. Hassan Wirajuda, "The Democratic Response", *The Brown Journal of World Affairs*, Vol. 9, No. 1, Spring 2002, pp. 19 – 20.

[3]　Bruce Vaughn etc. al., *Terrorism in Southeast Asia*, February 7, 2005, CRS Report for Congress, Order Code RL31672, p. 3.

更加激进的政治伊斯兰因素从中东传入亚洲。极端主义和激进伊斯兰势力在印尼有了很大发展，出现了一些富有进攻性的极端穆斯林团体。他们对伊斯兰教做出了极端的政治解释，还在某种程度上影响了这个国家的议程设定。需要指出的是，政治伊斯兰势力利用政治转型过程中宽松的政治环境表达自己的政治和社会诉求是很自然的事情；而且它的发展在某种程度上对于瓦解苏哈托的统治、推动印尼的民主转型也发挥了积极作用。

政治伊斯兰势力在印尼的发展是一种非常复杂的现象。极端主义和激进主义伊斯兰势力的崛起体现着政治伊斯兰在印尼的发展，虽然它并非政治伊斯兰的全部，但却很可能会把政治伊斯兰甚至伊斯兰教污名化。极端主义和激进主义伊斯兰势力与恐怖主义有密切的思想关联，在行动上也经常是紧密结合的。1997 年开始的亚洲金融危机削弱了印尼中央政府的控制能力，苏哈托下台之后取而代之的是民主的但却更加虚弱的中央政府。中央政府控制力虚弱、经济严重衰退、种族和教派纷争持续不断、分离主义运动不断发展、政治精英内部的权力争夺、无孔不入的政治腐败，也为激进势力和恐怖组织的发展提供了广阔空间。这些组织试图在穆斯林占绝大多数的国家，推翻现存的世俗政府，建立一个新的包括印尼、马来西亚、新加坡、菲律宾南部岛屿及泰国南部等国家和地区的超国家的伊斯兰国家。尽管绝大多数印尼穆斯林民众信奉温和的伊斯兰教，原教旨主义伊斯兰教神学在印尼正变得日益受到欢迎，激进组织的影响力因印尼存在的这些问题而增长。[①] 这些组织虽然数量不多，规模不大，但对印尼的国内安全乃至东南亚地区安全还是会造成威胁，同时也会对印尼的民主化前景构成巨大挑战；他们的声音很大，而且很活跃，也可能会严重破坏伊斯兰教在印尼的形象。

"九·一一"事件之后，印尼在美国全球反恐战略中的位置陡增。首先，印尼对东南亚反恐及地区稳定有重要影响。印尼国内的恐怖组织与基地组织及马来西亚、菲律宾、新加坡等国的恐怖组织有密切联系（如，伊斯兰祈祷团［Jemaah Islamiyah］、阿布萨耶夫［Abu Sayyaf］与基地组织之间），构成了东南亚地区的恐怖组织网络，印尼及东南亚其他各国都

① Bruce Vaughn etc. al. , *Terrorism in Southeast Asia*, February 7, 2005, CRS Report for Congress, Order Code RL31672, p. 14.

面临着严重的恐怖主义威胁。实际上，从 20 世纪 90 年代初期到中期，基地组织在该地区的恐怖网络建设已取得很大进展。伊斯兰祈祷团就是基地组织在东南亚的成员帮助创建的东南亚本土的第一个地区性恐怖网络，并与基地组织有非常密切的财务联系①。该组织在马来西亚、新加坡、印尼、菲律宾、澳大利亚、泰国和巴基斯坦都有分支组织，并在东南亚范围内组织实施了多起针对西方目标的恐怖袭击。② 其中最严重的是 2002 年 10 月印尼巴厘岛爆炸案（造成大约 200 人被害，大多数是西方人）和 2004 年 9 月对澳大利亚驻雅加达大使馆的自杀式炸弹袭击（10 人被杀害，约 200 人受伤）。影响东南亚未来安全的问题之一就是，该地区穆斯林人口占绝对多数的社会能否寻求一条把好战分子"中立化"或把他们吸纳进温和的国家里。③ 在美国看来，降低印尼恐怖主义威胁的最好办法可能就是继续其"九·一一"事件之前在制度层次上和世俗的公民社会内部推动民主转变的政策，确保印尼民主的合法性。④ 丹麦北欧亚洲研究所高级研究员蒂莫·基维马克的研究也表明，恐怖主义的某些根源确实与贫困及缺少民主有关，为抑制作为个人的恐怖分子的动机，政治制度的民主化确实可以发挥作用。⑤ 2001 年 7 月 18 日，时任美国务院负责东亚和太平洋事务的助理国务卿帮办的拉尔夫·L. 博伊斯（Ralph L. Boyce）在众议院外交委员会东亚和太平洋小组委员会作证时说，如果在印尼成功实现民主，将是一个巨大的、积极的发展；如果印尼不能实现稳定，将不但会威胁其邻国，还会威胁美国的战略和地区目标；没有印尼本身的稳定及其支持，东盟可能会变得空洞，印尼的碎片化对地区稳定也会是一场灾难。⑥

① 参见 Zachary Abuza, "Funding Terrorism in Southeast Asia: The Financial Network of Al Qaeda and Jemaah Islamiyah," *NBR ANALYSIS*, Vol. 14, No. 5, December 2003.

② Bruce Vaughn etc. al. , *Terrorism in Southeast Asia*, February 7, 2005, CRS Report for Congress, Order Code RL31672, pp. 4 – 5.

③ Marvin C. Ott, "Southeast Asian Security Challenges: America's Response?" *Strategic Forum*, No. 222, October 2006, p. 4 (https://www. files. ethz. ch/isn/46275/SF222. pdf).

④ Catharin E. Dalpino, "Indonesia's Democratic Difficulty: The Center Will Not Hold", *The Brown Journal of World Affairs*, Vol. 9, No. 1, Spring 2002, p. 93.

⑤ Kivimäki, Timo. "Can Development and Democratization Address the Root Causes of Terrorism in Southeast Asia?" *The Pacific Review*, Vol. 20, No. 1, 2007, pp. 49 – 73.

⑥ Ralph L. Boyce, "Indonesia and the United States' Interests," Testimony before the Subcommittee on East Asia and the Pacific, House Committee on International Relations, Washington, DC, July 18, 2001 (http: //www. state. gov/p/eap/rls/rm/2001/4151. htm).

"九·一一"事件之后,"扩展民主"成为美国反恐战略的重要组成部分。乔治·W. 布什(George W. Bush)总统已经把在全世界扩展民主与反恐整合在一起,提升为美国非常急迫的国家安全目标。布什总统、康多莉扎·赖斯(Condoleezza Rice)国务卿及其他高级官员都认为,"扩展民主"对于根除反美恐怖主义的一种主要根源至关重要。这一战略内在的逻辑是:民主程序和民主机制通过和平地化解不满,并提供参与政策制定的管道,有助于解决刺激伊斯兰极端主义崛起的那些内在条件。[1] 援助和支持印尼成为稳定的民主国家,改变政府虚弱的状况,建立有效的政府和安全机构,被认为是符合美国利益的。

其次,从全球反恐的角度来看,作为世界上最大的伊斯兰国家,印尼所体现的宗教宽容的精神对于美国在全球范围内反恐斗争具有重要的战略意涵。在乔治·W. 布什政府时期,在伊拉克和全世界扩展自由已经被视为结束暴政和反恐的一种工具。[2] 美国视反恐斗争为"意识形态之战",而印尼就是这个时代处于主导地位的意识形态斗争——民主的现代化和极端主义伊斯兰的崛起之间竞争——中的一个关键行为体[3],印尼穆斯林在伊斯兰世界所代表的宽容精神成为美国在这场"意识形态之战"中可资利用的重要资源。印尼战略与国际研究中心高级研究员和共同创始人尤素福·瓦南迪在《印尼的伊斯兰教:历史、发展及未来挑战》一文中写道:"印尼在全球反恐战争中能做的最大贡献是成为真正的伊斯兰教的榜样,也就是和平的、民主的、自由的、温和的和平衡的。"[4] 美国国防部副部长保罗·沃尔福维茨(Paul Wolfowitz)在 2002 年 4 月 7 日接受访问时说,印尼之所以重要,不仅仅是因为它拥有世界上最多的穆斯林人口……真正重要的是,它是一个拥有 90% 的穆斯林人口但却非常尊重其他宗教的国

---

① Jennifer L. Windsor, "Promoting Democratization Can Combat Terrorism", *The Washington Quarterly*, Vol. 26, No. 3, 2003, p. 43; Banyu Perwita, "Terrorism, Democratization and Security Sector Reform in Indonesia," *IRU Indonesia Research Unit Working Paper Series*, Vol. 1, No. 9 (December 2005), p. 70.

② Susan B. Epstein, Nina M. Serafino, and Francis T. Miko, "Democracy Promotion: Cornerstone of U. S. Foreign Policy," CRS Report for Congress, December 26, 2007, p. 1.

③ Eric G. John, "Indonesia: Positive Trends and the Implications for U. S. Strategic Interests", Statement before the Senate Foreign Relations Committee, Subcommittee on East Asian and Pacific Affairs, Washington, DC, September 15, 2005 (http://www.state.gov/p/eap/rls/rm/2005/53275.htm).

④ Jusuf Wanandi, "Islam in Indonesia: Its History, Development and Future Challenges", pp. 104 – 112.

家，也没有确立国教……使得它如此重要的，不仅仅是其规模，而是它所代表的穆斯林传统：代表着宽容、对妇女的尊重以及对世界非常开放的态度。这与攻击世贸中心的试图代表穆斯林的极端主义分子完全不同。①2002年6月5日，沃尔福维茨在胡佛研究所的研讨会上又说，印尼长期和强大的宗教宽容传统，并不是想当然地存在于世界的任何地方的，特别是在"九·一一"事件之后，更不是想当然地存在于穆斯林世界的。印尼民主化的未来及其成功对美国非常重要。印尼成功地建立一个穆斯林占多数的宽容、民主且在自由企业基础上不断前进的国家，可以为伊斯兰世界其他国家树立一种非常重要的榜样。相反，如果它失败了，变成一个公开为恐怖分子提供庇护所的印尼，一个在基督徒和穆斯林之间或者在穆斯林与其他少数团体之间发生宗教冲突的印尼，这将不但会对东亚造成严重的破坏性影响，还会以各种方式对整个世界造成破坏性影响……美国反恐战争的一部分是鼓励温和穆斯林，帮助正在试图建立民主和自由市场的国家。从长期来看，这是至关重要的。②2003年3月26日，负责东亚和太平洋事务的副助理国务卿马修·P.达利（Matthew P. Daley）在众议院外交委员会东亚和太平洋小组委员会作证时也表示，印尼对美国利益的重要性因其正在进行的民主转型而大大提高。达利说："我们视印尼为宽容和民主的典范，为其他伊斯兰国家提供了一种模式。重要的是，我们支持印尼的民主转型，不仅仅是因为印尼内在的重要性，还因为其经验证明那些宣称伊斯兰教与民主互不相容的说法与事实不符。"③

2003年10月22日，美国总统乔治·W.布什与印尼总统梅加瓦蒂举行会谈时表示，美国坚定地支持印尼的民主转型和改革，欢迎印尼取得进步，成为一个成熟和稳定的民主国家。双方一致认为，作为穆斯林占人口绝大多数的国家，印尼是民主和伊斯兰教能够携手前进的强有力

① Paul Wolfowitz, "Active Engagement: U. S. -Indonesia Relations", An Interview by Jaideep Singh, Washington D. C. , 7 April 2002, *The Brown Journal of World Affairs*, Vol. 9, No. 1, Spring 2002, p. 4.

② Jim Garamone, "Wolfowitz Says U. S. Must Encourage Moderate Muslim States," (http: // www. defenselink. mil/news/newsarticle. aspx? id = 43784).

③ Matthew P. Daley, "U. S. Interests and Policy Priorities in Southeast Asia", Testimony before the House International Relations Committee, Subcommittee on East Asia and the Pacific, March 26, 2003 (https: //2001-2009. state. gov/p/eap/rls/rm/2003/19086. htm).

的范例。① 在其 2006 年《国家反恐怖战略》报告中，乔治·W. 布什政府把通过推动有效的民主（effective democracy）、促进自由和人权作为其赢得反恐战争的长期解决办法。该报告指出，选举是自由社会最显而易见的标志，而且能够在推动有效的民主方面发挥至关重要的作用。但仅仅有选举是不够的。有效的民主尊重和支持基本人权，包括宗教自由、信仰自由、言论自由、集会自由、结社自由和新闻自由等。它们对其公民能够做出及时回应，并服从人民的意志。有效的民主行使有效的主权并在其自己的边境之内维持着秩序，和平解决冲突，保护独立和公正的司法制度，惩罚犯罪，拥抱法治，以及反抗腐败等。有效的民主还限制政府的范围，保护公民社会的制度。在有效的民主国家里，自由是不可分割的。它们是今天恐怖主义的意识形态的解药。②

印尼能否作为榜样积极地影响伊斯兰世界其他国家，恐怕不是一个容易回答的问题，毕竟各个国家都有其自身的历史发展经历和文化传统。文化传统的转变往往是非常困难的，在绝大多数情况下只能是缓慢进行的，除非有历史性的突变事件发生。像美国这样曾把自己视为世界各民族效法榜样的国家，产生把印尼视为伊斯兰世界其他国家之榜样的想法，也是很自然的事情。美国只有积极推动印尼的政治转型进程，防止出现逆转，使之成为一个稳定的民主国家，这种榜样的力量才可能得到展现。至少，印尼在伊斯兰世界所代表的宽容及其正在进行的民主转型，为美国合理化其对更广泛的伊斯兰世界"扩展民主"的政策提供了现实依据。乔治·W. 布什政府把中东作为其对外推进民主战略的首选地，但从美国对外民主扩展战略和反恐战略来看，印尼民主化的成功并实现民主巩固对于美国对外战略的全局具有重要意义。

更有分析人士认为，东南亚的穆斯林应该在神学讨论方面发挥领导作用，并向中东展现出伊斯兰复兴的必要性。东南亚这些信仰发生转变的人，应该领导"中东还深陷于八、九世纪的古老信条之中不能自拔的信徒"进入 21 世纪。边缘地带穆斯林的领导，应该给伊斯兰教的中心以新

---

① Joint Statement Between the United States of America and the Republic of Indonesia, Office of the Press Secretary, October 22, 2003 （https://georgewbush-whitehouse. archives. gov/news/releases/2003/10/20031022-1. html）.

② White House, *National Strategy for Combating Terrorism*, September 2006, p. 9 （https://www. globalsecurity. org/security/library/policy/national/nsct_ sep2006. pdf）.

的推动力，使之发生改变并做出调整以适应未来挑战。东南亚穆斯林可以走在这些转变的前列，印尼作为世界上最大的伊斯兰国家，应该领导这一转型。它具备发挥这种领导作用的学术领导能力和政治意愿，但由于目前的信心危机，这种领导能力还比较有限。因而，如果要使印尼能够伊斯兰世界发挥重要的作用，为解决这些多重危机提供国际援助和支持是至关重要的。[①] 这种从哲学和文化心理层面改变穆斯林的信仰的设想，虽然深刻但却是非常困难的，或许只有经历很长的历史时期才能得以实现。美国在其中可能发挥的作用也只能是有限的、间接的。但在"意识形态之战"中，间接、迂回的策略往往会产生更明显的效果。

三　亚太地区地缘政治形势与美国在印尼扩展民主的意图

从美国处理亚太地区事务的历史来看，地缘政治变化始终都是美国在该地区实现和维护其利益时必然要考虑的因素。冷战结束以来，亚太地区最重大的地缘政治变化就是中国的迅速崛起：经济迅速发展、政治影响力大幅提高、军事现代化取得巨大进步。20 世纪最后十年，由于中国奉行"睦邻"外交政策，积极发展与周边国家及东盟等国家的关系，中国与这些国家的互信一度日益增加，双边关系更加紧密。特别是在 1997 年亚洲金融危机爆发后，中国政府做出的人民币不贬值的承诺，对亚洲各国经济的稳定与恢复发挥了积极作用，充分展现出一个负责任大国的形象。中国政府的这一举动，赢得了东南亚国家和国际社会的高度赞扬，也大大提高了中国在亚太事务中的影响力。"九·一一"事件之后，美国在东南亚和全球发起了反恐战争。中国积极与东南亚各国开展安全对话与合作，倡导新安全观，奉行多边主义。2003 年 10 月 7 日，中国国务院总理温家宝在东盟商业与投资峰会上发表题为《中国的发展与亚洲的振兴》的演进，提出了中国的"睦邻""安邻""富邻"的周边外交政策。[②] 同日，温家宝总理出席第七次东盟与中日韩（10＋3）领导人会议，签署了《东南亚友好合作条约》。10 月 8 日，中国与东盟国家领导人在印度尼西亚巴厘岛签署了《中华人民共和国与东盟国家领导人联合宣言》，宣布建立"面向

① Jusuf Wanandi, "Islam in Indonesia: Its History, Development and Future Challenges", p. 110.

② 温家宝：《中国的发展和亚洲的振兴——在东盟商业与投资峰会上的演讲》，2003 年 10 月 7 日（https://www.fmprc.gov.cn/ce/cemy/chn/zt/dyhzzywj/dmxlfh2003/t300016.htm）。

和平与繁荣的战略伙伴关系"①。中国的外交政策和立场受到东南亚各国的赞扬。同时，中国与东南亚诸国的经贸联系也在日益紧密。2000年10月，中国时任国务院总理朱镕基在新加坡举行的中国与东盟领导人会议上提出了中国—东盟自由贸易区倡议。2002年11月4日，《中国与东盟全面经济合作框架协议》签署，中国—东盟自贸区建设正式启动。中国处理外交事务的手法更加巧妙，其影响力也在日益增大。如有学者所言，东南亚国家也已强烈地意识到，中美两国在该地区影响力的平衡将会发生更深刻的变化。②

对于中国在东南亚日益增加的影响力，美国政要以及一些战略家体会颇深。他们对中国的未来走向心存疑虑，经常会从"中美冲突"的角度看待中国的发展及其影响力的扩展，认为两国在东南亚甚至整个亚太地区的争夺是不可避免的。他们对韩国及东南亚一些国家的精英和大众舆论中表现出的"亲中"倾向反应敏感，担心中国会利用其日益崛起的经济和政治影响力削弱美国在亚洲的影响，使之被边缘化。③ 也有学者担心在不久的将来，在东南亚很可能会出现与中国分享领导权的情况。④ 因此，美国在推动印尼政治转型的过程中也更多注入了地缘政治因素的考量。

印尼成为东南亚地缘战略平衡中的一支重要力量，其发展走向被视为影响地区稳定和战略平衡的一个重要变量。通过支持印尼的统一和稳定，利用印尼来平衡或抵消中国在东南亚日益增长的影响力的论调一直不断出现。美国国防大学国家安全政策教授马文·奥特（Marvin Ott）在1999年9月分析印尼危机的影响时说，观察未来的战略世界，重大的国家间冲突将会发生在美国和中国之间。冲突发生的主要地区就是台湾和东南亚。他说，中国视东南亚为展示其实力的机会，地区稳定要求一个强大、统一的

---

① 《面向和平与繁荣的战略伙伴关系》，2003年10月8日（http：//www. asean-china-center. org/2003-10/09/c_ 13272570. htm）。

② Evelyn Goh, "The Bush Administration and Southeast Asian Regional Security Strategies", in Robert M. Hathaway & Wilson Lee ed. , *George W. Bush and East Asia：A First Term Assessment*, Washington, D. C. ：Woodrow Wilson International Center for Scholars, 2005, p. 188.

③ Robert G. Sutter, "China's Rise in Asia：Promises, Prospects and Implications for the United States," Occasional Paper Series, Asia-Pacific Center for Security Studies, February 2005, p. 2 （https：//apps. dtic. mil/sti/pdfs/ADA445168. pdf）.

④ Elizabeth Economy, "China's Rise in Southeast Asia：Implications for the United States", *Journal of Contemporary China*, Vol. 14, No. 44, August 2005, p. 425.

印尼。① 2001 年 4 月中美"撞机事件"发生后，前传统基金会亚洲研究中心高级政策分析员达纳·罗伯特·狄龙（Dana Robert Dillon）撰文表示，由于美国和中国进入一个竞争时期，而且南中国海可能成为两国间发生紧张状态的冲突点，重新确立印尼在东盟的领导地位更加重要了。"一个强大、独立和高效的东盟共同体对于保护该地区国家的经济和民主至关重要；但没有一个稳定的印尼，东盟不可能繁荣。"② 一个经过改革的印尼还可以恢复其作为东南亚领导者的地位，可以在战略上遏制中国、俄罗斯、日本或印度的任何霸权意图。③ 在 2005 年 8 月 2—3 日举行的美国—印尼第三次双边安全对话中，美方就美国的《中国军力报告》做出说明④，其意图是很明显的。

当然，在后冷战时代，特别是 21 世纪以来，美国通过支持印尼而制衡中国的这种做法，其效果是非常微妙的。因为随着中国日益强大，亚洲国家，包括印尼已越来越不愿在美国和中国之间"选边站"，而更多是从两大国的竞争中获益。在总体国际格局越稳定的时候，国家间关系的"非零和性"就越高。在这种情况下，"如果美国用直接竞争的方式与中国争夺在该地区的影响力，以此作为应对中国崛起的政策将是非常愚蠢的。更有效的办法是，确立美国作为亚洲领导者的地位和该地区经济和安全伙伴选择的角色。"⑤ 亚太地区地缘政治的新变化和印尼的政治转型，为美国做出这种选择提供了新契机：也就是通过积极推动印尼的民主转型，树立美国在区域内的领导地位。

美国意在通过支持印尼的政治转型进程，影响印尼的发展方向，促进印尼的社会稳定和经济复兴；同时，推动印尼民主转型，符合印尼人民期望民主与善治的诉求，有助于培育印尼民众对美国的好感，为两国关系发

---

① Jim Garamone, "East Timor: Tiny Crack in U. S. -Indonesian Relations Grows", American Forces Information Service News Articles, Sept. 9, 1999

② Dana Robert Dillon, "New U. S. -Indonesia Relations: From Myth to Reality," *Backgrounder #* 1439, May 11, 2001（http: //www. heritage. org/Research/AsiaandthePacific/BG1439. cfm）.

③ Samantha F. Ravich, "Eyeing Indonesia through the Lens of Aceh", *Washington Quarterly*, Vol. 23, No. 3, Summer 2000, pp. 7 – 20.

④ "Joint Statement Indonesia-United States Security Dialogue III," Jakarta, August 2 – 3, 2005（http: //www. indonesianembassy. org. uk/press_ 2005_ 08_ 03_ prdeplu. 1. html）.

⑤ Robert G. Sutter, "China's Rise in Asia: Promises, Prospects and Implications for the United States," Occasional Paper Series, Asia-Pacific Center for Security Studies, February 2005, p. 9（https: //apps. dtic. mil/sti/pdfs/ADA445168. pdf）.

展奠定良好的民意基础，从而增加美国在印尼的影响。此外，印尼的政治转型还会影响到对印尼的民主选举能否发挥作用持观望态度的亚洲国家①，在更大范围内实现美国的道德利益追求。美国在印尼影响力的增加，有助于实现美国的"软"安全②利益。

　　除上述战略性议题外，美国在印尼还有重要的经济和商业利益。支持印尼完成民主转型并进行经济的结构性改革，有助于恢复印尼经济增长，并使之进一步融入全球经济之中，符合美国的利益。美国的跨国公司广泛涉入到印尼的石油、黄金和铜等矿产开采业以及金融和服务业。美国在东南亚地区面临的其他很多非传统安全问题，如大规模杀伤性武器扩散、环境保护、跨国犯罪、毒品走私、流行疾病传播、海盗掠夺以及人口贩卖等，也都需要印尼的合作。

　　在印尼正在经历民主转型的情况下，只有通过推动和支持印尼的民主化进程，使之发展成为一个独立、稳定、富强的民主国家、一个能够实行有效治理的国家，美国的这些利益才能最大限度地得以实现。2000 年 11月 14 日，时任美国驻印尼大使的罗伯特·S. 吉尔伯特（Robert S. Gelbard）在对印尼政府官员、立法机构成员及商界领袖的演讲中指出："民主和繁荣不但符合印尼的国家利益，它们也同样符合美国的国家利益。民主政府和经济福利在任何地方都是确保国内稳定的有效工具——印尼的安宁可以转化为东南亚乃至亚太地区的更大的和平与稳定。"③ 2005年 5月 5日，时任美国务院负责民主及全球事务的副国务卿葆拉·多布里扬斯基（Paula Dobriansky）在众议院外交委员会作证时说，有秩序地自由的扩张是遏止由宗教极端主义、不稳定、专制以及恐怖主义造成的安全威胁的最有效的长期力量。除了符合其国家利益外，推进人权和民主制度与美国的国家理想及国际协议也是一致的。美国的传统和普遍的人权标准都承认人的内在的、不可分割的尊严，以及源自这种尊严的权利和自由。

────────────

①　Nicole Gaouette, "Indonesians kept waiting for election result Suspicions of fraud taint a historic election before there's evidence, raising expectations for protests", *Christian Science Monitor*, Jun 11, 1999, p. 7

②　所谓"软"安全，指的是在不需美国军事力量介入的情况下，促进有助于美国安全的条件。参见 John Bresnan, "Indonesia and U. S. Policy", Discussion Paper No. 4, Discussion Paper Series, APEC Study Center Columbia University, June 1997.

③　Robert S. Gelbard, "U. S. and Indonesia Common Goals", *International Herald Tribune*, November 20, 2000.

政府有责任尊重和保护其公民的这些权利。美国在全球问题上面临着巨大挑战，推进民主可能是最现实的政策，因为与人性一致的是政府的制度。民主的制度可以限制人的本能，给人的最尊贵的意愿以自由。① 美国在印尼的道德利益和现实利益追求高度融合在一起了。

第三节　美国对外扩展民主：制度安排、方式与内容

里根政府时期，美国把"扩展民主"整合到其针对共产主义和非共产主义政府的战略之中，通过美国全国民主基金会（NED）和美国国际开发署为外国行为体提供选举和政治援助，以促进这些国家发生符合美国利益的政治、制度和经济改变。从里根总统任内建立美国全国民主基金会（NED）起，美国对外"扩展民主"的活动到冷战结束后逐步达到高峰，民主援助项目及投入急剧增加。这主要受到相互联系的三个因素的影响：第一，20世纪全球民主发展趋势到冷战结束时出现了新一波民主化浪潮，一批国家开启了民主化进程，这为美国对外"扩展民主"提供了机会。第二，冷战的结束为国际政治援助提供了很大的新空间。美苏对立的结束，大大降低了世界上很多地区意识形态上的紧张状态。冷战结束，还使得美国不必再为反共而大力支持独裁盟友，促进了民主援助的增加。第三，关于发展问题的新思维也促进了民主援助的增加。在20世纪七八十年代，西方国家包括美国在进行对外援助时往往是从社会和经济角度理解发展问题的，对外援助也往往被等同于发展援助，接受援助的发展中国家也大都不是民主国家。到20世纪80年代后期，捐助国开始关注对象国的政治发展和治理状况；到90年代，它们接受了这样的观念——一个国家的政治发展能够对其社会经济发展产生重大影响。20世纪80年代朝向市场经济的经济发展政策趋势，加强了经济和政治目标之间的新关系。② 于是，美国把"扩展民主"作为其对外政策的重要内容，对外援助也不再仅仅集中于社会和经济层面的发展援助；民主援助成为其对外援助的重要

---

① Paula J. Dobriansky, "Promoting Democracy Through Diplomacy", Testimony before the House International Relations Committee, Washington, DC, May 5, 2005（http：//www. state. gov/g/rls/rm/2005/46358. htm）.

② Thomas Carothers, *Aiding Democracy Abroad：The Learning Curve*, Washington, D. C.：Carnegie Endowment for International Peace, pp. 44 – 46.

内容，也是其"扩展民主"的重要手段。

一　美国对外"扩展民主"的制度安排

美国对外"扩展民主"的活动，通常是由其多个政府部门、众多半政府和非政府组织开展的。美国在全世界支持了大量推动民主扩展的双边和多边行动。美国政府行政部门和国会都参与其中。政府各部门之间有比较密切的政策协调与合作，政府部门与非政府组织之间也通过各种方式进行着密切合作。涉及对外扩展民主活动的政府部门包括美国国务院、国际开发署、国防部、司法部、财政部、广播管理董事会（Broadcasting Board of Governors）等。

国务院是美国对外"扩展民主"活动的主要领导机构，负责制定基本援助政策，协调各部门间的合作。国务院几乎与世界上所有国家进行着接触，美国驻外使馆及政治官员都在分析和报告各国政治发展，有时候也会进行一些支持或其他外交活动，推动产生效果。2006 年布什政府在国务院内部设立一级别相当于副国务卿的新职位——美国对外援助主任（Director of U. S. Foreign Assistance），同时兼任美国国际开发署署长。美国对外援助主任及其办公室的主要任务就是协调和整合美国各有关部门的对外援助项目及资源，以实现其对外援助效果的最大化，其重要任务也包括促进人权和自由，推动和支持民主的、治理良好的国家等。国务院负责民主与全球事务的副国务卿主要是协调各种全球性事务，其中也包括民主、人权等问题；国务院民主、人权及劳工事务局（Bureau of Democracy, Human Rights and Labor Affairs, DRL）在推动民主、人权保护、国际宗教自由以及提高全球劳工权益等问题上发挥领导作用。负责公共外交和公共事务的副国务卿在美国对外扩展民主的活动中也扮演重要角色。教育与文化事务局（Bureau of Educational and Cultural Affairs）负责大量的交流和奖学金项目，经常被用作影响对象国之政治发展的手段。对欧洲和欧亚援助特别协调人（Special Coordinator for Assistance to Europe and Eurasia）在管理民主活动开支方面发挥着关键作用。

国际开发署是美国对外援助项目，包括民主援助项目的设计者和执行者，下设若干地区局和职能局以及独立的办公室，其中涉及民主援助的职能局是民主、冲突与人道主义援助局、民主与治理办公室（Office for Democracy and Governance）以及转型倡议办公室（Office of Transition Initiative）。国际开发署管理着大多数双边经济援助，也包括涉及扩展民主的项目，而财政部管理着大多数的多边援助。国防部则管理着军事及其他与安全问题有关的项目。在做出项目决策时，美国国际开发署会与美国政府其他部门，如国务院、美国新闻署（后并入国务院）、司法部和国防部等密切合作，在各个层次上进行协调；在实施有关民主项目时，国际开发署与其他部门也会有合作和协调。此外，美国国际开发署还与其他双边或多边合作伙伴保持密切合作。

1961 年美国《对外援助法》所规范的，基本上是发展援助。在 1961 年《对外援助法》的基础上，1966 年修改后的法案增加了第 9 条，开始把"参与性政治"的观念作为对外援助目标引入法案，要求在实施相关项目时强调通过鼓励民主的私营部门和地方政府制度（governmental institutions）之发展，确保发展中国家人民最大限度地参与经济发展。[1] 1982 年 6 月 8 日，里根总统在英国伦敦威斯敏斯特学院发表演讲，首次宣布了美国政府对"全球自由运动"的新责任。里根说："民主不是一种脆弱的花朵，但它依然需要浇灌。如果这个世纪余下的部分要想见证自由和民主理想的逐步增长，我们就必须采取行动，援助民主运动。"里根还提议"培育和支持民主基础设施、言论自由、结社自由、自由组党、教育自由等"。[2] 次年，里根政府建立了美国全国民主基金会，作为美国政府新的民主化政策的主要工具。1984 年，美国国务院在国际开发署设立了民主行动办公室（ODI），负责政府间的"民主促进"项目。1990 年老布什总统把"扩展民主"作为美国国际开发署的一个核心任务，此后国际开发署用于民主援助项目的预算大增。克林顿政府上台后，把"建立持久的民主国家"列为美国国际开发署的目标之一，并于 1994 年建立"民主与治理中心"（Center for Democracy and Governance），负责制定支持民主发展所需要的手段和方法，为国际开发署以分权改革任务为基础的架构提供技术和智力领导。

为确保美国对外援助项目的实施效果，并使之与美国外交政策目标保持一致，美国国务院与国际开发署之间建立了比较密切的协调与合作机

①　Foreign Assistance Act of 1961（P. L. 87 - 195），Title IX—Utilization of Democratic Institutions in Development.

②　Ronald Reagan，"Address to Members of the British Parliament，" June 8，1982（https：//www. reaganlibrary. gov/archives/speech/address-members-british-parliament）.

制。国务院—国际开发署政策委员会的主要作用是，确立重点目标领域的路线图，详细列入当前的工作，确定美国的政策和项目的各种差距，并建立具体的、能够在短期内实施的协作机制。政策委员会将确保国务院和国际开发署的项目之间的联系在每一部门的改进考核计划（follow-on performance plans）、行动指引（operational guidelines）以及程序中都要涉及，以便实现协调及影响的最大化。副国务卿任政策委员会主席，国际开发署署长任共同主席。政策委员会由国务院负责政治事务、全球事务和经济与农业事务的副国务卿、国务院政策设计委员会主任以及国际开发署副署长、负责政策和项目协调的助理署长以及顾问等组成。地区局在政策委员会的工作中也发挥着重要作用。国务院—国际开发署管理委员会的作用是为业已增加的管理协调确立方向，帮助发展和实施该战略计划确定的战略和重点，并监督这一过程。国务院负责管理的副国务卿任管理委员会主席，国际开发署副署长任共同主席。管理委员会其他成员包括国务院负责资源管理的助理国务卿，国际开发署负责管理的助理署长，双方各一名管理领域的副助理国务卿（DAS）和副助理署长（DAA），来领导人力资源、培训、电子政府、资源管理，以及管理服务、海外设施、安全等领域的工作组。这些工作组制订详细工作计划，为它们各自领域的联合动议列出步骤和时间表。国家安全委员会（NSC）召集的关于推进民主的政策协调委员会（PCC），也定期举行会议，协调美国政府各部门间推进民主与人权的政策和行动，并确保使之符合美国的整体战略。

2006年11月初，国务卿康多莉扎·赖斯建立了"民主扩展咨询委员会"（Advisory Commission on Democracy Promotion），就美国外交政策和对外援助政策的制订和实施中与促进民主有关的问题，咨询外部专家。负责全球事务的副国务卿葆拉·多布里扬斯基任主任，普林斯顿大学伍德罗·威尔逊公共与国际事务学院院长安妮–玛丽·斯劳特（Anne-Marie Slaughter）任委员会主席。其他成员也都是在对外援助与民主促进方面有丰富经验的专家、前政府官员或非政府组织的代表。

美国行政部门其他部门在美国对外"扩展民主"的努力中也发挥着重要作用。司法部、劳工部都管理着一些补充性的国际项目。比如，司法部管理的在"法治"和"司法行政"（administration of justice）等领域的项目；劳工部管理有关工人权利问题等的项目。国防部的活动，包括军队民政事务部门的工作和国际军事教育与培训（IMET）项目以及美国军方管理的其他大量国际项目，都是美国对外"扩展民主"的活动中不可分割的部分。情报界在美国对外"扩展民主"的活动中也发挥了一定作用。

　　参与美国对外"扩展民主"活动的半政府或非政府组织有美国全国民主基金会（NED）、美国全国国际事务民主学会（NDI），美国国际共和学会（IRI）、美国国际劳工团结中心（ACILS）、亚洲基金会（Asia Foundation）、欧亚基金会（Eurasia Foundation）、人权和民主基金会（HRDF）、卡特中心（Carter Center）、美国律师公会的中东欧法律倡议（American Bar Association's Central and East European Law Initiative, ABA-CEELI）、国际发展法协会（International Development Law Institute, IDLI）①、自由之家（Freedom House）、非裔美国人研究所（African-American Institute）、美国和平研究所（U. S. Institute for Peace）、透明国际（TI）以及英特新闻（Internews）等。

　　一些大学、研究所和一些承担民主项目的政策研究所或研究中心，以及一些营利性的发展咨询团体，如：国际选举制度基金会（International Foundation for Electoral System, IFES）、北卡三角洲国际研究院（RTI）、管理制度国际咨询公司（Management Systems International, MSI）、谢希咨询公司（Checchi and Company Consulting）、发展合作咨询公司（Development Associates）、美国国际化学经济公司（Chemonics International）以及首创联合国际公司（Creative Associates International Inc.）等也参与了美国对外扩展民主的活动。美国国际开发署民主与治理中心与其中很多组织进行着密切，并向它们提供赞助。② 像全国州立法机构大会（National Conference of State Legislature）和国际城市管理者协会（International City Managers Association）等职业团体也参与了对外扩展民主的活动。

　　此外，美国的一些私人基金会，如索罗斯基金会（Soros Foundation），麦克阿瑟基金会（MacArthur Foundation），福特基金会（Ford Foundation）和美国德国马歇尔基金会（German Marshall Fund of the United States）等，

____

　　① 美国律师 L. 迈克尔·海格（L. Michael Hager）、威廉·T. 洛里斯（William T. Loris）和法国律师吉尔·布兰奇（Gilles Blanchi）在 1983 年倡议建立的非政府组织，目的是为发展中国家的律师及其他法律专业人士提供培训和技术援助。1988 年，该组织成为跨政府组织，2002 年改名为"国际发展法组织"（International Development Law Organization）。

　　② Center for Democracy and Governance（USAID）, *Democracy and Governance: A Conceptual Framework*, November 1998, p. 23.

也赞助在国外推进民主的活动，特别是与公民社会发展有关的活动。美国国际开发署的很多民主援助项目就是通过与这些半政府和非政府组织，甚至一些以营利为目的的公司合作实施的。参与实施美国国际开发署的民主与治理项目的合作伙伴包括 20 多个公司和组织，它们再与其他上百个组织签订转包合同，共同完成开发署的合同。①

美国全国民主基金会是罗纳德·里根总统与国会的民主党合作在 1983 年创设一个非营利组织，直接由美国国会资助，其核心目标是在海外扩展民主。根据《美国全国民主基金会法》（National Endowment for Democracy Act），美国国会每年都通过批准给国务院、用于在全世界扩展民主的年度拨款，为美国全国民主基金会提供资金。它虽然从国会获得预算支持，但也有自己的董事会和自己的散钱程序，并自己决定其支持和援助对象。美国全国民主基金会由反映美国社会多样性的不少于 13 位和不多于 25 位成员的董事会选出的总裁负责管理。美国全国民主基金会不直接管理各种项目，但会为许多私营团体和组织提供资助，由董事会决定资助哪些与美国全国民主基金会之目标一致的项目。该基金会的任务是，把资金用于反对被认为会威胁美国利益和"自由世界"的政府和政治运动的那些商业、劳工、政治及其他非政府组织。分别隶属于民主党、共和党、美国劳工联合会和产业工会联合会（AFL – CIO）和美国商会（Chamber of Commerce）的美国全国国际事务民主学会、美国国际共和学会、美国国际劳工团结中心以及国际私人企业中心（CIPE）四个组织都是在美国全国民主基金会支持下建立起来的。所有这些组织也都通过该基金会和美国国际开发署的捐助获得支持。到 20 世纪 90 年代中期，美国全国民主基金会从反全球化及其他跨国界公民运动中得到启示，开始建立中右性质的基金会、研究所、青年团体和非政府组织等。美国全国民主基金会发起了全球性非政府的"世界民主运动"（World Movement for Democracy），把世界各地的非政府组织、民主政治领袖、政府官员及人权活动家聚集在一起，相互间定期进行沟通。1999 年，美国全国民主基金会主席卡尔·格肖曼（Carl Gershman）把其办公室作为世界民主运动秘书处。同时，在

---

① Michael McFaul, Amichai Magen & Kathryn Stoner-Weiss, "Evaluating International Influences on Democratic Transitions: Concept Paper", Center on Democracy, Development, and the Rule of Law, Freeman Spogli Institute for International Studies, Stanford, CA, p. 4.

"世界民主运动"计划之下，美国全国民主基金会已建立起数个全球性的
"支持民主"的网络，包括"国际民主政治运动议员代表团""青年民主
积极分子网络""民主信息与沟通技术集团"和"民主研究机构网
络"等。

美国全国国际事务民主学会（NDI）从1996年就开始在印度尼西亚
开展活动。1998年印尼民主转型开始后，美国全国国际事务民主学会
（NDI）开展的活动更加广泛，开展了支持加强政党、国内和国际选举监
督、政党在立法机构的作用、强化公民社会以及提升涉及军方的文职机构
（civilian institutions）能力的项目。

此外，美国国会在美国对外扩展民主的活动中也发挥着重要作用。立
法是国会广泛参与美国外交决策的重要手段。决定资助水平和监督行政部
门的民主促进项目是国会影响美国民主促进项目的典型方式。众议院外交
委员会和参议院对外关系委员会握有批准对外援助项目的权力，而众参两
院对外行动拨款小组委员会管理着大多数对外援助资金的拨款法案。通过
制定年度《对外行动拨款法案》，国会在制定美国对外援助政策和确定花
费优先投入的目标方面发挥着重要作用。① 从第101届国会到第110届国
会的第一会期，大量议案被提出并获通过，授权并拨款在特定国家和地区
进行民主促进活动，敦促非民主国家的政府开始民主化进程。大笔数额是
通过年度国务院和对外行动拨款（State Department and Foreign Operations
Appropriations）拨给民主项目的。国会在2006财年《对外行动拨款法案》
（P. L. 109 – 102, Title III）中规定设立"民主基金"（Democracy Fund），
在2006财年和2007财年为各种民主促进活动分别提供941万美元资助。
国会在2007年通过的《执行9/11委员会建议法案》（P. L. 110 – 53/
H. R. 1）之第21条A款也规定"加强推进民主的活动"。

此外，国会还实施了其自己在新兴民主国家支持其立法机构的项目。
2005年3月14日，众议院设立了众议院民主援助委员会（House Democr-
acy Assistance Commission, HDAC）。共和党籍众议员大卫·德赖尔（Da-
vid Dreier）任主席，民主党籍众议员大卫·普赖斯（David Price）为高级

---

① Larry Q. Nowels, "Foreign Assistance Budget and Policy Issues", in Valerie Bailey Grasso &
Susan B. Epstein, Coordinators, Foreign Affairs, Defense, and Trade Policy: Key Issues in the 107th
Congress, CRS Report for Congress, February 27, 2001, Order Code RL30776, pp. 5 – 6.

成员。2006 年选举后，民主党成为少数党，2007 年 1 月提出的法案（H. Res. 24）重新授权该委员会，大卫·普赖斯任主席，大卫·德赖尔任高级成员。在第 110 届国会中，总共 20 位议员（民主党 11 人，共和党 9 人）被任命为该委员会成员。该委员会的任务是通过援助新兴民主国家的议会，加强其民主制度。其目的是使众议院和国会辅助机构的议员、官员及工作人员能够就诸如委员会运作、监督、选民关系、议会程序以及建立像美国国会研究局（CRS）和国会预算局（CBO）这样的支持服务部门等问题向其他国家新生的立法机构提供专家建议，以提高其责任感、透明度、立法独立以及监督政府的能力等；就为这些新生国家的立法机构提供必要的物质援助以提高其工作的效率和透明度等问题向美国国际开发署领导人提出建议。① 该委员会根据它们的民主转型、它们对与美国众议院合作的项目的兴趣等选择伙伴国，特别注意地理的多样性，包括非洲、亚太地区、欧洲、中东、中亚以及西半球国家。该委员会已在包括印尼在内的多个国家实施了这些项目。

为确保美国政府各部门对民主项目有相同的理解，参议院拨款委员会在 2007 财年报告（S. Rept. 109 - 277/H. R. 5522）中对"扩展民主"行动做出了界定，包括支持善治、人权、独立媒体和法治以及加强民主的政党、非政府组织和公民的能力以支持对公民负责的民主国家、组织（institutions）和实践的发展的项目。②

二 美国对外推进民主的方式与内容

美国对外"扩展民主"的方式有多种。从形式上看，有时是以双边形式推动的，有时是以多边形式推动的。

所谓双边形式，指的是美国与对象国之间的直接互动：在双边外交中，在较高层次上向有关国家政府表达美国的关注，施加压力，直接提出人权等问题，敦促其发展和支持民主；通过各种项目，直接向对象国政府及非政府组织提供经济、财政和技术援助和民主发展援助。

所谓多边形式，指的是美国通过与其他国家或国际组织，如联合国开

---

① Susan B. Epstein, Nina M. Serafino, and Francis T. Miko, Democracy Promotion: Cornerstone of U. S. Foreign Policy? December 26, 2007, CRS Report for Congress, p. 23.

② Susan B. Epstein, et al., "Democracy Promotion: Cornerstone of U. S. Foreign Policy?" December 26, 2007, CRS Report for Congress, p. CRS - 6.

发计划署（UNDP）、联合国民主基金（U. N. Democracy Fund）、民主国家共同体（Community of Democracies）、自由之家（Freedom House）以及世界银行和美洲国家组织（OAS）等合作，在全世界推动和监督民主改革，向对象国施压或提供民主发展援助，推动其民主发展，如：联合其他国家向非民主国家或在独裁主义与民主之间游移的国家施加影响；通过联合国等多边国际组织的活动，推动其他国家民主发展；通过与世界银行、国际货币基金组织以及其他多边国际金融机构合作，支持向积极进行民主改革的国家提供财政等援助，中止或拒绝向不愿改革的国家提供援助；通过支持多边论坛，如设在布达佩斯的"国际民主转型中心"（ICDT），来扩大美国的影响力，从而更有效地扩展民主，等等。

以双边方式推动"扩展民主"在美国对外扩展民主的活动中占据重要地位，但多边方式可以为美国对外扩展民主活动凝聚国际支持，放大其实施的项目和活动的效果和影响力，以实现其政策目标。此外，美国有时还会采取一些行动，以间接方式影响其他国家人权与民主发展，如：美国国务院每年都会发布《国别人权报告》《人口贩运问题报告》以及《国际宗教自由报告》等报告，向有关国家施加压力。

从性质上看，美国对外"扩展民主"采取的措施大致可分为两类：一类是"积极"措施，包括对对象国的民主发展予以鼓励，对其提供经济援助和政治支持；通过开展各种民主援助项目推动强化对象国的法治，促进其对人权的尊重；通过选举援助和选举监督等活动，促进对象国实现真正的、竞争性的选举和政治进程；通过军事接触和军事交流，特别是军事教育交流等方式，促进对象国建立民主的军政关系，培育民主的军政关系文化；通过支持对象国积极致力于政治问题的公民社会组织的发展，促进民主的政治文化的形成与深化以及民主的发展与巩固；支持对象国实现更加透明、更负责任的治理。另一类是"消极"措施，主要指通过施加外交压力、限制军售、实施经济制裁、反对国际金融组织提供贷款以及中止双边和多边援助、制裁对象国相关政治人物等迫使对象国的政府接受民主原则，实行政治改革，甚至直接使用武力实现政权转移。

美国在对外"扩展民主"时，会针对不同对象国的具体情况、对象国民主化发展的不同阶段，采取不同措施，交替或同时运用这些积极和消极措施。在一国尚未出现民主化的条件时，美国一般是通过一些非政府组织和半政府组织等在对象国开展一些所谓"为民主发展创造条件"的活动，比如，资助对象国的学者赴美进修、学习，支持和培养对象国的各种公民社会组织的发展，资助和支持对象国的政治异见人士，利用人权问题向对象国施压，促其改善人权状况等。在对象国开启民主化进程时，美国会向对它所认定的所谓独裁政府施加压力，支持民主派势力。在民主化进程开始后，美国会积极进行民主援助，直接援助对象国的制度建设和政治过程，包括资助和监督选举、支持法律和制度改革与建设等。在完成基本的法律及政治制度改革、民主化进程进入巩固阶段之后，美国会推动一些深化民主发展的项目，支持政党的良性发展，强化立法和司法部门的权力及其对行政部门的制衡，促进形成民主的军政关系文化，推动非政府组织、公民教育组织、工会以及媒体组织等公民社会组织的发展等。当然，对于对象国民主化进程中出现的各种可能导致这一进程出现逆转的因素，美国也会施加压力，直接进行干预，或者联合盟国和伙伴，共同施加压力。

在对象国开启民主化进程之后，美国采取的积极的、建设性的措施对于推动其民主发展与巩固来说可能是最有效的。美国在对外"扩展民主"时最具建设性的措施，是由美国国际开发署通过一些有针对性的民主援助项目实施的（当然，美国政府其他部门也采取了一些建设性的积极措施）。国际开发署民主、冲突和人道主义援助事务局（DCHA）的主要任务是"挽救生命；减轻痛苦；支持民主；为深受贫困、冲突、自然灾害以及善治崩溃等不利影响的人增加机会"[1]等，其所辖的"管理与减轻冲突办公室""民主与治理办公室""转型启动办公室"等部门在美国对外民主援助中发挥了非常重要的作用。"转型启动办公室"的战略重点是抓住时机，提供快速、灵活和短期的援助；通过提供援助，帮助当地的合作伙伴促进和平与民主，发展、加强或维持处于危机中国家的民主制度和进程，重建基础设施、支持冲突和平解决等，促进和支持其向民主转型和长期发展。"民主与治理办公室"的战略重点是现场支持（field support）、技术领导（technical leadership）、脆弱国家（fragile states）以及反腐败等，重点关注的领域包括：法治项目、选举与政治进程项目、公民社会项目以及解决生还者需求的特别项目等。"民主与治理办公室"和"转型启

---

① "Democracy, Conflict and Humanitarian Assistance,"（http://www.usaid.gov/about_ us-aid/usaidorg.html）.

动办公室"是直接实施美国在其他转型国家的民主促进项目的直接执行者，它们直接或通过美国的非政府组织与对象国政府及当地非政府组织进行密切合作。这些机构在设计和开展具体的民主促进项目时，会评估各对象国的具体情况，采取有针对性的措施，使之适应对象国的复杂社会现实情况。比如，美国国际开发署转型启动办公室在做出援助决定和实施援助项目之前，会先评估转型国家对美国是否具有战略上的重要性、援助时机是否成熟、项目实施是否具备产生良好效果需要的稳定环境、项目能否解决转型国家政治发展中的关键问题、项目实施在多大程度上能够取得成功等。为此，它会根据有关专家、非政府组织和美国政府的情报部门的信息，以及有关学术杂志、图书、报告等研究成果，参考国际开发署内部其他部门及美国政府有关部门，如国家安全委员会、国务院、国防部等的看法，经过商讨后做出决策。

美国通过政府各部门及非政府组织等推动转型国家的民主发展，主要关注以下几方面内容：第一，推动和援助对象国举行自由、公正的选举和政治进程，包括选举援助、选举监督以及对政治过程的监督与关注等，支持政党发展及共识建立过程；第二，推动和支持对象国建立强大的民主制度，包括政党、立法机构、司法制度、地方政府以及更广泛的国家的官僚结构等，推动宪法、法律与法律制度改革，促进对法治和人权的尊重，包括促进司法独立等；第三，推动和支持转型国家的军政关系改革，推动文官对军队的控制等；第四，促进建立政治上活跃、富有活力的公民社会，改善非政府组织的管理、提高公民参与政治生活及影响政府决策的能力，促进媒体自由与信息自由等；第五，培育和支持透明和负责任的治理，促进民主制度建设，支持立法功能和过程、公共部门执行功能、安全部门治理、反腐败改革、地方治理以及分权改革等。这五点是衡量转型国家民主发展水平的关键指标。这些原则性内容是体现在美国在对象国实施的具体的民主推进项目之中的，具体项目的实施也远比这些方向性的原则要具体得多，细腻得多，也更加深刻。

在印尼民主发展的各个阶段，美国也都有针对性地采取了各种推动印尼民主发展的措施和行动，其中既有消极措施，也有积极措施。在印尼开启民主化进程之前很久，美国已开始了一些所谓为民主化创造条件的行动。消极措施主要有通过每年提出国别人权问题报告对印尼施加压力等。美国采取的消极措施在印尼政治转型进程启动时期及政治转型进程之中表现的更明显。如，美国直接或通过国际货币基金组织向印尼苏哈托政权施加压力，在客观加速了其政权的崩溃；在政治转型进程之中，通过限制对印尼的军售和军事关系发展，推动其军事改革和军政关系改革。从积极方面看，早在亚洲金融危机之前，克林顿总统虽然支持苏哈托总统在印尼的统治，但美国政府也向印尼的一些人权非政府组织直接提供了资助。印尼政治转型进程启动之后，美国以各种形式向印尼提供了大量积极的、建设性的经济和民主援助，以推动印尼民主稳步发展并走向巩固。美国国际开发署转型启动办公室与美国国际开发署驻印尼工作组（USAID Mission）、美国大使馆、印尼政府、发展选择公司（Development Alternatives Inc.）、英特新闻、美国全国国际事务民主学会、亚洲基金会、民间机构合作协会（PACT）以及印尼各地的非政府组织等合作，开展了民主援助项目。

本章小结

美国对外"扩展民主"，有着深刻的"道德理想"追求和强烈的现实利益追求，其根本目的是扩展美国人所信奉的民主制度和价值观念，捍卫其霸权和利益。美国在对外"扩展民主"时，会根据对其自身国家利益的权衡，针对对象国的实际情况，采取各种措施。在对外"扩展民主"时，美国社会的各个组成部分，包括政府部门和公民社会组织，都有参与其中。政府部门中，特别是行政部门是美国对外扩展民主战略的制定者和执行者，国会也越来越关注这些问题；公民社会组织作为美国政府部门在对象国开展民主扩展项目的合作者也发挥着重要作用。

虽然印尼的民主运动在 20 世纪 80 年代之后已有了很大发展，但由于苏哈托在下台前一直牢牢控制着政治、军事和经济权力，印尼国内对政治民主化改革的讨论还比较少。当苏哈托政权在金融危机冲击下迅速崩溃时，印尼政府和整个社会对突如其来的民主转型都缺乏必要的准备，对民主化的方式和具体内容都缺乏深入研究；印尼社会内部对民主改革有高度期待，但对改革的方式和具体内容却尚未形成广泛的社会共识。在缺乏充分讨论和社会共识的情况下，强烈的民主改革愿望和可行的改革方式、改革内容及其实施之间还存在着很大距离。因此，国际民主援助对印尼的民主转型意义重大。

美国推动印尼政治转型进程的活动，既体现着其"道德理想"追求，更体现着其现实利益追求。从基本方式和基本内容来看，美国推动印尼民主发展的活动，与在其他转型国家开展的活动并无根本不同，但欲更深刻地认识美国推动印尼民主发展的活动及其影响，还需对美国在印尼政治转型进程的各个阶段所奉行的政策、所采取的行动、所开展的民主促进项目等进行深入的考察。

第二章

美国与印尼政治转型进程的启动

任何国家的民主发展，都是多种因素相互影响的结果，内部因素起着决定性的作用，但外部因素也不容忽视；而且内外因素在其政治转型进程的不同阶段所发挥的作用往往也是不同的。外部因素对一个国家政治转型进程的启动可能会发挥巨大作用，有时甚至可能会起到决定性作用；而在政治转型进程启动之后，民主能否巩固以及民主的品质将主要取决于内部各种社会力量的相互竞争、相互作用、相互影响，外部力量虽然依然会产生影响，但外部力量影响在不同国家可能会有不同的表现，甚至会有很大不同。

1997年7月，泰铢贬值引发了亚洲金融危机。此后，危机迅速向马来西亚、新加坡、菲律宾以及印尼等东南亚国家和韩国、日本等东北亚国家和地区传播，并在不到两年时间内波及俄罗斯和拉丁美洲的巴西等国，发展成一场全球性的经济危机。受这场危机影响最严重的当属印度尼西亚。危机期间，印尼货币贬值，物价飞涨，失业大增，并引发了严重的社会和政治危机，最终导致统治印尼达32年之久的苏哈托政权垮台。这是印尼政治转型进程正式开启的大背景。

危机使印尼社会、政治中潜伏的各种深层次问题充分暴露出来，为印尼社会和政治变革创造了契机，尽管其代价极其沉重。同时，印尼的政治和社会变动，也为美国在印尼"扩展民主"提供了机会。本章主要考察四个问题：第一，作为分析美国对印尼政治转型启动之影响的背景，简要分析亚洲金融危机对印尼的影响；第二，重点考察美国在苏哈托下台及印尼政治转型进程之启动中所扮演的角色；第三，概述印尼政治转型进程及其所取得的进展；第四，分析印尼政治转型进程中存在的问题与挑战，作为进一步分析美国在印尼民主巩固过程中之作用的基础。

第一节　亚洲金融危机及其对印尼的影响

在苏哈托统治印尼的 30 多年时间里，印尼一直保持着较快的经济增长速度。人均国内生产总值由 70 美元增长到 1996 年的 1000 美元；从 1983—1993 年，年均实际 GDP 增长率为 5.9%，1993—1995 年，增至 7.5%；通货膨胀率维持在 5%—10%，印尼币值稳定且具有可预测性。① 1997 年之前的 25 年中，印尼经济增长率平均为 7%。人均收入从 1966 年的 75 美元增长到 1996 年 1200 美元；根据世界银行划定的贫困线标准，印尼贫困人口从 1967 年总人口的 60% 下降到 1997 年总人口的 11%（约 2200 万）；1970 到 1997 年间，婴儿死亡率由 118‰降到 52‰，平均寿命从 48 岁增至 64 岁。② 由于危机发生前印尼一直保持着良好的经济发展势头，人们也比较看好印尼的发展前景和投资环境。虽然进入 20 世纪 90 年代后印尼的政治变化和苏哈托的继任者问题一直是印尼国内经常有人讨论的问题，但似乎没有人预测到印尼会突然深陷全面的经济和政治危机之中。

不过，印尼社会政治中实际上已经潜伏着深刻的危机，旧的控制方法已经效果不彰了，人们渴望变化。1996 年苏哈托政府对印度尼西亚民主党的干涉成为一个关键性事件。梅加瓦蒂·苏加诺普翠成为印度尼西亚民主党领导人，这对苏哈托个人形成了挑战。苏哈托担心她在 1997 年选举竞选活动中将会为印尼民众展示其不满提供平台。于是，苏哈托政府向印度尼西亚民主党领导层施压，要求撤销梅加瓦蒂的领导人职务，梅加瓦蒂拒绝承认被撤职的合法性。苏哈托政府的做法引起了人们的反感。1997 年 5 月的选举中，专业集团党大胜，但在当时的情况下人们普遍质疑这一结果。梅加瓦蒂事件在印尼社会政治中不断发酵，印尼民众的情绪已经从勉强的顺从转移开来了，并越来越倾向于更具挑战性的表达。③ 1997 年中

①　M. Chozin, "The IMF's Structural Adjustment Program (SAP) in Indonesia," (http://www.kau.or.id/index.php? option = com_ content&task = view&id =43&Itemid =4).

②　Richard W. Baker, "Indonesia in Crisis", Analysis from the East-West Center, No.36, May 1998, p.2.

③　［澳大利亚］史蒂文·德拉克雷：《印度尼西亚史》，郭子林译，商务印书馆 2009 年版，第 137—139 页。

期，亚洲金融危机提供了催化剂，使苏哈托政府很快走向崩溃。

亚洲金融危机在 1997 年 7 月首先从泰国开始，并迅速扩展到周围国家和地区。受泰铢急剧贬值的影响，印尼盾在 7 月 8 日开始面对贬值压力，7 月中旬开始下跌。7 月 11 日，印尼中央银行扩大干预区间，在有管理的浮动制度下扩大印尼盾波动区间，从 9% 扩大到 12%。随着投机压力增加，在印尼盾贬值 13% 时，印尼央行于 8 月 14 日放弃了有管理的汇率制度，实行完全自由的浮动汇率制度，允许印尼盾自由浮动，同时提高利率接近 100% 以吸引印尼盾的存款。9 月 1 日，印尼政府取消或搁置了大约 150 个重大发展项目。9 月中旬，印尼财政部长发布了政府克服危机的计划，其目标有五：第一，稳定印尼盾；第二，财政整顿；第三，降低经常项目赤字；第四，加强银行部门；第五，加强私人公司部门。但这些措施和政策宣示根本无济于事，未能制止印尼盾的急剧下跌。

1997 年 10 月 8 日，在汇率超过 3800 印尼盾兑 1 美元时，印尼开始寻求国际货币基金组织的援助。10 月 31 日，印尼政府与国际货币基金组织谈判并签署了第一个意向书（LOI）。该意向书附有一经济和财政政策备忘录（MEFP），其中包含一项克服经济危机和实现经济复兴的计划。该协议规定印尼可以得到总额约 230 亿美元的一揽子国际援助，用于稳定货币；印尼承诺进行一系列改革，包括结束大多数垄断行业和政府补贴等。[1] 11 月 1 日，印尼政府迅速关闭了 16 家弱小的商业银行，国际货币基金组织在 11 月提供了最初的 30 亿美元。但国际货币基金组织的协议未能解决问题，印尼盾在日本、新加坡和印尼的中央银行联合干预外汇市场之后仅仅稳定了两个星期，经过小幅短暂回升后再次下跌。11 月底跌到 4000 印尼盾兑 1 美元，12 月 24 日进一步跌至 6152 印尼盾兑一美元。

1998 年 1 月 6 日，苏哈托公布 1998—1999 财年预算草案。由于该预算案的某些规定违背了与国际货币基金组织达成的协议，美国总统克林顿等都敦促苏哈托遵守协议。苏哈托的这一举动也给市场带来消极影响，民众对贬值的预期进一步增加，进而加剧了通货膨胀压力，市场的反应反过来也就更加负面。

1998 年 1 月 15 日，印尼政府与国际货币基金组织通过谈判签署第二

---

① "Indonesia Letter of Intent," October 31, 1997（https://www.imf.org/external/np/loi/103197.htm#memo）.

个协议。① 国际货币基金组织承诺向印尼提供 430 亿美元援助，而印尼则进行比最初的一揽子协议的规定更为有力的改革。该协议的规定比第一个更加详细，而且包括了一个改革印尼银行业及解决国际债务问题的方案，以重建印尼经济、恢复其金融实力。该方案涉及货币政策、财政政策、银行改革以及其他结构性改革。新协议还规定设立一个委员会，专门研究私营企业的债务问题。第一个意向书规定了 1% 的预算结余，而新的意向书允许小于 1% 的赤字以刺激经济。同时，新的意向书继续要求降低补贴。新协议依然未能增加人们对印尼经济及政府应对危机能力的信心，相反，印尼盾在 1 月 15 日再从 7200 印尼盾兑 1 美元降低到 9300 印尼盾兑 1 美元。

苏哈托透露出选择研究与技术部部长帕夏鲁丁·优素福·哈比比（Bacharuddin Jusuf Habibie）作副总统搭档的信息后，印尼盾币值再创新低，在 1 月 22 日逼近 17000 印尼盾兑 1 美元。因为哈比比是苏哈托的亲信，坚定地支持高科技、快速发展且花费甚巨的项目；同时他也是印尼裙带资本主义的代表性人物之一。通过选择哈比比为副总统的方式，苏哈托表达了保护自己和家族以及朋友之位置的意图。② 如果他作为副总统，也就意味着未来可能成为苏哈托的继承人，无论印尼国内，还是国际上，对印尼未来政局发展和经济前景都会缺乏信心。

1 月 23 日，印尼财政部公布了经过修正的、反映了与国际货币基金组织之间的新协议内容的预算案，但新预算案中设定的汇率、增长率以及通货膨胀假设与印尼经济表现实际上有很大差距。印尼盾不断贬值、国内高利率和沉重的外债对越来越多的印尼公司构成了威胁。1 月 27 日，印尼宣布一项实际上冻结公司外债偿付的措施。

实际上，从 1998 年 1 月到苏哈托下台这段时间里，印尼经济政策一直处于瘫痪状态，这给印尼经济带来灾难性影响。同时，厄尔尼诺现象引发的旱灾，又严重打击了印尼大多数农村地区，谷物因干旱而死亡或减产，也令印尼社会经济危机雪上加霜。

日益恶化的银行业影响了贸易部门，因为外国出口商不愿接受印尼银

---

① Indonesia—Memorandum of Economic and Financial Policies, Jakarta, Indonesia, January 15, 1998（https://www.imf.org/external/np/loi/011598.htm）.

② ［澳大利亚］史蒂文·德拉克雷：《印度尼西亚史》，郭子林译，商务印书馆 2009 年版，第 139 页。

行发出的信用证。印尼很多工厂无法进口生产出口产品的原料；贸易品价格飙升，实际收益降低，国内市场崩溃。印尼经济和社会发展的各项指标都严重倒退：到1998年1月中，雅加达282家股票交易公司中有260家在技术上处于破产状态；根据印尼银行业的规定，240家银行中最多只有10家具有偿付能力；印尼外债总额由1994年的830亿美元增长到1998年3月的1360亿美元，占印尼国民生产总值的83%；1997年7月，印尼的外汇储备为200亿美元，1998年3月初降到163亿美元；1998年3月，印尼政府估计失业人口有870万，是1997年6月份失业人口的2倍；从1997年起到1998年初，食品价格上涨50%—100%，世界银行估算约有20%的印尼人口会因经济危机而生活在绝对贫困状态，而1997年约占11%；药品严重短缺，交通系统瘫痪，食品严重匮乏，等等。①

　　国际货币基金组织与印尼政府的一系列互动，也进一步加剧了印尼的经济危机。1998年3月9日，以苏哈托不愿实施协议规定的改革为由，国际货币基金组织宣布将推迟向印尼提供400亿一揽子贷款中的30亿美元。

　　经济危机的加深充分暴露了印尼社会内部深层次的问题：以军队为基础的威权主义政权的残酷；伴随着任人唯亲和裙带关系的无孔不入、无处不在的腐败，庞大、高成本、低效率的国有企业部门，自上而下沉闷的官僚体系，腐败且反应迟钝的法律体系，等等。这些问题使得政治和社会危机也表现得更加严重。反对派在1998年1月就开始要求苏哈托下台。1月和2月中旬之间，印尼，特别是在爪哇发生了一系列暴力冲突事件，矛头对准了华裔印尼商人。2月起，学生也开始了抗议活动，并日益发展成为暴力冲突。1998年3月11日，在人民协商会议上，苏哈托总统又争取了第七个总统任期。1998年5月，印尼国内各种矛盾激化，爆发了全国性的骚乱。5月18日，几千名学生占据了议会大厦。

　　面对严重的经济和社会危机，苏哈托的政治伙伴纷纷站出来促其下台。1998年5月19日，苏哈托试图缓和学生示威者，承诺提前进行选举，但其提议为学生拒绝。苏哈托在印尼立法机构的盟友也呼吁他辞职。20日，内阁顺应民意解散。当晚，国防部长兼武装部队总司令维兰托

---

① Richard W. Baker, "Indonesia in Crisis", Analysis from the East-West Center, No. 36, May 1998, p. 3 (https://scholarspace. manoa. hawaii. edu/bitstream/10125/3780/1/api036. pdf).

（Wiranto）将军拜访苏哈托。1998 年 5 月 21 日上午 9 点，苏哈托总统通过国家电视台宣读了辞职声明。苏哈托辞职后不久，哈比比在最高法院主持下，宣誓就职。苏哈托辞职，标志着印尼民主化进程真正开启。这也为美国更大规模卷入印尼的政治转型进程创造了契机。

第二节　美国与印度尼西亚政治转型进程的启动

从印度尼西亚政治转型的历史进程来看，其民主化之端倪初现显然要早于亚洲金融危机的爆发。实际上，在苏哈托的"新秩序"后半期，印尼国内推动民主发展的力量一直在以不同形式发展着，只是因为一直受到苏哈托政权的压制而处于沉寂状态，其力量相当弱小。① 也就是说，早在1997 年亚洲金融危机爆发之前，印尼社会内部就已开始了政治转型的酝酿阶段，为这一进程的到来做了一定准备。本节主要考察美国在苏哈托下台及印尼政治转型进程的开启之中发挥的作用。

一　敦促苏哈托政府进行经济和政治改革，以应对危机

综观冷战结束以来历届美国政府的对外政策，对外"扩展民主"在其政策议程中所占的位置都是比较靠后的，或者说不是最紧迫的。克林顿任内虽把"扩展民主"的口号喊得很响，但在实际操作中却始终把现实的经济和安全利益放在第一位；而且美国实施对外"扩展民主"的战略时，也首先选择对美国具有战略重要性且条件成熟的地区和国家作为推进政治转型的战场。这里实际上涉及美国政府对自身国家利益的判断问题：如何兼顾眼前利益、长远利益、现实的利益以及可能的利益；在实现这些利益时，如何判断其次序的轻重缓急；当眼前利益和长远利益、现实的利益和可能的利益不一致时，如何取舍等等。

从冷战结束以来美国整体的对外战略和国际形势的发展演变来看，苏联和东欧地区新独立国家的民主化及民主的巩固是美国对外"扩展民主"时的首要关注。这些国家发生了剧烈的社会和政治变动，开始了政治转型进程，为美国对外扩展民主提供了契机；同时，这些国家的未来政治发

---

① Leo Suryadinata, "Democratization and Political Succession in Suharto's Indonesia," *Asian Survey*, Vol. 37, No. 3, March 1997, p. 280.

展，攸关美国在中东欧乃至整个欧洲的经济、安全和战略利益。因此，冷战后美国首先关注、推动这些国家的民主转型和民主巩固。

冷战的结束虽然对东亚和东南亚地区各国也产生了一定影响，但整体而言这些地区并未出现前苏东地区那些国家发生的剧烈变革。冷战后，美国与该地区诸国的关系没有发生实质变化，基本上还维持着冷战时期的格局。冷战时期，美国为对抗中国和苏联在东亚和东南亚的影响，支持该地区一些反共独裁政权，并与之保持着密切关系，印度尼西亚的苏哈托政权就是其中之一。冷战结束后，美国还延续着与这类国家的关系。从冷战结束到亚洲金融危机之前这段时间里，印尼经济保持的高速增长，似乎也不存在政治变革的前景。美国政府显然乐于与印尼苏哈托政权保持已有的良好关系，这符合美国在印尼及整个东南亚的经济和战略利益。因而，在印尼开始卷入亚洲金融危机漩涡时，美国并未把在印尼推进民主列入其对印尼的政策议程，而是和国际货币基金组织以及其他几个主要国家一道，积极敦促苏哈托进行自主的改革，以此来化解危机。

泰国开始爆发金融危机时，在美国并未引起太大忧虑，在危机开始波及印度尼西亚时，美国政府才开始担忧，因为它"在东南亚是一个坚定地亲西方的大国"，① 而且会对美国在东南亚的经济和战略利益产生巨大影响。

1997 年 10 月，在印尼开始寻求国际货币基金组织援助时，美国采取了一些积极举动，以帮助印尼摆脱危机。10 月 31 日，在印尼政府与国际货币基金组织谈判达成总额约 230 亿美元的一揽子国际援助协议的同时，美国与其他国家一道为这项援助计划增加了双边援助资金。11 月 1 日，苏哈托根据国际货币基金组织的建议关闭了印尼 16 家弱小银行，其目的是通过显示改革决心来刺激市场信心。

然而，印尼经济危机背后的深层社会问题错综复杂，进行国际货币基金组织要求的改革面临着重重困难。在苏哈托 30 余年的统治里，印尼发展起盘根错节的裙带资本主义，政商之间建立起密切关系，特别是苏哈托家族以及与它有密切关系的权势家族垄断和控制着印尼的经济命脉，任何改革都难以进行。印尼国内商人大都与苏哈托政权有密切关系，而这个体

---

① ［美］罗伯特·鲁宾：《在不确定的世界：从华尔街到华盛顿的艰难选择》，李晓岗等译，中国社会科学出版社 2004 年版，第 168 页。

制的变化，几乎肯定会危及这些商业群体的利益，导致印尼国内资本外逃；若按照国际货币基金组织的方案进行改革，打击国内既得利益集团，肯定会削弱苏哈托政权的基础，直接威胁苏哈托家族及其密友所拥有的商业帝国①；而不进行国际货币基金组织所要求的改革，印尼就无法重建国际资本对它的信心，其经济复苏也会困难重重。显然，苏哈托为捍卫其政权和家族利益，很难完全按照国际货币基金组织的要求进行彻底改革。一个明显的例子是，苏哈托的儿子班邦拥有的一家银行（Bank Andromeda）被关闭 3 周之后又以新的名字（Bank Alfa）重新开业了。

　　1998 年 1 月 6 日，印尼公布 1998—1999 财年预算案，苏哈托就预算问题发表谈话。其谈话内容表明，他不会坚持国际货币基金组织的政策。外界判断，这可能会导致国际货币基金组织取消对印尼救援资金。于是，预算案公布当日，股票价格下跌，印尼盾贬值近一半，从 6000 印尼盾兑 1 美元贬值为 10000 印尼盾兑 1 美元。这一切表明，国际货币基金组织第一个救助印尼的计划到 1998 年初已失败。印尼消费者开始囤积食品和粮食，政治反对派要求苏哈托下台，政变传言也到处散布。也就是从这时起，国际社会以及印尼内部的重要力量开始把苏哈托视为问题——甚至是主要问题——的一部分，而不是解决问题的部分。②

　　1 月 6 日公布的预算案不符合国际货币基金组织的数项要求。外界普遍认为，该预算草案是不现实的，因为其假定汇率是 4000 印尼盾兑 1 美元，增长率估计是 4%，通货膨胀率预计是 9%；更有甚者，它不符合第一个意向书所规定的 1% 的预算结余，也未设定提高必要的燃料和电力价格的时间表。1 月 8 日，克林顿政府表示，印尼政府遵守 400 亿美元金融救援所规定的条件是非常重要的。多名美国官员表示，如果苏哈托无视这些警告，帮助印尼摆脱危机的紧急援助可能会被取消。③ 国际货币基金组织也要求苏哈托采取行动，履行承诺，进行改革。美国和国际货币基金组织的警告，又导致印尼盾进一步贬值，并加剧了人们对印尼政治和社会动

---

　　① David E. Sanger, "Clinton Phones Suharto, Insisting on Commitment to I. M. F. Plan," *New York Times*, January 9, 1998, p. D. 2.

　　② Richard W. Baker, "Indonesia in Crisis", *Analysis from the East-West Center*, No. 36, May 1998, p. 4.

　　③ David E. Sanger, "U. S. Warning to Indonesia: Comply on Aid", *New York Times*, Jan. 8, 1998.

荡不安的担心。

1998 年 1 月 9 日晚，克林顿总统致电苏哈托，敦促其履行对国际货币基金组织的承诺，按照该组织的方案进行经济改革。克林顿在电话中还告诉苏哈托，他将派出一支由财政部副部长劳伦斯·H. 萨默斯（Lawrence H. Summers）率领的代表团到东亚地区，代表团成员包括国务院官员以及国家安全委员会成员。克林顿派萨默斯到印尼的目的之一就是说服苏哈托加强经济改革，稳定印尼财政和金融秩序。1 月 13 日，苏哈托在总统府会见了萨默斯。在预定 45 分钟的会谈中，苏哈托用了 40 分钟大谈特谈他是如何把印尼从一个乞丐国家转变为蓬勃发展的制造业经济体的，萨默斯几乎没有时间表达自己的观点。会谈结束后，萨默斯感到极其失望，随行同事甚至担心他会告诉聚集在门口的记者：苏哈托的顽固将会使人们对国际货币基金组织的救援感到怀疑。美国驻印尼大使芮效俭（J. Stapleton Roy）劝告他，时机和地点都还不适宜表达这样的看法。因此，萨默斯在面对记者时，只是宣读了事先准备好的声明，毫无表情地描述了苏哈托恢复信心的愿望。①

国际货币基金组织从 1 月 12 日起与印尼连续进行了三天的密集谈判。1 月 15 日，在与国际货币基金组织执行总干事米歇尔·康德苏（Michel Camdessus）会谈后，苏哈托签署了国际货币基金组织第二个计划，承诺保持对货币政策的严格控制。

在国际货币基金组织与印尼签订第一个援助意向书之后，印尼并非完全背离该组织一揽子救援计划的要求。国际货币基金组织的计划在执行起来确实也存在很大问题。比如，它要求印尼关闭一些弱小银行，但对关闭银行可能引起的印尼人的反应判断错误。② 国际货币基金组织的经济学家本来认为，关闭一些弱小银行可以恢复对印尼银行体系其他部分的信心。可印尼关闭 16 家弱小银行的行动，不但没有恢复人们对银行体系的信心，反而引起了极大恐慌。印尼人纷纷从他们担心可能会被关闭的私人银行提取他们的存款，那些比较健康、继续开业的银行受到挤兑，加剧了印尼盾的贬值。

---

① Michael Shari & Dean Foust, "The IMF Bailout: Up in Smoke", *Business Week* (http://www.businessweek.com/1998/22/b3580019.htm).

② David E. Sanger, "I. M. F. Reports: Plan Backfired, Worsening Indonesia Woes", *New York Times*, Jan. 14, 1998.

苏哈托认为，印尼盾的贬值是印尼的核心问题，也是他最棘手的问题。既然国际货币基金组织的计划不能稳定印尼盾并复兴印尼经济，而且还会破坏苏哈托个人的政治基础和经济利益，他就开始寻求其他办法。2月10日，苏哈托提出实行货币局制度的设想，也就是把印尼盾锁定在固定汇率上（把美元对印尼盾的汇率固定在1∶5000—5500），试图通过与美元挂钩来阻止印尼盾下跌。苏哈托提出这一设想，是受约翰·霍普金斯大学应用经济学教授、华盛顿凯托研究所（Cato Institute）高级研究员、曾任罗纳德·里根经济顾问委员会高级经济学家的史蒂文·汉克（Steven Hanke）的影响，而且还得到包括加里·贝克尔（Gary S. Becker），鲁迪格·多恩布什（Rudiger Dornbusch），米尔顿·弗莱德曼（Milton Friedman），默顿·米勒（Merton H. Miller），罗伯特·蒙代尔（Robert A. Mundell）以及亚伦·华特（Sir Alan Walters）爵士等许多诺贝尔奖得主和著名经济学家的支持。[1] 但这一设想遭到国际货币基金组织和美国的强烈反对。从提出这一设想直到1998年5月下台，苏哈托和国际货币基金组织之间的关系也因这个问题而一直非常冷淡。

实施这样的方案，需要充足的外汇储备、真正坚持健全的货币和财政政策和健康的银行体系。显然，这些印尼都不具备。国际货币基金组织担心，一旦实施货币局政策，将会引发抢购美元，从而导致超高利率和更广泛的失业，并破坏印尼大部分银行系统。国际货币基金组织执行总干事康德苏致信警告苏哈托：印尼的做法违背了他们二人在1个月签署的协议所规定的条件。如果印尼建立货币局制度，它可能会失败，陷入更加深刻的经济和政治危机。康德苏还强调说，他的说法代表了国际货币基金组织执行委员会一致的看法。[2] 克林顿总统也于2月13日晚致电苏哈托总统，警告他印尼的行动将会危及对印尼的430亿美元的危机援助。国际货币基金组织和美国还有更深层次的担心：这样的货币计划可能只是在苏哈托的亲朋好友把其财富以有利的汇率转化为美元并转移到国外之前才强化印尼

---

[1]　Steve H. Hanke, "Regime Change Revisited" (http://cato.org/pub_display.php?pub_id=6496).

[2]　Richard W. Stevenson, "IMF. Opposing Indonesia's Plan for Currency", *New York Times*, February. 14, 1998.

盾的地位。① 对于这一点担忧，美国前财政部长罗伯特·鲁宾（Robert Edward Rubin）在其回忆录中讲得也非常明确。② 确实也有报道说，是苏哈托的两个儿子帮助货币局制度的积极支持者史蒂文·汉克接触到苏哈托，正是汉克说服苏哈托接受了货币局制度的优点。③

2月14日，苏哈托在雅加达接见了汉克。汉克在与苏哈托会见后说，印尼领导人准备实施这一方案，将会继续与国际货币基金组织讨论这一问题。苏哈托还解除了反对实施货币局制度的印尼中央银行行长的职务。3月1日，苏哈托在对人民协商会议（MPR）的演讲中，提出了一项他称之为"IMF plus"的行动方案，其中包含着实行货币局制度的可能。

随着经济和社会危机的进一步恶化，政局也愈益动荡不安。1998年2月起，首先在雅加达以东的洛萨里、苏拉威西省的沿海城镇巴纳瓦出现了骚乱；2月中旬，雅加达、泗水、万隆和日惹等城市的大学生纷纷走上街头，举行反政府的示威运动，要求进行彻底的政治、经济、司法和教育改革。印尼已走近变革的门槛！但苏哈托似乎还牢牢地控制着印尼的强力机关，特别是印尼军队，变革将会在何时发生，是无法确定的。越是处于不确定状态，美国政府内部对于如何应对印尼的经济危机以及由此引发的政治和社会危机这些问题的争论也就越大。这对美国确实是一个很大的挑战，因为如何处理这些问题将会直接影响未来美国与印尼的关系以及美国在东南亚甚至更广泛地区的战略利益。

《华尔街日报》在1998年1月16日评论道："美国迫切希望确保这个危机日益扩散、破坏极其严重的群岛在困难时刻保持平静，并发挥建设性的作用，因为它是东南亚稳定的支柱。但如何实现这一目标，如何积极地支持这个越来越不受欢迎但长期以来可靠的统治者，都是非常困难的问题"；另一方面，也有美国和印尼的专家分析认为，即便美国决策者在某一时刻做出决定，苏哈托应该退出，他们也无法做得太多，因为外部力量

---

① David e. Sanger, "Clinton Tells Indonesia to Stick to Reform", *New York Times*, February 15, 1998.

② ［美］罗伯特·鲁宾：《在不确定的世界：从华尔街到华盛顿的艰难选择》，李晓岗等译，中国社会科学出版社2004年版，第185页。

③ Richard W. Stevenson, "I. M. F. Opposing Indonesia's Plan for Currency", *New York Times*, February 14, 1998.

不但不会使他离开，而且可能会激起反对外国干预的民族主义的激烈反对。① 这显然是一种保守的、维持现状的想法，与印尼陷入危机漩涡后的政治和社会发展现实似乎已无法合拍。更重要的是，印尼问题已超越了印尼本身，更超越了经济问题本身。克林顿政府内各部门各有不同考虑。美国财政部官员明确表示，"除非印尼遵守国际货币基金组织的规定，否则，继续对其进行财政支持将会损害国际货币基金组织在世界范围内危机救援方面的信誉。其他国家可能也会规避政治上比较困难的改革，特别是会导致破产和失业的改革"；而美国国务院更关注的是，"金融危机不要转变成一系列的街头冲突，或触及谁将会成为苏哈托的接班人这样的需要谨慎处理的问题。"② 1998 年 2 月，在美国政府各部会首长的会议上，国家安全副助理吉姆·斯坦伯格（Jim Steinberg）曾提议，美国也许应当和印尼改革派力量接触，以免在苏哈托真正下台时被这些改革力量视为敌人；而另一方的观点则认为，这样做会损害美国与苏哈托的关系及其有效性，一旦泄露就可能使局势更加不稳定。③ 显然，在 1998 年 2 月，克林顿政府内虽已有人提出苏哈托下台和印尼民主化的可能性问题，但尚未成为明确的政府政策。它只是试图谨慎地在各种可能中寻求一种平衡，尽可能避免可能损害未来美国利益的状况发生，但这并不意味着不重视苏哈托下台的可能性，只不过是在印尼政局还不明朗的时候采取了观望态度。早在 1997 年 5 月 7 日，也就是金融危机蔓延到印尼之前，负责东亚和太平洋事务的副助理国务卿奥瑞利亚·布拉泽尔（Aurelia E. Brazeal）在众议院外交委员会亚洲和太平洋小组委员会作证时说："我们整体的方法应该是鼓励印尼政府延续能够加强我们的地区和全球利益的政策，同时支持那些为建立一个更加多元和民主、更加尊重人权的印尼社会而努力的印尼人。"④ 这在一定程度上也可以说明克林顿政府在印尼政局不太明朗之时

---

① Peter Waldman, "Clinton's Personal Ties with Indonesia's Suharto Help So Far, but the Future Could Prove Trickier," *Wall Street Journal*, January 16, 1998, p. 1.

② David E. Sanger, "U. S. Warning To Indonesia: Comply on Aid", *New York Times*, January 8, 1998

③ ［美］罗伯特·鲁宾：《在不确定的世界：从华尔街到华盛顿的艰难选择》，李晓岗等译，中国社会科学出版社 2004 年版，第 186 页。

④ Aurelia E. Brazeal, Testimony Before the House International Relations Committee, Subcommittee on Asia and the Pacific, Washington, DC, May 7, 1997（http://www.fas.org/irp/news/1997/970507-brazeal.htm）.

的表现。

在美国看来，经济崩溃、政治不稳定的印尼不符合其利益。因而，它首先考虑的是如何稳定印尼经济，进而维护印尼的政治和社会稳定，尽管美国和国际货币基金组织推动的经济改革在苏哈托看来没有效果或者不符合其自身利益。1998 年 2 月初，美国财政部开始考虑再派出一个有分量的人到印尼，说明美国的想法，再次敦促苏哈托认真考虑经济改革。

在 1998 年 2 月 18 日白宫会议上，美国财政部长鲁宾推荐前副总统沃尔特·蒙代尔（Walter F. Mondale）作为克林顿的特使。与会者一致认为，蒙代尔能够在使苏哈托确信美国依然是其朋友的情况下，向其施加压力，接受和实施国际货币基金组织的方案。[1] 到 2 月 27 日，克林顿政府内部对蒙代尔向苏哈托表示警告的措辞进行争论。不过，选择蒙代尔作为特使并每日一次在白宫而非财政部长鲁宾的办公室进行会面已充分反映出："美国已把印尼的麻烦视为围绕着经济危机的严重政治危机了。"[2] 蒙代尔就其使命与克林顿总统进行了长时间讨论。

1998 年 3 月 3 日，蒙代尔作为克林顿总统的特使访问了印尼。蒙代尔此行目的有三：第一，让苏哈托相信，美国会努力帮助印尼度过经济危机；第二，告诉苏哈托，印尼必须实施苏哈托在 2 月与国际货币基金组织签署的改革计划；再就是向苏哈托传递一个政治信息：苏哈托在选择下届内阁时必须注意避免裙带关系，成立一个能被市场认为将会实施国际货币基金组织计划的经济团队。[3] 美国选择在苏哈托寻求第 7 个五年任期之前 10 天左右派蒙代尔访问印尼，也表明了对苏哈托未来的政府人事及经济政策的关注。实际上，美国财政部和国务院对蒙代尔的印尼之行应如何表达美国的政策和意图有不同看法。财政部认为，"蒙代尔应尽可能坦率地对待苏哈托，告诉他如果不认真考虑经济改革的话，他的政府不会有什么未来"；而国务院担心，这样的说辞看起来似乎表明"美国要放弃对一个至关重要的盟友的支持"，"如果坚持要他满足严格的条件，他可能会变

① John Greenwald and Bruce Van Voorst, "What Asian Crisis?" *Time* 151, No. 9, March 9, 1998.

② David E. Sanger, "U. S. Faces Hard Choice as Suharto Balks at Economic Reform," *New York Times*, February 27, 1998, p. A. 3.

③ "Mondale to Visit Jakarta to Press Suharto on IMF Reform Plan," *New York Times*, February 25, 1998, p. A. 6

得敌视美国"。①

　　蒙代尔在与苏哈托进行的 90 分钟会谈中告诉后者，克林顿政府并不想用别人取代他，只是想帮助他的国家做得更好。如果他进行合理的改革，美国将会极力支持。② 但苏哈托在会谈中不但没有承诺结束对国际货币基金组织的改革计划的抵制，而且还非常气愤地拒绝了蒙代尔提出的关于政治改革的建议③。蒙代尔随后告诉记者，他已敦促苏哈托总统继续推进国际货币基金组织要求的经济改革。他说："我们讨论了为恢复印尼的稳定和经济增长所做出的努力。我们还讨论了恢复信心所必要的步骤……我相信，恢复信心的核心步骤是实施国际货币基金组织要求的完全、可证明、看得见的改革……解决印尼面临的严重的货币问题的办法是解决深层次的问题。没有其他捷径。如果国际货币基金组织的方案得以实施，将会有助于恢复信心。"④ 蒙代尔在会谈中没有威胁取消 430 亿美元的"稳定计划"，只是敦促苏哈托进行经济和政治改革，以解印尼面临的危机。美国试图避免与苏哈托直接对立，它和国际货币基金组织都希望找到一种比较保全面子的方式，赢得苏哈托的合作。⑤ 蒙代尔的措辞，似乎融合了财政部和国务院的不同意见，既向苏哈托施加了压力，又考虑了他的敏感性，未去触动其敏感的神经。

　　蒙代尔的印尼之行未能实现预期目的。实际上，就在他抵达雅加达的前一天（3 月 1 日），苏哈托在谈话中还不顾国际货币基金组织和美国等对货币局政策的强烈反对，表示他还在考虑他所谓的"IMF-plus"方案。3 月 4 日，苏哈托的发言人莫迪欧诺（Murdiono）又反复强调，苏哈托总统会坚持考虑他自己的经济政策。他说："总统已声明，他将实施国际货币基金组织领导的计划，但是，'IMF-plus'中的'plus'也就是寻求把

　　① ［美］罗伯特·鲁宾：《在不确定的世界：从华尔街到华盛顿的艰难选择》，李晓岗等译，中国社会科学出版社 2004 年版，第 186 页。

　　② ［美］罗伯特·鲁宾：《在不确定的世界：从华尔街到华盛顿的艰难选择》，李晓岗等译，中国社会科学出版社 2004 年版，第 186 页。

　　③ Takashi Shiraishi, "Technocracy in Indonesia: A Preliminary Analysis", RIETI Discussion Paper Series 05-E -008, March 2006, p. 29 (https://www.rieti.go.jp/jp/publications/dp/06e008.pdf).

　　④ Seth Mydans, "Mondale, Clinton's 2d Envoy, Urges Suharto to Press Reforms", *New York Times*, March 3, 1998

　　⑤ David E. Sanger, "U. S. Faces Hard Choice as Suharto Balks at Economic Reform, *New York Times*, February 27, 1998, p. A. 3.

印尼盾稳定在合理水平上的办法。"① 在蒙代尔与苏哈托的会谈结束数小时后,美国行政部门高官,包括财政部长罗伯特·鲁宾、财政部副部长萨默斯等在国会作证时表示,"除非苏哈托在推动他 1 月份同意的经济改革方面取得'充分进步',否则,白宫不会支持通过国际货币基金组织对印尼增加紧急援助。"②

1998 年 3 月 6 日,因印尼政府未能实施协议规定的改革计划,国际货币基金组织决定推迟支付按计划应在 15 日提供的一期总额 30 亿美元的付款。3 月 9 日,国际货币基金组织宣布中止对印尼的资金援助。3 月 11 日,苏哈托再次当选总统,开始了其第 7 个五年任期,3 月 14 日任命了一个由其儿女和亲信组成的新内阁。这让美国和国际货币基金组织更加怀疑苏哈托的改革决心。但克林顿政府内的一些官员并不愿意掐断对印尼的援助。财政部官员担心,国际货币基金组织撤出援助,会导致经济进一步恶化,印尼会在困境中崩溃;国务院和国防部则担心进一步爆发针对印尼华人的种族暴力事件,因为新的暴力将会招致对国际货币基金组织和美国的谴责。③

印尼政府内部对印尼是应该求助于国际货币基金组织还是引入货币局制度存在着激烈的争论。货币局制度得到苏哈托的大女儿茜蒂·哈迪加蒂·鲁克马纳(Siti Hardijanti Rukmana)(也即 Tutut)和财政部长弗阿德·巴瓦齐尔(Fuad Bawazier)的支持,他们认为,这样可以防止美国通过国际货币基金组织从经济上控制印尼。但要求苏哈托采取国际货币基金组织的计划的国际压力太强大了。苏哈托知道,若印尼得不到国际援助,将会让他在政治上处于某种不利地位④,没有美国和国际货币基金组织的援助,印尼难以渡过危机。因此,他不得不做出妥协,尽管这并非他心甘情愿的。3 月 15 日,苏哈托与到访的日本首相桥本龙太郎会谈时表示,他不会坚持实施货币局制度。

---

① David E. Sanger, "U. S. Is Linking Aid to Jakarta To Its Reforms", *New York Times*, March 4, 1998.

② David E. Sanger, "U. S. Is Linking Aid to Jakarta To Its Reforms", *New York Times*, March 4, 1998.

③ David E. Sanger, "U. S. Is Linking Aid to Jakarta To Its Reforms", *New York Times*, March 4, 1998.

④ Yang Razali Kassim, *Transition Politics in Southeast Asia: Dynamics of Leadership Change and Succession in Indonesia and Malaysia*, Singapore: Marshall Cavendish Academic, 2005, p. 66.

国际货币基金组织的谈判代表也意识到，如果他们撤销对印尼的支持，将会在印尼引发社会灾难。① 3 月 18 日，苏哈托新组成的政府与国际货币基金组织重新谈判新的计划；4 月 8 日，印尼宣布放弃货币局制度的设想，双方就新的宏观经济目标和经济改革方案达成一致；4 月 10 日，达成第三个协议。② 新协议基本上延续了之前协议的内容，增加了处理巨大私人债务的计划，为此建立了印尼债务重整局（INDRA）。为实施协议规定的计划，国际货币基金组织为 100 多项政策改革设定了实现目标的具体时间表，并进行广泛的监督。协议还要求印尼逐步取消对诸如糖、面粉、棉花、豆粕、鱼肉、大米以及大豆等日用品的补贴；逐步提高燃油和电力价格等。

二　印尼政治危机全面爆发，美国对苏哈托政权政策的彻底转变

为满足国际货币基金组织的条件，苏哈托在 1998 年 5 月 4 日大幅度提高了燃料价格，降低了燃油补贴。此举引起印尼国内强烈的抗议浪潮。燃料价格危机不断加剧，国内局势更加动荡，学生走上街头，棉兰和北苏门答腊等地的暴乱持续了 3 天。5 月 12 日，参与反苏哈托示威的德里萨迪大学（Trisakti University）的四名学生被安全部队枪杀。此举引起印尼国内及国际上对苏哈托政权的强烈谴责。该事件成为印尼政治局势转变的转折点。接踵而至的是在雅加达、梭罗等地爆发了大规模、有组织、有计划地针对华人和华商的种族暴乱，接连发生多起抢劫和纵火事件，华人商店受到攻击。5 月 14 日，外国使馆开始撤离。正在开罗访问的苏哈托非正式表示，如果他已经不能得到人民的信任，他将会辞职。18 日，示威游行的学生占领了议会大厦，要求推翻苏哈托政权。

随着危机逐步加深，印尼人民要求苏哈托下台的声音也越来越强烈。在日益加深的政治和社会危机的压力下，苏哈托的政治伙伴们也开始弃他而去。一些重要的政治人物开始向苏哈托施加压力，促其下台。③ 早在

① Michael Shari & Dean Foust, "The IMF Bailout: Up in Smoke", *Business Week* (http://www. businessweek. com/1998/22/b3580019. htm).

② "Indonesia—Supplementary Memorandum of Economic and Financial Policies," Jakarta, Indonesia, April 10, 1998 (https://www. imf. org/external/np/loi/041098. htm).

③ Theodore Friend, *Indonesian Destinies*, Cambridge: Harvard University Press, 2003, pp. 338 – 346.

1998 年 1 月 6 日，阿米安·赖斯就表示希望能够与梅加瓦蒂和瓦希德合作，以解决印尼日益严重的问题。3 月份起，努尔霍利什·马吉德（Nur-cholish Madjid）不断会见军队将领，讨论他提出的一项让苏哈托和平、体面地辞职的计划。阿米安·赖斯则与学生组织以及他本人领导的"穆罕默迪亚"合作，支持街头抵抗，并要求苏哈托辞职。5 月 18 日示威学生占领议会大厦后，执政的专业集团党主席、国会议长哈莫科（Harmoko）在召开议会领导人会议后发表声明，希望苏哈托为了国家的团结而明智地辞职。下午，哈莫科对占领国会大厦的学生说：苏哈托应该下台。随后，人民代表会议 4 个副主席等也都做出同样表示。副总统哈比比在 18 日也建议苏哈托辞职。

5 月 19 日，苏哈托发表电视讲话，表示会在完成新的选举并建立一改革委员会之后的适当时机辞职。这是苏哈托的最后一搏，但一切都为时已晚，他已毫无回旋余地。努尔霍利什·马吉德告诉他，只有迅速下台才能为人民接受。当晚，印尼武装力量总司令维兰托说，如果苏哈托辞职，他将保证苏哈托的安全。20 日早晨，阿米安·赖斯因军方警告而取消了大规模抗议活动，但印尼其他地方发生了更大规模的反苏哈托示威活动，日惹市约有 100 万人走上街头。人民代表会议发言人哈莫科威胁苏哈托，如果 5 月 23 日前还不辞职，人民代表会议（DPR）将对他启动弹劾程序。① 当晚 11 时，苏哈托收到由国家发展规划部部长（State Minister of National Development Planning）吉南加尔·卡尔塔萨斯米塔及其他 13 名内阁部长的联名信。他们在信中表示拒绝加入新内阁。

进入 5 月份之后，印尼的形势变化显然是剧烈的。但美国对苏哈托政权的态度却似乎一直处于观望之中，直到最后一刻才完成彻底转变。数月内，苏哈托对外国领导人及美国高级特使的一系列呼吁都置若罔闻，似乎丝毫不受影响。5 月 12 日数名学生被枪杀后，克林顿政府认定它几乎已无法用外交手段来促使印尼政府阻止日益增长的暴力活动了。于是决定派出由美军太平洋司令约瑟夫·普理赫（Joseph W. Prueher）率领的高级军事代表团于 5 月 14 日赴印尼，要求印尼军队结束其对示威平民的打击。即便在这样的情况下，美国还在试图避免给外界留下向苏哈托施压、促其

① Edward Aspinall, *Opposing Suharto: Compromise, Resistance, and Regime Change in Indonesia*, Stanford: Stanford University Press, 2005, p. 235.

下台的印象。五角大楼的态度充分表明了美国的观望态度：它希望普理赫上将的访问既不会被看作美国与印尼军方一起反对苏哈托总统，也不会被理解成与苏哈托站在一起反对反政府的示威者。美国政府有官员表示："我们的关注非常简单明了，也就是尽力防止暴力失去控制。没有其他议程。绝对没有政治议程。"① 在 5 月 16 日的八国集团领导人会议上，克林顿总统与英、法、德、意、加拿大、日本以及俄罗斯等其他七国领导人在晚宴时用相当多的时间讨论了印尼问题。此前，克林顿总统也呼吁苏哈托总统及其军队"避免暴力并保持最大限度的克制"，并建议苏哈托：最好的选择是通过走向民主来对国内动乱做出反应；应该"与社会各阶层开启对话"，在改革印尼经济的同时，创造"真正的政治改革和政治妥协意识。"② 但他依然不愿直接向苏哈托施加压力，敦促其下台。八国领导人也只是敦促苏哈托在处理印尼的混乱局面时表现出克制，未做进一步要求。

由于克林顿政府不愿直接呼吁苏哈托总统下台，参议院在 5 月 19 日对其进行了严厉抨击。在参议院对外关系委员会亚洲小组委员会举行的听证会期间，民主党和共和党两党参议员都对克林顿政府把经济稳定放在先于促进政治变革的位置，并在是否向苏哈托施压促其下台问题上的摇摆进行了批评。参议员约翰·F. 克里（John F. Kerry）说，"应该传递简单和直接的信息，苏哈托总统必须下台。"参议员保罗·D. 韦尔斯通（Paul D. Wellstone）说，"我们的沉默就是背叛，我们必须站在学生一边。"但克林顿政府还是不愿意公开扭转自己政策，依然坚持模糊的"中间立场"，支持政治改革，而不愿意具体指明克林顿政府心中的所想的是哪种改革。③ 克林顿总统在伦敦的一次记者会上说，应该由印尼人民而非美国决定谁是印尼领导人。他说："我们希望印尼能够团结在一起，而不是分裂。我们希望印尼军方能够继续保持最大克制。"④ 5 月 20 日，美国国务

---

① Philip Shenon, "U. S. to Appeal to Indonesia Military to Stop Crackdown", *New York Times*, May 14, 1998

② Richard W. Stevenson, "8 World Leaders Urge Suharto to Show Restraint in Handling Indonesian Turmoil", *New York Times*, May 16, 1998, p. A. 7

③ David E. Sanger, "Halting Loans Isn't Enough, Both Parties Tell Clinton", *New York Times*, May 19, 1998, p. A. 10.

④ David Wessel & Carla Anne Robbins, "Clinton Avoids Calling for Suharto to Step Down," *Wall Street Journal*, May 19, 1998, p. 1.

卿马德琳·科贝尔·奥尔布赖特（Madeleine Korbel Albright）在康涅狄格对美国海岸警卫队学院（Coast Guard Academy）的演讲中敦促苏哈托抓住历史性机遇，"作为一个不但领导这个国家，而且为其提供民主转型的人留下自己的一份遗产"。① 这也是美国政府对苏哈托的去留问题做出的最明确的表示。奥尔布赖特是在特意敦促苏哈托下台，但她同时也称赞苏哈托在过去 30 年中为这个国家贡献良多，提高了印尼在世界的地位，促进了印尼的经济发展。

就在奥尔布赖特敦促苏哈托"为印尼的民主化采取政治家的历史性行动"之后数小时，也就是 1998 年 5 月 21 日（周四）上午 9 点，苏哈托总统宣读了辞职声明。随后，克林顿总统就苏哈托辞职发布了一个非常简短的声明。声明表示："我们对苏哈托总统的决定表示欢迎，这为印尼开始走向真正的民主转型提供了一个机会——使印尼人民有机会共同为未来建立一个稳定的民主国家。我们特别要求印尼领导人迅速向前推进这一得到民众广泛支持的和平进程。美国已准备在印尼进行民主改革时提供支持。"②

对于苏哈托辞职和印尼政治转型进程的开启，美国到底发挥了怎样的作用呢？

新加坡国立大学政治学系廖建裕（Leo Suryadinata）副教授在其《解释印尼政治》一书中说，有三个因素对于促使苏哈托辞职是非常重要的：第一，苏哈托认识到，军方，特别是维兰托将军，不再给予他完全的支持了；第二，苏哈托突然认识到，他所有亲密同事［除贸易和工业部长哈桑（Bob Hassan）、财政部长弗阿德以及他的女儿、社会事务部长西蒂·哈迪扬蒂·鲁克马纳（Siti Hadiyanti Tutut Rukmana）外］也都弃他而去；第三，美国国务卿奥尔布赖特在 5 月 20 日公开声明，克林顿政府希望苏哈托下台。他认为，所有这些发展使得苏哈托除下台外已别无选择。③ 廖建裕的分析确实道出了问题的根本所在，主要是国内因素，国内严重的经

---

① Secretary of State Madeleine K. Albright, Commencement Address to the United States Coast Guard Academy, New London, Connecticut, May 20, 1998（https://1997 – 2001. state. gov/statements/1998/980520. html）.

② William J. Clinton, "Statement on the Resignation of President Soeharto of Indonesia," *Weekly Compilation of Presidential Documents*, Vol. 34, Issue 21, May 25, 1998, p. 934.

③ Leo Suryadinata, *Interpreting Indonesian Politics*, Singapore: Times Acadamic Press, 1998, p. 230.

济和社会危机，特别是精英阶层的背离才导致苏哈托被迫下台的。

但奥尔布赖特的公开声明似乎并不足以说明美国对促使苏哈托下台所起的作用。之前，克林顿政府不愿意明确敦促苏哈托下台，因为它担心随后会发生混乱，激起对示威者和学生更严重的打击。[1] 而且在不能确定谁可能成为苏哈托的继任者的情况下，美国政府担心印尼的金融危机会加剧权力斗争，从而导致印尼军方的卷入。[2] 1998 年 3 月初，尽管苏哈托面临着一些反对力量，但都不足以对苏哈托构成真正的威胁；印尼民众和外国投资者虽已不再相信苏哈托，但都担心苏哈托下台之后留下的真空。[3] 美国若此时施压促苏哈托下台，可能不但不会使他离开，而且可能会激起反对外国干预的民族主义的激烈反对。[4] 因而，直到 5 月中旬印尼社会政治危机加剧、政治精英纷纷倒戈的时候，美国国务卿奥尔布赖特才于 19 日明确表示苏哈托应该下台。

虽说促使苏哈托下台的根本原因来自印尼国内，也没有明确的信息说明苏哈托的辞职决定与华盛顿发生的事件之间的关系，但苏哈托的辞职声明确实在克林顿政府做出许多希望苏哈托下台的暗示之后做出的。美国白宫发言人迈克尔·D. 麦克里（Michael D. McCurry）说，虽然克林顿总统没有明确呼吁苏哈托辞职，但他的政府支持印尼"民主的政治转型"，而且希望它尽快实现转型，因为形势迫切需要。[5] 而且实际上，克林顿政府也一直非常支持印尼的民主发展。虽然在努力支持苏哈托总统，但它同时也向印尼一些重要的反对派团体提供支持，希望促进印尼向民主社会转型。[6]

与 5 月 20 日奥尔布赖特的声明相比，克林顿政府在印尼深陷危机之

---

① David Wessel & Carla Anne Robbins, Clinton Avoids Calling for Suharto to Step Down, *Wall Street Journal*, May 19, 1998, p. 1.

② David E. Sanger, "Clinton Phones Suharto, Insisting on Commitment to I. M. F. Plan," *New York Times*, January 9, 1998, p. D. 2.

③ "The Doctors at the Door: For Suharto the Medicine Looks Nasty", *Economist*, March 7, 1998, Vol. 346, Issue 8058, p. 42.

④ Peter Waldman, "Clinton's Personal Ties With Indonesia's Suharto Help So Far, but the Future Could Prove Trickier," *Wall Street Journal*, January 16, 1998, p. 1.

⑤ Philip Shenon, Clinton Welcomes Suharto's Exit but Says Indonesia Still Needs 'a Real Democratic Change', *New York Times*, May 21, 1998, p. A. 8

⑥ Tim Weiner, "U. S. Has Spent $ 26 Million since '95 on Suharto Opponents", *New York Times*, May 20, 1998, A. 11.

后所采取的政策措施，特别是通过国际货币基金组织采取的一些行动，对于最终促使苏哈托下台可能更具实质意义。随着金融危机的日益加深，美国、国际货币基金组织与苏哈托之间就履行印尼政府与国际货币基金组织达成的协议的问题不断发生矛盾。美国财政部官员认定，国际货币基金组织敦促苏哈托进行的经济改革本身不会发生作用，还必须同时进行政治改革。而国际货币基金组织在美国支持下在印尼推动的改革，实际上也已远远超出了汇率、利率和政府财政的范围，触及印尼更广泛的经济和社会层面的问题，如：裙带资本主义、腐败、裙带关系等。这些问题不是国际货币基金组织能够解决的，指望印尼政府马上解决这么多问题也是不现实的。针对国际货币基金组织与苏哈托下台之间的关系，阿米塔夫·阿查亚曾评论道："毫无疑问，国际货币基金组织的政策和行动是导致苏哈托政权在印尼经济危机中崩溃的一个重要因素……尽管民主化不是它的正式的目标，但却成为国际货币基金组织的条件无意中产生的后果。"① 这段评论的前半部分是没有问题的，但从美国政府的所作所为来看，若说印尼的民主化是国际货币基金组织的条件无意中产生的后果，恐怕就难以令人信服了。苏哈托把印尼的问题仅看成货币问题，克林顿政府不是帮助苏哈托整顿货币，而是帮助国际货币基金组织在印尼整顿除货币之外的其他一切。② 自亚洲金融危机席卷印尼之后，美国在与印尼沟通中也一直强调，腐败、任人唯亲、裙带关系的主要经济问题，只有在更加透明和可信的政治过程中才能得以解决。③ 就在国际货币基金组织准备考虑印尼的政治稳定问题的时候，美国却拒绝做出任何让步，而是提出了更严厉的条件，要求印尼完全遵守一揽子救援计划条款的规定。④ 到 5 月中旬，克林顿政府对形势评估已发生了重大变化，对苏哈托的判断也已非常明确了：如果苏

---

① Amitav Acharya, "Democratising Southeast Asia: Economic Crisis and Political Change", Working Paper No. 87, August 1998, Asia Research Centre, Murdoch University, Perth, Western Australia, pp. 8 –9.

② George Melloan, "What, Exactly, Does Clinton Want From Indonesia?", *Wall Street Journal*, March 10, 1998.

③ "U. S. Policy Options Toward Indonesia: What We Can Expect; What We Can Do", hearing before Subcommittee on Asia and the Pacific of the Committee on International Relations, House of Representatives, June 4, 1998, p. 16.

④ Timo Kivimaki, "U. S. -Indonesian Relations during the Economic Crisis: Where has Indonesia's Bargaining Power Gone", *Contemporary Southeast Asia*, Vol. 22, No. 3, December 2000, p. 540.

哈托在台上，混乱将会更加严重。美国也对其政策做出调整，美国政府及其盟友在 5 月 19 日中止了总额 27 亿美元、按计划应在 48 小时内由亚洲开发银行和世界银行提供的三笔贷款。这对苏哈托构成了沉重打击。苏哈托说，是外国挥舞着金融"武器"把他赶下台的。[1]

当时直接卷入这些事务的一些经济学家和政要的看法也表明，美国及其通过国际货币基金组织对印尼施加压力，背后动机并不单纯。芝加哥大学教授、诺贝尔经济学奖得主默顿·米勒教授（也是支持印尼实行货币局制度的经济学家之一）说，美国想推翻苏哈托总统，而货币局设想会破坏这一计划；美国财政部反对货币局方案，不是因为它不会发挥作用，而是因为它会，如果发生作用，稳定了印尼盾和印尼经济，将会对苏哈托起到支持作用，他就会因而继续在台上。史蒂文·汉克说，克林顿政府决定从道义上伤害苏哈托或推翻他，它坚信金融混乱能够完成这项任务。美国前国务卿劳伦斯·伊格尔伯格（Lawrence S. Eagleburger）也说：我们（美国）非常聪明地支持国际货币基金组织推翻了苏哈托总统。康德苏在退休时也非常自豪地表示：我们创造了迫使苏哈托下台的条件。[2]

总的看来，直到 1998 年 5 月份发生的一系列事件之前，克林顿政府在政治上一直是支持苏哈托总统的，并未把推动印尼的民主化，特别是促使苏哈托下台，置于其对印尼的政策议程之中。在金融危机波及印尼后，克林顿政府各部门考虑问题虽各有所侧重，但最初都未考虑印尼的民主化或促使苏哈托下台这些问题，特别是国务院、国防部和国家安全委员会的官员首先考虑的是美国若不积极援助可能引起的政治和战略后果。克林顿政府在考虑美国在印尼乃至整个东南亚的利益时，首先考虑的是稳定。它担心印尼政治动荡乃至分裂不但会损害美国在该地区的经济利益，还可能会造成该地区的地缘政治变化。在克林顿政府看来，只有稳定，才能最大限度地维护和实现美国的利益。在苏哈托的地位还未受到挑战的情况下，美国当然不愿意因刺激苏哈托而损害自身利益，更不愿因印尼的动荡而损害美国在印尼及东南亚的整体利益。通过支持苏哈托从而实现印尼的稳

---

① James L. Tyson, "'Dollar Diplomacy' Rises Again as Foreign-Policy Tool," *Christian Science Monitor*, Vol. 91, Issue 52, Feruary 10, 1999.

② James L. Tyson, "'Dollar Diplomacy' Rises Again as Foreign-Policy Tool," *Christian Science Monitor*, Vol. 91, Issue 52, Feruary 10, 1999; Steve H. Hanke, "Regime Change Revisited"（http://cato. org/pub_ display. php? pub_ id = 6496）.

定，符合当时美国的利益，或者说符合克林顿政府对其国家利益的判断。但在政治上支持苏哈托的同时，克林顿政府也赞同并支持国际货币基金组织向苏哈托施压，促其进行经济改革。而实际上，如前所述，国际货币基金组织要求印尼进行的改革举措是会直接动摇苏哈托的统治地位的。除通过国际货币基金组织外，克林顿政府还直接向苏哈托施加压力以促其改革，多次派出特使也充分说明这一点。这些做法，事实证明对于缓解印尼经济危机已是于事无补的，也就更让苏哈托深陷危机之中。随着危机的加深及印尼国内政治的变动，克林顿政府对印尼国内政治形势发展及其可能对美国利益产生的影响的判断发生了变化，于是，美国政府调整了对苏哈托政权的政策，开始积极寻求通过推动印尼的民主化，来实现印尼的稳定，进而捍卫美国的各种利益。2009 年新加坡内阁资政李光耀接受美国专栏作家汤姆·普雷特（Thomas Gordon Plate）访谈时的说法也可以佐证，从印尼开始陷入全面经济和社会危机起，推动苏哈托下台作为美国的一种政策选项就一直存在着。①

第三节　印度尼西亚的政治转型进程

苏哈托政权统治的合法性是以社会的长期稳定和经济的迅速发展为基础的。在受到亚洲金融危机的冲击而陷入全面社会政治危机之后，苏哈托政权合法性的基础受到极大削弱，民主成为在印尼实现政治稳定、重建政府合法性的重要手段。"开启民主之门是实现政治稳定的第一步，但它还不足以确保稳定，还需要制度发展，宪法改革以及法治。"② 只有实现了政治稳定、建立起基本的民主制度，并在全社会形成健康的民主精神和民主素养，完成制度和文化的根本性转变，印尼政治转型进程才能完成，其民主制度才能实现巩固。从苏哈托下台到 2009 年 10 月的印尼大选，印尼经历了从哈比比、阿卜杜勒拉赫曼·瓦希德（Abdurrahman Wahid）、到梅加瓦蒂、再到苏西洛·班邦·尤多约诺（Susilo Bambang Yudhoyono）四任总统的统治。总的看来，从哈比比到梅加瓦蒂，印尼一直在对基本法律

---

① ［美］汤姆普雷特：《李光耀对话录》，张立德译，现代出版社 2011 年版，第 130—132 页。

② Herbert I. London, Curt Smith, "The Upcoming Indonesian Election", May 20, 1999 (http://www. hudson. org/index. cfm? fuseaction = publication_ details&id = 319).

和国家制度进行着争论和改革，经过各派势力相互争夺、合作与妥协，到
2004 年大选时，印尼的政治架构和法律制度整体上已基本确立。2004 年
大选的成功举行，标志着印尼的民主制度基本实现巩固。在从 1997 年亚
洲金融危机到 2009 年 10 月苏西洛总统在印尼大选中连任，印尼的政治转
型进程逐步推进，民主制度逐步巩固，民主精神日益扎根。但同时，印尼
政治发展过程中也面临着种种挑战和问题，其政治转型过程也是应对和解
决这些问题和挑战的过程。

　　简要概述自苏哈托下台以来印尼政治转型进程所取得的进展，了解其
中存在的问题和面临的挑战，对于认识和评价美国推动印尼民主转型的活
动是必要的。它有助于更客观地认识美国对印尼民主转型的影响。本节的
主要任务是简单介绍印尼政治转型所取得的进展。

一　基本法律与制度改革

　　1998 年 5 月 23 日，哈比比的"改革建设内阁"宣誓就职，印尼进入
改革时期。哈比比政府基础脆弱，缺乏合法性，无论在国内还是在国际上
都未获得信任，因为哈比比一直受到苏哈托的提携，与后者关系密切，也
被视为印尼社会腐败和裙带资本主义的一个代表人物。有美国政府高级官
员也认为，哈比比作为总统领导印尼是不适合的。人们对改革和民主所要
求的，不仅仅是政权的改变，更是制度变革。这就要求进行全面的政治、
社会和经济制度及各种关系的改革，并建立一种能够让民主生根发展的稳
定框架。人们不相信哈比比能够进行彻底改革。因此，学生继续示威，进
一步要求他下台，把权力移交给反对派领导人；逮捕并审判苏哈托，剥夺
其家族以不当手段获得的财富；结束印尼军队的"双重使命"等。

　　面对民众强大的改革要求和反对声浪，哈比比总统急需通过改革树立
其改革形象，获取民众支持，巩固其摇摇欲坠的地位。在 5 月 25 日第一
次内阁会议的演讲中，哈比比就呼吁进行政治、经济和司法改革以克服危
机，并承诺修改关于政党、选举以及人民协商会议（MPR）①、人民代表
会议（DPR）以及地方立法机构组织等的法律，清除腐败、官商勾结和

---

　　①　人民协商会议由 695 位成员组成，其中包括由选举产生的全国性立法机构——人民代表
会议（DPR）的 462 名代表，被委任的来自印尼国民军（TNI）警察的 38 名代表，130 名由省议
会选出的地区代表，以及来自各社会团体的未经选举的 65 位代表（"功能团体代表"）。

裙带关系。内阁会议当天，哈比比总统第一次释放了苏哈托时代被投入监狱的政治犯，印尼最大但官方不承认的工会领导人穆希塔·帕克帕汉（Muchtar Pakpahan）和大学教授巴蒙卡斯（Sri Bintang Pamungkas）被释放。

1998 年 11 月 10—13 日，印尼举行人民协商会议特别大会。13 日，人民协商会议颁布 12 项法令，这些法令规定：修改人民协商会议内部规则，允许当选的新政党代表参与人民协商会议和人民代表会议，并分割二者的权力；人民代表会议选举应在 1999 年 5 月或 6 月举行，所有符合法律条件的政党都可以参与竞争，根据随后即将通过的法律逐步减少指定的军方代表的席次；总统和副总统任期为最多两届 10 年，取消授予总统的特别权力；准备设立独立的印尼中央选举委员会（KPU）监督选举。其中关于印尼军队"双重使命"的法案，只是确定逐步减少军方在人民代表会议的代表席位，而未做详细规定。

1998 年底，哈比比政府开始修改 1985 年通过的 3 个主要政治性法案，即：印尼政党法、选举法和议会法。1999 年初，由专业集团党、建设团结党（PPP）、军方（ABRI）以及印尼民主党（PDI）四方代表组成的 87 人特别委员会讨论了包括（1999 年 6 月 7 日将要选出的）人民代表会议和（8 月 29 日就职的）人民协商会议的人数及构成；军方在人民代表会议中的指定席位；是否允许 400 万公务员参加政党；选区的大小；政党参与选举竞争必须满足的条件等重要问题。经过数周讨论，人民代表会议于 1999 年 1 月 28 日通过了三项新的政治法案：关于大选的 1999 年第 3 号法案、关于政党的 1999 年第 2 号法案和关于人民协商会议和人民代表会议的结构和构成的 1999 年第 4 号法案。法案规定，军方在人民代表会议拥有 38 个指定席位，在省和次省级人民代表会议（DPRD）的席位占 10%，军方在多党选举制度下还足以继续掌握权力的平衡，因为几乎不可能有一个政党获得绝对多数。人民代表会议其余 462 个席位由各政党通过选举竞争产生。新的人民协商会议由 500 名人民代表会议成员和各省议会根据 6 月的选举结果任命的 135 名地区代表（因东帝汶独立，减至 130 名）及印尼全国选举委员会任命的 65 名来自社会组织的代表组成。1999 年 2 月 1 日，这三项法案经哈比比总统签署正式生效。这些法案反映了政治精英间的妥协。虽然法案可能存在种种缺点和问题，但仍为印尼在新制度下进行自由和公正的选举提供了可能。

印尼 1945 年宪法赋予总统以强大权力。宪法改革是 1998 年 5 月推翻苏哈托政权的学生运动的基本要求。印尼在政治转型过程中未像其他实现民主转型的国家那样制订一部新宪法，而是保留了 1945 年宪法，并以修正案的形式分别在 1999 年 10 月、2000 年 8 月、2001 年 11 月和 2002 年 8 月对其进行了 4 次修改。修改宪法的目的是强化民主制度、责任承担和透明度以及权力的分离。这些修改主要是在瓦希德总统任内完成的。

1999 年 10 月，印尼人民协商会议决定从 2000 年开始举行年度会议，听取印尼总统、人民代表会议、最高咨询委员会（DPA）、国家审计署（BPK）以及最高法院提交的年度进展报告，修改宪法和通过法令。

1999 年 10 月 19 日，印尼人民协商会议全体会议通过了第一个修正案。修改了宪法 37 条中的 9 条。规定总统任期最多两届 10 年；总统必须听取人民代表会议和最高法院的意见；在立法程序方面赋予人民代表会议更大的权力。该修正案加强了印尼政府中司法和立法部门的地位。人民协商会议还颁布法令，要求总统向人民协商会议年度会议报告，并在总统任期结束时发表例行施政演说（accountability speech）。根据人民协商会议全体会议的授权，人民协商会议的工作机构（Working Body）设立了两个小组委员会：第一特别委员会（Ad Hoc Committee I）负责审议《印度尼西亚共和国宪法》，提出正式的宪法修正案；第二特别委员会（Ad Hoc Committee II）负责起草在人民协商会议年度会议上讨论的新法令（decrees）。第一特别委员会在建立之后便确立了其基本规则和广泛的原则，继续宪法审查过程。该委员会详细审查了宪法，并进一步提出修正建议，重申支持宪法既有的前言，统一国家和总统制。从 1999 年 11 月到 2000 年 5 月，第一特别委员会举行了多次听证会、省级磋商会议并派出国际研究团（international study missions）。到 2000 年 6 月底，第一特别委员会完成了对印尼 1945 年宪法的详细审查。2000 年 7 月 31 日，第一特别委员会的最终报告被采纳，并经由人民协商会议工作机构转交人民协商会议年度会议。2000 年 8 月 7 日开始的人民协商会议年度会议把该报告提交其第一委员会（Commission A）并于 8 月 15 日返回全体会议。

第二特别委员会审查了大约 20 个可能的主题领域并压缩成六个主题：（1）审查和修改人民协商会议长期适用的议事规程（Standing Orders）；（2）地方自治政策的实施；（3）国家统一与完整；（4）法律渊源和法律层级；（5）印尼国民军（TNI）与印尼警察（POLRI）的分离；以及（6）

印尼国民军与印尼警察的作用。① 第二特别委员会通过人民协商会议工作机构将其最终报告提交人民协商会议年度会议。

　　人民协商会议在 2000 年 8 月 18 日批准的若干新法令和第二个宪法修正案涵盖了四方面内容：第一，军政关系；第二，分权与制衡；第三，权力向各地区的分散；第四，权利法案。人民协商会议为人民代表会议（DPR）通过法律在印尼确立对军方的民主控制和文人控制奠定了法律基础。作为宪政改革的一部分，人民协商会议还明确，印尼政治制度的本质是总统制。

　　第二宪法修正案对印尼 1945 年宪法之第六和第七章进行了修改，规定人民代表会议和地方人民代表会议（DPRDs）必须在 2004 年大选时经由选举选出。该修正案改进了选举制度，以确保人民的政治参与；承认组建政党的自由，政党活动合法化；给予公务员参加政党的自由。该修正案还增加了关于人权的重要一章，赋予公民反对国家的权力，确保言论、集会、结社和思想自由作为基本人权得以保障。人民协商会议发布的 2000 年第七号法令（Decree VII/2000）决定，印尼国民军和警察在人民协商会议的代表席位只能维持到 2009 年。对印尼 1945 年宪法第七章的修改以及 2000 年第六号和第七号法令都对印尼国防军和印尼警察的任务做了重要区分。印尼国防军负责外部国防；印尼警察负责内部安全、执法和维持公共秩序。2000 年第六号法令为从制度上把警察从军队中划分出来确立了法律基础。

　　2001 年 11 月人民协商会议年度会议通过了第三个宪法修正案，规定人民的主权由宪法来实施；支持司法权力，规定建立独立的司法委员会和有权审查法案的宪法法院。人民协商会议的职能包括修改宪法，监督总统和副总统宣誓就职，根据人民代表会议的建议解除总统或副总统的职务。2002 年 8 月，人民协商会议年度会议通过了第四个宪法修正案。该修正案规定：第一，人民协商会议完全由选举产生，由人民代表会议和地区代表会议（DPD）两院组成；第二，直接、同时选举总统和副总统，如果第一轮没有候选人赢得超过 50% 选票，并在一半的省份中获得至少 20%

---

① National Decmoratic Institute, "Indonesia's Road to Constitutional Reform: The 2000 MPR Annual Session," October 1, 2000, p. 2 (https://www.ndi.org/sites/default/files/1077_ id_ constireform_ 5. pdf).

的选票，将在得票最多的两组候选人之间举行第二轮选举；第三，修改宪法将需要人民协商会议三分之一成员提出要求，且需要在三分之二代表出席情况下占总数一半多成员的支持；第四，建立独立于最高法院的宪法法院，有权解释宪法，对立法进行司法评估，解决国家机构间的争端，解散政党，与选举有关的争端以及弹劾行动等。第五，设立宪法委员会，为以后修宪提出建议，并向人民协商会议提出报告。第六，地区代表会议由每省选出四名代表组成，仅代表个人，与任何政党都没有公开的联系。地区代表会议在人民代表会议同意的情况下可以就实质上的地区事务进行立法。

经过四次修改，除前言部分外，最初的宪法条款实际上几乎已所剩无几，但它依然被称为"1945 年宪法"。这四个宪法修正案从根本上把印尼"1945 年宪法"朝民主的方向推进了很多。从哈比比到瓦希德，改革都是在尊重既有法律和制度框架的情况下进行的，主要是对原有阻碍民主发展的法律、制度及其他因素进行纠正。这些改革，虽然从形式上看似乎是非常保守的，但从实质内容看，却是革命性的；它以渐进的形式完成了印尼宪政制度的革命性变革，为选举制度、人民代表会议和人民协商会议职能以及政党的发展和活动等确立了新规则。

2002 年 11 月，人民协商会议通过了新的《政党法》。2003 年 2 月 18日，人民协商会议又修改并通过了新《选举法》。

二　选举与民主政治进程

1998 年 5 月 28 日，哈比比在人民代表会议宣布不会做完苏哈托留下的任期，并承诺把按规定应分别于 2002 年和 2003 年举行的立法机构和总统选举提前到 1999 年举行。他和议会领导人都承诺在年底举行人民协商会议特别会议，为 1999 年大选准备一个新的框架，实行自由和公开的选举；确定 1999 年选举的具体日期。随后，哈比比总统即委派一个由学界专家组成的七人小组，修改苏哈托政权下限制政治活动的法律，帮助草拟新法案，为举行公开和公正的选举做准备。七人小组吸收公民领袖和公民组织的反馈意见，并咨询了一些外国专家。

（一）1999 年印尼大选

1999 年 6 月 7 日，印尼举行了自 1955 年以来的第一次民主的议会选举。48 个政党参与竞争，其中 21 个政党瓜分了人民代表会议的 462 个席位（另外军方占有 38 个指定席位）。得票最多的 5 个政党分别是：印尼民主斗争党（PDI - P，得票率 34%，获 153 个席位）、专业集团党（得票率 22%，获 120 个席位）、民族觉醒党（PKB，得票率 12%，获 51 个席位）、建设团结党（得票率 10%，获 58 个席位）、国家使命党（PAN，得票率 7%，获 34 个席位）。另外，新月星党（PBB，得票率 2%，获 13 个席位），正义党（PK，得票率 1%，获 6 个席位）。① 同时还进行了 26 个省、300 多个区和市的地方立法机构选举。

由于 1999 年 1 月 28 日通过的《选举法》只是确立了选举制度的基本原则，未对人民代表会议和人民协商会议的组成做出具体规定。因此，选举结果产生后，又经过了很多争论和协商，才完成政党席次的分配和实际代表的产生。1999 年 10 月 1 日，新的人民代表会议和人民协商会议成立。新组成的人民协商会议开会。10 月 14 日，哈比比总统对大会发表施政演说（accountability speech）。尽管哈比比成功地把政治自由化描述成向民主转型的第一步，但他未能保持住自己的权力，因为大多数印尼精英认为他与独裁的苏哈托政权关系太密切了；他领导的政府进行的政治自由化，没有被视为他个人真诚的政治信念，而是被看作权宜之计的措施。② 经数日审议，哈比比未能通过人民协商会议 10 月 19 日的信任投票，其施政演说未被接受。他自己也认识到，除退出总统选举已别无选择。③

1999 年 10 月 20 日，哈比比退出总统竞选，瓦希德当选总统，梅加瓦蒂当选副总统。瓦希德作为民间领袖在印尼民众中有很大的影响力，但作为总统他无力驾驭军方，又不善于平衡各派政治势力。2001 年 7 月 23 日，人民协商会议投票解除了瓦希德的总统职务，并任命梅加瓦蒂为总统。8 月 9 日，梅加瓦蒂组建的内阁得到人民的认可。

（二）2004 年印尼大选

2004 年，印尼完成了三次选举。4 月 5 日，印尼举行人民代表会议、地区代表会议、省立法机构（32 个）以及区和自治市级的立法机构（约

① R. William Liddle, "Indonesia in 1999: Democracy Restored", *Asian Survey*, Vol. 40, No. 1, Jan. -Feb. 2000, p. 33.

② Ikrar Nusa Bhakti, "The Transition to Democracy in Indonesia: Some Outstanding Problems", in Jim Rolfe ed., *The Asia-Pacific: A Region in Transition*, Asia-Pacific Center for Security Studies, 2004, pp. 201 - 202.

③ Angus McIntyre, *The Indonesian Presidency: The Shift from Personal toward Constitutional Rule*, New York: Rowman & Littlefield Publishers, INC. , 2005, p. 127.

450 个）代表选举。1.2 亿登记选民在一日之内投了 6 亿张选票。选举结果如下表所示，伊斯兰政党获得了总共约 18.1% 的选票，而世俗的民族主义政党得票率为 64.6%。

表 2 - 1　　　2004 年 4 月 5 日印尼立法机构选举主要政党得票情况

政党	得票率（%）	潘查希拉/伊斯兰政党
专业集团党（Partai Golkar）	21.6	潘查希拉
印尼民主斗争党（PDI - P）	18.5	潘查希拉
民族觉醒党（PKB）	10.6	潘查希拉
建设团结党（PPP）	8.2	伊斯兰政党
民主党（Partai Demokrat）	7.5	潘查希拉
繁荣正义党（PKS）	7.3	伊斯兰政党
国家使命党（PAN）	6.4	潘查希拉
新月星党（Crescent Moon and Star Party）	2.6	伊斯兰政党
其他政党	17.3	
总数	100.0	

资料来源：印尼中央选举委员会（KPU）：http：//www. kpu. go. id/suara/hasilsuara_ dpr_ sah. php, May 5, 2004. R. William Liddle & Saiful Mujani, "Indonesia in 2004: The Rise of Susilo Bambang Yudhoyono," *Asian Survey*, Vol. 45, No. 1, January/February 2005, p. 120.

2004 年 7 月 5 日，五组候选人参加了印尼首次总统和副总统的直接选举。首轮选举结果是：民主党（Partai Demokrat）的苏西洛·班邦·尤多约诺，33.6%；印尼民主斗争党的梅加瓦蒂，26.6%；专业集团党的维兰托，22.2%；国家使命党的阿米安·赖斯，14.7%；以及建设团结党的哈姆扎·哈兹（Hamzah Haz），3%。五位总统候选人中，只有哈姆扎·哈兹代表伊斯兰政党。① 因都未获得绝对多数，9 月 20 日又在得票最多的两组候选人之间举行第二轮选举，苏西洛·班邦·尤多约诺最后以 60.6% 的得票率击败梅加瓦蒂，赢得选举，副总统是优素福·卡

① R. William Liddle & Saiful Mujani, "Indonesia in 2004: The Rise of Susilo Bambang Yudhoyono," *Asian Survey*, Vol. 45, No. 1, January/February 2005, p. 120.

拉 (Jusuf Kalla)。

大选前，很多外国专家曾预测，2004 年的印尼大选将会充满暴力。但大选实际进程表明，选举过程不但是非常和平、民主和诚实的，而且是在没有极端的情绪爆发或示威的情况下举行的。所有参加竞选的人都愿意遵守游戏规则；对于选举结果的争议，所有参与者都同意把问题提交新建立的宪法法院做出裁决。2004 年的选举结果呈现出如下几个特点：独立、自主的选民越来越多，印尼政治中家长式专制统治的和传统的权威在崩溃；选举还进一步强化了印尼政治的非神权本质，印尼伊斯兰社会内高度的多元化，使得任何伊斯兰政党宣称自己是代表穆斯林利益的单一穆斯林政党都是不可能的；媒体和公民社会组织在选举过程中发挥了重要作用。① 对于 2004 年 4 月的议会选举、7 月和 9 月的总统选举，国际观察员都认为是自由和公正的。这些成功的选举引起了印尼国内政治的巨大变化，印尼政治开始结束其转型阶段，进入了民主巩固阶段。②

印尼 1999 年大选和 2004 年大选是印尼民主发展的两个里程碑。前者是 1955 年以来印尼首次民主选举；后者则是印尼历史上第一次总统直接选举。两次选举都是在总体上比较和平的环境中进行的。

（三）2009 年印尼大选

2009 年 4 月 9 日举行的立法机构选举决定了印尼全国和地方立法机构的成员。印尼各主要政党在这次选举中得票率和获得的席位如下：

表 2 - 2 2004 年和 2009 年印尼立法机构选举各政党得票率和席位对比

政党	2004		2009	
	得票率（%）	席位	得票率（%）	席位
民主党（Partai Demokrat）	7.5	55	20.9	148
专业集团党（Partai Golkar）	21.6	129	14.5	106
印尼民主斗争党（PDI - P）	18.5	109	14.0	94
繁荣正义党（PKS）	7.3	45	7.9	57
国家使命党（PAN）	6.4	53	6.0	45

---

① Rizal Sukma, "Elections in Indonesia", Paper presented at IFRI Paris, 16 - 17 September 2004.

② Rizal Sukma, "Elections in Indonesia", Paper presented at IFRI Paris, 16 - 17 September 2004.

续表

政党	2004		2009	
	得票率（%）	席位	得票率（%）	席位
建设团结党（PPP）	8.2	58	5.3	38
民族觉醒党（PKB）	10.6	52	4.9	28
大印尼运动党（Gerindra）	—	—	4.5	26
民心党（Hanura）	—	—	3.8	18
总数	80.1	501	81.8	560

与 2004 年立法机构选举相比，各主要政党的得票率和最终赢得的席位有了较大变化，其中变化最大的是民主党和专业集团党。苏西洛总统在 2004 年建立的民主党取得巨大成功，成为此次选举的最大赢家；专业集团党和印尼民主斗争党损失较大，得票率和席位都大幅下降。四个伊斯兰和以穆斯林为基础的政党，国家使命党、建设团结党、民族觉醒党及新月和明星党（PBB）在选举中都表现不佳。尽管选举管理存在诸多问题，甚至有人指责存在选举舞弊现象，但整体而言，这次选举立法机构选举没有发生暴力事件，选举是在和平氛围中有序进行的。选举结果表明了印尼选举政治正在发生"缓慢但重要的变化"。[①]

2009 年 7 月 8 日，举行了第二次总统直接选举。苏西洛选择的是曾任印尼央行行长和前经济事务协调部长的非常受尊重的经济学家布迪约诺（Boediono）作为竞选搭档。民主斗争党推出的总统候选人梅加瓦蒂选择大印尼运动党的普拉博沃·苏比安托（Prabowo Subianto）作为选举搭档。苏西洛—布迪约诺组合最后在选举中赢得压倒性的 60.8% 的选票，梅加瓦蒂—普拉博沃组合仅获得 26.8% 选票。

三次民主选举，基本上都是在和平的环境中举行的，没有大规模选举暴力。虽然每次选举中都存在一些争议问题，但这些争议都能在法律框架内达成解决。所有这些都说明，民主在印尼正在逐步走向成熟和巩固。

---

① Rizal Sukma, "Indonesia's 2009 Elections: Defective System, Resilient Democracy," in Edward Aspinall and Marcus Mietzner eds. , *Problems of Democratisation in Indonesia*: *Election*, *Institutions and Society*, Singapore: Institute of Southeast Asian Studies, 2010, pp. 54 – 60.

三 军政关系改革

军队曾是苏哈托政权的支柱，承担着"双重使命"（*dwi fungsi*），广泛而深入地卷入了印尼的社会政治生活之中。印尼政治转型进程开启后，整个社会都要求对其进行改革，结束军队的"双重使命"，废除军队的社会政治功能，把国内安全功能移交民事警察，让其专责国防事务，建立符合民主原则的军政关系。结束印尼军方在政治上的影响，需要取消军队在立法机构的代表席位，结束在执行机构的剩余的影响，解散或重塑军队的地区架构，并改革国家情报结构。

（一）取消军方在立法机构中的指定议席及现役军官占据的社会政治职位

哈比比继任总统之后，开始改革印尼国民军。但军方不想因改革而失去它所拥有的特权地位，而是试图通过主导军事改革议程，为自己确立一种新的角色，一方面满足改革要求，另一方面又不损害其核心利益。[1] 于是，印尼武装力量总司令、国防与安全部长维兰托将军在 1998 年 8 月首先提出所谓"新范式"的概念，讨论了修改武装力量的"双重使命"的问题，后又在 9 月份举行的关于"军队在全球化时代的作用"的研讨会上做了详细阐发。10 月 5 日，维兰托将军宣布实施一项被称为"新范式"的改革计划。该计划的内容包括：改变印尼国民军的地位及其采取的方法，使之不再处于前列；把占有（occupying）的观念转变为施加影响；施加影响的方式由直接转变为间接；准备与其他部门共同发挥政治作用等。[2] 后来，维兰托又宣布进行一系列更为具体的组织性的变革：（1）军队在 1999 年 6 月立法机构选举中保持中立，不再支持专业集团党；（2）印尼国民警察从 1999 年 4 月 1 日起从军队中分离出来，并被置于文官控制之下，成为独立于军队、直接对总统负责的民事力量；（3）1998 年 11 月，取消了印尼武装力量负责社会和政治事务的总参谋长（SOSPOL）之职位，代之以负责地区事务

---

① "Security Sector Reform in Indonesia," （http：//www. bicc. de/ssr_ gtz/pdf/indonesia. pdf）.

② Muhammad Najib Azca, "Security Sector Reform, Democratic Transition, and Social Violence：The Case of Ambon, Indonesia," in Clem McCartney, Martina Fischer & Oliver Wils eds. , *Security Sector Reform：Potentials and Challenges for Conflict Transformation*, Berghof Handbook for Conflict Transformation Dialogue Series No. 2, Berghof Research Center for Constructive Conflict Management, Berlin, 2004, p. 37.

的总参谋长；（4）结束军队人员在非军事部门的任职（*Kekaryaan*）。

1998 年 11 月 13 日 "黑色星期五"① 之后，来自军方外的两个提议给军方的地位和组织带来重要改变。第一个是，人民代表会议决定把武装力量的代表席次从当时的 75 席减到下届议会的 38 席，军方在省级立法机构的席次规模由 20% 减到 10%。1999 年 1 月，军方同意了这一决定。第二个是，人民代表会议决定制定新的国家安全法。印尼军方无意完全放弃它在社会政治生活中的作用，而是试图通过适应新的政治环境来重新界定其作用。维兰托在 1999 年 5 月提交了一个议案，规定军方的合法框架，可以处理全国范围内的分离主义和内部动乱，这项建议赋予军队广泛的紧急权力。1999 年 8 月起，人民代表会议仔细讨论了这一议案，对军方的建议作了大量修改。最重要的是，增加了对使用紧急权力的一些限制。2000 年 8 月，印尼人民协商会议（MPR）通过 2000 年第七号法令（Decree VII/2000），规定印尼国民军是印尼国防体系的主要组成部分，应服从于政府的政策指导，政治上保持中立，支持民主、法治和人权，军事人员没有选举权；印尼武装力量——陆海空军——处于作为国家元首的总统的绝对领导之下，经人民代表会议（DPR）批准，总统有权任免印尼国民军总司令；印尼国民军成员无权投票或当选公职，除非辞职或退休；印尼国民军成员必须服从军事司法制度的管辖。② 规定印尼国民军在人民代表会议和地方议会（DPRD）的代表席位保留到 2004 年，在印尼人民协商会议的代表席位保留到 2009 年。该决议还规定，警察是维持安全和公共秩序、执法和保护公众和公共服务的国家工具，也必须在政治上保持中立。③

2000 年 8 月，印尼通过宪法修正案，规定军方在人民代表会议中的

① 1998 年 11 月 10 日—13 日，印尼人民协商会议特别大会期间，许多学生组织举行大规模示威和抗议活动，要求审判苏哈托和结束军队的双重使命。13 日，示威学生和民众与印尼军队之间发生流血冲突，共有 17 人被杀害，其中有学生 7 名学生，456 人受伤。是为 "黑色星期五"。大量农村贫困民众也加入到学生一方，反对军方的行动。

② National Democratic Institute for International Affairs, "Indonesia's Road to Constitutional Reform: The 2000 MPR Annual Session," October 2000, pp. 6 – 7 (https://www.ndi.org/sites/default/files/1077_ id_ constireform_ 5. pdf).

③ International Crisis Group, "*Indonesia: Next Steps in Military Reform*," October 11, 2001, ICG Asia Report No. 24, p. 2 (https://www.files.ethz.ch/isn/28336/024_ indonesia_ military_ reform. pdf).

38 个席位保留至 2004 年，在人民协商会议中的席位保留到 2009 年。①
2002 年 8 月，印尼国民军总司令恩德里亚托诺·苏塔尔托（Endriartono
Sutarto）上将决定到 2004 年军方放弃在人民代表会议的 38 个席位；现役
军人也被禁止获取政治职位。2004 年 9 月 30 日，军方在立法机构的指定
代表辞职。2004 年印尼大选之后，印尼立法机构中已没有军方代表。

（二）印尼国民警察与国民军正式分离

哈比比政府开始把印尼国民警察与军队分开，并把它置于文官控制
之下。此后，印尼国民警察专门担负内部安全和反恐等责任并直接对总
统负责，而印尼国民军则集中关注外部威胁。废除了印尼国民军社会—
政治事务中央委员会（WANSOSPOLPUS）和社会—政治事务地区委员会
（WANSOSPOLDA）。军官不再通过退役或身份改变而转任文职官员。人
民协商会议 2000 年第 6 号法令规定印尼国民军与印尼国民警察分离。该
法令规定军队负责国防，警察负责维持安全，并规定二者应合作和互
助，但法令并未对"国防"和"安全"做出明确界定。2000 年第 7 号
法令，重申军队是国家工具，其主要任务是国防，同时也规定其主要任
务是维护国家主权、保卫统一的印尼共和国的边界，并保护所有印尼人
使之免受威胁。关于印尼国民警察，2000 年第 7 号法令规定：印尼国民
警察是在从中央到地方的等级制基础上组织起来的全国性的力量；经人
民代表会议批准，总统有权任免国家警察局局长（national police chief）；
印尼国民警察成员无权投票或当选公职，除非在辞职或退休之后；印尼
国民警察成员完全服从民事司法制度的管辖。②

2002 年第 2 号法令规定警察的职责是维护安全和公共秩序，捍卫法
律，保护、引导和服务人民；它还特别规定，警察是总统控制下的国家力
量，有逮捕、搜查和扣押权；它还授权警察必要时要求印尼国民军提供援
助。2002 年第 3 号法令规定，军队的责任是捍卫国家主权和统一，确保
所有公民免于威胁，其中包括外部威胁和内外恐怖主义威胁、武装叛乱以
及内战等；该法明确授权总统和国防部长制定国防政策总体指导方针，规
定按照民主原则组织国防力量。人民协商会议在 2004 年 9 月通过的第 34

---

① 杜继锋：《后苏哈托时期印尼军队的职业化改革》，《当代亚太》2006 年 11 月。

② National Democratic Institute for International Affairs, "Indonesia's Road to Constitutional Reform: The 2000 MPR Annual Session," October 2000, p. 7.

号法令对印尼国民军的责任进一步做出界定，但在内外安全责任方面依然存在模糊空间。

（三）开始确立文官对武装力量更加牢固的控制

哈比比接任总统后，首先清除苏哈托的女婿普拉博沃在军中的势力。哈比比设法免去普拉博沃担任的陆军战略预备部队（Kostrad）司令一职，并把他调往万隆任参谋训练与指挥学院（Sesko）院长。瓦希德就任总统后，积极推动文官对军队的控制，又以"侵犯人权"等为借口迫使身兼国防部长和武装部队总司令的维兰托于 2000 年 5 月"辞职"；为推动文官对军队的控制，他还在 1999 年 10 月任命尤沃诺·苏达索诺（Juwono Sudarso-no）为印尼首任文人国防部长，并任命海军上将维多多·阿迪·苏吉普托（Widodo）出任印尼国民军总司令。2000 年 8 月，穆罕默德·马赫富德（Mahfud MD）取代尤沃诺·苏达索诺任第二任文人国防部长。2001 年 8 月马托利·阿卜杜尔·贾利尔（Matori Abdul Djalil）又取代穆罕默德·马赫富德任第三任文人国防部长。2000 年 8 月，印尼人民协商会议通过的一项决议要求由印尼议会批准印尼国民军司令和警察局长的任免。2002 年 6 月 7日，梅加瓦蒂总统任命陆军参谋长恩德里亚托诺·苏塔尔托接替维多多·阿迪·苏吉普托，出任印度尼西亚武装部队总司令。2006 年初，苏西洛总统提名空军参谋长迪尤克·苏延多（Djoko Suyanto）上将出任印尼武装部队总司令。人民协商会议在 2 月 8 日正式批准这一提名，苏延多成为印尼首位空军出身的军队总司令，印尼军队完成了武装部队总司令在三个军种间的首次轮换，彻底打破了由陆军将领垄断这一职位的历史。更为重要的是，人民协商会议在 2004 年以立法形式强调了民主价值、文官权威和尊重人权的重要性；印尼军事法院也被置于印尼最高法院的管辖之下。

（四）军队实现政治中立并退出商业活动

苏哈托时期，军队曾被动员支持执政的专业集团党。民主化要求军队对所有政党保持中立。军方领导人曾多次公开宣布，军队在政治活动、特别是选举中保持中立。2003 年 10 月 5 日，恩德里亚托诺·苏塔尔托上将在演讲中宣布，利用印尼国民军任何工作人员或机构支持任何政党都是非法的，并表示在 2004 年大选中保持中立。[1]

---

① Rico Marbun, "Democratization and TNI Reform", *UNISCI Discussion Papers*, No 15（October 2007）, p. 47（https：//www.ucm.es/data/cont/media/www/pag-72514/UNISCI15_ Marbun. pdf）.

瓦希德任总统时开始推动军队商业活动的透明化。2004 年第 34 号法案规定禁止军人参与任何商业活动，要求政府到 2009 年为止接管军队所经营的所有商业活动，军方退出各种商业活动，结束其通过合法和非法商业活动对经济的巨大影响。苏西洛总统和国防部长尤沃诺·苏达索诺积极推动文官对军事预算及其获得过程的控制，并采取必要行动重组军队商业部门，使之处于国防部或财政部完全控制之下。过去，印尼国民军的预算大约有 70% 是自筹的，且这部分预算处在政府控制之外。

从哈比比到瓦希德，到梅加瓦蒂，再到苏西洛，印尼国民军已正式放弃了"双重使命"原则，军政关系民主化改革取得了积极进展。

四　分权改革与民主治理

（一）分权改革取得进展

苏哈托统治的"新秩序"时代是高度中央集权的政治和经济制度。非集权化是 1998 年印尼改革运动的一个核心要求。苏哈托政权倒台后，印尼许多地区表达了不满。哈比比总统采取了实行"广泛的地方自治"的政策。1999 年 5 月，人民协商会议通过了哈比比政府提出的关于地方自治的法案，即：1999 年关于地方政府的第 22 号法案（Law 22/1999）和关于中央政府与地方政府之间财政平衡的第 25 号法案（Law 25/1999），规定把行政权力转移给地方政府，并改变了政府资金划分规则。这两项法案为印尼的分权改革确立了原则方向。按照这些法律，从中央政府到省、区/市和区以下政府的垂直的权力等级结构被各个地区层次的水平的责任关系所取代。在新体制下，省长、区长/市长分别由省、区/市议会选举产生（后来又改为直接选举），并对后者负责。法案还规定，来自地方自然资源的财政收入 80% 应该归还地方政府。

1999 年关于地方自治的第 22 号法案和第 25 号法案的精神在对印尼 1945 年宪法之第六章的修改中也得以体现。凡是法律未规定留给中央政府的问题，皆由地方行使权力。省长、地区首长（bupatis）和市长经由民主选举产生。人民协商会议关于地方自治政策实施的 2000 年第四号法令（MPR Decree IV/2000）中包含了有关 1999 年关于地方自治的第 22 号和 25 号法案之实施的若干重要总则。其中包括：要求中央政府必须在 2000 年 12 月底之前发布其他所有实施条例。如果中央政府未能按时发布所有实施条例，完全能够实施自治的各地区可以制订其自己的条例。①

分权改革带来两大变化：第一是建立了新的中央—地方关系。分权改革使权力从中央政府转移到区/市等地方政府。地方政府被赋予新的权力，如征收新的地方税的权力。中央政府有责任监督地方政府，但这种监督本质上必须不同于以前单方面的强加或者禁止，而应该以双边的方式以便地方政府最终能够找到恰当的行使权力的方式。第二是地方政治秩序的重组。随着地方领导人选举在省和区议会的开始，地方政治精英集团在新的地方行政和财政权的划分方面进行了激烈的争夺。② 大多数民众现在可以与政府有效地互动。分权改革进程为提高普通印尼人在他们日常生活事务中的发言权提供了广阔前景。

（二）民主治理的法制环境大为改善

1998 年之前，印尼的法律制度非常脆弱，易受当权者干预，不能对个人进行有效保护。由于法律制度的腐败和有系统的滥用权力，这些组织机构在大多数印尼民众中失去了公信力。在政治转型过程中，印尼政府进行了法律及相关制度改革，目的是加强司法和执法部门的公信力。

作为宪法第二修正案的一部分，印尼宪法新增了关于"人权"的一章。印尼 1945 年宪法新增的关于人权的第 10A 章包含的内容有：生命权；家庭和生育权利；自我改善的权利；司法权；宗教、言论、教育、就业、公民、居住、结社和出版自由；信息自由；个人安全；追求幸福的权利，包括社会安全和健康提供；个人拥有财产之权利；寻求政治避难的权利；免于酷刑和侮辱性对待的自由；政府保护、提升和支持人权的首要责任；支持其他人的人权并受保护人权之法律的约束的义务等。③

印尼司法部已采取措施促进良好治理，推动法律至上；清除腐败的法官，修改法官的选任程序。改革后的法官选任，都要经由议会程序，由一个专门的法律和内务委员会通过繁杂的选择过程选出。最高法院也实施了

① National Democratic Institute for International Affairs, "Indonesia's Road to Constitutional Reform: The 2000 MPR Annual Session," October 2000, p. 12 (https://www.ndi.org/sites/default/files/1077_id_constireform_5.pdf).

② Yuri SATO, "Democratizing Indonesia: Reformasi Period in Historical Perspective", IDE Research Paper No. 1, August 2003, p. 26.

③ National Democratic Institute for International Affairs, "Indonesia's Road to Constitutional Reform: The 2000 MPR Annual Session," October 2000, p. 14 (https://www.ndi.org/sites/default/files/1077_id_constireform_5.pdf).

广泛的制度改革计划，并采取措施对法院系统进行改革。人民代表会议也在 2003 年通过法律，强制实施政府透明财务标准，并建立独立委员会以检举和告发腐败。

2004 年 10 月 20 日，苏西洛·班邦·尤多约诺就任总统。苏西洛总统领导下的"印尼团结内阁"已为其"中期发展计划（2004—2009）"确立了工作计划：1. 创造一个安全与和平的印尼；2. 创造一个公正与民主的印尼；3. 增加人民的福利。① 为促进正义和法律的实施，根除腐败，苏西洛政府在 2004 年 12 月 9 日发动了"全国根除腐败运动"。随后，苏西洛政府建立了根除腐败委员会（KPK）和"根除腐败行为小组"。印尼的反腐败工作取得了积极进展。

苏西洛政府在推动印尼法律改革制度化方面也做出了努力：加强了司法部门的作用，创设了宪法法院等新机构；除反腐败委员会外，还根据第四个宪法修正案设立了一司法委员会，来监督和任命法官。

此外，苏西洛总统还努力促成结束印尼国内的各种冲突。在其第一任期内已促成结束了亚齐的冲突。2006 年 7 月通过了《亚齐自治法》（LoGA），进一步巩固了亚齐的和平协议。12 月 8 日，亚齐举行了第一轮选举。亚齐地区的冲突的解决，对解决国内其他冲突具有示范意义。

所有这些发展和成果表明，印尼的政治转型进程在稳步发展，印尼具备了一个稳定、成熟的民主国家的一些基本特点。2005 年 3 月 8 日，亚洲基金会驻印尼和马来西亚代表道格拉斯·拉马格（Douglas E. Ramage）在谈到苏西洛治下印尼的民主发展时说，印尼已不再是处于危机中的国家了，应该把它看成一个稳定的、正在走向民主巩固之路的国家。印尼的政治和选举改革、司法改革、警察和军队改革以及分权改革等方面的改革都取得了进展。2004 年举行了 3 次自由公正的选举。议会体制得到强化。人民代表会议日益增加的权力表明，印尼政府体制内的政治权力正变得平衡。② 印尼的民主发展在不断深化，印尼的民主制度在不断巩固。

---

① Andy Rachmianto, "Reform and Democratization in Indonesia", Seminar on Indonesia at the University of West Indies, Kingston, Jamaica, 26 October 2005.

② Douglas E. Ramage, "Indonesia Under SBY: Consolidating Democracy", The Asia Foundation, March 8, 2005, Washington, DC.

第四节　印尼政治转型初期面临的问题与挑战

印尼的政治转型进程是在各种挑战中不断前进的。自其启动之日起，它就一直面临一些重要问题和挑战，其中有的是长期性的历史遗留问题，不太可能在短期内解决；有的可能是暂时性的，有可能短期内得以解决。因其性质不同，解决这些问题和挑战的紧迫程度和难易程度也有差别。其中有些问题会随着时间的推移和政治转型过程的推进而消失，有些问题则可能长期存在，而且在这一过程的不同阶段又出现了新问题、新形势。

任何国家的历史都是有延续性的，即便发生革命性的变革，历史和传统也都不可能割裂，必然会以某种方式存在着并深刻地影响变革的政治与社会。印尼新的民主政治与过去独裁政治之间有着高度的延续性，它虽在很多方面都进行了改革并取得进展，但依然受到苏哈托时代的很多问题的困扰。[①]印尼的政治转型进程，也就是逐步解决这些问题、克服这些挑战的过程。这也都是美国在推动印尼民主发展时关注较多的问题。只有通过各种"民主援助"倡议或活动，帮助和推动印尼解决这些问题、克服这些挑战，确保其政治转型进程稳步推进，美国才可能在印尼实现其"扩展民主"的政策目标。

印尼政治转型过程中面临的主要问题和挑战主要有以下几点：

一　有自由选举而缺乏真正的民主精神

对于任何转型国家来说，新的民主的政治制度的构建对于政治转型成功是根本性的问题。但对于民主的政治制度的有效运作来说，更具根本意义的是民主精神。没有真正的民主精神，民主政治制度运作的实际效果可能会与制度建构的初衷完全背道而驰。印尼1999年和2004年的两次大选，都被外界视为"公开""公正""自由"的选举。但印尼的选举所体现的民主的品质还存在很大问题——有选举而缺乏真正的民主精神。

在政治转型之前的历史中，印尼几乎没有民主经历，是一个缺乏民主的政治文化传统的国家。荷兰的殖民统治给这个群岛带来了某种中央集权

---

① Edward Aspinall, *Opposing Suharto: Compromise, Resistance, and Regime Change in Indonesia*, Stanford: Stanford University Press, 2005, pp. 269 – 270.

的政府，并因而在很大程度上促进了印尼统一国家的形成。但荷兰没有建立有效的教育制度或培养能够建立合作与妥协的习惯的、有代表性的政治制度。缺乏对民主的这些制度性援助对印尼政治造成了长期影响，它刺激领导人用独裁的而非参与性的方式解决问题。① 荷兰殖民统治的这种遗产在苏哈托时代得到进一步强化，并对后苏哈托时代印尼的民主发展形成制约。

美国国际开发署在其 2002 年的一份报告中把印尼视为"发展不明朗的准民主政权"。也就是说，其选举是否是自由和公正的或者选举产生的政府是否拥有完全的统治权力尚不明朗。它虽然有竞争性的多党选举，但这些竞争因严重的欺骗和操纵或者不安全而被损害。所有正式的民主机构都存在，但大都运作不良或受到限制。② 印尼民主与人权研究中心（Indonesian Centre for Democracy and Human Rights Studies）在 2005 年 1 月 20 日发布的研究报告对印尼民主发展的状态做了四点结论：第一，有至关重要的基本自由，但在其他权利和制度方面存在严重的民主赤字。第二，有自由和公正的选举，但只是缺乏代表性、反应迟钝的政党和政客的选举。第三，精英阶层绝大多数倾向于适应新的民主游戏，但都试图独占它，是通过扭曲、改变和滥用这些游戏规则来玩的。第四，把民主带给印尼的变革推动者作为公民活动家和压力集团依然至关重要，但还"漂浮"在幼弱的民主制度的边缘地带，因而不能产生真正的影响。③ 该报告指出，缺乏代表性对印尼的民主而言既是最严重的，也是最具战略性的障碍。④ 印尼政党基本上未能摆脱个人政党的特点，其影响力的大小全赖其领袖人物的个人魅力，而不是靠政党的组织和动员能力，也不是靠其政策主张来吸引和凝聚支持者，这种政党尚未发展成为现代政治机构，很难是真正民主

---

① Alan T. Wood, *Asian Democracy in World History*, New York: Routledge, 2004, p. 86.

② U. S. Agency for International Development, *Foreign Aid in the National Interest: Promoting Freedom, Security, and Opportunity*, Washington D. C. , 2002, p. 46.

③ Asmara Nababan et al. , *Toward An Agenda for Meaningful Human Rights-Based Democracy: Early Conclusions from the 1st and 2nd Round of the National Survey on Problems and Options of Indonesian Democratisation*, The Indonesian Centre for Democracy and Human Rights Studies, Executive report, January 20, 2005, pp. 7 – 8.

④ Asmara Nababan et al. , *Toward An Agenda for Meaningful Human Rights-Based Democracy: Early Conclusions from the 1st and 2nd Round of the National Survey on Problems and Options of Indonesian Democratisation*, The Indonesian Centre for Democracy and Human Rights Studies, Executive report, January 20, 2005, p. 29.

的，也不太可能真正代表人民的想法、利益和期望。政党确立其作为民主的实践者和政治中文官至上的保证者的能力还成问题，决策中存在严重的独裁倾向，特别是在很多政党的内部决策机制中。① 因而，提高代表性不能单靠选举，还必须有真正民主的、能够代表民众利益的政党。

有支持改革的力量，提出了许多改革要求，但缺乏对政治改革详细议程的思考和设计。缺少这种议程是导致民主转型缺乏焦点甚至失去控制的因素之一。被称为"改革议程"的"反 KKN"（腐败、勾结和裙带关系的地方性政治用语）、废除军队的双重使命、实施地方自治以及对侵犯人权的行为进行司法审判等，由于对如何达致这些目标缺少具体想法，都沦为口号。因而，进一步民主转型最需要的是详细的计划或改革议程。② 许多政治精英宣称致力于支持民主和改革，但实际的政治实践表明他们缺乏民主的发展必不可少的政治伦理。③ 尽管民主观念在印尼已得到传播，但知识界和城市中产阶级阶层中普遍存在的支持民主的倾向，并不表明民主的文化已在社会中深深扎根。传统态度依然是一大障碍。④ 传统的爪哇和非爪哇文化也在继续发挥着影响。印尼的民主转型出现了民主的程序，但民主的品质却有待提高。

所有这些归根结底都是民主精神和民主素养问题，也就是民主作为制度得以有效运行所依恃的道德和精神层面的东西。这也是所有经历了长期独裁统治的国家向民主转型的过程中面临的问题。除了这些具有根本性但需要长时间解决的问题外，印尼还面临着一些比较紧迫的挑战。如果不能有效应对这些亟待解决的挑战，将无法为印尼的民主转型提供一种有利的环境，甚至可能会导致民主化进程的逆转。

---

① Rizal Sukma, "Democratic Governance and Security in Indonesia", *Japanese Journal of Political Science*, Vol. 4, No. 2, 2004, pp. 253 – 4.

② Hermawan Sulistyo, "Electoral Politics in Indonesia: A Hard Way to Democracy", in Aurel Croissant, Gabriele Bruns & Marei John ed., *Electoral Politics in Southeast and East Asia*, Singapore: Friedrich Ebert Stiftung, 2002, p. 94.

③ Ikrar Nusa Bhakti, "The Transition to Democracy in Indonesia: Some Outstanding Problems", in Jim Rolfe ed., *The Asia-Pacific: A Region in Transition*, Asia-Pacific Center for Security Studies, 2004, pp. 202 – 203.

④ Harold Crouch, "Democracy Prospects in Indonesia", in David Bourchier & John Legge ed., *Democracy in Indonesia: 1950s and 1990s*, Center of Southeast Asian Studies, Monash University, 1994, pp. 115 – 127.

二 国内冲突不利于民主的发展与巩固

维持和平、稳定和安全的社会和政治环境对于民主转型的顺利展开至关重要；没有稳定的社会和政治秩序，民主作为一种制度很难发挥有效的作用，同时民主作为一种原则和精神也难以确立。亚洲金融危机在印尼引发全面社会政治危机以来，国内各种冲突一直困扰着其政治转型进程。分离主义势力的发展及其对印尼领土完整的威胁、激进伊斯兰势力和恐怖主义势力对印尼国内安全的威胁以及种族冲突等都是印尼民主转型面临的严重安全挑战。

（一）分离主义对印尼领土完整及国家安全的威胁

在苏哈托时代，宗教、教派和种族之间的矛盾、地方对中央集权的不满等都被苏哈托的强权统治给掩盖了。苏哈托下台及随后的政治转型为印尼社会提供了公开讨论各种政治观念、政治思想和表达各种政治诉求的机会，长期被压抑的社会文化分歧也公开化了，其结果就是一些地区的武装叛乱和独立要求日益发展。

1999 年 1 月，安汶的穆斯林与基督徒之间爆发了暴力冲突，从小冲突扩大为整个法律和秩序的崩溃，并扩散到整个马鲁古群岛，冲突持续了两年多。1999 年 3 月，本土达雅克人和马都拉人之间爆发了暴力冲突。2001 年 2 月，加里曼丹省桑皮特镇再度爆发达雅克人与马都拉人之间的暴乱，

东帝汶人争取独立的问题源于 1974 年葡萄牙开始的非殖民化进程。1975 年，葡萄牙政府允许东帝汶举行公民投票，实行民族自决。当时，东帝汶存在三股政治力量：主张独立的东帝汶独立革命阵线、主张维持与葡萄牙关系的民主联盟以及主张同印尼合并的帝汶人民民主协会。三方政见不同，引发内战。1975 年 11 月，东帝汶独立革命阵线单方面宣布独立，建立东帝汶民主共和国。1975 年 12 月，印尼出兵占领东帝汶，并于次年宣布东帝汶为印尼之第 27 个省，但东帝汶追求独立的愿望一直存在。1997 年亚洲金融危机爆发后，苏哈托政权垮台，东帝汶独立运动再起。1999 年 1 月，哈比比总统决定同意东帝汶通过全民公决选择自治或脱离印尼，东帝汶人获得他们渴望的选择。5 月 5 日，印尼、葡萄牙和联合国三方就东帝汶举行全民公决，签署协议。1999 年 8 月 30 日，绝大多数东帝汶人（78.5%）在联合国监督的公民投票中选择独立，给印尼领土完

整造成重大威胁。这也刺激了印尼其他地区的分离主义运动。

亚齐省资源丰富，有大量的石油和天然气贮藏，也是一个穆斯林人口占绝对多数的地区。1999 年 6 月，亚齐发生争取独立的叛乱。如果亚齐从印尼独立出去，这个群岛国家有可能会四分五裂。如印尼前总统顾问安瓦尔（Dewi Fortuna Anwar）所言，没有印尼，亚齐可以生存，但没有亚齐，印尼就无法存在。[①] "自由亚齐运动"争取独立的斗争成为印尼政府在东帝汶独立后的最大心病。1999 年 10 月 20 日瓦希德就任总统。瓦希德政府倡导民族和解，同意让亚齐享有广泛自治，但坚决反对亚齐独立。印尼政府也开始与"自由亚齐运动"领导人展开谈判，在多次谈判未果的情况下，2001 年 2 月宣布对"自由亚齐运动"采取坚决行动。在梅加瓦蒂时期，印尼政府与"自由亚齐运动"的谈判再度破裂。2003 年 5 月 18 日，梅加瓦蒂总统宣布在亚齐省实行戒严，加强军事管制。2005 年 5 月 31 日，双方又经过多轮谈判，最终就结束亚齐暴力冲突达成和平协议。8 月 15 日，第五轮谈判之后，印尼政府与"自由亚齐运动"正式签署和平协议。2006 年，印尼议会通过《亚齐自治法》，赋予亚齐省地方政府广泛的自治权。

另外，西巴布亚、马鲁古以及中苏拉威西等地的分离主义运动也对印尼国内安全构成威胁。所有这些暴力冲突和分裂主义运动，都曾给印尼的政治转型带来挑战。

（二）政治伊斯兰的发展与激进伊斯兰势力对印尼国内安全的挑战

苏加诺和苏哈托总统都曾压制和打击伊斯兰势力，限制其发展。苏哈托下台之后，政治伊斯兰势力利用政治转型所提供的宽松环境和危机过程中存在的各种矛盾和问题，取得了重大发展。最突出的表现是众多伊斯兰政党，如，国家使命党，新月星党，民族觉醒党，繁荣正义党（PKS）和建设团结党等纷纷出现，并参与到印尼社会和政治生活的各个方面。尽管它们都遵守民主的游戏规则，但有些政党观点保守，还呼吁在宪法中加入伊斯兰教法。有资格参与 1999 年大选的 48 个政党中，有 18 个是伊斯兰政党。当时就有人担心，如果其中一些伊斯兰政党结盟并成为联合阵线的

① V. Jayanth, "Trouble Spots—East Timor, Aceh, Ambon and Irian Jaya," in Satish Chandra & Baladas Ghoshal eds. *Indonesia: A New Beginning?* New Delhi: Sterling Publishers Private Limited, 2002, p. 113.

一部分来参与国家治理，它们建立伊斯兰教国的要求可能会加深宗教和种族分歧，威胁统一。①

实际上，政治伊斯兰是一个很宽泛的概念，其内涵非常复杂，具体表现形式也多种多样。除伊斯兰政党外，还有打着伊斯兰旗号的激进伊斯兰势力，它们往往与恐怖组织有千丝万缕的联系，为达到某种政治目的而制造宗教和种族冲突，实施一些恐怖活动。如，1997 年金融危机后，聚居在安汶（Ambon）的穆斯林和基督徒之间的经常发生冲突。穆斯林好战分子在冲突中还得到印尼军队的支持。② 其他地方也不断爆发各种冲突。苏拉威西的种族和宗教冲突在不断扩展。1999 年 1 月，东马鲁古省爆发基督徒与穆斯林之间的骚乱，200 多人被杀。1999 年 2—3 月，婆罗洲（Borneo）西海岸爆发种族冲突，至少 250 人被杀害。

政治伊斯兰势力的发展对印尼的安全挑战，重点不在于它与恐怖主义之间的关联，也不在于它作为政治势力的发展，而在于其中一些激进伊斯兰势力所秉持的思想和原则对印尼长期坚持的宗教宽容传统构成的挑战。自印尼开启政治转型进程以来，激进伊斯兰势力曾试图把伊斯兰教法纳入宪法。在修宪之路被堵死后，一些激进穆斯林团体更多在省和地方层级上向当局施加压力，通过逐步的立法改变，实现地方的"伊斯兰化"，进而确立伊斯兰教法的地位。③ 特别是印尼的教育也面临着被"伊斯兰化"的危险，数千所伊斯兰寄宿制学校的教育正日益原教旨主义化，强调对其他宗教和非穆斯林、世俗世界的不宽容。④ 虽然政治伊斯兰势力在印尼选举政治中的影响远不及世俗主义政党，但作为一个现象，却不能不引起印尼社会各界的密切关注。这种激进伊斯兰势力及其思想的发展，有可能会改变或破坏印尼的宗教和文化宽容的传统，从而阻碍或损害印尼的政治转型

---

① Nicole Gaouette, "Democracy in Indonesia Dilutes Islam in Eelection," *Christian Science Monitor*, May 21, 1999, Vol. 91, Issue 123.

② V. Jayanth, "Trouble Spots—East Timor, Aceh, Ambon and Irian Jaya," in Satish Chandra & Baladas Ghoshal eds. *Indonesia: A New Beginning*? p. 116.

③ Paul Marshall, "The Southeast Asian Front: Creeping Towards Islamization in Indonesia", *The Weekly Standard*, April 5, 2004 (http://www.hudson.org/index.cfm? fuseaction = publication _ details&id = 4657); Bruce Vaughn, "Indonesia: Domestic Politics, Strategic Dynamics, and American Interests", June 20, 2007, CRS Report for Congress, Order Code RL32394, pp. 15 – 16.

④ Bruce Vaughn, "Indonesia: Domestic Politics, Strategic Dynamics, and American Interests", June 20, 2007, CRS Report for Congress, Order Code RL32394, pp. 15 – 16.

进程。它是对印尼主流意识形态和生活方式的挑战，与印尼正在形成中的民主的政治文化背道而驰。真正的、可持续的民主只有在充满宽容文化的社会中才能蓬勃发展。政治伊斯兰未能在印尼政治中产生他们期望的影响，这从一个侧面反映出印尼的政治转型相对是比较成功的。

（三）恐怖主义活动与印尼的国内安全

印尼的恐怖组织与基地组织有密切联系。基地组织在多年前就已开始向印尼渗透。"九·一一"事件之后，印尼恐怖组织制造的一系列严重恐怖袭击事件，严重危及了印尼社会稳定，破坏了印尼经济复兴必需的社会和政治环境。更重要的是，在印尼国民警察从装备到技能等都不足以应付国内安全问题的情况下，恐怖主义活动可能会动摇印尼民众和精英对军队的社会和政治作用的看法。在印尼国内安全方面问题重重的情况下，军队被认为是印尼国内唯一有能力应对这些威胁的力量。很多人确实也担心军方会利用国内安全问题，恢复其在印尼社会和政治生活中地位，从而危害印尼的政治转型进程。

后苏哈托时代的政治不稳定，各种形式内部冲突的增加，包括亚齐、西巴布亚等的分离主义运动、恐怖活动以及宗教和种族冲突等，使得印尼民主的发展和巩固面临着严重挑战。它使印尼明显处于两难状态："一方面，解决这个国家的冲突需要民主；另一方面，在一个被严重的种族和宗教冲突撕裂的社会中，民主不可能蓬勃发展。"[①] 在社会动荡和危机重重的情况下，民主往往成为解决危机的一种途径，但它有时也会导致进一步的混乱。印尼政治转型进程能否顺利进行并实现巩固，取决于这些问题的解决。

三　军队的地位问题

虽然印尼的军政关系改革已取得很大进展，在法律和制度层面上基本确立了文官对军队的控制，结束了其"双重使命"并与警察分离，但军队在政治和社会生活中还有相当大的影响，印尼国内安全部门改革还存在很多问题。国际危机小组（ICG）在 2004 年 12 月 20 日发布的报告指出，印尼国内安全部门改革的主要问题包括：制度性分工不明确，特别是在警察

---

① Rizal Sukma, "Democratic Governance and Security in Indonesia", in *Japanese Journal of Political Science*, Vol. 4, No. 2, 2004, p. 254.

和军队（印尼国民军）之间；关于内部安全的某些方面法律规定相互矛盾或模棱两可，而在其他方面则根本没有做出法律规定；没有安全服务的责任规定；监督不足；缺乏战略方向等。[1] 军队必须受到限制且应当处于更有效的文官控制之下的共识已开始出现，军方最高层已承认选举产生的文官政府的最高权威。但实际上，军队只是表面上退出政治，大多数变革只是发生在最高层次上，军队在省和区层次上的地区架构还原封未动。[2]

印尼警察虽已与印尼国民军分离，但它缺乏训练、应对暴乱的装备以及财政支持，普通印尼人对地方警察也没有信心。警方依然依赖军方的支持，但二者的协调非常差。[3] 印尼国民警察面临着严重的制度缺陷和能力问题。

2000 年 8 月的人民协商会议年度会议通过的第二个宪法修正案规定全国及地方立法机构必须经由大选选出，也就结束了军方和警察的指定代表在这些机构的存在。但人民协商会议 2000 年第 7 号法令，又对此做出妥协，允许警察和军方代表在议会的代表权保持到 2009 年。军方还在继续参加预算外、盈利性的商业活动。

另外，军队的"双重使命"观念在印尼社会中，特别是在印尼安全部门的影响根深蒂固，在短期内也很难清除，这也是印尼政治转型初期面临的重要问题。从梅加瓦蒂总统任内极力争取军方的支持也可以看出这一点。重要的是，在政治转型初期，印尼社会中对军队"双重使命"的认识也有分歧，特别是在分离主义运动和恐怖活动频繁发生的情况下，总有人试图寄希望于军方。这种观念，与印尼进行的政治转型进程是背道而驰的。俄勒冈州立大学副教授丹·G. 考克斯（Dan G. Cox）甚至认为："由于当前的恐怖主义威胁，印尼离文官控制军队的目标正在变得越来越远。"[4]

---

[1]　International Crisis Group, "Indonesia: Rethinking Internal Security Strategy", December 20, 2004, Asia Report N°90, Jakarta/Brussels.

[2]　Jusuf Wanandi, Theory and Practices of Security Sector Reform: The Case of Indonesia, p. 54 (https://www.un.org/ruleoflaw/files/Wanandi.pdf).

[3]　Ilene R. Prusher, "Aid for Indonesia's Buffeted Police," *Christian Science Monitor*, April 6, 2001 (https://www.csmonitor.com/2001/0406/p6s1.html).

[4]　Dan G. Cox, "Political Terrorism and Democratic and Economic Development in Indonesia", in William Crotty ed., *Democratic Development & Political Terrorism: The Global Perspective*, Boston: Northeastern University Press, 2005, pp. 264 – 265.

四　威胁民主治理的其他问题

除上述问题外，还有一些问题也威胁着印尼的民主治理和民主制度的巩固。

第一，经济萧条。经济危机导致了苏哈托政权的垮台①，但经济持续萧条已成为印尼民主发展和民主巩固所面临的重大挑战。尽管已取得进步，但转型初期印尼经济增长率太低，以至于无法容纳日益增加的劳动力。澳大利亚拉筹伯大学（La Trobe University）政治学系高级讲师安格斯·麦金泰尔（Angus McIntyre）说，"如果1997年突然爆发的经济危机导致了在那时出现了初步的民主，那么印尼不能重新实现强有力的经济增长则给其民主施加了沉重的负担，让人对其长期前景产生怀疑。"②

第二，腐败问题严重。腐败问题在印尼政治转型进程开始后并未出现好转，从最高领导人到最低国家机构，社会的各个角落都充斥着腐败。随着分权政策的实施，腐败似乎也从中央蔓延到地方。金钱政治在印尼政治转型过程中还发挥着作用。虽然说1999年和2004年选举总体上是公平、公正和自由的，但贿选的情况还时有发生。官商勾结使这些问题变得更加复杂。苏哈托时代的腐败指控大多数还只是指向政府的行政部门，而现在甚至连议会成员也都卷入其中了。金钱已卷入到议会的立法活动之中了。显然，腐败问题在后苏哈托时代依然是一个非常严重的问题，它会严重损害民主的前景。严重的法治缺陷和广泛的腐败会令外国投资望而却步，从而阻碍经济复兴。

第三，司法改革缓慢。在转型初期，印尼在法律和制度改革取得了很大进展，民主改革的成果被以法律形式确定下来了。但印尼的法律制度（legal institutions）还很虚弱、腐败，尚不能进行自身改革，还未能建立

---

① 澳大利亚国立大学（The Australian National University）科拉尔·贝尔亚太事务学院（Coral Bell School of Asia Pacific Affairs）爱德华·阿斯皮纳尔（Edward Aspinal）教授的研究指出，虽然印尼反对苏哈托政权的政治力量和情绪在20世纪90年代一直在增长，但这些反对力量是分裂的，而且他们中几乎无人相信能够推翻苏哈托，建立新政府取而代之。阿斯皮纳尔认为，推翻苏哈托的不是反对力量，而是经济危机，经济危机导致混乱状态迅速升级并决定了苏哈托政权崩溃的时机。参见 Edward Aspinall, *Opposing Suharto: Compromise, Resistance, and Regime Change in Indonesia*, Stanford: Stanford University Press, 2005, p. 252.

② Angus McIntyre, *The Indonesian Presidency: The Shift from Personal toward Constitutional Rule*, London: Rowman & Littlefield Publishers, INC., 2005, p. 127.

起清廉、强大、独立和可靠的司法制度。2003 年 7 月，人权观察组织在其一份报告中指出，印尼司法还很虚弱，易受政治干预，还不能对行政部门的腐败倾向发挥遏制作用。[①] 印尼还面临着法律执行问题。有法律却不能得到有效执行，社会正义就无法得到最大程度的体现，民主就会受到损害。没有对法律的信仰和尊重，就不可能实现真正意义上的法治，也就不可能实现真正意义上的民主。

第四，地方政府的虚弱。虽然印尼已开始了分权改革，地方政府所拥有的权力和可支配的资源都大大增加，但由于长期的独裁统治和军队高度卷入各级政府的活动，印尼政治转型初期大多数地方政府短期内无法胜任民主制度下的行政运作，不足以承担计划、预算和管理责任。加之腐败猖獗，公众对政府及政府机构的信任度很低。强化地方政府的治理能力，对于建立印尼真正的、可持续的民主是必不可少的。

另外，作为一个发展中国家，其中产阶级数量还比较少，而且也很虚弱。支持民主发展的公民社会组织还不够发达。虽然实现了言论自由，但其媒体受印尼政党等干预还比较多。所有这些，对印尼的民主发展与巩固都会造成一定程度的影响。

本章小结

亚洲金融危机引发了印尼全面的政治和社会危机，导致苏哈托政权彻底崩溃，开启了印尼政治转型的进程。美国直接或通过国际货币基金组织向印尼施加压力，促其改革的做法，未能把印尼从危机中拉出，而是使印尼在危机中越陷越深，最终导致苏哈托倒台。克林顿政府对苏哈托政权的政策，随着形势发展逐步做出了调整，这是以对美国国家利益的判断为基础的。美国在印尼乃至整个东南亚的利益，首先是维持该地区的稳定，它不希望因苏哈托倒台而导致印尼乃至更广泛地区的混乱和动荡，只有在稳定的地区环境中，美国的既有利益才能得到最好的保护和实现。如果维持一个非民主的政权有助于维持和实现美国追求的地区稳定，美国就不会把"推进民主"作为其首要政策选择。当印尼国内危机日益加剧，苏哈托政

① Human Rights Watch, "A Return to the New Order? Political Prisoners in Megawati's Indonesia", *Human Rights Watch*, Vol. 15, No. 4, July 2003.

权的统治面临严重危机，只有政治变革才能让印尼摆脱全面危机、避免国家陷入崩溃的时候，美国才开始把推进民主作为在印尼实现稳定的手段，推进民主也就成为美国对印尼的首要政策选择。

从本章的分析可以大致得出如下结论：克林顿政府对于开启印尼政治转型进程所发挥的作用可能不是积极主动的，特别是在印尼陷入经济危机初期，但其作用却是巨大的。另外，在认识美国对印尼政治转型进程之启动所起的作用时，还需注意一点：尽管美国基于经济和地缘战略原因在过去30多年里一直在支持苏哈托的"新秩序"统治，但对印尼民主发展的支持在印尼政治转型进程正式开启前很久就已开始了。到20世纪90年代后半期，印尼国内支持民主的力量虽已有了一定发展，但印尼政治发展依然充满不确定性，美国虽曾敦促印尼朝更开放的方向发展，但并未采取更多有实际意义的行动。① 1996年9月18日，负责东亚和太平洋事务的助理国务卿温斯顿·洛德（Winston Lord）在参议院对外关系委员会东亚和太平洋事务小组委员会作证时说，美国正援助印尼转向一个更加民主和多元的政治制度，美国可以帮助推动印尼朝积极方向发展，但只有印尼人民和印尼政府才能决定其国家命运，美国支持负责任的转变。② 在印尼还不具备实现民主化的条件时，美国在印尼开展的只是一些为民主发展创造条件的活动。因此，无论是在亚洲金融危机之前，还是在危机波及印尼后初期，克林顿政府在努力支持苏哈托总统的同时，也在支持印尼一些最重要的反对派组织。③ 而在印尼走上民主化道路之后，当印尼军方为东帝汶独立而对其发起攻击并造成大量平民伤亡时，克林顿政府不愿威胁停止对印尼的援助，因为它担心这会导致印尼经济进一步崩溃，从而进一步损害印尼向民主转型的过程。④

---

① Jeffrey A. Winters, "Uncertainty in Suharto's Indonesia", *Current History*, No. 95, December 1996, pp. 428–431.

② Winston Lord, "U. S. Relations with Indonesia", Statement before the Subcommittee on East Asian and Pacific Affairs of the Senate Foreign Relations Committee, September 18, 1996（https: //1997–2001. state. gov/regions/eap/lord9-18. html）.

③ Tim Weiner, "U. S. Has Spent $ 26 Million since ' 95 on Suharto Opponents", *New York Times*（Late Edition（East Coast）), May 20, 1998, A. 11.

④ Elizabeth Becker & Philip Shenon, "With Other Goals in Indonesia, U. S. Moves Gently on East Timor," September 9, 1999（http: //query. nytimes. com/gst/fullpage. html? res = 9C02E1DC143DF93AA3575AC0A96F958260）.

从苏哈托下台到 2009 年大选苏西洛连任总统，印尼先后经历了哈比比、瓦希德、梅加瓦蒂和苏西洛四任总统，进行了三次民主的立法机构选举和两次总统直接选举。印尼的政治转型进程取得了积极进展：实现了言论自由；修改了宪法；进行了司法制度改革；实施了分权改革；进行军政关系改革，实现了军队与警察的分离，等等。但以法律和制度的形式确定的改革原则和精神，与社会现实总是有相当远的距离，旧的思维方式、行为习惯、政治文化还在影响着印尼的民主发展。印尼的政治转型进程还面临着严重的问题和挑战，这些都是可能阻碍印尼的稳定和民主发展与巩固的重要因素。

美国在印尼推进民主的努力，也就是设法促使印尼解决政治转型进程中面临的问题和挑战的过程。只有解决这些可能阻碍印尼政治转型进程甚至可能会使之发生逆转的问题和挑战，才能建立巩固的民主。在美国看来，也只有这样才能实现和维护美国在印尼乃至东南亚的各种利益。针对印尼政治转型进程中存在的问题与挑战，美国采取了各种措施以推动印尼的民主发展。

第三章

美国与印尼选举政治的发展

定期举行"自由""公正""公开"的选举是西式民主最基本的要求，是民主制度得以有效运作的必要条件。没有选举就没有民主；没有自由、公正和制度化的选举，就无法实现民主的巩固与发展。在一个国家从威权统治向民主制度转型过程中，选举发挥着重要作用。自由、公正、公开的选举对于新政权获得合法性，并实现政治稳定至关重要。单纯选举并不足以体现民主的品质和内涵。民主制度的存在、维系和有效运作，一方面需要健全的法律和制度保障；另一方面则要求民众，特别是政治精英具备真正的民主精神和民主素养。竞争性选举还有助于促进对其他权利的尊重，产生实际的、政治的影响，为公民参与公共事务提供重要机会，也有助于实现高效和稳定的治理。因而，选举成为美国推动选举援助或促进民主时关注的一个焦点问题。[1]

印尼建国之后经历了苏加诺的"有领导的民主"（Guided Democracy）和苏哈托的"新秩序"（New Order）统治时期，若单从其基本制度架构和法律层面来看，它已大致具备了资产阶级民主的一些基本特征：权力的分立与制衡，定期举行选举等。1998 年的政权更迭是在原有基本法律框架内进行的，印尼基本的政治制度并未发生根本改变。从法律和制度层面上看，印尼在政治转型过程只是对苏哈托时代限制民主、维护独裁的制度和法律进行了整顿和改革，其中包括解除对政党和媒体的限制，修改选举法，逐步改革立法机构和总统的选举办法等。在印尼这样经历了长期独裁统治的国家，对其民主发展而言，最重要的是清除或弱化其历史文化中、

---

① Eric C. Bjornlund, *Beyond Free and Fair: Monitoring Elections and Building Democracy*, Washington, D. C. : Woodrow Wilson Center Press, 2004, p. 34.

特别是苏哈托时代遗留下来的各种可能阻碍民主发展的观念、意识等，推动真正的民主精神和民主素养的养成。

虽然民主制度的有效运转不能单靠选举得以实现，它还有赖于民主精神和民主素养的发展，但选举本身对于培育民众和精英的民主精神和民主素养依然具有重要意义。"自由""公正"和"透明"的选举，可以提高选举的可靠性和可信度，有助于提高民选政府的合法性和权威。对于处于政治转型进程中的印尼来说，这样的选举可以提高民众对选举以及民主制度的信心，有助于促进政局稳定，有助于民主转型的顺利完成，进而推动民主精神的形成。苏哈托统治的30余年里，其统治的合法性是以长期的经济发展和社会稳定为基础的。1997年亚洲金融危机引发了印尼全面的经济、社会和政治危机，其合法性基础崩溃，导致苏哈托政权倒台。哈比比虽然是依印尼宪法继任为总统，但其合法性明显不足。在社会政治危机重重、民众对政治及政治人物的信任度极低的情况下，只有通过民主选举的方式从政治上重新确立政府的合法性，才可能为恢复秩序、实现稳定确立基础。

印尼是一个领土面积辽阔、人口众多且种族和宗教背景复杂的发展中大国，经济和社会发展相对落后。特别是经历了1997年的亚洲金融危机之后，印尼经济严重衰退，复苏缓慢。在这样一个国家举行真正民主的选举，尤其需要国际社会的支持和援助。印尼经历了长期的独裁统治，缺乏真正的民主历练，无论是政党还是个人在选举技巧等方面都缺乏具体经验。因而，在印尼进行大规模的民主选举，可能要比其他很多国家都要复杂得多，所需投入也非常大。国际社会的选举援助对印尼民主政治发展来说，也显得尤为重要。

因此，在推动其民主转型的过程中，美国对印尼的重要选举（全国性立法机构选举，总统和副总统选举，省及地方立法机构选举，地方官员的选举）都给予了特别关注，目的是通过选举援助，推动和监督印尼民主选举的顺利进行，从而推动印尼选举政治发展，并促进印尼社会内部形成真正的民主精神，推动印尼的民主巩固。

选举援助，指的是国际援助国为对象国的选举过程（包括选举准备、举行、监督等）和选举制度发展提供的技术或物质支持，以确保选举是自由和公正的。它涉及选举的各个方面，包括支持选举制度、法律和规则的改革并提出建议，帮助确立合法的选举框架；积极影响全国选举委员会并支持选举进程，如政党和选民登记，投票，计票以及争端解决等；支持选举管理和选举管理人员培训；在选民教育等领域支持公民社会发展；培训地方观察员和媒体监督员等。① 此外，选举监督也属选举援助的重要内容。

　　美国对印尼的选举援助，一部分是通过多边国际组织，主要是联合国开发计划署（UNDP）提供的；更多是在美国与印尼之间以双边方式提供的。自其政治转型进程开始后，印尼就积极寻求国际社会的选举援助。1998 年 7 月，印尼政府开始寻求联合国开发计划署对 1999 年选举的援助。1998 年 11 月，联合国开发计划署与印尼政府签署了一份谅解备忘录，规定对 1999 年选举进程的所有国际技术援助都要通过联合国开发计划署进行。1999 年初，联合国开发计划署与哈比比政府计划募集 9000 万美元用于选民教育、选举管理和监票等。该项目最终募集了 6000 万美元，其中日本捐助 3400 万美元，美国为联合国开发计划署的选举项目提供了 19.3 万美元。② 1999 年 2 月，印尼政府与联合国开发计划署签署了一项技术援助文件，委托联合国开发计划署协调国际社会提供的技术援助，为 1999 年 6 月 7 日印尼大选做好准备。美国通过联合国开发计划署向印尼提供的选举援助数额虽然不多，但它从中获益可能不菲。积极参与多边国际组织的选举援助活动，可以利用国际组织更高的可信度，动员其他国际资源，服务于美国的政策目标和利益追求。美国以双边方式向印尼提供的选举援助，内容非常广泛，既包括直接的资金支持，也包括其他的物质和选举技术援助。

　　美国国际开发署是援助印尼选举的主要捐助者，其所辖的转型启动办公室、民主与治理办公室以及亚洲和近东事务局是各种选举援助项目的具体制定者和执行者。它们主要通过美国的一些非政府组织，如选举制度国际基金会（IFES）、美国全国民主基金会、美国全国国际事务民主学会、美国国际共和学会、亚洲基金会、卡特中心、美国劳联—产联的团结中心（Solidarity Center）、"英特新闻"、纽约查尼研究公司（Charney Research）等来实施这些项目。它们还直接或者通过美国的这些非政府组织与印尼的

　　① Lise Rakner, Alina Rocha Menocal & Verena Fritz, "Democratisation's Third Wave and the Challenges of Democratic Deepening: Assessing International Democracy Assistance and Lessons Learned," Working Paper 1, August 2007, Research project (RP - 05 - GG) of the Advisory Board for Irish Aid, p. 28 (https://cdn. odi. org/media/documents/241_ eIMS9CN. pdf).

　　② Theodore Friend, *Indonesian Destinies*, Cambridge: Harvard University Press, 2003, p. 405.

非政府组织或相关选举机关合作。美国国际开发署与美国的非政府组织和印尼当地政府及非政府组织合作，为推动印尼选举政治的发展开展了许多选举援助项目。

美国对印尼的选举援助主要体现在以下几个方面：一、向印尼政府提供资金和技术上的资助和支持，支持印尼进行有关选举及选举监督等的法律和制度改革与建设；二、支持印尼的选民教育活动；三、对印尼的重要选举活动进行监督，包括全国性、省及地方立法机构选举和总统及地方官员的选举等；四、支持和援助印尼的政党发展等。

第一节　支持印尼有关选举的制度建设

在 1999 年和 2004 年印尼两次选举前，美国与印尼政府都签署了正式协议，向印尼提供选举援助。1999 年 5 月 12 日，美国国际开发署与印尼的国家发展计划署签署"特别目标协议"（SOAG），目的是支持印尼政府推动改善选举制度，强化选举程序，加强市民社会，以及支持选举后民主的政治改革。为实现该协议的目标，美国国际开发署根据 1961 年《对外援助法》之有关规定在 1999 年 5 月 12 日后 4 年里提供约 5000 万美元，直接资助政府、非政府组织和私人志愿组织及其他根据"联合国开发计划署—印尼政府谅解备忘录"（1999 年 2 月 4 日）或该协议开展活动的实体。[1] 2003 年 7 月 15 日，美国国际开发署亚洲和近东事务局助理局长温迪·J. 钱伯林（Wendy J. Chamberlin）大使、国际开发署新任印尼项目主任威廉·M. 弗拉杰（William M. Frej）与印尼 2004 年选举筹备委员会主席、印尼经济事务协调部副部长科马拉·贾娅（Komara Djaya）博士签署关于选举援助的谅解备忘录。美国政府承诺与印尼主要政府部门、公民社会组织以及联合国开发计划署等捐助者合作，支持印尼立法机构选举和总统直接选举。美国政府在 2003 年向印尼提供了总额 1800 万美元的选举援助，并在 2004 年增加 600 万美元。由美国国际开发署直接向美国和印尼的非政府组织及其他致力于推动民主选举的组织提供资助。[2] 2003 年 9 月 29 日，美国国际开发署

[1] Special Objective Agreement between the Republic of Indonesia and the United States of America to Support and Strengthen Democratic Initiatives and Electoral Processes in Indonesia, May 12, 1999.

[2] USAID and the Coordinating Ministry for Economic Affairs Announce 2004 Election Assistance Program, July 15, 2003.

与印尼经济事务协调部（CMEA）签署一项双边捐助协议，向印尼追加提供
1750.2万美元支持印尼民主发展及其治理。该协议由美国国际开发署负责
实施，提供技术援助、给予资金补助（grant support）以及培训，以帮助实
施印尼的民主改革项目，并为2004年选举做准备。①

　　美国对印尼的选举援助涉及的内容非常广泛，几乎触及到了印尼选举
从制度建设到具体操作层面等各个方面。其中，支持印尼与选举相关的制
度建设，是美国对印尼选举援助的一个重要方面。

一　推动有关印尼选举的法律与制度改革

　　在推动与印尼选举有关的法律和制度改革方面，美国的一些非政府组
织或半政府组织发挥了重要作用。1999年6月印尼立法机构选举是根据
印尼人民代表会议于1999年1月通过的《选举法》举行的。2002年11
月印尼人民代表会议通过了关于政党的第31号法案，2003年2月通过了
关于立法机构选举的2003年第12号法案，2003年7月通过了关于总统和
副总统选举的2003年第23号法案。美国的非政府组织"选举制度国际基
金会"，也是美国国际开发署的一个重要合作伙伴，在这些法案的修改、
草拟等阶段都提供了支持，为草拟选举法、行政管理程序以及实施规则等
提供了技术援助，并为印尼决策者在立法起草的各个阶段需要时提供比较
信息和分析。选举制度国际基金会对第一轮法律草案提出意见并做了评
论，在第二轮草拟过程中为印尼内政部顾问提供了信息。在印尼人民代表
会议审议法律草案时，选举制度国际基金会鼓励第二委员会举行公开听证
会，并为所有党派的人民代表会议成员提供信息和分析。选举制度国际基
金会还与公民社会组织合作，在《政党法》和《选举法》的整个立法审
议程序中，关注特定问题——如印尼中央选举委员会（KPU）的独立、
政治财政监管以及选举申诉裁决等，包括主办研讨班和出版信息报告
等。② 在有关印尼2004年选举的法律的制定过程中，选举制度国际基金

---

① U. S. Government Grants Additional US $ 17. 5 Million to Indonesia To Support Democratic Initi-
atives and the Electoral Process, 29 September 2003 （http：//jakarta. usembassy. gov/press＿ rel/elec-
tion＿ grants. html）.

② IFES, "2004 Elections in the Republic of Indonesia: Looking Back and Looking Forward," Pri-
orities for Democratic Renewal, December 2005, p. 4 （https：//www. ifes. org/sites/default/files/ifes＿
indonesia＿ election＿ report. pdf）.

会就选举事务为印尼决策者提供了比较信息和建议。

在 2004 年印尼举行选举前，选举制度国际基金会开展了一些项目，支持民选官员、立法者和行政部门官员修改规范政党行为和选举制度的政治性法律，以建立中立的选举框架，并为准备实施新选举框架下的规则（包括地区选举委员会的建立和运作框架、选区划分、计票以及选民信息等）提供支持。选举制度国际基金会还应印尼全国选举委员会之要求，就如何制订选举监督的指导方针为后者提出建议，其中包括设计具有可操作性的国际和国内监督员登记与委派程序等。它还与后者多次举行会议，讨论和确定应包含在印尼全国选举委员会关于选举监督的法令中的程序。

从 1999 年起，美国全国国际事务民主学会（NDI）也开展了一个关于宪法改革的项目，包括选举改革和地方自治等内容。该宪法改革项目的一个方面包括对第一特别委员会（PAH I）的成员提供技术支持。美国全国国际事务民主学会观摩了第一特别委员会全体会议，并对人民协商会议（MPR）成员提出的广泛的关于宪法问题之比较信息的请求做出了回应。2000 年 5 月，美国全国国际事务民主学会接待第一特别委员会领导层访问美国，以从理论和实践上更多了解美国宪法。该宪法改革项目的一个方面是对印尼的一个研究印尼宪法改革议题的主要非政府组织"选举改革中心"（CETRO）提供技术和资金支持。美国全国国际事务民主学会还支持了许多在印尼举行的关于宪法改革这一主题的专题讨论会和会议。

除通过这些非政府组织或半政府组织对推动民主/善治的非政府组织进行资助外，美国政府还直接与印尼人民代表会议合作，以确定进一步援助的机会，直接提供资金支持。

二　支持强化选举管理机构

在转型国家，选举管理在其政治转型过程中发挥着重要作用。在教育水平较低的发展中国家，选举管理绝不是简单的问题，政治不信任与技术能力不足交织在一起时就会发生很多问题。[1] 在政治转型之前，印尼的选举机关不是中立的。2001 年 4 月，根据有关法律，印尼建立了独立、中立的

---

[1]　Robert A. Pastor, "The Role of Electoral Administration in Democratic Transitions: Implications for Policy and Research," *Democratization*, Vol. 6, No. 4, Winter 1999, pp. 1 – 27.

新的中央选举委员会（KPU）。新的全国选举委员会的能否有效运作以及其选举管理能力和管理水平，直接决定着选举的品质和选民对选举制度、选举程序及选举结果的信心。美国国际开发署组织和资助技术专家，直接与印尼全国选举委员会合作，为其提供援助以加强其管理能力；它还援助印尼全国选举委员会建立联合行动/新闻中心（Joint Operations/Media Center），作为及时、独立的结果确认机制和正式的选民教育信息的来源。

选举制度国际基金会对印尼全国选举委员会及其下级选举管理机构的援助是非常深入细致的。在印尼新的全国选举委员会建立后，选举制度国际基金会为该委员会及其秘书处提供技术建议和援助，在选举管理、公共关系、组织架构以及采购政策等领域提出了相关选举管理报告；帮助它建立了一个复杂的 GIS 数据库，并为其建立信息传播和非正式选举结果公布制度提供技术性建议和援助。为改善印尼全国选举委员会内部的沟通与联系，特别是总部与地方选举委员会之间沟通，选举制度国际基金会帮助印尼全国选举委员会出版了内部通讯，并为其工作人员的培训和能力建设提供了支持，以维系内部通讯的出版；从 2002 年 6 月起，它还为建立印尼全国选举委员会的网站提供建议和支持（该网站于 2002 年 8 月 28 日建成并对外公布〔http：//www. kou. go. id〕），为其工作人员提供技术支持和培训，以提高他们管理网站的能力和技巧。经过两年多的直接援助，从 2005 年 1月 1 日起，印尼全国选举委员会开始承担起网站的管理、维护等全部责任。该网站已成为媒体和公众的一个重要的信息来源。选举制度国际基金会和印尼全国选举委员会收到的反馈表明，由于信息更新快，且提供了关于印尼全国选举委员会日常活动的全面、准确的信息，该网站得以充分利用。[①]

2003 年 3 月《选举法》通过后，选举制度国际基金会与其他国际捐助者合作，汇集它们集体的力量和资源，在 2003 年 8 月实施了一项培训印尼选举官员的援助计划。该计划试图在时间和资源许可的情况下，通过四个广泛的计划为四类人员提供最全面、完整和有效的培训：为省和区/市的地方选举委员会成员提供选举管理培训；为印尼全国选举委员会、省及区/市的地方选举委员会的秘书处工作人员提供选举程序培训；为次区（kecama-

---

① IFES, "2004 Elections in the Republic of Indonesia: Looking Back and Looking Forward," Priorities for Democratic Renewal, December 2005, p. 12（https：//www. ifes. org/sites/default/files/ifes _ indonesia_ election_ report. pdf）.

tan）和村级选举官员（PPK 和 PPS）提供选举程序培训；为投票站选举官员（KPPS）提供选举日程序培训。在选举制度国际基金会、联合国开发计划署（UNDP）和澳大利亚选举委员会（AEC）三个机构中，选举制度国际基金会为印尼的选举援助项目提供的资金最少，但它通过集中关注培训合作以及培训省和区/市级的选举官员规划和实施，使其资源发挥了最大效用。① 联合国开发计划署作为选举官员培训项目的最大国际捐助者，其主要关注是为投票站层级的选举官员制作培训材料。它所制作的培训录像资料，其录像技术就是以选举制度国际基金会和印尼全国选举委员会为选举工作者培训及印尼 1999 年选举选民教育制作的录像为基础的。

在 2004 年 4 月选举日前数月里，选举制度国际基金会的合作伙伴印尼选举改革中心（CETRO）组织了三次独立的模拟选举：一次是为雅加达高级中学的一些首次参加选举的选民举办的；一次是为村民举办的；还有一次是为地方穆斯林学校首次参加选举的选民举办的。模拟选举过程中出现了一些问题，都向印尼全国选举委员会报告。选举制度国际基金会还对实际选举过程进行了一次即时研究，并提交印尼选举改革中心和印尼全国选举委员会，供其参考。② 尽管并无证据表明这种反馈影响了印尼全国选举委员会对选举过程的看法，但选举制度国际基金会的做法已足以说明其试图影响前者的意图。

选举制度国际基金会还帮助培训印尼全国选举委员会的民意测验员，以使其能够获得与选举有关的事务的准确信息。在 1999 年 6 月印尼选举期间，选举制度国际基金会在印尼 17 个省③支持了 188 场选民信息专题讨论会，为省和区/市的地方选举委员会提供了地方选民信息与教育支持。选举制度国际基金会与印尼全国选举委员会在财政管理问题上保持着密切

---

① IFES, "2004 Elections in the Republic of Indonesia: Looking Back and Looking Forward," Priorities for Democratic Renewal, December 2005, pp. 26 – 27 (https://www.ifes.org/sites/default/files/ifes_ indonesia_ election_ report. pdf).

② IFES, "2004 Elections in the Republic of Indonesia: Looking Back and Looking Forward," Priorities for Democratic Renewal, December 2005, p. 20 (https://www.ifes.org/sites/default/files/ifes_ indonesia_ election_ report. pdf).

③ 它们是：亚齐特区（Nanggroe Aceh Darussalam）、北苏门答腊（North Sumatra）、西苏门答腊（West Sumatra）、南苏门答腊（South Sumatra）、廖内（Riau）、万丹（Banten）、西爪哇（West Java）、日惹（DI Yogyakarta）、中爪哇（Central Java）、东爪哇（East Java）、东加里曼丹（East Kalimantan）、南苏拉威西（South Sulawesi）、北苏拉维西（North Sulawesi）、巴厘（Bali）、西怒沙登加拉（West Nusa Tenggara）东怒沙登加拉（East Nusa Tenggara）和巴布亚（Papua）。

的联系，帮助其改善财政管理等；帮助后者进行投票制度分析以及在全国范围内为选民登记做准备等。选举制度国际基金会在联合国开发计划署的支持下，还与印尼全国选举委员会合作开展了选民登记公共信息运动。选举制度国际基金会支持制作了电视和平面媒体广告，把选民登记过程的几个阶段告知选民。

在印尼 2004 年的选举之前，印尼电子和平面媒体对印尼全国选举委员会的负面报道越来越多，并开始影响公众对选举过程的公正性及印尼全国选举委员会举行选举的能力的认知，选举制度国际基金会在 2003 年 12 月组织了一场记者会，印尼全国选举委员会借此对其之前的工作成绩进行了评估并对 2004 年选举的准备情况做出说明。

三　支持选举监督机构的制度建设

印尼最重要的选举监督机构是全国选举监督委员会（Panwas），但它存在明显的缺陷：其权力一直非常不明确，特别是缺少财政和管理上的独立性，也没有真正的调查、判决或执行权力。根据规范 2004 年大选的选举法，印尼全国选举委员会有权任命全国选举监督委员会。2003 年 5 月，印尼全国选举委员会任了全国选举监督委员会。选举监督委员会在省、区/市和次区层次上是以等级方式任命的。其主要任务有三：监督选举过程的各个阶段；调解选举争端；接受和处理申诉的违法行为。由于无权对案件做出判决或惩罚违法或犯罪者，它在处理管理及犯罪申诉方面的作用也颇受争议。

从开始其在印尼的项目起，选举制度国际基金会对研究和改进选举监督委员会的制度就表现出很大兴趣。在 1999 年 6 月印尼选举之前，选举制度国际基金会的法律专家与印尼最高法院选举监督委员会实施规则拟订小组进行了商讨。选举期间，选举制度国际基金会与印尼全国选举监督委员会进行了磋商。选举之后，选举制度国际基金会在 1999 年 9 月与印尼大学法学院共同主办了一个会议，特地评估了选举监督委员会的表现，并讨论了其他选举监督、申诉裁决以及争端解决等的办法。

在印尼人民代表会议审议有关 2004 年大选的法律草案时，选举制度国际基金会继续推动对选举监督委员会的作用、权力及程序性框架的评估和讨论。2002 年 9 月，选举制度国际基金会与《罗盘报》（Kompas）共同主办了一场申诉裁决圆桌会议，把印尼全国选举委员会和选举监督委员会成员、法官、律师、学者、非政府组织活动分子以及其他印尼专家聚集在一起，全面思考了有关选举监督委员会的问题。这次会议的筹备委员会在圆桌会议之后提出的报告中，特别提出了关于改进选举法的建议。这些建议意在明确选举监督委员会的权力，并对其运作程序和向其提出申诉和争端的程序做出更详细的规定。筹备委员会在与人民代表会议第二委员会举行的会议和记者会上，提出了他们的建议。这些建议对于改善最后法案的范围和特性产生了实质影响。在 2003 年 5 月任命了印尼全国选举监督委员会后不久，选举制度国际基金会开始实施了建议与援助项目，包括为当地法律专家建立新的全面的案例管理系统提供支持；为选举监督委员会成员制作、印刷并散发纪事手册（Buku Saku）；参与选举监督委员会培训项目的规划等。选举制度国际基金会与印尼及国际合作者共同监督了选举监督委员会各委员会在各个操作层面上的工作。①

在 2003 年 8 月印尼人民代表会议通过关于宪法法院的法案后，印尼建立了宪法法院②。此后不久，选举制度国际基金会就为宪法法院提供了帮助，以使之能够承担解决涉及大选结果争端的责任。2004 年 2 月，在选举制度国际基金会援助下，印尼宪法法院就"宪法法院通过透明的裁决程序在解决选举结果争端中的作用"举行内部专题讨论会。该讨论会帮助宪法法院的工作人员准备了管理程序和处理选举结果争端的案例管理制度；把宪法法院 2004 年第 4 号规定（关于选举结果争端诉讼的指导原则）和第 5 号规定（对 2004 年总统大选结果提出异议的程序）印成小册子，分发给政党和候选人、各级选举监督委员会以及选举监督组织；建立在线案例数据库，以向公众提供关于选举结果争端的信息。在选举结果争端解决过程中，选举制度国际基金会为印尼宪法法院提供了现场印尼法律专家（onsite Indonesian legal experts），并在新闻媒体和公共关系战略与行动方面为其提供了援助。③

---

① IFES, "2004 Elections in the Republic of Indonesia: Looking Back and Looking Forward," Priorities for Democratic Renewal, December 2005, pp. 51 – 52（https://www.ifes.org/sites/default/files/ifes_ indonesia_ election_ report. pdf）.

② 宪法法院由 9 位法官组成，最高法院、人民代表会议和总统分别选出 3 位。宪法法院主席和副主席由 9 位法官从他们自己当中选出。

③ IFES, "2004 Elections in the Republic of Indonesia: Looking Back and Looking Forward," Priorities for Democratic Renewal, December 2005, p. 48（https://www.ifes.org/sites/default/files/ifes_ indonesia_ election_ report. pdf）.

除这些重要援助外，美国还在遏止印尼选举腐败、支持残障人士平等参与选举进程等方面采取了一些建设性行动。选举制度国际基金会一直非常关注印尼的政治资金管理（political finance regulation）和财务公开问题。这一问题对于规范金钱在选举中的运用和遏止选举腐败具有积极意义，攸关选举的公正性和民众对选举的信心。规范 2004 年大选的政治性法案中包含着限制政治基金（political funds）和要求政党和候选人进行财务报告的条款。这些条款部分是从 2002 年 11 月通过的政党法到 2003 年 7 月通过的总统选举法发展而来的。但这一法律框架存在着明显缺陷，对不提交财务报告的行为没有明确的行政制裁。选举制度国际基金会自开始其在印尼的项目起，对这一领域法律框架的发展及其实施进行了全面研究，发布了 6 份关于印尼的"金钱与政治"的报告。1999 年 12 月发布的第一份报告评论了 1999 年 6 月立法机构选举中规范政治资金（political finance）及财务公开方面有限的努力。2004 年 11 月发布的报告，考察了 2004 年选举中政治资金管理及政党和候选人财务报告公开披露的实施和执行情况。选举制度国际基金会为印尼全国选举委员会提供了技术援助，并支持它与印尼会计师协会合作，制定财务报告的实施规则和指导原则。它还在印尼主办并参与了有关政治资金问题的会议和专题讨论会；与"透明国际—印尼"（Transparency International-Indonesia）以及"印尼腐败观察"（Indonesia Corruption Watch）等公民社会组织合作，积极参与了对政治资金报告和政治资金管理执行情况的监督。

为确保残障人士全面、平等地参与选举进程，印尼一些代表残障人士的组织在 2002 年初组成了"残障公民参与 2004 年选举委员会"（CCD - AE）。选举制度国际基金会为该委员会提供了大量援助，包括战略建议，资助会议和专题讨论会，物资供应，资助社会化活动，提出资助建议，为印尼全国选举委员会准备法令草案供其审议，就选民登记和选举程序提出建议、游说、研究，等等。①

除了关注印尼的全国性的立法机构及总统选举外，美国国际开发署以及与它合作的非政府组织还通过实施一些选举援助项目，支持了印尼的省

---

① IFES, "2004 Elections in the Republic of Indonesia: Looking Back and Looking Forward," Priorities for Democratic Renewal, December 2005, p. 24（https://www.ifes.org/sites/default/files/ifes _ indonesia_ election_ report. pdf）.

及地方官员的直接选举，特别是曾发生冲突地区的选举。美国国际开发署通过"地方治理支持项目"（LGSP），帮助地方选举委员会制定中立、透明的制度，实施适当的行为规则，改进培训方法，并确保地方公民社会组织进行中立的选举监督。"自由亚齐运动"（GAM）在 2005 年 8 月 15 日与印尼政府在赫尔辛基达成和平协议后，亚齐省在 2006 年 12 月 11 日举行第一次自由、民主的选举。美国国际开发署通过"地方治理支持项目"帮助亚齐独立选举委员会制定了重要政策和程序，并培训了 400 多名选举官员和工作人员，在选举管理活动、投票与计票、独立候选人确认、投票站运作、选举观察员的委派等方面对其进行了培训。①

第二节 美国在印尼的选民教育活动

选民教育，指的是向选民提供关于选举、民主等的基本信息，使之了解选举程序的运作和民主的原则与精神，培养和塑造民众的民主精神和素养，从而更好地参与到政治生活中，提高民主参与的品质。经历了苏哈托数十年的独裁统治，印尼的政治转型和民主巩固都需要以提升公民的民主素养和民主精神为前提，迫切需要在选民教育方面做出更多努力。美国国际开发署及其合作伙伴开展了深入、细致的支持印尼选民教育的项目和活动。

一 进行细致深入的民意测验

美国国际开发署曾在很多国家开展过支持选民教育的活动。但不同的国家，在民主转型的各个阶段，选举会面临不同的问题与挑战。美国国际开发署及其合作伙伴会根据对象国的实际情况，调整其支持的方向和内容，有针对性地开展援助和支持选民教育的活动。在开展这些活动之前，它们一般会对对象国的选民进行深入细致的调查，研究选民对选举制度、选举程序、民主原则、民主程序以及候选人等问题的了解等，为在对象国开展支持选民教育的活动提供建议，并帮助当地支持民主的团体规划和实施选民教育及选举监督活动。

在印尼 1999 年和 2004 年的选举之前，美国国际开发署通过其合作伙

① "Local Governments Play Key Role in Building Democracy in Indonesia," (http: // www. rti. org/brochures/indonesia_ lgsp. pdf).

伴亚洲基金会、查尼研究公司、选举制度国际基金会以及印尼尼尔森调查公司（ACNielsen）等，都进行了比较深入的调查。

在1998年12月24日—1999年1月24日期间，印尼尼尔森调查公司在亚洲基金会的支持下完成了由查尼研究公司合作设计的一项调查，联合国开发计划署和印尼全国选民教育信息交换中心（CH－PPS，Yogya）在1999年2月共同发布了调查报告。此项调查是应参与选民教育项目的印尼非政府组织的要求而进行的，目的是为印尼有关组织提供信息，以在1999年6月选举之前规划和开展高效的选民登记、选民和公民教育运动。调查报告中对国民心态、对选举的态度、选民登记、选民教育需要、公民教育需要、选民教育资源与媒介等6类重要问题进行了详细的分析，并针对1999年6月印尼选举中可能出现的问题、选民的关注、选民对选举的认识及存在的问题等进行调查，为开展选民教育活动提出了一些建议。

这份调查报告认为，印尼人对其国家的方向和未来持谨慎乐观的看法，对选举有浓厚兴趣。同时，这份报告也指出了印尼选举将面临的主要问题：（1）要求在4月17日前完成登记的2100万选民中几乎无人知道登记问题以及如何登记等，因而急需通过开展选民教育运动把关于选民登记的信息告知选民；（2）尽管人们愿意投票且相信此次选举将会比1997年的选举更公正，但许多选民仍需再次确认1999年的选举将真正是自由和公正的，确实意义重大；（3）选民对选举的关注包括不完整的选民名单、骚乱、媒体偏见、统计错误、选票买卖、胁迫和重复投票、威胁以及针对活跃人士的暴力等；（4）对两个主要的选民团体，需要采取不同的方式：一种是针对受过更正式的教育、收入水平更高的选民，另一种更基本的是针对低收入、低教育水平的选民，前者包括青年或受过中等教育的城市男人，第二个团体包括35岁以上的农村妇女、非常贫穷的人、低教育程度的妇女以及不看电视者；（5）大多数印尼人很难说清楚民主的优点，几乎没有人把民主与自由选举联系起来，在公民教育运动中把民主与选举、印尼人的价值观以及选民在调查中表达的关注（包括自由、领导人变更、需求表达以及政治和经济稳定等）联系起来，是合适的；（6）公民教育优先考虑的目标应该是低教育程度的选民、农村妇女、低收入选民、老年城镇妇女以及不看电视者，把选民教育信息传达给这些人的最有效的媒介或其他方式是电视、广播、宗教组织、邻里社区或邻里领导人、青年团体以及礼拜场所等，地区选民教育运动应该包括用当地语言和印尼语制作的资料，以使当地选民都能理解。① 这份详尽的调查报告成为美国国际开发署以及诸如亚洲基金会等非政府组织开展支持印尼选民教育活动的重要参考，也为印尼的选举机构和非政府组织开展选民教育活动提供了依据。

　　在 2003 年 1 月 6—15 日，印尼尔森调查公司和查尼研究公司又受亚洲基金会委托对印尼普通民众和精英共 30 人及 3 个焦点小组（focus group）进行深入访谈。其中 20 名受访民众来自雅加达和日惹两个城市及西爪哇的城市边缘地带和偏远村庄，另外 10 名受访者是来自印尼社会、宗教和妇女组织及智库的领导和工作人员。3 个焦点小组是雅加达的穆斯林、社会及妇女权利组织的成员。访谈是两阶段研究计划的第一步，目的是帮助印尼的组织机构在 2004 年选举前规划选民及公民教育活动。访谈得出几点结论：印尼民众面临的问题非常复杂，民众对民主和选举程序了解还存在巨大差距，一般印尼人还不能确切理解民主的意义，精英和一般民众之间对一些关键问题的看法存在很大分歧。访谈报告认为，选举捐助者和非政府组织需要为 2004 年的选举认真设计选民教育项目；这些项目的设计，无论是内容还是方式都应考虑特定群体民众的看法和需要。②

　　在 2003 年 12 月到 2004 年 10 月，选举制度国际基金会在印尼进行了一系列民意跟踪测验，以评估印尼民众对选举程序的理解，帮助印尼全国选举委员会规划选民信息与教育运动战略，确定选民教育运动的影响等。民意测验数据由印尼全国选举委员会通过记者会向公众及感兴趣的非政府组织公布，同时也公布在印尼全国选举委员会和选举制度国际基金会的网站上。这些测验有助于印尼全国选举委员会进一步改善选民教育活动，也有助于像选举制度国际基金会等在印尼进行选举援助的非政府组织进一步改善其工作，从而针对一般选民、有特殊需要的群体和其他选举利益集团，深化、细化选民教育运动。

二　支持广泛的选民教育活动

　　以深入细致的民意调查为基础，美国国际开发署通过其合作伙伴对印

---

① The Asia Foundation, "Indonesia National Voter Education Survey", February 1999, pp. 10 – 11（http：//www. charneyresearch. com/wp-content/uploads/2014/03/Indonesia-National-Voter-Education-Survey-Report. pdf）.

② *Indonesia*：*A Report on Public Opinion And the* 2004 *Elections*, Qualitative Research Survey, February, 2003, carried out by ACNielsen and CharneyResearch of New York for the Asia Foundation.

尼的选民教育活动提供了广泛支持，实施了许多有针对性的选民教育项目。美国国际开发署主要是通过公民社会组织开展的"人对人"的运动和全国性电视与广播运动两种方式支持印尼的选民教育活动的，目的是促进其民众对新的政治性法律和选举过程的认知，增加其关于选举、民主等的知识，提高其参与意识和参与水平。所谓"人对人"的运动，指的是通过与选民面对面交流的方式传播关于选民教育的信息的活动，如通过市民会议，各种研讨班、培训班和讨论会等形式进行的选民教育。这种方式容易给选民留下更深刻的印象，但其规模容易受到限制，投入也会比较大。而全国性电视和广播运动，辐射面广，很容易以较低的投入把选民教育信息投送给大量选民，使其对民主的本质、选举程序、投票、计票等有所了解，逐步养成民主的精神和素养。当然，美国支持印尼选民教育活动的具体形式，这种简单概括是难以囊括的。

印尼全国选举委员会和印尼选民教育网络（JPPR）[①] 在 1999 年 6 月印尼立法机构选举前组织了印尼历史上第一次广泛、中立和全国性的选民教育运动。美国国际开发署转型启动办公室及其合作伙伴资助了印尼许多大众媒体活动，包括资助制作选举电视广播节目以及有关选举和民主等的公益广告（PSA）、在地方媒体进行的政治性辩论、候选人辩论重要选举问题的论坛和公共会议、市民会议、草根教育、海报、艺术表演以及互动性广播谈话节目等。在美国国际开发署及其合作伙伴的支持下，印尼全国选举委员会和印尼选民教育网络共培训并派出 11.7 万名选民教育志愿者；印刷和分发了 2300 多万份选民教育图书、传单、海报和图文标签等；制作了 1000 多个选民教育电视节目；制作了 1000 多个广播节目；主办了250 多场会议、辩论和专题讨论会。[②]

---

① 印尼选民教育网络是由亚洲基金会于 1998 年在爪哇省日惹市主办的一个全国性选民教育专题讨论会发展而来的全国性组织，由 100 多个非政府组织组成。该网络由设在雅加达的全国秘书处协调。全国协调人由印尼选民教育网络的成员组织选出，任期 2 年，有 9 名全日制工作人员辅助。其最重要的任务是与印尼选民教育网络在地方层次上合作，以保证它与政府选举机构，如地方选举委员会（KPUD）和选举监督委员会（Panwasda）在所有活动上保持协调。这种协调对印尼选民教育网络的选举监督员的委派和举行如候选人辩论及问卷调查等选民教育活动都非常重要。除支持地方选举项目的工作（包括印刷选举监督手册、核查表以及设计数据收集程序）外，全国秘书处还利用来自地方的数据和它在全国的地位，对与地方选举有关的新趋势提出报告，并参与关于选举法修改等的公共政策讨论。

② The Asia Foundation, "2004 Indonesia Election Program," (http://www.asiafoundation.org/pdf/indo_election2004.pdf).

由于印尼地域广阔、人口众多、种族复杂、语言多样，选民教育必须充分考虑这种复杂性，有针对性地开展活动，其任务艰巨性可想而知。在印尼1999年6月的选举前，美国国际开发署利用美国劳联—产联的"团结中心"和它的地方性非政府组织和劳工伙伴网络，有针对性地开展了支持印尼选民教育的活动。"团结中心"通过30个组织在印尼18个省支持了一项草根性选民教育项目。这些组织包括工会、致力于工人问题的地方组织、人权组织、妇女组织以及类似的组织。

"团结中心"的选民教育项目强调与地方组织合作，以便考虑地方差异和需求，并更有效地接触到草根阶层的选民。在美国国际开发署和"团结中心"的援助下，这些地方组织：（1）在选举前3个月里开展了650多个选民教育项目，在草根层次举行广泛的面对面的研讨会，讨论的主题包括民主原则、民主国家里的个人选择、公民在民主社区中的作用、立法者作为人民代表的作用、妇女在选举过程中做出个人选择的权力、接触政党并了解政纲以及技术性的选举过程信息等；（2）直接接触了12万合格选民，包括工厂工人、第一次投票的女性选民、农村村民以及非正式部门的工人等；（3）通过使用新颖的互动方法，创造了一些新的选民教育项目，融入了诸如角色扮演（role-playing）、戏剧节目、演讲/征文比赛等独特的教学方法。

在2004年全国性立法机构选举前，印尼选民教育网络也利用其广泛网络举行了选民教育会议，张贴海报，散发传单，甚至向最贫穷和最遥远的选民提供他们参与民主进程所需要的信息。从2004年3月27日到4月1日，选举制度国际基金会在印尼支持了6次候选人政治辩论项目。这些项目由印尼全国选举委员会主办，每个项目90分钟，由4个不同政党参加，共有24个政党参与政治辩论。这些辩论项目的目的是为所有候选人提供机会，利用大众媒体把他们的观点、工作计划、关于印尼未来的政纲告诉并教育公众和潜在的选民。[1] 印尼全国选举委员会在立法机构选举前成功主办政党辩论，也为7月和10月的总统和副总统候选人两轮选举的历史性辩论奠定了基础。

---

[1] IFES, "2004 Elections in the Republic of Indonesia: Looking Back and Looking Forward," Priorities for Democratic Renewal, December 2005, p. 40（https://www.ifes.org/sites/default/files/ifes_indonesia_election_report.pdf）.

总部设在纽约的"新闻媒体贷款基金会"（Media Development Loan Fund）与"68H广播新闻社"（Radio News Agency 68H，印尼唯一一家独立的广播通讯社，拥有400多家广播电台）在2004年印尼选举前启动了一个合作项目，制作名为"亚洲之声"（Asia Calling）的本地节目。该节目用英语和印尼语播音，每周播出一次，每次30分钟。该项目主要从当地人的角度就当时对亚洲人民有急迫影响的新闻事件进行报道。2004年，"亚洲之声"对印尼总统选举做了全面报道。它还播出了一些关于宗教宽容的重要节目，如印尼的"自由伊斯兰"（Liberal Islam）网络及其社会影响等，倡导宽容和开放。

2005年地方选举开始后，印尼选民教育网络对部分候选人进行了问卷调查。其目的是为鼓励候选人发布清晰的政策声明，增加选民可以获得的信息量，从而使之做出合理的选择。这些问卷调查要求候选人如果当选的话做出具体和可以计量的政策承诺，调查结果被印在大量印刷并广泛分发给地方民众的选民教育手册中。印尼选民教育网络还积极组织和主办了地方选举候选人辩论，为其提供机会直接对选民做出反应，并就重要的地方议题回答提问；由地方广播电台直播这些候选人辩论活动，让更多选民了解候选人及辩论内容等。第一次针对特定议题的候选人辩论于2007年1月举行，集中关注的是雅加达的经济发展。

美国国际开发署及其合作伙伴还支持和援助了印尼一些关注选举活动的组织，包括为其提供财政支持、技术援助和培训等。1999年选举前，亚洲基金会帮助印尼的市民社会组织制订了全面的选民教育和选举监督战略，为最大规模的选举援助项目提供了财政支持和技术援助。在1999年选举项目的基础上，利用其通过与印尼的组织和个人在数十年间的合作建立关系和了解，亚洲基金会制订了一个多层次的选举援助项目，以帮助解决各种挑战。[①] 2004年，美国国际开发署又通过亚洲基金会向印尼选民教育网络提供了财政支持。印尼选民教育网络大多数会员隶属于"伊斯兰教士联合会"或"穆罕默迪亚"，它们的大量选民为印尼选民教育网络提供了巨大支持，也使得它们更易于接触普通草根选民。"社会研究、民主与社会正义研究所"（PERCIK，与基督教和天主教教会网络有联系的非

---

① The Asia Foundation, "2004 Indonesia Election Program," (http: //www. asiafoundation. org/ pdf/indo_ election2004. pdf).

政府组织），"宗教间对话组织"（MADIA）以及"68H 广播新闻社"等都是印尼选民教育网络组成部分。在印尼，宗教组织特别得到普通选民的信任，因而，印尼选民教育网络对于提供无论是选民教育还是关于民主原则和价值的信息都是一种非常有效的媒介。[①] 所以，亚洲基金会从 1999 年起就开始支持印尼选民教育网络及其他印尼选举组织的选民教育活动，为其提供了技术援助和培训等，并与它们合作开展了一些选民教育活动。从 1998 年起到 2007 年 7 月，美国国际开发署通过亚洲基金会与印尼选民教育网络合作制定和实施的选举项目，花费共 1300 多万美元。[②] 在 2004 年立法机构和总统选举期间，亚洲基金会动员穆斯林、天主教以及其他非政府组织，培训了 1.1 亿位选民。[③]

三　印尼选民教育活动的效果

奥斯陆大学的奥勒·特恩奎斯特教授在研究印尼民主化问题的一篇文章中指出，国外的民主设计专家关注于产生'合法领导人'瞬间的选举，对民主化的支持也仅局限于选举安排、技术信息、一些有限的选民教育以及通过一些非政府组织进行的选举观察活动，关于涉及实际政治力量的批判性的选民教育是很少的。[④] 这种批评尽管非常深刻，但似乎低估了美国及其他国家和国际组织在印尼开展的选民教育活动的效果。涉及实际政治力量的批判性的选民教育固然重要，但过于强调这一点短期内对民主的发展和巩固未必有利。民主发展需要对旧的政治势力进行批判，但批判和改革有时需要渐进地进行。同时，作为推进民主的外部力量批判印尼的实际政治力量时，还需要考虑印尼的历史与文化、现实和民情等。外部力量在印尼开展任何活动，都必须得到印尼政府的认可，否则会寸步难行。对外部力量来说，在接触、合作和互动中影响印尼的各种政治势力可能是它们实现目标最有效的方式。

---

① The Asia Foundation, "Democracy and Elections in Indonesia," (http: //www. asiafoundation. org/pdf/Indo_ Democracy-Elections. pdf).

② The Asia Foundation, "Elections and Good Governance in Indonesia," (http: //asiafoundation. org/resources/pdfs/IDelectionseng. pdf).

③ "The Budget in Brief-Fiscal Year 2006," pp. 126 – 127 (http: //www. state. gov/documents/organization/41676. pdf).

④ Olle Törnquist, "What's Wrong with Indonesia's Democratization?", *Asian Journal of Social Science*, Vol. 30, No. 3, September 2002, p. 559.

美国在印尼开展的那些在特恩奎斯特教授看来缺乏批判性的、支持印尼选民教育的活动，正是这样发挥影响的。在 1999 年的选举活动中，有 1.3 亿印尼人接触到美国国际开发署转型启动办公室资助的公益广告，而且绝大多数能够记住并能准确地理解其中的信息。这些项目对于解释民主政治程序、帮助人们理解他们的权利与责任、提供信息以使他们能够评估相互竞争的政党并使之能够负责任，是极其重要的。① 广泛的选民教育活动，也激发了选民对选举的热情和意识，其表现就是较高的投票率。2004 年 4 月的立法机构选举和 7 月第一轮总统选举，投票率都高达 85%。

美国国际开发署与其他国家、国际组织以及印尼地方组织合作开展的选民教育项目中融入了"政治宽容""宗教宽容"的观念和民主价值，有助于进一步巩固和发扬印尼社会内部既有的宗教和文化宽容意识。查尼研究公司对选举教育活动效果的调查表明，经常看到或听到这些信息的人中有三分之二认为，这次选举将会有很大不同，而未接触过这些信息的人中只有四分之一持这种看法；大约 77% 的接受选民教育者对他们不喜欢的政党是宽容的，而整体上 46% 的选民是缺乏宽容的；更重要的是，90% 的接受选民教育者对民主的含义有一些理解，而在从未接受选民教育者中只有 30%。② 显然，大量的、各种形式的选民教育活动所传递的信息，已在很大程度上融入很多印尼选民的思维之中，大大增加了他们对选举和民主价值的信心。他们已经意识到，他们能够影响候选人，能够影响其政府。

第三节　美国在印尼的选举监督活动

国际选举监督在冷战时期就已成为国际政治中一种很重要的现象。曾任教于卫斯理大学（Wesleyan University）政府系的瓦拉姆·K. 钱德（Vikram K. Chand）博士曾指出，自 20 世纪 80 年代起，选举监督在从独

---

① Andrew Thornley, "As Indonesia Waits Much Has Already Been Achieved," *International Herald Tribune*, June 22, 1999（http://www.iht.com/articles/1999/06/22/edthorn.2.t.php）.

② Craig Charney & Tim Meisburger, "Indonesia's Elections: Nation Builders at Work", *Strait Times*, October 14, 2004, available at: http://www.charneyresearch.com/101404_ straitstimes_ indon _ nationbuilders.htm［2008 - 04 - 22］.

裁到民主统治的转型选举中变得越来越普遍。在 20 世纪 80 年代，国内和国际非政府组织首先介入选举监督活动，随后像联合国、美洲国家组织（OAS）以及欧洲安全与合作组织（OSCE）等国际和地区性组织在 20 世纪 90 年代也介入选举监督活动。到 20 世纪 90 年代中期，国际选举监督已被广泛接受，界定"自由和公正的"选举的相对普遍的标准也得以确立。① 冷战结束后，伴随着苏联、中东欧诸国政治转型之发展，国际选举监督越来越成为国际政治中的一种重要现象，在转型国家已经非常普遍。在 1989 和 2002 年间，国际选举观察员观摩和监督了 95 个新兴民主国家或半独裁国家中 86% 的全国性选举。选举监督在中、东欧及前苏联地区、拉丁美洲和非洲都很普遍。

关于选举监督和选举观察对于转型国家民主发展与巩固的意义，瓦拉姆·K. 钱德博士通过对 20 世纪 80 年代中期到 90 年代中期非政府组织及国际社会在转型国家的选举监督活动的研究，认为选举监督对于建立民主制度具有重要意义，它不但可以大大促进选举的公正，还有助于基本民主制度和习惯的发展。② 内华达大学政治学系助理教授埃里克·布拉姆（Eric Brahm）也表示，通过逐步灌输国内和国际合法性，选举监督有助于民主巩固；它还可以提高选举本身的可信度和合法性，有助于减少选举暴力。③ 美国民主援助和选举观察专家埃里克·C. 比约恩隆德（Eric C. Bjornlund）评论道，在政治上不确定的环境中，国际和国内团体的监督有助于通过促进更公平的选举规则、更好的竞选运动和更有见识的选民，促进公众对选举之诚信的信心。通过增加透明度，它还可以遏制舞弊并帮助减少选举管理中的违规行为。选举监督还可以为面临独裁政权的民主活动家或反对派政治领袖提供有意义的道德支持，它还可以用特定国家争取民主的斗争来教育全世界的民众。④ 加利福尼亚大学（伯克利）政治学系教授苏珊·D. 海德（Susan D. Hyde）等认为，在民主尚未巩固的转型国家

---

① Vikram K. Chand, "Democratisation from the Outside in: NGO and International Efforts to Promote Open Elections," *Third World Quarterly*, Vol. 18, No. 3, 1997, p. 543.

② Vikram K. Chand, "Democratisation from the Outside In: Ngo and International Efforts to Promote Open Elections," *Third World Quarterly*, Vol. 18, No. 3, 1997, p. 559.

③ Eric Brahm, "Election Monitoring," September 2004 (http://www.beyondintractability.org/essay/election_ monitoring/).

④ Eric C. Bjornlund, *Beyond Free and Fair: Monitoring Elections and Building Democracy*, Washtington, D. C.: Wilson Center Press, 2004, p. 12.

举行选举时，国内政治竞争者经常会怀疑其竞争对手；独立的信息来源，如自由媒体等往往是虚弱的，且受到压制，或者根本就不存在。这时，在其他方面都很公正的情况下，国际观察员作为评判选举品质的第三方信息源，其存在可以大大增加国内外公众获得的关于选举品质的信息。理论上讲，关于选举的信息的改善可以提高有效选举为所有政党接受的可能性，也让不正当选举更不受信任。①

对于选举监督（Election-monitoring）和选举观察（Election observation）的内涵及二者之间的差异，相关研究者曾进行过区分。埃里克·C. 比约恩隆德指出了选举观察和选举监督在两个不同纬度上不同的点：（1）介入选举过程的程度；（2）行动发生的时期。在介入选举过程的纬度上，"选举观察"一般指的是相对比较被动的，而"选举监督"指的是至少在某种程度上参与更多的行动。从理论上说，"选举观察"严格限定于记录和报告；"选举监督"表示至少有某种有限的干预以纠正不足或提出采取行动的建议的可能。在行动发生的时期这个纬度上，"选举观察"意味着比"选举监督"更简短的介入。国际人物或组织的活动主要聚焦于选举日当天，因而不会在一个国家停留太长时间。当国内或国际组织关注长期的选举过程时，它们的参与可以被界定为"选举监督"，但代表这些监督组织、观摩投票和计票的个人仍可被视为"观察员"。② 这实际上意味着，选举监督和选举观察虽然有所不同，但有些行为也难以截然分开。因此，本章讨论美国在印尼开展的选举监督活动时，对选举监督和选举观察不做进一步区分，统称为选举监督活动。

在苏哈托时代，印尼的选举控制制度造成了两种后果：一是缺乏竞争性选举的经验，相互竞争的政党在选举之前和之后都缺乏相互让步的经验。政党也没有就对选民来说非常重要的问题展开竞选运动的经验。二是对选举过程的高度不信任。政府利用选举欺诈和增加竞选运动暴力将会促使竞争者之间互相更加怀疑，也更加怀疑政府。也使得失败者更容易宣布

---

① Susan D. Hyde & Nikolay Marinov, "Information and Self-Enforcing Democracy: The Role of International Election Observation", *International Organization*, Vol. 68, No. 2, Spring 2014, pp. 329 – 359.

② Eric C. Bjornlund, *Beyond Free and Fair: Monitoring Elections and Building Democracy*, Washington, D. C.: Wilson Center Press, 2004, p. 41.

犯规，从而拒绝接受选举结果。① 因而，印尼的选举及民主发展亟须国际选举监督。印尼在其政治转型进程开启后通过的选举法也规定允许非政府组织、合法团体以及外国政府等监督印尼选举。

美国在印尼的选举监督活动，主要是由美国驻印尼大使馆、国际开发署以及其合作伙伴如美国全国国际事务民主学会、美国国际共和学会、亚洲基金会、卡特中心、选举制度国际基金会等合作开展的。它们也与印尼政府部门（主要是印尼全国选举委员会、选举监督委员会）以及一些关注选举的市民社会组织进行了合作。在监督印尼选举的过程中，美国的这些机构和非政府组织也与来自其他的国家的选举监督组织进行了合作，特别是在2004年印尼两轮总统选举过程中，亚洲基金会都组织了国际选举观察团。

根据选举进程，美国在印尼立法机构及总统选举中的选举监督活动可以分为3个部分：选举前监督、选举投票过程监督和选举后监督。选举前监督，主要指的是考察选举准备工作是否充分、是否有助于或能否确保进行自由、公正的选举，并指出选举准备中可能存在的种种问题等；了解参与选举的政党和候选人的竞选活动；考察选举的条件和选举的社会、政治环境。此外，还包括培训国际和印尼国内选举监督人员，推动印尼国内监督活动的发展等。选举投票过程监督，指的是观摩和监督选举投票过程，考察选举投票过程的有效性、公正性和自由度，其中是否存在组织或技术性问题；监督选举投票记票和选举结果的公布，考察是否有舞弊、贿选行为等；监督投票箱的运送等。对选举投票过程进行监督是防止选举过程中发生舞弊行为的重要手段。选举后监督，包括对选举情况做出基本判断，针对选举监督过程中发现的问题提出改进意见，监督选举争议的解决、选举结果公布后出现的申诉、选举后事态发展以及选举产生的机构的运作等。对于选举的合法性及其结果而言，选举刚结束的时刻往往和选举前以及选举日的选举进程一样敏感、重要。因为选举存在的问题在此时会集中暴露出来，如果处理不慎，将会严重影响选举结果的公信力，从而影响民众对选举及民主的信心，不利于政治稳定和民主发展。

---

① Jim Schiller, The 1997 Indonesian Elections: 'Festival of Democracy' or Costly 'Fiction'? *Occasional Paper* #22, May 1999, pp. 17 – 18 （https：//www. uvic. ca/research/centres/capi/assets/docs/Schiller_ Indonesian_ Elections. pdf）.

一　美国对印尼国内选举监督组织的支持

作为在印尼开展的选举监督活动的一部分，美国在支持印尼国内选举监督组织之发展和能力建设的努力对于推动印尼国内选举监督和选举正常进行具有重要意义。

印尼国内选举监督组织的发展在其政治转型进程开启之前已经开始了。1995 年 2 月，当时任印尼"社会与经济研究、教育和信息研究所"（LP3ES，Lembaga Penelitian，Pendidikan dan Penerangan Ekonomi danSosial）所长的鲁斯塔姆·易卜拉欣（Rustam Ibrahim）参加了由菲律宾"全国公民自由选举运动"（NAMFREL，National Citizens' Movement for Free Elections）和美国全国国际事务民主学会（NDI）在马尼拉组织的关于国内选举监督的会议。易卜拉欣把组织国内选举监督组织的想法带到了印尼。1996 年初，易卜拉欣领导建立了印尼的"独立选举监督委员会"（Komisi Independen Pemantau Pemlu，KIPP）。该机构建立后不久，美国全国国际事务民主学会就开始了与印尼"独立选举监督委员会"的合作，持续为后者提供咨询，并组织了对孟加拉国、菲律宾和泰国的调查研究。同时，美国国际开发署也组织安排把美国全国国际事务民主学会关于选举监督的手册《国内组织如何监督选举》（*How Domestic Organizations Monitor Elections*）翻译成印度尼西亚语版本①。1996 年 10 月，美国全国国际事务民主学会还在曼谷主办并帮助组织了印尼"独立选举监督委员会"第一次全国会议和关于国内选举监督的研讨班，并安排来自孟加拉国、埃及、菲律宾、泰国和美国的顾问们参加会议，分享他们的经验，并为试图组织选举运动的印尼人提供建议。1997 年前几个月，在雅加达工作的美国全国国际事务民主学会的代表与印尼"独立选举监督委员会"的组织者进行了合作。美国全国国际事务民主学会为 1997 年 5 月的选举派出了一个小组，以提供建议和道义支持。美国全国国际事务民主学会还为印尼"独立选举监督委员会"的选举观察员培训和选举日在全国的部署提供了资金支持。

---

① NDI Handbook on How Domestic Organizations Monitor Elections：An A to Z Guide（1995）（https：//www.ndi.org/sites/default/files/How% 20Domestic% 20Organizations% 20Monitor% 20Elections%2C% 20An% 20A% 20to% 20Z% 20Guide_ Bahasa. pdf）.

1998 年 9 月，苏哈托下台之后，在美国全国国际事务民主学会支持下，印尼"独立选举监督委员会"和印尼"社会与经济研究、教育和信息研究所"（LP3ES）在印尼组织了一次关于选举监督的全国性会议，目的是促进和扩大对公民参与选举监督和选民教育的支持。在美国全国国际民主事务学会的邀请下，来自菲律宾和泰国的代表参加了会议并分享了他们的经验。

1998 年底，印尼建立了两个以大学为基础的网络，目的是动员学生和大学参与选举监督活动。1998 年 11 月 7 日，全国 174 所大学校长举行会议，宣布支持政治改革并呼吁建立一个全国性的、以大学为基础的组织，监督即将到来的选举。1998 年 12 月，一小组委员会建立了"大学校长民主论坛"（Rectors' Forum for Democracy），作为独立的选举监督组织。1998 年 12 月 5 日，根据印度尼西亚大学教师在 10 月发出的建立一个新的选举监督组织的倡议，来自 14 所大学的代表建立了"自由选举大学网络"（University Network for Free Elections, UNFREL），印尼律师和社会活动家托杜·穆利亚·卢比斯（Todung Mulya Lubis）任该组织的全国协调人。印尼其他非政府组织也建立了自己的选举监督网络。"人民政治教育网络"（Jaringan Pendidikan Politik untuk Rakyat, JPPR）也从开展选民教育项目的伊斯兰组织网络转变成选举监督组织。

这些组织从美国国际开发署以及其他国际组织得到大量资金支持。与国际开发署合作的组织亚洲基金会（Asia Foundation）、美国全国国际事务民主学会以及美国国际劳工团结中心（American Center for International Labor Solidarity）等向特定印尼监督组织提供了资金和建议。

在 1999 年 6 月 7 日立法机构选举前，美国全国国际事务民主学会为印尼国内的选举监督组织继续提供了支持，采取了一些推动印尼国内监督活动发展的行动，包括推动和支持印尼全国和地方监督组织的协调；提供关于项目实施的技术细节的信息；支持改善公众对选举监督活动的印象及为监督组织招募志愿者的项目等。1999 年 2 月，美国全国国际事务民主学会在雅加达主持了印尼三个全国性选举监督组织——"独立选举监督委员会"，"自由选举大学网络"和"大学校长民主论坛"——与亚洲几个国内监督组织的领导人之间的磋商。孟加拉国、柬埔寨、尼泊尔、菲律宾和泰国选举监督组织的领导人参加了会议。美国全国国际事务民主学会还继续就技术性监督议题为这三个全国性的选举监督组织提供咨询，包括主办联合民众教育和登记活动，把孟加拉国的选举监督专家费罗兹·哈桑（Feroz Hassan）安排在印尼"独立选举监督委员会"的办公室，就选民登记造册"大学校长民主论坛"密切合作。① 它还与这 3 个选举监督组织合作，为选举动员了大量选举监督员；为制订选举监督员培训手册和资料提供了技术援助，并直接与这些组织合作，派出了技术专家；开展了一场大规模的公共关系运动，以解释国内选举监督的极端重要性并通过电视、广播和平面媒体招募志愿者。

美国国际开发署以及从美国国际开发署获得资助的美国的组织，也为印尼一些选举监督组织，如印尼"独立选举监督委员会"等提供了资助。美国国际开发署对受其资助的选举监督组织进行能力检查（audit）并提供了会计制度（accounting system）方面的培训。美国全国国际事务民主学会支持了电视、广播、报纸和因特网广告的制作。这些广告包含了关于如何志愿成为观察员的信息，以及三个全国性选举监督组织的名字、地址和标志等信息。

美国前总统詹姆斯·厄尔·卡特和卡特中心与美国全国国际事务民主学会一起，组织了一个全面的国际监督项目，从 1999 年 1 月开始对印尼的选举框架进行选前评估。作为该项目的一部分，美国全国国际事务民主学会—卡特中心组织了由大约 100 位观察员组成的选举观察团。

由于文化上的隔膜以及对当地社会政治具体情况和问题缺乏足够了解，即便是由 100 位观察员组成的观察团对印尼选举中可能存在的各种问题也未必能做出准确的判断；而且，他们只能在很少的投票点进行监督。很明显，印尼国内的组织在选举日能够组织起更有意义的监督，因为它们能够动员大量会说本地语言、熟悉政治文化和环境的观察员。因此，美国全国国际事务民主学会和卡特中心与印尼国内的合作伙伴也进行了密切的合作。

美国全国国际事务民主学会和卡特中心与"大学校长民主论坛"建立了特别密切的工作关系。在选举前数周，美国全国国际事务民主学会和卡特中心的工作人员访问了"大学校长民主论坛"在各地的办公室，讨论了选举日的活动并评估了平行投票制表（parallel vote tabulation）的

---

① Bjornlund, Eric C. , *Beyond Free and Fair*: *Monitoring Elections and Building Democracy*, Washington, D. C. : Woodrow Wilson Center Press, 2004, pp. 262 – 264.

准备情况。"大学校长民主论坛"的志愿者在选举之前及选举期间还为美国全国国际事务民主学会—卡特中心的观察员担任顾问或翻译。美国全国国际事务民主学会—卡特中心的国际观察员在选举日还与地方的"大学校长民主论坛"的代表一起访问投票点。卡特总统和代表团其他领导人在选举日之前、选举日当天及选举日之后还访问了"大学校长民主论坛"在雅加达的平行投票制表（PVT）中心，讨论了平行投票制表并收集了关于选举结果的信息。这些信息有助于卡特中心对选举做出评估。

通过与处于领导地位的选举监督组织的密切合作和通过在其声明或会见中公开强调这些选举监督组织的作用和发现，美国全国国际事务民主学会—卡特中心的代表团强化了印尼国内选举监督组织在印尼向民主转型的过程中发挥的重要作用。比如，在其初步声明中，美国全国国际事务民主学会和卡特中心督促注意印尼国内选举监督组织在选举之后发表的声明。在与"大学校长民主论坛"的合作中，美国全国国际事务民主学会和卡特中心试图为与印尼国内选举监督组织进行更加深刻和更有意义的合作树立一种典范。另外，美国全国国际事务民主学会和卡特中心还呼吁注意"大学校长民主论坛"的平行投票制表（PVT），因为这提供了某种保证，任何可能操纵选民注册过程的行为都会被发现因而有可能遏制操纵计票的做法。①

美国通过美国全国国际事务民主学会和卡特中心等非政府组织对印尼国内选举监督组织的支持，有助于推动印尼这些国内组织的发展，特别是提升其在选举监督方面的能力，进而有助于改善印尼各类选举进程的品质。这些具体而且细微的支持，虽然看上去有些微不足道，但随着印尼国内选举监督组织的发展，这些具体的做法，特别是选票设计等技术层面的知识和技能，都会逐步成为一种习惯，融入印尼的选举政治当中，产生持久的影响。

二　对印尼 1999 年立法机构及总统选举的监督

1999 年 6 月 7 日的印尼立法机构选举是印尼历史上第一次真正的民

---

① Bjornlund, Eric C. , *Beyond Free and Fair: Monitoring Elections and Building Democracy*, Washington, D. C. : Woodrow Wilson Center Press, 2004, pp. 274 – 276.

主选举。根据当时的法律框架，6 月 7 日的选举选出人民代表会议 500 名
代表中的 462 席（其余 38 席为军队和警察的指定议席），印尼 27 省每省
选出 5 名省立法机构代表，另外由印尼全国选举委员会确定 65 名功能组
织代表。700 名代表组成人民协商会议，有权制订法律。同日，还选举产
生省和区立法机构成员。选举的规模非常庞大。选举制度和程序也非常复
杂，单从选举 462 名人民代表会议成员的制度来看，按比例分配政党席位
是与把当选成员和具体选举联系在一起的因素相结合的。这种制度的复杂
性，在选举结果最终确定后可能会在政党和全体选民中间造成混乱和失
望。① 选举监督对于确保选举结果的公正性和公信力来说显得尤为必要。
由于 1999 年印尼总统选举为间接选举，立法机构选举显得更具决定意义，
因此，国际选举监督组织实际上是把选举监督活动的重心放在了印尼立法
机构的选举上的。

美国全国国际事务民主学会是较早在印尼开展选举监督活动的美国非
政府组织。从 1996 年初开始援助印尼第一个独立的选举监督组织——
"独立选举监督委员会"，并监督了 1997 年 5 月的立法机构选举。在其援
助下，"独立选举监督委员会"组织了一系列选举监督活动，为印尼国内
选举监督树立了榜样。此后，美国全国国际事务民主学会与印尼很多政
党、参与选举监督及民主建设活动的民间团体进行了广泛合作。

苏哈托下台后，美国全国国际事务民主学会迅速对印尼的援助要求做
出反应，于 1998 年 6 月初向印尼派出一支评估小组。1998 年 7 月，美国
全国国际事务民主学会在雅加达设立办事处，并与印度尼西亚大学合作，
组织了一场关于政治改革的国际会议，安排来自南非、菲律宾和匈牙利的
著名政治领导人参加（他们都曾参与转型谈判，并服务于各自国家的选
举委员会）。1998 年 11 月、1999 年 2 月和 5 月初，美国全国国际事务民
主学会又三次向印尼派出由选举制度和政治转型方面的国际专家组成的小
规模评估小组，对印尼民主选举的前景（包括政治环境，管理准备与选
举法律框架，政党和立法机构等）进行了评估。

在监督印尼历次选举时，卡特中心都会进行选举前评估。在印尼

---

① *International Election Observation Delegation to Indonesia's June* 7, 1999, *Legislative Elections*, Statement of the National Democratic Institute (NDI) and the Carter Center, Jakarta, June 9, 1999 (https://www.cartercenter.org/documents/indonesiapreliminary% 20statement% 20june% 209,% 201999.pdf).

1999 年立法机构选举前，卡特中心在 1999 年 2 月发布了一份评估报告，开始其在印尼的选举监督活动。4 月份，美国前总统卡特访问印尼。随后，卡特中心与美国全国国际事务民主学会为在印尼开展选举监督活动设立了联合现场指挥。联合国开发计划署和美国国际开发署提供了足够资助，帮助卡特中心及其他组织培训了大约 30 万印尼国内监督员，并建立了详细的选举结果报告制度。卡特中心和美国全国国际事务民主学会在其 100 多名国外监督员与"大学校长民主论坛"之间建立起联盟。

美国全国国际事务民主学会和卡特中心联合向印尼派出了一支由来自亚洲、非洲、欧洲和美洲的 23 个国家的 100 名国际监督员组成的联合代表团，其中包括政党领袖、现任和前任民选官员、选举与人权专家、法律学者、区域问题专家（regional specialists）及民间领袖等。代表团在雅加达会见了总统候选人、政党领袖、印尼全国选举部门（包括KPU、PPI 和 Panwas）成员、印尼警察力量负责人、印尼媒体的代表、民间领袖、印尼国内选举监督组织（包括"大学校长民主论坛""独立选举监督委员会"和"自由选举大学网络"）领导人、国际选举监督组织代表以及来自国际社会、关注选举的其他人士。其目的是充分了解选举的法律框架和政治环境、选举的准备情况以及选民对选举以及选举监督的期待等。6 月 5 日，代表团被分成 42 支观察组，派往印尼 26 个省（未派往东帝汶）。它们抵达目的地后又会见了当地的选举监督员、政党代表、地方政府和选举官员。

在 6 月 7 日的选举中，42 个观察组在 400 多个投票站监督了投票过程，并监督了某些地方的计票过程。卡特与其夫人罗丝琳·卡特在雅加达及周边地区访问了 18 个投票站。选举结束后，美国全国国际事务民主学会和卡特中心分别在 6 月 9 日、6 月 20 日、7 月 15 日和 8 月 26 日发布了四份声明，对整个选举进程做了评估，指出了选举监督过程中发现的问题，并提出了改进意见。

第一份声明对 6 月 7 日的选举给了积极评价，认为选举是和平的、公正的。同时，该声明也指出了一些明显存在的问题。关于选举管理，该声明指出：（1）法律框架确立印尼全国选举委员会为一个多党派组成的、全国性的选举委员会，3 月份成立后即开始做了大量工作，但其很多政党成员参加了选举，并把大量时间用于竞选活动。（2）法律规定印尼中央选举委员会负责总体政策问题，印尼选举委员会负责选举准备，由秘书处支持印尼中央选举委员会和印尼选举委员会的工作，但实际上这三者之间关系经常不能平稳运转，有时会出现一些矛盾和不完整的规则。（3）决定制定全新的选民登记册是一个积极步骤，理论上有助于建立信任，但实际上由于用于登记的材料不能及时送到且对登记官员的培训非常有限，造成登记时间不断延迟。短时间内完成的选民登记册也是很不好用的，很多投票站在选民投票前未核对选民名录。未来应更好地规划选民登记，留出充足的时间，制作可信、准确和便于使用的选民名录。（4）根据选举法和最高法院的一项法令在全国及地方层次上建立了选举监督委员会，但其权力是不明确的。它们可以通过仲裁活动来解决选举争端，复审未解决的争端，包括发出警告并把案件交由警方处理。选举监督委员会在全国范围内开展的有效行动的程度是不平衡的。需要通过增加其独立性、调查选举违法行为的能力以及提供有效的补救措施等来强化选举监督委员会。关于金钱在选举中的使用，该声明指出，尽管不能确定金钱被不恰当地用来影响政治进程这样的说法，但即使是有对这种问题的印象，也会破坏民众的信心。因而，它们敦促印尼全国选举委员会根据选举法在选举后审计政党的账目，继续表现出其反对"金钱政治"的责任。关于竞选活动，该声明认为总体上看是相当和平的，只有少数省份出现了暴力事件；同时它也指出了印尼政党发展现状中的一个突出问题，即：选举活动主要依靠重要人物和联盟，以此来显示政党支持基础的实力，而不是集中于把有关公共政策议题的信息传达给潜在选民。①

　　由于选举结果统计非常缓慢，迟迟无法公布选举结果，且社会中流传着一些关于操纵选举结果和选举舞弊的说法，美国全国国际事务民主学会和卡特中心在6月13日—15日又向印尼各地派出7个观察员小组，以监督和报告记票过程。与此同时，联合代表团在雅加达与印尼各主要政党领导人、全国选举机构（包括 KPU 和 PPI）成员、印尼媒体以及印尼国内监督组织的代表等举行一系列会谈，并在6月20日发布了第二份声明。这份声明评估了未能及时公布选举结果的原因，如预先对选举官员的培训非常有限，需要更正选举过程中早些时候的错误等；同时向印尼民众重

---

① *International Election Observation Delegation to Indonesia's June* 7, 1999, *Legislative Elections*, Statement of the National Democratic Institute (NDI) and the Carter Center, Jakarta, June 9, 1999.

申，计票过程总体上是透明、准确、公正和公开的，经得起检验。①

7月5日到12日间，联合代表团又广泛会见了印尼选举机构成员和选举监督委员会成员、政党领导人、印尼媒体及印尼国内监督组织的代表，在此基础上于7月15日发布了第三份声明。声明把选举机构公布的各省选举结果与其他渠道得到的非官方统计结果进行了比较，证明计票工作延后，既非操纵选举结果的行为所致，也不是为操纵选举结果提供机会。这有助于增强印尼民众对选举结果的信心。但声明也指出，选举结果统计进展缓慢已引起广泛关注，引起民众的疑虑；印尼全国选举委员会内部的冲突也已开始损害该机构的公信力；若印尼全国选举委员会不能发挥其重要作用，公众对整个选举过程的信心都会降低。联合代表团在声明中强调，应该尽快以公开和透明的方式应对和解决这些问题，因而选举产生出的机构应该立即行动起来，处理印尼面临的实际问题。② 其中最重要的是，迅速结束计票工作并宣布选举结果。此外，联合代表团在这份声明中再次强调了印尼选举法中存在的问题：对选举监督委员会的权力和不同部门对选举申诉的管辖权都缺乏明确的界定；最高法院关于选举监督委员会体制的法令对该体制不同层级的管辖权及其决定的法律效力的规定也模棱两可；《选举法》第76条对决定重新投票的责任所在和程序也未做明确规定，为地方政府官员影响这一程序留下了缺口。

8月26日的第四份声明，主要概述了6月7日选举后各政党的席次分配以及人民代表会议和人民协商会议组成过程等，指出了这一过程中存在的问题。③ 此后，美国全国国际事务民主学会和卡特中心继续对选举后发展进行了监督，直到10月底的总统和副总统选举，并在新总统选出后发布了最终报告。

---

① Statement of the National Democratic Institute (NDI) and The Carter Center International Election Observation Mission, Indonesia's June 7, 1999, Legislative Elections, Counting and Tabulation of Votes, Jakarta, June 20, 1999 (https://www.cartercenter.org/documents/Indonesia_ second_ post_ election_ statement_ 062099.pdf).

② *Indonesia's June 7, 1999, Legislative Elections Vote Tabulation and the Electoral Process*, Post-Election Statement No. 3 of the National Democratic Institute (NDI) and The Carter Center International Election Observation Mission, Jakarta, July 15, 1999 (https://www.cartercenter.org/documents/Indonesia_ third_ post_ election_ statement_ 071599.pdf).

③ NDI and Carter Center, *Post-Election Developments in Indonesia, the Formation of the DPR and the MPR*, Post-Election Statement Number 4, August 26, 1999 (https://www.cartercenter.org/documents/Indonesia%204th%20post%20election%20statement%2008.26.99.pdf).

三　对印尼 2004 年立法机构及总统选举的监督

1999 年选举后，印尼对政党法和选举法都做了重大改革，立法机构的构成与权限发生了重大变化，2004 年总统也改由民众直接选举而不再由人民协商会议选举产生。这是印尼历史上第一次总统直接选举，是继 1999 年选举之后印尼民主政治发展的又一里程碑。

（一）4 月 5 日——印尼立法机构选举

2004 年 1 月 20 日，印尼全国选举委员会副主任拉姆兰·苏巴克（Ramlan Surbakti）宣布从 1 月 21 日起向有意监督印尼大选的外国观察员开放注册登记。根据关于印尼大选的 2003 年第 12 号法案之第 135 款规定，选举监督机构必须是独立的，有明确的财政来源并需得到选举委员会的认可。外国观察员必须在印尼全国选举委员会办公室或印尼驻他们各自国家的使领馆注册登记，申请获批后由印尼全国选举委员会颁发委任状。

为准备 2004 年的大选，美国国际共和学会在印尼 2004 年 4 月立法机构选举之前开展了最大规模的政党选举观察员培训项目。到 2004 年 3 月中旬培训结束时，美国国际共和学会直接为印尼 24 个政党的 6000 多名代表提供了关于投票、计票过程等方面的培训。培训形式主要是举办研讨班，包括一次选举日模拟投票和一个描述选举日可能出现问题的录像报告，然后进行讨论。此外，每一位政党代表都会得到一套培训材料，其中包括一份政党代表（party agent）手册、CD 版手册及其说明、选举法和培训材料等。手册设计简单，各政党可以为其成员重印或复制。在参加美国国际共和学会的研讨班的培训之后，参加了该项目培训的政党代表将会在选举前为其 30 多万同志提供培训。对于未能受到美国国际共和学会或他们自己的政党培训的援助者，美国国际共和学会分发了 90 万册投票站观察员手册，并鼓励各政党重印这种手册，并更广泛地分发给政党代表。[①] 政党代表在监督技巧和提出申诉的程序及违法事证等方面也都接受了培训。

在 2004 年 4 月 5 日的立法机构选举中，选举制度国际基金会派出 13 个选举监督小组（30 名观察员）监督了雅加达、棉兰、布基庭基（Bukittinggi）、加鲁特（Garut）和塔西马拉亚（Tasikmalaya）、三宝垄（Se-

---

① IRI Trains Political Party Poll Watchers, March 12, 2004（http：//www. iri. org/asia/indonesia/2004-03-12-Indonesia. asp）.

marang)、玛琅（Malang）、巴厘、龙目岛（Lombok）、巴淡岛（Batam）、三马林达（Samarinda）、万鸦老（Manado）以及望加锡（Makassar）等地方的选举活动。[①] 美国驻印尼大使馆向印尼 25 个省派出了 65 名官方观察员，在 4 月 5 日和 6 日两天观摩了大约 400 个投票站的投票和计票过程。美国大使馆的选举观察组向亚齐派出 2 名观察员，向巴布亚和西伊里安查亚省派出了 3 名观察员。4 月 13 日，美国驻印尼大使馆选举观察组发表声明表示：选举环境和投票过程基本上没有恐吓，也没有操作投票过程的行动。几乎在所有地区，投票和计票过程都未受到干扰。尽管不同的选举部门使用的程序有很大不同，但这似乎并未对选举进程的公正性产生重要影响[②]。6 月 8 日，美国国会众议院外交委员会通过一项决议，祝贺印尼人民和印尼政府在 4 月 5 日成功完成全国、省及地方立法机构选举，欢迎和支持印尼的政治和经济转型，继续走向完全的民主化。[③]

（二）7 月 5 日——印尼首轮总统选举

在 2004 年 1 月，卡特中心一评估小组访问了印尼各政党、选举官员、公民社会组织及选举监督组织。这些受访者都表示希望卡特中心的国际观察员帮助建立对选举的信心。梅加瓦蒂总统和印尼中央选举委员会也正式邀请卡特中心派出观察员监督选举。4 月 5 日的立法机构选举后，卡特中心从 5 月起向印尼全国各地派出 12—14 名长期观察员，开始长期观察 7 月 5 日印尼总统选举的选举环境，包括监督选举准备、选民教育活动、政党的竞选活动、全国和地方政治以及其他相关的问题。[④]。和以往一样，他们会见了印尼各政党代表、印尼中央选举委员会和选举监督委员会代表、国内和国际选举观察员、公民社会组织、媒体以及国际社会的代表。6 月 25 日，卡特中心就其考察过程中所了解的、各方关注的问题发表声明，指出几个

[①] IFES, "2004 Elections in the Republic of Indonesia: Looking Back and Looking Forward," Priorities for Democratic Renewal, December 2005, p. 21（https: //ifes. org/sites/default/files/ifes_ indonesia_ election_ report. pdf）.

[②] U. S. Embassy Election Observation Team Statement on the April 5, 2004 Legislative Elections in Indonesia, April 13, 2004（http: //jakarta. usembassy. gov/press_ rel/election_ observer. html）.

[③] 108th CONGRESS 2D SESSION H. RES. 666, Congratulating the people and Government of the Republic of Indonesia on successfully completing elections for national, provincial, and regional parliamentary representatives, and praising the growing friendship between the United States and Indonesia（https: //www. congress. gov/108/bills/hres666/BILLS-108hres666ih. pdf）.

[④] "Jimmy Carter Meets with Chief of Indon Constitutional Court", Antara, Jakarta, July 4, 2004, p. 1; "Carter Center to Send 57 Election Monitors to Indonesia", Antara, Jakarta, Sep 15, 2004, p. 1.

重要问题并提出建议：（1）关于印尼中央选举委员会和选举监督委员会之间的矛盾，声明表示希望二者在不损害公众对处理和解决有关选举的申诉的信心的情况下，解决二者间的矛盾。（2）社会中普遍存在着对选举活动中买票和不恰当使用金钱的怀疑，且各方对"金钱政治"似乎也有不同理解。（3）针对当时发生在亚齐的紧急状态及印尼其他地方的暴力事件，声明督促印尼有关部门维持安全，创造有助于选举平稳进行、有助于所有候选人、竞选团队和公民自由行使其民主权力的和平环境。① 在 7 月 5 日首轮总统选举之前，卡特在泰国前总理川·立派（Chuan Leekpai）陪同下会见了印尼宪法法院成员吉姆利·阿西迪奇（Jimly Assiddiqie），讨论了解决 7 月 5 日总统选举中可能出现的计票争端的办法。吉姆利·阿西迪奇告诉卡特，宪法法院在审理和裁决大选计票争端方面发挥了重要作用。卡特还会见了选举委员会各主要党派、宪法法院领导人以及中立的国内选举监督组织的领导人，以及三位候选人赖斯、苏西洛和维兰托。

在 2004 年 7 月 5 日第一轮总统选举中，卡特中心向印尼 17 个省派出 60 名国际观察员，在投票日监督了投票、开票、计票、向村组织选举委员会运送投票箱以及原始表格制作等。在村、次区、区/市、省以及全国层次上监督了计票过程，并研究了全国范围内的选举申诉等。美国大使馆派出 65 名官方观察员监督印尼此次选举。这些观察员分赴 26 个省，观摩了大约 400 个投票站的投票和计票过程。其中部分美国观察员继续留驻到 7 月 7 日，以监督印尼中央选举委员会认为无效选票的重新验票工作。② 选举制度国际基金会在印尼第一轮总统选举中向印尼各地派出了 15 个小组（34 名观察员），监督了 158 个投票站的投票过程。③

美国选举观察团对 2004 年印尼首轮总统选举评价积极，认为选举是和平有序地进行的，没有威胁和操纵现象发生。投票和计票工作未受干

---

① "Pre-Election Statement on Indonesia Elections", June 25, 2004（http：//www. cartercenter. org/news/documents/doc1734. html）.

② "U. S. Election Observation Team Finds Election Free of Intimidation", *Antara*, Jakarta, July 12, 2004, p. 1.

③ IFES, "2004 Elections in the Republic of Indonesia: Looking Back and Looking Forward," Priorities for Democratic Renewal, December 2005, p. 22（https：//www. ifes. org/sites/default/files/ifes_ indonesia_ election_ report. pdf）.

扰，也没有对投票人的限制。① 7月7日，卡特中心发布声明，也对7月5日选举中的一些问题表达了关注。关于投票过程，卡特中心观察员认为，他们访问过的投票站总体上都组织良好、运作有效，工作人员和必要的选举材料配备充足；但一些地方的投票站官员未严格执行管理程序，如：选举官员未能核对选民证件或选民登记册，某些地方投票站设置不能确保投票的私密性等。关于全国各地很大比例的无效票和结果确定问题，卡特中心认为，印尼全国选举委员会需要采取统一、高效、及时、透明的程序，处理这些无效票；在确定最终结果时，候选人代表和观察员可以监督整个过程，以确保它是透明的、可信的。关于选举争端解决，声明认为应该有一个及时、高效地解决选举争端的机制；宪法法院应及时、有效地解决任何挑战。声明也呼吁所有候选人及其支持者以及有关各方都能接受宪法法院的裁决。声明还对印尼政府禁止卡特中心观摩安汶的选举以及限制其在其他地区的活动表示失望，并敦促负责任的部门允许国内和国际观察员接触印尼全国选举过程的各个方面。② 在8月2日的声明中，卡特中心再次针对印尼全国选举委员会和选举监督委员会之间的矛盾指出，有一个及时、有效的争端解决机制是很重要的，并再次表示希望二者能够在不伤害公众对处理和解决有关选举的申诉的信心的情况下，解决它们之间的分歧。③

（三）9月20日——印尼第二轮总统选举

在第二轮选举中，美国驻印尼大使馆向印尼22个省派出60名官方观察员，从20日到23日，观摩了大约400个投票点的投票和计票工作。美国的选举监督员认为，第二轮选举投票和计票过程是和平、有序的，选民投票未受到干扰和限制；选举准备和选举管理比以前的选举有了很大提高。印尼全国选举委员会、选举监督委员会和印尼政府也做出了努力，以确保选票制作和最终结果确认过程等的透明和公开，确保候选人通过和平

---

① "U. S. Election Observation Team Finds Election Free of Intimidation", *Antara*, Jakarta, July 12, 2004, p. 1.

② The Carter Center, "Postelection Statement on Indonesia Elections", July 7, 2004 (http://www.cartercenter.org/news/documents/doc1744.html).

③ The Carter Center, "Postelection Statement on Indonesia Elections," Aug. 2, 2004 (http://www.cartercenter.org/news/documents/doc1789.html).

和合法方式解决选举中可能出现的任何争端。① 选举制度国际基金会派出
14 个小组（31 名观察员）在印尼 10 个省共监督了 135 个投票站的投票过
程。② 2004 年 9 月 27 日，美国大使馆选举观察组就印尼 9 月 20 日的总统
选举发表声明，赞扬印尼成功地完成了一次具有里程碑意义的选举，为该
地区和其他地方新兴民主国家树立了一个强大、积极的榜样。③

卡特中心向印尼派出 57 名观察员组成的代表团监督 2004 年 9 月 20
日第二轮总统选举。他们在印尼 21 个省会见了地方官员、竞选团队成员、
印尼国内选举监督员，观摩监督了投票、计票以及原始表格制作等。代表
团领导人在雅加达会见了梅加瓦蒂总统、两个阵营的代表以及印尼中央选
举委员会主席及成员、印尼国内中立选举监督组织领导人、政治观察员、
记者等。在投票前一天，卡特会见了印尼宪法法院（拥有选举争端的最
终决定权）成员，并与主要候选人进行了会谈。

卡特中心在 9 月 22 日发布的声明对印尼第二轮总统选举也做出了积极
评价，认为这些复杂的选举是有序成功地进行的。声明指出了第二轮总统
选举中存在的问题：（1）对第二轮总统选举竞选运动的太多限制，不符合
民主选举中政治竞争的国际规范，包括集会自由和言论自由等规范。（2）
存在金钱在选举活动中非法使用，包括买票以及不恰当使用政府资源等现
象。（3）印尼中央选举委员会关于第二轮总统选举的指令中允许在某些情
况下提前关闭投票站，但沟通和执行都不统一，造成一些困扰。许多投票
站在部分合格选民尚未按要求投票之前就已关闭。因此，声明建议印尼政
府统一所有投票站关闭时间。（4）一些地方的投票站官员未能实施统一的
管理程序，包括几种避免多重投票或其他不恰当行动的标准程序。（5）有
的投票站设在对选举观察员和一般公众不开放或不能为他们所接近的地方。
（6）选票统计报表（Form C1）设计不完善。（7）大多数投票站至少有一
位候选人一方的监票人（witness），但这些监票人在不同投票站差别很大，

---

① "Indon's Elections: A Model for World's Democracies—U. S. Embassy", *Antara*, Jakarta, Sep 27, 2004, p. 1.

② IFES, "2004 Elections in the Republic of Indonesia: Looking Back and Looking Forward," Priorities for Democratic Renewal, December 2005, p. 23 (https://www.ifes.org/sites/default/files/ifes_ indonesia_ election_ report. pdf).

③ "U. S. Embassy Election Observation Team Statement on the September 20, 2004 Presidential Election in Indonesia," September 27, 2004 (http://jakarta.usembassy.gov/press_ rel/election_ observer04. html).

而且他们中很多似乎都未受到良好训练，或对投票和计票程序了解不够，等等。① 在这份声明中，卡特中心还鼓励印尼政治领袖、政府官员和选举部门对本轮及之前选举中的问题负起责任，并考虑进一步进行选举和制度改革，并敦促注意 2005 年开始的省长及其他地方政府官员选举。

在举行地方直接选举的省份里，美国国际共和学会也开展了政党选举观察员培训项目。在印尼政府与"自由亚齐运动"于 2005 年 8 月达成和平协议后，美国国际共和学会为帮助亚齐的政党组织选举，在亚齐所有 24 个区为政党培训员提供了培训，并制作了选举观察员手册，提供了一些对亚齐地方选举的成功有所助益的资料。

四　卡特中心针对印尼 2009 年立法机构进行的选举监督

对于 2009 年印尼的立法机构选举，卡特中心只开展了非常有限的选举监督。2009 年 3 月，卡特中心向印尼派出了三个长期观察员小组，正式开始其对 2009 年 4 月 9 日的立法机构选举的选举监督。卡特中心的代表们把其评估聚焦于选举的管理、选举争端解决机制及其效能以及与竞选资金有关的问题，并根据印尼选举法、宪法及印尼的国际承诺进行评估。这些选举观察员与选举官员、政党及公民社会组织代表、国际社会的成员及其他利益攸关者举行会谈，进行评估。卡特中心六位观察员在亚齐等多地进行了选举前监督；选举日又有 9 位观察员参加了选举监督。4 月 11 日，卡特中心就 4 月 9 日印尼立法机构选举发表声明，认为选举整体上是和平的。

卡特中心在 4 月 30 日发布的印尼立法机构选举后的第一份报告关注的是选举管理问题，认为印尼选举资金法律和实践在 2004 年选举后都已经取得重要进展，但仍需采取一些关键步骤，确保建立强有力和有意义的竞选资金报告和披露机制。报告指出，强化竞选资金规则，诸如包含在 2008 年《选举法》中、2009 年选举中开始实施的规则，是减少竞选活动中的腐败机会和兑现关于竞选资金透明之国际承诺的一种方式。关于 2009 年立法机构选举的竞选资金，卡特中心选举观察代表团的研究认为：2004 年选举后，政党和区域代表委员会（DPD）候选人的竞选资金报告要求已变得更加严格；议席分配方法的改变没有充分反映《选举法》（General Elections Law）

① The Carter Cener, "Postelection Statement on Indonesia Election", Sept. 22, 2004 (http://www.cartercenter.org/news/documents/doc1828.html).

中有关竞选资金报告的条款，竞选人民代表会议（DPR）和地方人民代表会议（DPRD）的个人候选人没有被要求提交关于其竞选收入和开支的财务报告；许多政党、非政府组织及其他利益攸关者认为，大量与竞选资金相关的收入和开支都未报告。基于这些初步发现，卡特中心建议继续在印尼选举过程中加强竞选资金管理。①

卡特中心在 5 月 20 日发布的选举后第二份报告关注的是选举争端解决机制问题。报告指出，印尼在选举制度内建立了选举申诉和争端解决机制。这样的机制对于保护公民权利和帮助确定选举是否真正反映人民的意愿是非常重要的。这份报告认为，印尼《选举法》提供了在选举各个阶段解决选举申诉和争端的各种方式，而且认为这些机制有可能在确保选举进程的可信度发挥重要作用，但也指出了一些严重缺陷。②

卡特中心在 2009 年 8 月 31 日发布的关于 4 月 9 日印尼立法机构选举的最终报告中再次强调，2009 年 4 月 9 日印尼立法机构选举存在严重的管理问题，特别是其选民登记是基于印尼内政部过时的信息；虽然 2004 年起竞选资金报告方面已有很大改观，但依然存在继续改进的空间；解决选举申诉和争端的机制在后来的选举周期中也已确立下来。报告还强调，卡特中心观摩的选举制度的各个方面都表明了印尼民主的巩固，但依然存在重要改进空间。卡特中心认为，印尼必须继续改革竞选资金和争端解决制度，并更好地界定各种利益攸关者的作用，并敦促印尼领导人强化和提升政治制度的效能。③

五　美国在印尼选举监督活动的效果

美国驻印尼大使馆、美国国际开发署、美国全国国际事务民主学会、美国国际共和学会、卡特中心以及选举制度国际基金会等在印尼的选举监督活动，对印尼的选举政治及民主发展产生了积极影响。主要表现在以下几个方面：

---

① Carter Center Commends Indonesia's Progress in Campaign Finance Regulations, Encourages Stronger Reporting and Disclosure Requirements, April 30, 2009（https：//www. cartercenter. org/news/pr/indonesia_ 050109. html）.

② Carter Center Offers Steps for Indonesia to Strengthen its Electoral Dispute Mechanisms, May 20, 2009（https：//www. cartercenter. org/news/pr/indonesia_ 052209. html）.

③ The Carter Center, "Final Report of the Carter Center Limited Observation Mission to the April 9, 2009, Legislative Elections in Indonesia," August 2009（https：//www. cartercenter. org/resources/pdfs/news/peace_ publications/election_ reports/FinalReportIndonesia2009. pdf）.

第一，从印尼 1999 年立法机构选举，到 2004 年经过两轮直接选举最终产生印尼历史首位民选总统，印尼的民主选举在逐步完善。美国全国国际事务民主学会和卡特中心在印尼几次重要选举前都进行了广泛的研究和考察，目的是充分了解印尼的选举制度、选举准备、政治环境、各阶层对选举的认知和理解等。由于国际选举监督代表团中不乏研究选举与民主问题的专家、民选官员、在民主转型中发挥过重要作用的政治人物，他们在选举前的充分调查，有助于发现选举日投票、计票过程中存在的实质性问题，有助于提高选举监督的水平，因而也有助于提高选举监督本身的公正性和公信力，有助于向印尼政府选举及选举监督机构提出中肯的建议。这对选举后印尼的政治发展与改进有积极推动作用。从美国国际事务民主学会和卡特中心在历次选举后发布的声明中所指出的问题来看，印尼选举管理中的问题在逐步得以解决。它们提出的很多建议被采纳，印尼全国选举委员会、选举监督委员会和印尼宪法法院对选举争端的处理，取得了较好的效果。2004 年，印尼宪法法院处理了 4 月 5 日立法机构选举中出现的 273 个纠纷，甚至改变了 15 个选举结果，其决定都为各方接受。

第二，美国这些部门和非政府组织在监督印尼选举的过程中，与印尼国内选举监督组织及一些民间团体进行了密切合作，为这些组织的发展提供了技术支持，为印尼国内选举监督人员提供了培训。从 2005 年起，美国全国国际事务民主学会一直在帮助一些地方民间团体利用诸如快速统计（Quick Counts）、选民意向调查以及选民登记审核（VRA）等方法，对印尼区和省级的地方选举进行独立的监督。这有助于壮大印尼国内选举监督组织，提高其选举监督水平，从而有助于确保印尼各类选举结果的公正性和公信力。同时，印尼国内选举监督组织的发展，也有助于提高印尼民众的民主参与水平，有助于形成印尼社会对选举规范和民主制度的共识，有助于民主制度在印尼的发展和巩固。

第三，除在印尼 1999 年和 2004 年大选中开展了选举监督活动外，美国还对印尼的地方选举进行了监督。特别是对冲突地区的选举监督，有助于促进冲突地区的和平与民主发展。2005 年 8 月 15 日，自由亚齐运动的代表与印尼政府在赫尔辛基达成和平协议。2006 年 12 月 11 日举行了亚齐省历史上第一次自由、民主的选举。在亚齐省长（gubernatorial）及地方选举中，美国国际开发署亚洲民主与治理项目高级顾问布莱尔·金（Blair King）先生领导一支 40 名观察员组成的观察组，监督了亚齐省 21

个区中的 11 个区的投票和计票过程。美国还与欧盟及其他派出官方选举监督员的国家以及印尼政府协调，以确保选举监督员的最佳分配。选举前，美国国际开发署还就选举程序及选举前审核以发现和解决选民登记问题等为选举管理者提供培训。对于冲突地区而言，中立的国际选举监督活动有助于提高选民对选举的信心，也有助于推动巩固冲突的和平解决。

第四，印尼全国性选举的规模非常庞大：在 1999 年 6 月立法机构选举时，印尼全国共设有约 30 万个投票站，48 个有资格的政党在地方、省及全国层次上共推出 13800 名候选人参与竞争。在 2004 年 4 月 5 日印尼立法机构选举中，有 24 个政党参与竞争，共有 2057 个独立的选举；全国共有 585219 个投票站，印刷和分发了 6.6 亿张选票；大约有 448705 位候选人参与竞争，要选出 15276 名代表（包括地方立法机构代表）。① 印尼全国选举委员会登记的参与 2004 年 4 月 5 日的立法机构选举监督的国内监督员有 314429 名，国际监督员有 518 名；在 7 月 5 日第一轮总统选举中，共有 162274 名国内监督员和 577 名国际监督员参与选举监督；在 9 月 20 日第二轮总统选举中，共有 77070 名国内监督员和 524 名国际监督员参与了选举监督。② 从这些数据可以大致看出，国际选举监督人员的数量比印尼国内选举监督人员的数量要小得多；美国参与印尼选举监督的人数（前文已有提及）也只是国际选举监督人员总数中有限的一部分。

因此，在理解和评价美国的选举监督活动对印尼选举政治和民主发展的影响时，既要看到美国的重要作用，还须注意其他国家和国际组织在印尼的选举监督活动以及它们之间的合作。日本③、澳大利亚④、欧盟⑤以及联合国开发计划署都在印尼开展了选举监督活动。1999 年 6 月印尼立法

① The Parliamentary Elections in Indonesia – 5 April 2004: Report of the Australian Parliamentary Observer Delegation, May 2004, Canberra (https://aceproject.org/ero-en/regions/asia/ID/indonesia_parl_elections.pdf).

② IFES, "2004 Elections in the Republic of Indonesia: Looking Back and Looking Forward," Priorities for Democratic Renewal, December 2005, pp. 21 – 23 (https://www.ifes.org/sites/default/files/ifes_indonesia_election_report.pdf).

③ "Japan Sends Election Monitors to Various Regions in Indonesia", Antara, Jakarta, April 3, 2004, p. 1.

④ "Indonesia's First Diect Pres'l Election Fair, Says Australian Election Observer", Antara, Jakarta, July 8, 2004, p. 1.

⑤ "Sixty-Five EU EOM Members Arrive to Monitor RI's Election", Antara, Jakarta, Sep. 2, 2004, p. 1.

机构选举期间，美国全国国际事务民主学会和卡特中心还与联合国开发计划署、美国国际共和学会、选举制度国际基金会、亚洲基金会以及澳大利亚选举委员会（AEC）等保持着沟通，并与其他国际监督组织，包括欧盟、全国公民自由选举运动（NAMFREL）以及亚洲自由选举观察网络（ANFREL）等保持着密切协调与合作。美国全国国际事务民主学会还与联合国开发计划署联合设立一便利中心，为其他国际观察组织提供便利。① 在监督印尼 2004 年第二轮总统选举的过程中，卡特中心与欧盟选举观察团及其他国际观察员也进行了协调与合作。其他国家和国际组织在印尼开展的选举监督活动，其目标和美国是一致的。

此外，更应突出印尼国内选举监督组织，如印尼选民教育网络（JPPR）、选举改革中心（Cetro）、印尼人民选举监督网（Jamppi）等的重要作用。在 2004 年印尼立法机构选举中，印尼选民教育网络招募和分派了 14.1 万选举观察员。② 印尼 4 个最重要的国内监督员组织为印尼 57.5 万个投票点培训并派出了 20 万名选举监督员。以印尼选举规模之庞大，仅靠美国或国际选举监督员的监督显然远不能满足印尼各阶层对公正选举的期待，大量的国内选举监督员的存在更为重要。更重要的是，印尼国内中立选举监督组织的活动，既能促进实现更好的选举，又有助于加强公民社会，因而有助于长期的民主发展。选举监督为公民社会组织提供了机会，以建立使他们能够在选举后继续敦促民主发展的网络。

第四节　美国对印尼政党发展的支持

在现代民主国家，政党在民主制度的发展和运作过程中发挥着重要作用。政党的发展状态与政治、社会的发展水平之间有密切的关系。成熟而有效率的政党是稳定的民主治理的重要组成部分，也是必不可少的组成部分。"政党组织着政治参与；政党体系影响到政治参与扩展的速率。政党及政党

---

① "Statement of the National Democratic Institute (NDI) and the Carter Center International Election Observation Delegation to Indonesia's June 7, 1999, Legislative Elections", Jakarta, June 9, 1999, pp. 3 - 4 (https://www.cartercenter.org/documents/IndonesiaPreliminary% 20Statement% 20June% 209,% 201999. pdf).

② The Asia Foundation, "Elections and Good Governance in Indonesia," (http://asiafoundation.org/resources/pdfs/IDelectionseng.pdf).

体系的稳定和强大，取决于其制度化水平和政治参与水平。高水平的参与和低水平的政党制度会导致政治紊乱和暴力；反之，低水平的参与也会削弱政党在与其他政治机构和社会势力对比中的地位。"① 在从威权统治向民主制度转型的过程中，政党发挥着关键性的作用，政党的发展水平会在很大程度上影响民主转型的方式以及未来民主巩固的程度。推翻旧政权的不是政党，但在从威权统治向民主制度转型的过程中，民主的巩固却有赖于政党。② 在制度化的政党体制下，政党在社会中有稳定的根基，政党组织有相对稳定的规则和结构，政党间的竞争比较稳定，政党和选举作为决定由谁统治的合法手段也为社会各界所接受。在印尼，议会民主在 20 世纪 50 年代结束以后的经历已经使政党受到系统性的削弱。在苏哈托倒台之后，重新发展在制度上强大、组织上民主的政党是民主化取得进展的一个主要前提条件。③ 自 1998年开始政治转型进程以来，改变其政党发展水平不能适应新的民主竞争环境的状态，一直是印尼民主政治发展亟待解决的一个重要问题。

一　美国援助转型国家政党发展的目标

政党在民主发展与巩固的过程中发挥着重要作用：（1）民主的政党和政党制度可以在选举中为公民提供选择，由政党来代表和表达选民的利益诉求；（2）在正在兴起的民主国家，政党及其推选出的代表有责任使规范政治参与和竞争的法律与规则合法化并使之得以维护；（3）凝聚和表达社会利益；（4）民主的政党可以承担政治社会化的功能，通过社会化过程，使公民接受民主价值和行为。（5）民主的政党在领导人选择及治理方面发挥着重要作用。这些作用对于建立和维持稳定的民主社会发挥着核心作用。④ 因而，美国在推动转型国家民主发展时，也很注重推动这

---

① ［美］塞缪尔·P. 亨廷顿：《变化社会中的政治秩序》，王冠华等译，生活·读书·新知三联书店 1989 年版，第 370 页。

② Paige Johnson Tan, "Indonesia Seven Years after Soeharto: Party System Institutionalization in a New Democracy", *Contemporary Southeast Asia*, Vol. 28, No. 1, 2006, p. 89.

③ Marcus Mietzner, "Abdurrahman's Indonesia: Political Conflict and Institutional Crisis," in Grayson Lloyd and Shannon Smith eds., *Indonesia Today: Challenges of History*, New York: Rowman & Lifflefield Publishers, INC., 2001, p. 39.

④ "USAID Political Party Development Assistance," April 1999, Center for Democracy and Governance, Bureau for Global Programs, Field Support, and Research, U. S. Agency for International Development, pp. 7 - 8 (https://www.usaid.gov/sites/default/files/documents/2496/200sbd.pdf).

些国家政党的改革与发展。

在推动转型国家民主发展的过程中，美国支持对象国政党发展的项目和活动主要是由美国国际开发署及其合作伙伴美国全国国际事务民主学会和美国国际共和学会开展的。美国国际开发署为美国全国国际事务民主学会和美国国际共和学会提供资助，由它们在对象国有针对性地开展支持政党发展的项目或活动。美国全国民主基金会也在转型国家政党发展方面为它们提供了少量资助。美国国际开发署援助对象国的政党发展，主要目标有三个："（1）促进在全国、地区和地方层次上切实可行的、竞争性民主政党的建立及其组织发展；（2）通过政党在选举中为公民提供有组织的选择（electoral choices）；（3）通过政党作为政府和反对派的管理者和组织者，促进社会的民主治理。"[1] 但在不同的对象国，美国国际开发署及其合作伙伴会根据其具体情况，有针对性地开展符合对象国政党发展实际情况的项目和活动。

推动印尼形成专业化、竞争性的民主的政党和政党制度，是印尼民主发展与巩固的必要条件。在苏哈托统治时期，印尼只有3个得到政府批准的政党。它们都受到政府的严格控制，其内部事务也受政府干预，不能有效代表印尼民众的政治意愿。苏哈托下台后，新的政党法开放了党禁，承认了自由组党的权利，近150个政党如雨后春笋般诞生。政治转型为印尼政党提供了讨论公共政策和政治议题的广阔空间，但由于之前缺乏在民主的政治环境中进行政治动员和政治竞争的经历，这些政党"未能克服以狭隘的党派利益和缺乏组织能力为特点的旧政党体制的缺点。它们还是依赖其领导人而非依赖以政党建设、精英征募以及草根阶层的建设性项目和行动为基础的集体行动来赢得社会支持……彻底改造和民主化的过程将是长期的、困难的——除非印尼政党能够从杰出人物的政党转变为具有训练有素的干部和建立在有组织集体行为基础上有献身精神的成员的政党。"[2]它们在竞选中大都未能提出政策主张和明确的政纲，往往不是就政治议题

---

① "USAID Political Party Development Assistance," April 1999, Center for Democracy and Governance, Bureau for Global Programs, Field Support, and Research, U. S. Agency for International Development, p. 12（https：//www. usaid. gov/sites/default/files/documents/2496/200sbd. pdf）.

② Baladas Ghoshal, "Political Transition in Post-Suharto Indonesia," in Satish Chandra & Baladas Ghoshal eds. , *Indonesia：A New Beginning?*, New Delhi：Sterling Publishers Private Limited, 2002, pp. 43 – 44.

进行争论，而是诉诸标志、颜色以及支持者的车队等作为其主要的竞选手段；政党被各层次精英控制着，普通民众与它们有联系但却无法改变它们。所有这些也都表明，印尼的政党政治远未成熟，离高品质民主的需求还有很长的距离。

另外，印尼政治转型进程的开启，也使得印尼历史上长期处于被压制状态的伊斯兰势力得到很大发展空间，政治伊斯兰势力崛起。一些伊斯兰政党成立并参与到政治与社会生活之中。在 1999 年 6 月的立法机构选举和 10 月的总统选举中，有 10 多个伊斯兰政党参与竞选。以前就已存在的建设团结党伊斯兰化了，其旗帜变化了，添加了"卡巴"（Ka'bah），其政党原则也从"潘查希拉"转变为伊斯兰教。新成立的新月星党提出了包括从华人手中重新分配财富给穆斯林等主张。政治伊斯兰势力崛起的另一表现是伊斯兰激进势力在印尼的发展。虽然与印尼总体穆斯林人口相比，他们只是很少的一部分，但在印尼经济倒退、政治动荡、腐败严重的情况下，它们具有一定的号召力。这些势力还与国际恐怖组织有一些联系。所有这些，既引起印尼世俗政治力量的注意，特别是在特别在"九一一"事件之后的国际背景下，也引起了美国的高度关注。美国也有意通过支持和援助印尼的政党发展，特别是对温和、世俗政党的支持，在一定程度上消解印尼政治伊斯兰势力，特别是极端伊斯兰势力在印尼政治和社会生活中的影响。在这种背景下，推动印尼温和、民主的政党的发展，使之成为印尼社会和政治生活中的稳定力量，显得更具紧迫性。

二　美国支持印尼政党发展的活动

美国国际开发署及其合作伙伴美国全国国际事务民主学会和美国国际共和学会等在印尼开展的政党发展援助项目，通过举行专题讨论会和/或研讨班为政党领袖及其成员提供短期培训项目、进行调查研究与民意测验、为政党领袖提供咨询等形式为印尼政党发展提供了支持。其目的是通过这些援助，促进其健康发展，使之摆脱各种缺点，成为富有效率、具有代表性和动员能力的现代政党，以适应新的民主制度下的竞争。美国国际共和学会的项目目标更多是政党的地方分支部门，它一般是在更具地方性的层次上提供技术援助；而美国全国国际事务民主学会的政党培训集中于各政党全国总部的层次上，目的是帮助政党领袖在印尼社会中发挥实际领导作用。① 它们的支持主要包括：支持政党建立和加强基本的政党组织，推动印尼政党的组织发展和制度化改革；强化政党参与选举运动的能力；支持和推动印尼妇女的政治参与；促进政党间对话和合作，促进政党在立法机构中更有效地提出并通过新立法，提高政党、特别是反对党监督政府和执政党的能力等。

（一）推动印尼政党的组织发展与制度化改革

塞缪尔·亨廷顿曾指出："处于现代化之中的政治体系，其稳定取决于其政党的力量，而政党强大与否又要视其制度化群众支持的情况，其力量正好反映了这种支持的规模及制度化的程度。"② 这句话点出了组织问题对政党发展及政治稳定的重要性，把它套用在民主转型国家的政党，大概也是站得住脚的。政党的组织发展涉及的问题非常广泛，包括政党的战略规划、政策议程与党纲的制订、组织管理与培训、地方分支组织的发展、政党组织内部的预算分配、成员的招募与管理、对政党及候选人竞选运动的资助等。在这些方面，印尼的政党发展还存在很大缺陷，远未实现制度化。在印尼这样一个文化与宗教信仰多元、种族多样、地域辽阔的国家里，其民主发展和巩固要求政党应该有足够的组织能力动员民众支持，发挥政治领导作用，成为推动国内冲突解决、代表和表达民众的利益诉求、促进宗教宽容、推动社会与政治稳定的积极力量。

2001 年，美国国际共和学会在印尼的政党建设活动主要关注的是妇女和青年这两个在印尼社会中被严重边缘化但有巨大潜力的团体。它在印尼 7 个省举办了"政治中的妇女"（WIP）研讨班，在巴东（Padang）、日惹和马辰（Banjarmasin）召开了三次多个政党的青年代表会议。美国国际共和学会还就公众对政党的印象进行了民意测验，其结果使得地方政党领导人能更好地理解了选民的关注。

2002 年 6 月 12 日—14 日，美国国际共和学会、美国全国国际事务民主学会以及选举制度国际基金会在印尼雅加达共同主办了一个题为"增强印尼政党"的全国性政党会议。来自印尼 7 个最大政党、10 个省共 188 人参加了会议。著名的穆斯林教士、印尼政治学家、来自马来西亚、斯里

---

① Annette Clear, "International Donors and Indonesian Democracy," *The Brown Journal of World Affairs*, Vol. 9, No. 1, Spring 2002, p. 150.

② ［美］塞缪尔·P. 亨廷顿：《变化社会中的政治秩序》，王冠华等译，生活·读书·新知三联书店 1989 年版，第 377 页。

兰卡和菲律宾的民主领袖以及这三个组织的培训人员作了演讲。他们不同的观点和丰富多彩的经历，在印尼的与会者中引起激烈的讨论和争论。①

2002年6月，美国国际共和学会在北苏门答腊省棉兰市主办了一场多个政党的青年代表会议。北苏门答腊省7个主要政党的61名青年和9名亚齐青年领导人参加了会议。来自美国的艾伦·彼得森（Alan Peterson）和来自土耳其的埃姆雷·埃尔贡（Emre Ergun）作为培训人员讲述了他们在青年政治组织中的工作经验。与会的青年代表就他们各自的党的原则与工作重点进行了讨论。他们还讨论了其他诸如青年对政治的看法以及如何与选举产生的官员合作等问题。与会者认为，土地改革、政党内部分裂、政党资金等都是政党需要注意的问题。大多数与会者计划把他们学到的东西传授给各地的政党的青年组织。②

2005年9月6日—9日，美国全国国际事务民主学会联合荷兰多党民主研究所（IMD）和德国阿登纳基金会（KAS），在雅加达共同主办了"伊斯兰世界民主人士代表大会"（Congress of Democrats in the Islamic World）。会议的主题是"超越选举：东南亚的伊斯兰教与政党"。来自印尼、马来西亚、菲律宾的50多名政党工作者（practitioners）及其他政治活动家参加了会议，此外还有来自阿富汗、巴林王国、摩洛哥以及土耳其等11个国家的代表。此外，美国全国国际事务民主学会还开展了一些旨在推动印尼主要政党进行内部改革的活动，包括在全国、省和地方层次上提供不同的专家建议和信息，为政党领袖及培训者提供了技能培训等。

为支持印尼2009年的总统大选和立法机构选举，美国国际共和学会建立了成立了一工作组，研究与政党改革有关的议题，比如内部民主、候选人选择、选民问责（voter accountability）、财务披露以及把边缘化的投票选区包含进来（inclusion）。2009年1月11日，在美国国际开发署资助下，美国国际共和学会在印尼开展了一个由印尼国家发展规划局（Bappenas）主办的项目。来自印尼国家发展规划局、印尼中央选举委员会、澳大利亚国际开发署、日本大使馆、美国国际开发署、加拿大国际开发署、挪威大使馆、联合国开发计划署以及各个地方非政府组织的代表参加了此

---

① "IRI Co-hosts Strengthening Indonesian Political Parties Conference," July 5, 2002（http：//www. iri. org/asia/indonesia/2002-07-05-Indonesia. asp）.

② "IRI Sponsored Multi-Party Youth Conference," July 23, 2002（http：//www. iri. org/asia/indonesia/2002-07-23-Indonesia. asp）.

次活动，分享了民主发展领域的最佳实践。① 美国国际共和学会在 2009
年选举前开展的项目，集中关注的是全国和省级的政党改革。

所有这些活动，为印尼政党的组织发展提供了智力支持。这些会议及
培训活动，有助于使印尼各政党更清楚地认识自身存在的问题；通过交
流，也有助于他们在政党组织等方面互相取长补短，相互产生潜移默化的
影响，从而逐步实现其政党内部的改革。

（二） 为印尼政党的竞选活动提供技术支持

民主化为印尼政党的发展提供了空间，选举为印尼政党的改革提供了
环境。在参与选举竞争的过程中，各个政党都必须经受考验，也通过竞选
得到锻炼。在印尼政治转型过程中，美国国际开发署及其合作伙伴开展了
一些与选举有关的政党发展援助活动。在政党参与选举竞争的过程中为其
提供支持，是提高印尼政党组织能力的有效途径。

美国全国国际事务民主学会举办了一系列关于战略规划、政纲制订、
沟通与竞选运动方式等的专题研讨会和咨询会，为印尼政党提供了技术援
助。1999 年 3 月，美国全国国际事务民主学会建立了一个信息中心，帮
助印尼各政党领导人及候选人获取关于竞选运动的信息、制订政纲等，并
训练他们面对媒体和信息表达的技巧。该中心还设有一小型模拟电视演播
室，备有一台摄像机，以便于政党和候选人培训。该中心还从印尼平面媒
体及广播和电视政治谈话节目文本中收集和组织剪报，每天都把相关的剪
报提供给所有参与选举竞争的政党。（美国全国国际事务民主学会在选举
后还向政党提供这些资料和培训服务。） 在 1999 年 6 月的立法机构选举期
间，美国国际共和学会和美国全国国际事务民主学会都关注了政党培训。
它们开展的加强印尼政党建设的项目是非常重要的，因为政党成为国家—
社会间互动的工具。②

为准备 2004 年印尼立法机构和总统选举，美国国际共和学会开展了
一系列支持印尼政党更好地参与选举的行动。2003 年 5 月 25 日，美国国
际共和学会在泗水（Surabaya）为印尼民主斗争党举办了一个研讨班，就
"为选举运动募款的方式"（campaign finance） 和 "一般的募款"（fundr-

---

① "IRI Work in Indonesia Showcased," February 16, 2011 （https：//www. iri. org/web-story/
iri-work-indonesia-showcased）.

② Annette Clear, "International Donors and Indonesian Democracy," *Brown Journal of World Af-
fairs*, Vol. 9, No. 1, 2002, p. 150.

aising）之间的差异等问题为该党各省支部的 198 名代表提供了培训，目的是帮助民主斗争党领导人、省立法机构成员和市政府官员更好地理解印尼新的选举法。美国国际共和学会驻印尼办公室的培训员汤姆·加勒特（Tom Garrett）、尤迪·尤尼萨亚（Yudhi Juniarsyah）和 Desi Indrimayutri 等向他们介绍了筹集资金的策略。①。2003 年 7 月到 10 月间，美国国际共和学会在日惹、东爪哇和北苏门答腊 3 省进行了民意测验。其目的是利用这些测验结果，帮助印尼的政党展开以议题为中心的竞选运动，避免出现给 1999 年选举造成困扰的那些暴力。美国国际共和学会还为政党提供民意测验技术培训，以使它们能够获取和分析他们自己的数据。9 月 30 日起，美国国际共和学会在南苏拉威西省的望加锡举办了一个为期 2 天、题为"赢得竞选运动的因素（II）"的研讨班。来自 9 个政党的 59 位参加者学习了如何制定竞选计划、组织竞选团队、接触选民和利益集团等。10 月 2 日，美国国际共和学会应国家使命党领导人的要求为该党举行了一场为期一天的研讨会，讨论竞选策略和战略问题。来自南苏拉威西省所有 26 个区的 72 名国家使命党领导人参加了研讨会。② 2003 年 12 月 9 日，美国国际共和学会开通了一个网站，专门用来提供与印尼选举有关的重要信息，其中包括关于竞选运动的一些重要资料，如：选举法、全国和地区民意测验、美国国际共和学会的培训日程安排及其使用的培训材料等。该网站是美国国际共和学会向包括印尼所有政党、政治活动家及市民社会组织等提供有关选举、特别是培训材料的信息的重要工具。它还使美国国际共和学会能够扩大其接触面，把信息和实际材料提供给更多的人。③ 此外，它在日惹、登巴沙（Denpasar）、马辰、望加锡、棉兰和泗水等地也开通了网站。在雅加达以外的地方，美国国际共和学会为 24 个有资格参与 2004 年 4 月立法机构选举的政党免费提供了 互联网封装。

2004 年 2 月，美国国际共和学会在印尼开展了大规模培训活动。8 名美国培训员分赴美国国际共和学会开展项目的省份，与它在当地的工作人

① "Political Parties Trained in Campaign Finance, Fundraising," May 30, 2003（http://www. iri. org/asia/indonesia/2003-05-30-Indonesia. asp）.

② "IRI Helps Parties Prepare for Parliamentary and Presidential Elections," October 10, 2003（http://www. iri. org/asia/indonesia/2003-10-10-Indonesia. asp）.

③ "IRI Launches New Website," December 19, 2003（http://www. iri. org/asia/indonesia/2003-12-19-Indonesia. asp）.

员一道，为候选人提供关于竞选战略、竞选主张的确定（message develop-ment）以及选民联络（outreach）等的培训。美国国际共和学会在其开展项目的城市为参加 4 月份印尼议会选举的 24 个政党提供了培训。它还在印尼各省首府以外的地方开展了很多政党发展培训项目。2004 年的选举之后，美国国际共和学会仍然与印尼政党保持着密切合作，在政治运动的议题设定等方面继续为它们提供支持，并为 2005 年开始并一直持续到 2009 年的地方性直接选举提供了援助。参加美国国际共和学会的培训的政党，在竞选运动中对选民关心的议题的关注越来越多了。

美国国际共和学会通过这些具体活动提供的选举方面的技术支持，有助于在一定程度上改变印尼政党过分依赖重要政治人物或候选人的状况，使之在竞选运动中能够更多关注选民关心的问题，以议题为中心开展竞选运动、动员选民。这些项目也在一定程度上加深了印尼政党领导人及其成员对政党间、政党与选民间的沟通战略与沟通技巧的理解，有助于选民动员以及政党与选民间的互动。

2008 年 8 月 13 日，美国国际共和学会向印尼 34 个即将参与 2009 年印尼立法机构选举的全国性政党的领导人以及政府选举官员和支持印尼选举进程的非政府组织的代表提供了印尼民意测验中心（Polling Center）在 5 月 16 日到 6 月 1 日进行的民意测验结果。① 2009 年 2 月 19 日，美国国际共和学会把印尼民意调查组织（Lembaga Survey Indonesia）在 2009 年 1 月 12 日—22 日进行的民意调查结果提供给印尼所有 38 个全国性政党领导人、政府代表、选举官员和非政府组织代表。② 这些调查结果被用作全国层次上进行培训的工具，为政党提供数据和工具，创造开展有针对性的项目，解决民意调查发现的问题。这些民意调查反映出来的问题，可以为印尼政党、政党候选人提供借鉴，有助于改进选举工作，提升其问政水平。

（三）支持和推动妇女参与印尼的选举和政党活动

妇女参与社会和政治活动的程度反映着一个社会的文明程度。现代文明国家都很重视提高妇女的社会和政治地位，注重提高妇女的参政意识。

---

①　"IRI Releases Survey of Indonesia Public Opinion," August 15, 2008（https：//www. iri. org/resource/iri-releases-survey-indonesia-public-opinion-0）.

②　"IRI Releases Survey of Indonesia Public Opinion," FEBRUARY 19, 2009（https：//www. iri. org/resource/iri-releases-survey-indonesia-public-opinion）.

一个国家妇女的参政意识和参政水平，反映着其民主发展的程度，是其民主发展程度的重要表现。在像印尼这样的处于民主化进程之中的国家，提高妇女的参政意识和参政水平，特别推动她们积极参与选举进程之中，有助于促进印尼民主的发展与巩固。

2002年8月，南达科他州副州长卡罗尔·希拉德（Carole Hillard）作为美国国际共和学会的培训员完成了她在印尼的第四次美国国际共和学会政治培训任务，为望加锡妇女干部（Makassar Women's Caucus）举办了一次"政治中的妇女"（WIP）研讨班。在雅加达为国家使命党官员在政纲制定方面提供培训，并领导主办了印尼妇女干部研讨班。讨论了如何才能让妇女参与竞选公职，以及提高印尼女性的能力等。① 2003年2月13日—16日，美国国际共和学会印尼项目主任汤姆·加勒特和当地的工作人员 Delima Saragih，Desi Indrimayutri 以及 Dicky Dooradi 在东爪哇为来自7个政党的大约300名代表进行了培训，培训内容包括：成功候选人的特质、向女性选举人传递信息以及在选举活动中影响政纲等。此外，还讨论了妇女参政的文化和结构性障碍。② 2003年4月21日—23日，美国国际共和学会为印尼最大的7个政党举办了一次题为"在2004年选举中选举妇女出任公职"的会议，目的是提高妇女对政治的参与。来自印尼8个省以及雅加达的200多名妇女参加了会议。③ 巴基斯坦议会议员、美国国际共和学会培训员费米达·迈扎（Fehmida Mirza）博士，讲述了她作为一名穆斯林妇女成功竞选公职的经历。其他培训员还有埃丽斯·斯考克斯（Elise Schoux）、里克·斯莫特金（Rick Smotkin）和史蒂文·穆尔（Steven Moore）。2007年8月8日—9日，美国国际共和学会在美国国务院资助下主办了一场题为"2009年选举中妇女日益提升的代表性和政治领导力"（Advancing Women Representation and Political Leadership in the 2009 Election）的会议，讨论如何提高印尼妇女参政的水平。参加会议的有印尼各省级立法机构女候选人、来自亚洲和澳大利亚的知名妇女领袖，讨论了提高妇女政治参与面临的挑战

---

① "South Dakota Lieutenant Governor Conducts Women in Politics Training," September 3, 2002 (http：//www. iri. org/asia/indonesia/2002-09-03-Indonesia. asp).

② "IRI Trains Women Candidates for 2004 Elections," February 25, 2003 (http：//www. iri. org/asia/indonesia/2003-02-25-Indonesia. asp).

③ "IRI Hosts Conference on Electing Women to Office," May 16, 2003 (http：//www. iri. org/asia/indonesia/2003-05-16-Indonesia. asp).

以及提高妇女参政的方式。① 印尼沙利·夕达雅度砬国立伊斯兰大学
(Syarif Hidayatullah State Islamic University) 讲师西提·穆达·穆丽雅（Siti
Musdah Mulia）博士在主旨演讲中讨论了如何在印尼各级政府中提升妇女的
作用。为推动印尼妇女参与 2009 年的选举，亚洲基金会支持印尼各种机构
和妇女组织推动了选举和政党规则的改革，以减少阻碍和影响妇女政治参
与的法律和规则。为增加妇女在 2009 年选举中的能见度，亚洲基金会支持
建立了女性候选人的数据库和跟踪系统。②

除推动印尼妇女参与选举竞争外，美国国际共和学会推动加强女性政
党积极分子的能力，支持她们在党内决策和党的领导中发挥更大作用。一
些参与了美国国际共和学会的培训活动的印尼妇女已当选出任公职，或者
在其所属党内担任重要职务，已开始在印尼的政党及民主政治运作中发挥
自己的作用。

（四）支持提高印尼政党在立法及行政机构中的问政品质

政党的成熟程度影响着民主选举的品质。选举是一时的，政党在选举
之间日常的政治运作，更深刻地反映着民主的品质。因而，除为印尼政党
参与选举竞争提供技术性支持与援助外，美国国际开发署及其合作伙伴在
选举后也为它们提供了援助和支持。美国国际开发署的选举后项目主要是
提供支持，强化政党在全国性及地方立法机构中的联盟，加强其立法职
能；为各政党当选公职者提供培训，使之能够更好地适应自己的工作，以
确保民主制度有效运转。

美国全国国际事务民主学会与印尼人民代表会议领导人及其成员和政
党及其领导人合作，以改善选民接触活动。它还就政党在立法过程中的作
用、地方人民代表会议内结盟与政党间关系等与立法协会（legislative as-
sociations）及政党合作，为印尼各政党当选者提供了培训。美国国际开发
署通过选举制度国际基金会、美国国际共和学会、美国全国国际事务民主
学会在印尼开展的"民主与分权治理"项目（2005—2008），一个重要内
容就是"加强民主的政党"。该项目在 2005—2008 年提供了有目的的支

① "Conference Brings Together Indonesian Women to Encourage Political Participation, IRI Hosts
Women Political Leaders for 2009 Election", August 9, 2007 (http://www.iri.org/asia/indonesia/
2007-08-10-indonesia.asp).

② The Asia Foundation, "Gender and Women's Participation in Indonesia," (http://asiafounda-
tion.org/resources/pdfs/IDgender.pdf).

持，以提高印尼全国和地方立法机构的代表功能。其中，美国国际开发署关注的一个重要问题就是加强全国性立法机构中政党的联盟。① 2005 年 3 月到 2007 年 3 月间，美国国际开发署与它们合作在印尼大雅加达（Jakarta Raya）、西爪哇（Jawa Barat）、中爪哇（Jawa Tengah）、东爪哇（Jawa Timur）、巴布亚、南苏拉威西（Sulawesi Selatan）和西苏门答腊（Sumatera Barat）等 7 省开展了选举后支持人民代表会议、地方代表会议和地方人民代表会议的"民主与治理项目"，其关注的一个重点是提高政党在地方议会中的代表功能，通过党派支持地方议会确定政策立场，并制订反映地方选民要求的法律。

加强政党在印尼立法、行政以及监督过程中作用也是推动印尼实现民主治理的重要内容。民主制度下政党在选举之间可以发挥多种作用，有：（1）在立法机构中，通过政党间的联系或联盟，提出并通过法案，推动民主治理的进步；（2）作为执政党在行政部门发挥政策制定与管理功能，推进自己的政策议程；（3）在立法机构中作为反对派发挥强有力的监督政府的功能等。

总的看来，美国国际开发署及其合作伙伴开展的支持印尼政党发展的项目和活动，是非常全面、具体和深入的。这在一定程度上提高了印尼各政党在组织发展与制度化建设、选举期间的竞选活动技巧以及选举之后在立法、监督等方面的能力和水平。

本章小结

选举是创建任何形式的民主制度的基石。对于处于政治转型进程中的国家来说，自由、公开、公正的选举是其民主走向巩固的必不可少的步骤。作为确立政府合法性的途径，自由、公正、公开和定期的制度化选举有助于印尼实现政治稳定，为其民主发展与巩固创造稳定的政治环境；有助于树立民众对选举及民主制度的信心，从而逐步在印尼社会内部形成对民主的信仰，推动民主的巩固。美国对印尼的选举援助，也正是试图在这层意义上推动印尼民主的发展与巩固的。

---

① USAID Mission/Indonesia, "Democratic and Decentralized Governance," Date Sheet（http://www. usaid. gov/policy/budget/cbj2006/ane/pdf/id497-020. pdf）.

　　美国在印尼的选举援助项目和援助活动主要是由美国国际开发署及其合作伙伴开展的。美国国际开发署是印尼 1999 年和 2004 年选举之间唯一连续提供选举改革及政党发展援助的国际捐助者。它在印尼的选举援助活动中的主要目标是要实现：全国和地方选举机关进行公正和高效的选举管理；通过选民教育运动促进公民的高效参与；通过市民社会和政党选举监督活动，确保透明的选举程序和和平的政治进程；以及通过全国性立法机构和地方立法机构协会，引导新当选的全国及地方官员，促进和平的政治转型。①

　　在对印尼进行选举援助的过程中，美国国际开发署与美国的一些非政府组织进行了密切的合作：国际开发署是援助项目资金的提供者，其合作伙伴，如美国全国国际事务民主学会、美国国际共和学会、选举制度国际基金会、亚洲基金会及卡特中心等，是援助项目的执行者。在开展选举援助项目的过程中，它们与印尼有关政府部门、立法机构以及一些非政府组织也进行了密切合作。

　　美国对印尼的选举援助涉及印尼各个层次的选举，如总统和副总统选举，全国性立法机构选举，省及地方立法机构选举，地方官员的直接选举等；内容包括直接提供资金支持、选举技术援助（包括选举管理、制度建设、选民登记等）、选民教育、选举监督以及政党发展援助等。这些援助对于确保印尼顺利举行真正民主的选举都是非常必要的。美国国际开发署通过其合作伙伴在印尼开展的这些选举援助活动，大多是技术性的（部分以直接资助形式提供），是以印尼政府的要求、工作重点和相关法律为基础的。美国国际开发署也规定，所有活动都必须是公正的、中立的、负责任的，而且要尊重印尼的主权。这有助于确立美国的选举援助活动在印尼的公信力，从而有助于推动印尼选举的顺利举行和民主的发展。

　　从 1999 年 6 月的立法机构选举到 2009 年的立法机构选举和总统大选，印尼选举政治发展已变得更加有序。《基督教科学箴言报》对印尼 2004 年 9 月总统选举做出这样的评论：尽管选举错综复杂，但基本上是和平的②；它让印尼人民充满希望，为该地区以及世界上其他渴望公民自

---

　　① *USAID Strategic Plan for Indonesia*, 2004-2008: *Strengthening a Moderate, Stable and Productive Indonesia*, July 28, 2004, pp. 37 – 38.

　　② "A Giant Muslim Success", *Christian Science Monitor*, September 21, 2004.

由的伊斯兰国家民主凯歌高奏树立了榜样。① 应该说，2004 年总统选举已表明，印尼完成了从独裁统治向民主的转型。2009 年印尼立法机构选举和总统大选顺利完成，进一步表明其政党体制已相对稳定，选举政治正在良性轨道上发展，其民主制度正走向稳固。

---

① "Indonesia as a Beacon", *Christian Science Monitor*, September 24, 2004.

第四章

美国与印尼的军政关系改革

在西方政治观念里，文官控制军队是民主的基本要素之一，是民主制度得以有效运作的必要前提。西方学者在研究第三世界国家民主化的著述中也大都把进行军政关系（civil-military relations）民主化改革、实现文官对军队的控制作为民主化进程中的重要一环，把文官控制军队的程度作为衡量民主化和民主巩固程度的一个重要指标。所谓军政关系，在广义上指的是作为组织机构（institutions）的武装力量与它所植根其中的社会各部门之间的互动；在一般意义上讲，军政关系主要是指一国政府与其武装力量之间的权力的相对划分。[①] 处理好民选政府与军队之间的权力划分，也就是建立起符合民主原则和规范的军政关系，不能仅仰赖军队的自我约束，更重要的是要形成一种制度保障，以法律和制度确保民选政府对军队的控制；同时还需要在社会中形成一种深刻的、符合民主原则的军政关系文化。

文官对军队的控制在美国自其立国起就一直是备受关注的问题。在美国早期历史发展中，已形成了美国人对待军事事务的一种基本态度："庞大的军事力量是对民主的一种威胁"，"一个民主国家必须有一支民主的军事力量。"[②] 宪法设计者担心军队可能攫取权力或即将面临选举失败的政府可能会利用军队以武力捍卫权利，于是，他们创立一种使军队处于双重控制之下的宪法结构：第一是明确军队处于文官权威之下，也就是，美

---

① The USAID Center for Democracy and Governance, *Civil-Military Relations: USAID's Role*, Technical Publication Series, July 1998, p. 7（https://www. usaid. gov/sites/default/files/documents/2496/200sbf. pdf）.

② Samuel Huntington, *The Soldier and the State: The Theory and Politics of Civil-Military Relations*, New York: Vintage Books, 1957, pp. 156 – 157.

国宪法规定民选的文官政府首脑——总统任武装力量总司令；第二是行政和立法部门分享对军事和安全政策的控制，也就是，国会保有宣战权和征集和装备武装力量的权力。[①] 文官的支配地位及其对军队的控制已构成了美国政治文化的一个重要部分。推动对象国在军政关系方面进行改革，实现文官对军队的控制，是美国对外扩展民主时着力甚多的一个方面。

　　军队曾是苏哈托独裁统治的支柱，在印尼社会、政治和经济生活中的影响根深蒂固。军政关系民主化改革在印尼政治转型过程中处于非常重要的位置，是决定印尼未来长期稳定与否的一个关键因素。特别是在有着军队卷入政治的长期历史的国家，只有通过在全社会促进关于武装力量适当角色更广泛的了解，才能成功建立起民主的军政关系模式。[②] 从军政关系的角度来看，印尼国民军在印尼政治转型过程中面临的挑战是如何建立一种健康的军政关系氛围。这是一个双向的过程。从军队一方看，它应该成为国家制度的一部分，承认其对法治的责任，而且必须尊重文官的权威。另一方面，文官应该承认军队是民主的合法工具，为军队提供资金并尊重其军事作用、使命和内部管理；文官应该是能够胜任和遵守法律的官僚机构，应该进行自我教育并尊重军事文化和防务问题。只有双方在评估各自角色时相互理解、以诚相待，军队才能受到约束，为民主化进程做出贡献。[③] 可以说，推动其军政关系民主化改革是印尼民主发展的内在要求，是印尼持久改革的先导，如果不同时进行这一改革，其他重要的政治改革都可能会受到抵制。影响印尼军队很可能是美国影响印尼未来政治发展的决定性因素。[④] 因此，美国在推动印尼民主转型的过程中自然会对其军政关系改革给予特别的关注。本章主要考察美国在推动印尼进行军政关系改革、实现文官对军队的控制方面所采取的措施及其产生的影响。

---

① I. Lewis Libby, American Perspectives on Civil-Military Relations and Democracy, February 10, 1993, Heritage Lecture #433（http：//www. heritage. org/Research/NationalSecurity/HL433. cfm）.

② The USAID Center for Democracy and Governance, *Civil-Military Relations*：*USAID's Role*, Technical Publication Series, July 1998, pp. 7 – 8（https：//www. usaid. gov/sites/default/files/documents/2496/200sbf. pdf）.

③ Agus Widjojo, "Repositioning of the Indonesian Military：A Process of Reform Necessity or a Political Issue?" in Uwe Johannen & James Gomez, ed., *Democratic Transitions in Asia*, Singapore：Select Publishing Pte Ltd, 2001, p. 169.

④ Larry Niksch, "Indonesia：May 1998 Political Crisis and Implications for U. S. Policy," May 18, 1998, CRS Report for Congress, p. 5（https：//digital. library. unt. edu/ark：/67531/metadc816369/m2/1/high_ res_ d/98 – 468_ 1998May18. pdf）.

第一节　政治转型之前印尼的军政关系

印尼军队是否处于文官控制之下是衡量印尼民主化进程的一项必要手段，如果不是充分手段的话。[①] 在政治转型进程开始之前，军队在印尼政治和社会生活中有着特殊地位，发挥着强大的政治和社会功能。简单回顾民主化之前印尼的军政关系，有助于理解政治转型进程开始后的军政关系改革以及民主化的程度。

印尼国民军建立于 1945 年 10 月 5 日。在印尼革命时代（1945—1949年），军队为争取印尼独立与荷兰殖民者进行了战斗。在这一时期，政治和军事行动相互交织，不可分割，因为独立战争本质上既是政治斗争，也是军事斗争。自建立之日起，"印尼军队就把自己既看作军事力量，也看作政治力量，在其大部分历史中，它确实也发挥着重要的政治作用。"[②]在 1949 年底实现独立之后，虚弱的议会体制未能给印尼带来政治和社会稳定，各种政治力量之间斗争迅速发展和激化，政党之间、教派之间、军政之间以及军队内部的矛盾相互交织，错综复杂。印尼政局动荡，内阁如走马灯一样频繁更替，新生的共和国处于风雨飘摇之中。军方内外对议会体制都深感不满，他们视军队为新生国家的"保护者"，认为有责任进行干预，以挽救国家。

在政局动荡的情况下，印尼总统苏加诺在 1957 年 2 月提出了"有领导的民主"的改革方案。这种改革方案遭到马斯友美党等右翼政党的反对，地方分裂势力也激烈反对，国家进一步陷入分裂危机。苏加诺不得不接受陆军参谋长阿卜杜勒·哈里斯·纳苏蒂安（Abdul Haris Nasution）少将的建议，于 1957 年 3 月 14 日发布紧急状态令，实行全国军管。危机状态为印尼军队迅速扩张其在政治、行政和经济管理等领域的作用开辟了道路。军队支持苏加诺实现了对地方反叛势力的镇压，在维护国家政治稳定

---

① International Institute for Democracy and Electoral Assistance (International IDEA), "Democratization in Indonesia: An Assessment", Capacity-Building Series 8, Forum for Democratic Reform, 2000, p. 85 (https://www.idea.int/sites/default/files/publications/democratization-in-indonesia-an-assessment.pdf).

② Harold Crouch, *The Army and Politics in Indonesia*, London: Cornell University Press, 1978, p. 27.

中赢得了资本；同时，陆军势力开始向权力中心渗透，新的右派势力陆军在实施"有领导的民主"的过程中迅速崛起，进入到政治权力核心。① 军官开始发挥广泛的政治、行政和经济职能。

1958 年 11 月 12 日，为了使印尼军队的这种角色合理化，陆军参谋长纳苏蒂安少将在陆军军官训练学院的演讲中提出了"中间道路"这一概念。根据这一概念，军队不会寻求控制政府，也不会毫不沾染政治，陆军军官积极参与政府事务，但不寻求占据支配性地位，实际上也就是：军队应该在政府及所有国家机构中发挥更明确、更大的作用。在"有领导的民主"时期，军方在印尼行政部门中的地位非常强大，无论是在内阁中，还是在地区行政部门都是如此。在内阁中，军方占据了四分之一的位置，包括国防、安全以及内务等关键部门；在省级层次上，由军官任命为省长的数量到 1965 年升至 12 人（一共 24 个省），包括雅加达、西爪哇和东爪哇等重要省份。②

1965 年 4 月，印尼陆军举行了第一次研讨会，提出这样一条原则：武装力量应扮演双重角色，发挥两种作用，一是作为军事力量，"发挥严格意义上的国防作用"，二是作为社会和政治力量，"发挥社会政治作用"。③ 作为一种社会和政治力量，印尼陆军的活动涵盖了意识形态、政治、社会、经济、文化以及宗教等领域。在 1966 年 8 月第二次研讨会上，印尼军方领导人逐步增加压力以促使苏加诺总统辞职，研讨会的声明更不见对军方政治作用的任何限制。此次研讨会宣布："诞生于革命熔炉中的陆军从来就不是仅仅关注安全问题的没有生命的政府工具。作为自由的斗士，陆军不能对国家政策方向、政府的品质以及以潘查希拉为基础的国家的安全保持中立。陆军不仅仅是只有军事义务，还应关注社会生活的各个领域。"④ 这些原则在苏哈托的"新秩序"时代发展成为军队的"双重使命"。

1965 年"9·30 运动"失败之后，苏哈托逐步控制了军队，并掀起

---

① 张锡镇：《当代东南亚政治》，广西人民出版社 1995 年版，第 186—187 页。

② Harold Crouch, *The Army and Politics in Indonesia*, London：Cornell University Press, 1978, p. 77.

③ ［新］尼古拉斯·塔林主编：《剑桥东南亚史》II，王士录等译，云南人民出版社，2003 年版，第 344 页。

④ Harold Crouch, *The Army and Politics in Indonesia*, London：Cornell University Press, 1978, p. 345.

反共高潮，印尼共产党被彻底摧毁。军方在苏哈托领导下也开始攫取全部权力。1966 年 3 月 11 日，苏哈托以武力逼宫的方式迫使苏加诺签署了"3·11 命令"，授权苏哈托为了共和国的利益可以采取任何必要手段，从此，国家权力全部转移到苏哈托手中。[1] 1967 年 3 月，苏哈托任印尼代总统，次年 3 月正式成为印尼总统，印尼开始了苏哈托的"新秩序"时代。

苏哈托政权是依靠军队作为其支柱的，军队成为国家权力和社会控制的主要支柱。为排除异己，控制军队，苏哈托采取了一系列措施。首先是诬称"9·30 运动"是共产党的政变图谋，以此为借口清除军队及政府和社会各界中共产党的支持者。在刚刚掌握权力时，苏哈托在很大程度上倚重他在陆军战略预备队（Kostrad）的同僚和忠于他的其他部队的军官。同时，他还以各种方式把曾给予他很大支持的军官，特别是那些与他级别类似的军官排除在重要军职之外。在 1970—1972 年，这些人都被任命为军区司令，最终以外交官结束其职业生涯。在处理完与他同时代的高级军官之后，苏哈托开始建立他自己的吸收新成员的制度：一是提拔和重用忠于他的下级军官；二是利用印尼武装力量内部的家族联系，确保高级军官的忠诚。其长期目标就是建立一个能够保护他个人及其家庭利益的武装力量指挥系统。[2]

在整个"新秩序"时期，印尼军队高度卷入了社会政治生活的各个方面。军队履行其"双重使命"途径主要有 4 种：第一，通过重组军队地方管理系统，建立与文官官僚机构平行的地区司令部。这种结构和军队控制的官僚机构，使军队能够控制文官官僚机构，并操纵选举结果，监控各地区人民的政治活动。第二，军队参与到各种政治机构之中。大量军官被指定为人民代表会议、人民协商会议和地方立法机构代表，退休军官在内阁、文职行政部门担任要职。第三，军队在政党等政治舞台上的存在。一些现役和退休军官被安插到专业集团党并保持着对它的牢牢控制，军队保持着对其他政党的内部工作的监视并对媒体进行监督，不但干预政党领导人的任命，还干预劳资冲突等。第四，卷入经济活动。由于最初虚弱和低效率的政府无法给军方提供足够的预算，无法满足其基本需要，因此军

① 张锡镇：《当代东南亚政治》，广西人民出版社 1995 年版，第 194 页。
② Atmadji Sumarkidjo, "The Rise and Fall of the Generals: The Indonesian Military at A Cross-roads," in Grayson Lloyd & Shannon Smith ed. , *Indonesia Today: Challenges of History*, New York: Rowman & Littlefield Publishers, INC. , pp. 137 – 142.

队在 20 世纪 50 年代初期就从事经济和商业活动。"新秩序"时代，很多高级军官被任命为国有企业主要领导人，军队在商业领域的作用迅速扩大，建立起自己的商业帝国。① 通过这些方式，军队对社会政治生活的卷入达到了极深的程度。

更为特别的是，印尼军队介入政治和社会生活的特权还被以法律的形式确定下来。印尼政府制定了一系列法律，明确界定了军队在政府和国家事务中的作用。1958 年关于国家发展委员会的第 80 号法案，赋予军队以决策者的角色；苏加诺在 1959 年 4 月 22 日的演讲中宣布，军队作为功能性团体可以参与决策和创造一个公正和繁荣的社会；1959 年 7 月 5 日，苏加诺总统发布总统令，同意军队作为功能性团体参与国有商业各领域的活动，并使之合法化；1982 年的第 20 号法案第 28 款把军队视为一种就像发动机和稳定者的社会力量，有责任确保在争取国家发展和提高人民生活水平方面取得成功。②

苏哈托统治前期，军队的社会政治功能确实在相当长的一段时间内为印尼经济和社会发展提供了一个相对稳定的环境；直到 20 世纪 90 年代初，印尼经济一直保持着较快发展速度。但由于军队高度卷入印尼社会政治生活，遏制了人民的诉求；警察和司法部门都受到军队干预，无法为民众信任；裙带资本主义发展，腐败日益蔓延，无孔不入。军队长期介入印尼政治和社会生活的结果是逐步形成了一种盘根错节、根深蒂固的军政关系文化："双重使命"原则被印尼军方视为其心脏、灵魂和精神，已为大多数军官所接受，成为为军队介入政治提供合理性的工具，他们认为安全责任和社会政治发展责任二者不可分割，就如同硬币的两面，在这一原则下，文官的最高权威被废除或忽视；在界定印尼的政治文化时，印尼政府往往是把印尼文化描述成不同于西方国家的独特文化，宣称印尼坚持既非自由主义民主、也非"有领导的民主"的"潘查希拉"民主，从而进一步引申出文官最高权威或文官控制等观念是属于西方式自由主义民主的观念，不适合印尼的情况；军队的社会政治角色是印尼特有的观念，这种观

① I. Ketut Gunawan, "Military Withdrawal from Politics: Discourse and Reform Agenda", *Jurnal Sosial-Politika*, No. 2, January 1999, pp. 20 – 22.

② International Institute for Democracy and Electoral Assistance (International IDEA), "Democratization in Indonesia: An Assessment", Capacity-Building Series 8, Forum for Democratic Reform, 2000, p. 91.

念是以印尼传统哲学为基础，是建立在"互助合作"（gotong royong）或相互支持观念之上的。①

经过数十年的发展，这种文化成为苏哈托下台之后印尼政治转型的一大障碍；军队有可能成为导致印尼政治转型进程发生逆转的关键因素。在印尼建立起一种健康的、符合民主原则的军政关系是印尼实现民主转型和民主巩固的必要条件。印尼军政关系民主化改革涉及的问题非常广泛。瑞典国际民主与选举援助研究所对印尼民主化的评估报告提出了印尼军队及军政关系改革应着力进行的 12 项内容：（1）废除印尼国民军的宪法特权；（2）清除印尼国民军对全国及地方立法机构的影响；（3）确立明确承认文官最高权威的军事原则；（4）确立文官对情报机构的权威；（5）文官监督军衔和军官的晋升；（6）印尼国民军和警察的有效分离；（7）清除军队在国有企业中的影响；（8）确立文官对国防问题的权威；（9）军官从部长职位上退出；（10）军官从文官行政管理系统退出；（11）废除印尼国民军法律上的豁免权；（12）重建或废除印尼国民军的地区结构等。② 这些改革从形式上都相对容易做到，但从本质和精神层面上看，必须进行更深入的改革才能真正实现，也就是在精神层面形成民主的军政关系文化。因此，印尼军政关系改革成为美国在印尼推动民主时重点关注的一个方面。

由于美国社会和政治制度的特殊性，特别是在外交政策内政化日益明显、内政外交问题相互交织错综复杂的情况下，其外交政策的制订和实施会受到美国社会各个部门和各种力量的影响。在推动印尼军政关系民主化改革的过程中，美国政府各部门，主要包括国务院、国防部、国家安全委员会、司法部、教育部、美国国际开发署等，和美国国会参众两院及相关委员会，都以各种方式参与其中，一些非政府组织也以不同方式施加了影响。以下各节分别考察这些部门和组织为推动印尼军政关系民主化改革所采取的方式及其所发挥的作用。

---

① I. Ketut Gunawan, "Military Withdrawal from Politics: Discourse and Reform Agenda", *Jurnal Sosial-Politika*, No. 2, Januari 1999, pp. 29 – 30; Thomas E. Sidwell, "The Indonesian Military: Dwi Fungsi and Territorial Operations," 1995 (http://www.fas.org/irp/world/indonesia/indo-fmso.htm).

② International Institute for Democracy and Electoral Assistance (International IDEA), "Democratization in Indonesia: An Assessment", Capacity-Building Series 8, Forum for Democratic Reform, 2000, p. 90.

第二节　通过高层对话对印尼施加外交压力

　　印尼军政关系民主化改革是美国处理与印尼的双边关系时特别关注的一个问题，也是两国历次高层接触中都会涉及的问题。需要指出的是，美国政府在印尼政治转型进程启动之后才把对印尼军政关系民主化改革的关注明确列入双边关系议程之中。

　　冷战结束之际，美国与印尼苏哈托政权还维系着既有关系，并未把政权更迭作为其对印尼的政策目标。1991年11月12日，印尼军队在东帝汶首府帝力镇压了东帝汶人的独立游行，造成270名东帝汶人死亡。事件发生之后，在国会压力之下，美国政府行政部门曾一度停止通过国际军事教育与培训项目向印尼提供军事培训和援助，但此时美国关注的更多是印尼军队侵犯人权的问题。

　　亚洲金融危机引发印尼全面的政治和社会危机。印尼社会动荡，学生运动爆发，1998年5月起发生了多起骚乱。5月12日，印尼安全部队枪杀了雅加达一所私立学院至少6名学生。雅加达发生了多起抢劫和纵火事件，华人及其商店受到攻击。克林顿政府当时呼吁印尼政府和军队保持克制，它在此时的关注也仅限于此。在印尼政局走向尚不明朗的情况下，克林顿政府一直避免就苏哈托的去留采取明确行动，担心因激怒这个印尼强人而损害美国在印尼和东南亚的现实利益。直到苏哈托下台后，克林顿政府对印尼民主转型的态度才变得更加明朗。它虽依然继续关注印尼军队侵犯人权的问题，但更多是从印尼的政治转型这一角度关注其军队及军政关系民主化改革，实现印尼军队及军政关系民主化改革成为解决人权问题的途径。

　　鉴于军队是印尼最有权力的机构，且可能决定印尼的未来走向，克林顿政府于1998年8月派出以国防部长威廉·S.科恩（William S. Cohen）为首的代表团访问印尼，目的是通过这一高层访问影响印尼军方。科恩与印尼总统哈比比以及武装力量总司令维兰托将军特别就地区安全与稳定以及印尼民主改革等问题进行了坦率的讨论，并敦促他们调查军方在此前发生的暴力行动中的责任。① 次年9月科恩再次出访印尼。在行前的记者会

---

① Philip Shenon, "U. S. Officials, in Indonesia, Warn Rulers to Respect Rights", *New York Times*, August 2, 1998

上，他表示将会给印尼带去这样的信息：印尼政府有责任为被迫流亡到西帝汶的那些人的回归提供安全保证，允许他们返回东帝汶……有义务为和平的迁移提供合作。东帝汶人已投票选择独立，印尼政府有责任控制军方，以确保军方不再支持民兵进行抢掠以及攻击平民等。他还表示，如果印尼不能承担其责任，将会导致政治孤立，也肯定会因推卸责任而招致某些经济后果。① 在访问印尼期间，科恩与哈比比总统、维兰托将军、代外长费沙旦翁（Feisal Tandjung）以及吉南加尔·卡尔塔萨斯米塔部长等政府官员进行了会谈，并会见了梅加瓦蒂夫人和一些人权团体及非政府组织的代表。他在所有会见中都表示，"美国支持一个民主、稳定、强大、繁荣和统一的印尼。对印尼人民来说，这是一个充满希望和令人振奋的时代……军队必须在文官控制之下行动，必须在印尼全国表现出克制和对人权的尊重"。②

　　1999 年 10 月 20 日当选印尼总统后，瓦希德领导的"民族团结"政府在若干问题上与军方之间存在严重分歧。印尼国民军发言人亚雅特·苏德加（Yayat Sudrajat）少将在 1999 年底就警告瓦希德总统，如果他同意在亚齐举行全民公决，可能会发生军事政变。2000 年 1 月初，苏德加少将又公开表示，如果政府的政策不能解决马鲁古省的教派暴力，军方将行使权力。此时，印尼政变传闻四起。2000 年 1 月 14 日，美国驻联合国大使理查德·霍尔布鲁克（Richard Holbrooke）针对印尼可能发生军事政变的传言在纽约发出一系列警告。霍尔布鲁克说："我们看到了印尼可能发生军事政变的报道，将会保持最大可能的关注……政变会给印尼造成巨大的，甚至可能是无法弥补的伤害……我希望这些传言是假的。考虑军事冒险的任何印尼陆军军官或任何军官可能已经忘记，我们已经处在 21 世纪。过去的经历已不能再重复了——对印尼的损害将是难以置信的。"③ 次日，美国驻印尼大使罗伯特·S. 基尔巴德（Robert S. Gelbard）会见了瓦希

---

① "Secretary Cohen and Minister Moore Joint Press Conference Darwin, Australia," September 29, 1999（http：//www. defenselink. mil/transcripts/transcript. aspx? transcriptid = 381）.

② "Press Conference at the Borobudor Hotel, Jakarta, Indonesia," October 01, 1999（http：//www. defenselink. mil/transcripts/transcript. aspx? transcriptid = 326）.

③ Mike Head, "US Warns against Indonesian Military Coup", 19 January 2000（http：//www. wsws. org/articles/2000/jan2000/indo-j19. shtml）.

德，转达了克林顿总统支持瓦希德的信息。①

　　2000 年 6 月，瓦希德访问美国。克林顿仔细研究了瓦希德的经济和军事改革计划，并在会见时鼓励后者加强印尼的民主。9 月，美国国防部长科恩访问了印尼，并在 18 日的记者会上表示：印尼国民军正在进行艰难的转型，已进行了一些改革；美国非常愿意帮助印尼国民军，使之成为一支尊重人权的、因其军事能力而受到尊重的专业化的军队。②

　　"九·一一"事件之后，印尼在美国全球反恐战略中的地位变得尤为突出。布什政府在争取印尼反恐合作的同时，也一直在关注和敦促印尼进行军队和军政关系的民主化改革。就在"九·一一"事件之后不久，布什总统与到访的印尼总统梅加瓦蒂进行了会谈，双方都强调了军事改革对于印尼民主转型的重要性。两位元首同意，增加两国间的联系，恢复两国军方的例行会见，以支持印尼在军队改革及专业化方面的努力。③ 布什总统向梅加瓦蒂总统承诺提供总额达 7 亿美元的经济援助，包括用于警察培训课程和扩大的国际军事教育和培训项目（E-IMET）下文官国防课程（civilian courses in defense）的经费。④

　　2002 年 8 月，美国国务卿科林·L. 鲍威尔（Colin Luther Powell）在访问印尼时对印尼支持反恐战争表示赞赏；还与梅加瓦蒂总统等印尼领导人讨论了如何提高印尼武装力量的军事效能及其专业精神等问题，敦促印尼通过军队改革杜绝侵犯人权的罪行。他说，美国将继续保持密切关注，以确保印尼承诺的军事改革取得进展；他同时也表示，增加印尼军方与美军的联系有助于印尼武装力量遵守人权准则。⑤ 2003 年 10 月，布什总统访问印尼，与梅加瓦蒂总统举行了会谈。双方会谈后发布的联合声明说："两国元首重申：军事改革是印尼转型为成熟、稳定的民主国家一个重要

---

①　Michael Richardson, "Coup Rumors Prompt Strong Show of U. S. Support for Wahid," *International Herald Tribune*, January 17, 2000.

②　"Secretary Cohen Press Conference in Jakarta, Indonesia," September 18, 2000（http：//www. defenselink. mil/transcripts/transcript. aspx? transcriptid = 1813）.

③　Joint Statement between the United States of America and the Republic of Indonesia, September 19, 2001（http：//www. usembassyjakarta. org/joint. html）.

④　Frida Berrigan, "Indonesia at the Crossroads：U. S. Weapons Sales and Military Training," A Special Report, October 2001（https：//worldpolicy. org/indonesia-at-the-crossroads-u-s-weapons-sales-and-military-training/）.

⑤　Karen DeYoung, "Powell Says U. S. to Resume Training Indonesia's Forces", *Washington Post*, August 3, 2002, p. A15.

因素。两国元首一致认为正常的军事关系符合两国利益，并同意继续朝这
一目标努力。"梅加瓦蒂总统欢迎美国以国际军事教育和培训项目
（IMET）和地区防御反恐怖主义奖助金项目（Regional Defense Counter
Terrorism Fellowships, CTFP）等形式支持她建立适当的军政关系的努力。
两国总统一致认为，有必要改进军政关系，并强调了尊重人权的重要
性。① 2005 年 5 月，苏西洛总统在访问美国时向布什总统重申，他将进一
步加强军事改革、文官控制，增加透明度。布什总统承诺完全支持这些
努力。②

　　在 2005 年 2 月宣布恢复国际军事教育和培训项目对印尼的援助时，
美国国务院表示希望恢复该项目对印尼的援助能够加强其正在进行的民主
进程。在 2005 年 11 月 16 日美国取消对印尼提供对外军事资助和武器出
口的限制后，美国国务院发言人在 2006 年 1 月 3 日答记者问时说，恢复
对外军事资助项目对印尼的军事援助，目的是帮助印尼的军事现代化，为
印尼军事改革进一步提供动力……美国依然会继续敦促印尼军方为过去侵
犯人权的行为负责，美国的援助将会继续根据印尼在人权、民主改革和责
任承担方面的进步做出调整。③ 2006 年 3 月中旬，美国国务卿康多莉扎·
赖斯访问印尼期间在印尼世界事务委员会的演讲中说，美国期望看到印尼
在军事领域朝向更大责任和更完全改革方面继续取得进步，"一支经过改
革的高效的印尼军队符合该地区任何一个国家的利益，因为对我们共同安
全的威胁还未消失。"④

　　2006 年 11 月，布什总统访问印尼并与苏西洛总统举行了会谈。两国
元首对成功恢复两国军事关系表示了欢迎，并承诺使这种关系在支持和平
和稳定当中保持可持续性和互利性。他们同意，这种关系的主要目标是增
加灾难救援、民主社会中军队角色转换与培训，增加相互的专业发展并促

---

　　①　"Joint Statement Between the United States of America and the Republic of Indonesia," October
22, 2003（http：//63. 161. 169. 137/news/releases/2003/10/20031022 – 1. html）.

　　②　"Joint Statement Between the United States of America and the Republic of Indonesia," May 25,
2005（http：//63. 161. 169. 137/news/releases/2005/05/20050525 – 11. html）.

　　③　"U. S. -Indonesia Military Ties Moving Toward Full Normalization,"（http：//www. fas. org/
asmp/resources/govern/109th/StateIndonesia05jan06. htm）.

　　④　"Remarks of Secretary of State Condoleezza Rice At the Indonesian Council on World Affairs,"
Jakarta, Indonesia, March 15, 2006（http：//jakarta. usembassy. gov/press_ rel/rice-icwa. html）.

进地区和海上安全。① 2007 年 6 月 3 日，美国国防部长罗伯特·盖茨（Robert Gates）与同在新加坡参加亚洲安全国际会议的印尼国防部长尤沃诺·苏达索诺举行了会谈。双方都强调促进印尼军队改革的重要性，认为这也是民主改革非常重要的、不可分割的一部分。②

2007 年 4 月 18 日—19 日，美国国防部负责亚洲和太平洋事务的助理国防部长詹姆斯·希恩（James Shinn）率领的美国代表团与印尼国防战略局长丹迪·苏森托（Dadi Susanto）少将率领的印尼代表团举行美国与印尼第 5 次双边安全对话，美方在赞扬印尼国民军在国防和军事改革方面取得进展的同时，重申希望其为过去侵犯人权的行为负责，并强调继续努力提高印尼国民军专业化水平、尊重人权的重要性。美方还承诺其援助将重点用于支持印尼国民军的进一步改革。③

自印尼政治转型进程开始后，美国一直保持着对印尼军政关系改革的关注：一方面，对印尼军方可能采取的任何可能破坏民主发展与巩固或导致民主化进程发生逆转的举动适时施加压力；另一方面，在两国间历次高层接触中，特别是在与印尼军方高层接触时，美国方面都会对这一问题表达关切，对印尼政府和军方施加压力，敦促其采取切实有效的行动进行改革，以建立一种民主的军政关系，确保印尼成功实现民主转型。

第三节　正面支持和援助印尼的军政关系改革

近期经历独裁统治历史的国家，在实现其军事部门政治上中立化并使之按照民主原则处于文官控制之下的过程中，往往会面临着很大挑战。其中最重要的挑战是建构一种民主的军政关系文化，也就是实现文官控制军队的制度化，军队对文官权威的尊重，政府文官（包括立法者）有效监督军队并尊重其专业化需求。在推动印尼军队和军政关系改革方面，美国以援助方式直接参与了印尼的军事改革，包括参与一些与印尼军事改革相

---

① Joint Statement Between the United States and the Republic of Indonesia, November 20, 2006 (http://www. whitehouse. gov/news/releases/2006/11/20061120 - 3. html).

② "U. S. Indonesia discuss ways to deepen military ties," June 3, 2007 (http://www. iiss. org/whats-new/iiss-in-the-press/press-coverage-2007/june-2007/us-indonesia-discuss-ways-to-deepen-ties/).

③ "Joint Statement Indonesia-United States Security Dialogue V," Jakarta, 19 April 2007 (http://jakarta. usembassy. gov/press_ rel/joint_ statement_ defence. html).

关的法律和文件的草拟和制定过程，意在通过这些援助，推动印尼军政关系民主化改革实现制度化，并逐步在印尼社会内部形成一种民主的军政关系文化。

长期以来，美国在世界范围内，特别是在转型国家支持和援助军政关系改革的活动已形成了制度化的模式：有固定的组织机构安排，相对稳定的援助模式。美国参与援助和支持各国军政关系改革的组织包括美国政府有关各部门、半政府性质的组织以及一些相关的非政府组织等。美国政府各部门负责政策及军政关系援助项目的制定与实施，并在实施这些项目过程中相互协调合作，或与其他半政府性机构和非政府组织合作，以充分利用各种社会力量，实现效果最大化。同时，他们还与对象国的政府部门、非政府组织等进行合作。

在涉及对外援助军政关系改革的各部门中，国务院、美国国际开发署和国防部的活动最突出、最直接，影响也最明显，司法部也发挥着重要作用。

国务院主要负责对外宏观政策制定和协调。国务院对外援助事务主任，兼任美国国际开发署署长，负责国务院和国际开发署的所有对外援助资助和项目，参与国务院和国际开发署内各局和办公室项目计划制定、实施及监管，同时也参与跨部门联合项目的制定、合作及实施。负责军控与国际安全事务的副国务卿也在安全援助项目方面提供政策指导，国际安全和不扩散事务局（ISN）和政治—军事事务局（PM）都在其政策监督之下。政治—军事事务局是国务院中负责联系国防部的主要部门，在国际安全、安全援助、军事行动、国防战略与计划以及国防贸易等领域提供政策指导。其重要任务之一是，通过为其他国家军队和文职人员培训提供资助，使之认识和理解美国的民主、对人权的尊重以及文官控制军队等价值和美国军队的职业精神，从而推动这些观念的传播。负责民主与全球事务的副国务卿办公室在包括民主、人权等全球性问题上协调美国的对外关系，其领导下的民主、人权和劳工局（DRL）负责领导美国在全球推进民主、保护人权和国际宗教自由以及提高劳工权益等活动。国务院的这些部门在支持和援助转型国家的军政关系改革方面都发挥着重要作用。

美国国际开发署是国务院领导下的对外援助（包括军政关系改革援助）政策的执行机构，也是美国有关各政府部门中唯一能够支持把加强制度建设与旨在促进文官控制军队的项目结合起来的机构，负责各种援助项目的制定和实施。其下设的转型启动办公室（OTI）的任务是迅速、灵活地向处于危机中的国家提供短期援助，与当地合作者合作促进和平与民主，推动关键的政治转型，实现必要的稳定和从独裁到民主、从暴力冲突向和平的转变。国际开发署在对其他国家开展军政关系项目时，强调的是军政关系中的"文官"一方①，在军政关系平衡中支持政府一方的改革，目的是鼓励对象国的文官和军方人士之间的对话。在这些项目实施过程中，国际开发署会与美国政府其他部门协调，以提高项目实施效果；与对象国政府内的文职人员合作，以增加他们在国家安全和军事问题等方面的专业知识，使他们具备相关知识和能力，以便能够与军方对应人士在同一个层次上互动，做出他们自己的决定并有效发挥其监督功能；② 此外，它还与一些非政府组织及媒体等进行合作，以便为建立民主的军政关系形成一种社会氛围和舆论，发挥社会监督功能。

　　美国国防部及相关部门支持和援助转型国家军政关系改革的项目更多关注军政关系中的"军队"一方。国防部主要通过国际军事教育与培训项目和扩大的国际军事教育与培训项目（E-IMET）来推动其他国家军政关系改革。美军各战区司令部也都会通过制定符合地区需要的项目，促进民主建设和军政关系。美军各军种及军方所属院校也以各种方式参与了促进其他国家军政关系改革的活动。位于加州蒙特雷的美国海军研究院开展了针对具体国家的培训，包括向需要这种援助特定国家派出流动培训队。空军提供关于国防采办（defense acquisition）的课程，也支持关于民主与军队的演讲活动。陆军通过其所属院校教授有关军政关系的课程。海岸警卫队也提供很多与警务有关的项目。位于罗德岛新港的司法学院（School of Justice）也为其他国家的军队、警察、立法、司法和行政等部门的官员提供培训。另外，国防部各地区性安全研究中心是各地区内军事和文职官员进行双边和多边交流的主要组织。各研究中心与各战区司令部协作，根据各地区的特殊需求和特点制定和实施项目计划，用专业的军事教育、文官国防教育以及相关的学术及其他活动实现其目标。设在夏威夷的亚太安

---

　　① The USAID Center for Democracy and Governance, *Civil-Military Relations: USAID's Role*, Technical Publication Series, July 1998, p. 4.

　　② "Democracy and Governance: A Conceptual Framework", November 1998, Center for Democracy and Governance, Bureau for Global Programs, Field Support, and Research, U. S. Agency for International Development, Washington, D. C., p. 21.

全研究中心（Asia-Pacific Center for Security Studies）向亚太地区各国的中高级军官和文官提供中高级进修培训，内容涉及国防管理技术、军政关系、美国国防开支及预算制度的运作等。美国开展这些项目的目的是推动区域内各国军方领导人在多国论坛上就地区问题进行对话，密切各国军事关系并在各国军方领导人之间建立起良好的个人关系，降低地区紧张状态，应对地区性安全挑战。

此外，美国司法部在援助和支持转型国家军政关系改革方面也发挥了一定作用。司法部的国际犯罪调查培训援助项目（ICITAP）主要为有关国家的警察提供培训。由于在转型国家警察常常是军队的一部分，军队的国内警察权力与民事警察功能没有明显区隔，因此该项目对转型国家警察的培训对于军政关系改革也有重要意义。

上述美国政府有关各部门也都参与了援助和支持印尼军政关系民主化改革的活动。

美国对印尼军政关系民主化改革的援助和支持主要包括两个方面：第一，支持在法律和制度层面实现军队对文官权威的服从和尊重以及文官政府对军队的控制，主要是建立符合民主原则的军事制度安排；第二，通过各种军事援助，包括军事教育与培训等，把民主的军政关系原则和观念灌输到印尼社会各阶层之中，推动印尼建立民主的军政关系文化，促进印尼文职政府官员、军队及整个社会形成一种关于民主的军政关系的共识和精神。

印尼1982年国防法赋予军队干预政治的合法权力。作为民主化改革的一部分，印尼国防部欲制定一部新的国防法取而代之。为推动印尼军政关系的制度建设，美国国际开发署转型启动办公室在2001年组织并资助一文职军事专家小组赴印尼，在印尼祖国研究所（Propatria）协作下为印尼草拟了一部新的《国防法》。由于印尼军方无意对其自身进行彻底的改革，它此前拟定的草案只是试图尽可能维护其既有的特权和地位，因此未能为印尼人民代表会议接受。祖国研究所的草案提交印尼国防部长之后，后者立即邀请祖国研究所草案拟定小组成员参与修改国防部的草案。经过一系列会商之后，几乎全部接受了祖国研究所拟定的草案。2001年4月中旬，瓦希德总统把法律草案提交人民代表会议审议，各派力量对草案都做出了积极反应。美国国际开发署转型启动办公室支持了祖国研究所在人民代表会议审议草案过程中展开的活动包括：对人民代表会议内各派力量进行密集的游说活动，向其阐明国防法案对现代国家的重要性；主办听证会及其他措施，向政治精英及公众解释它所草拟的法案。该草案于 2002 年在印尼人民代表会议通过，即 2002 年第 3 号法案。

随后，国际开发署转型启动办公室又要求祖国研究所再重新修订人民代表会议当时正在讨论的《警察法》，后者把修订后的《警察法》提交人民代表会议，并与之进行了讨论。该法案对于警察的安全功能和军队的国防任务之间的划分具有重要意义。此外，祖国研究所还参与了印尼国民军内部组织法以及紧急状态法的草拟。美国国际开发署转型启动办公室都给予了支持和援助。它还资助印尼科学院（LIPI）组织民间军事专家代表团到万隆参谋与指挥学院，与印尼国民军负责拟定内部组织及其原则草案的工作组举行研讨会。印尼的这些非政府组织、民间军事专家及其他政治人物参与印尼安全部门改革的决策过程，表明印尼军政关系改革已取得了很大进展。

从 1998 年起到 2004 年印尼大选尘埃落定之前，是印尼政治转型进程充满不确定的时期。政治精英阶层分裂，政局不稳，社会不安。尽管政治环境非常不利，但国际开发署转型启动办公室实施的项目还是成功地让印尼一些重要法律修改走上正轨，这些修订将会在长期内帮助印尼建立起文官对军队的控制。[①] 新的法律和制度框架的确立，无疑有助降低武装力量的政治作用。

从法律和制度层面规范军政关系是转型国家民主化的内在要求，对于民主巩固来说是必不可少的。但仅有法律和制度规范还不够，民主制度持久和稳固还有赖于民主的军政关系文化的形成。而形成这种军政关系文化不可能一蹴而就，特别是在像印尼这样经历了长期独裁统治的国家，更不可能在短时间内形成，因为军队的影响已渗透进政治和社会生活的方方面面，根深蒂固。在培育和形成印尼民主的军政关系文化方面，美国国际开发转型启动办公室开展了一些非常具体的、有针对性的活动：（1）为文官决策者提供讨论和研讨班，提高文官对军队实行民主控制的能力；全面研究印尼军队的地区结构，资助艾尔朗加大学（Airlangga University）司法研究中心组织关于印尼国民军地区结构改革的研讨班，推动军方代表

---

①　"USAID/OTI Indonesia Field Report," March 2001（http://www.usaid.gov/our_ work/cross-cutting_ programs/transition_ initiatives/country/indones/rpt0301. html）.

与文职人员之间的对话与讨论，以化解二者间的矛盾，促进其在军事改革问题上相互理解，以在印尼政府、安全机构以及民间组织之间建立良好的关系。（2）推动印尼实现国内和平，化解种族和教派冲突，为印尼民主和军政关系民主化改革创造有利的社会和政治氛围。2000—2002 年期间，美国国际开发署转型启动办公室试图把亚齐、巴布亚、西帝汶、马鲁古、北马鲁古以及中苏拉威西等地的暴力冲突转变为和平对话，开展有意义的改革，以转变过去导致暴力的结构和关系。为此，它还为地方社区领导人提供了冲突管理技能培训，支持相互冲突的政党和种族集团积极展开互动。在亚齐，国际开发署转型启动办公室支持了第三方协调者（瑞士亨利·杜南中心）的工作，以促进"自由亚齐运动"与印尼政府之间的和平谈判。[①]（3）改善军队与民间组织之间的关系，支持和资助媒体项目，以教授媒体记者更多有关国防的知识和问题以及撰写和报道这些问题方法，从而通过媒体教育公众，以便为军政关系民主化改革打下牢固基础。从 1999 到 2003 财政年度，国际开发署转型启动办公室用于印尼的转型资助共约 1921.7 万美元（见表 4 - 1），其中相当一部分用于支持印尼军政关系改革和培育印尼民主的军政关系文化；仅 2000、2001 和 2002 三个财政年度内，国际开发署转型启动办公室分别提供了 24 笔（970181 美元）、20 笔和 15 笔（291923 美元）军政关系项目资助。

表 4 - 1　　　**转型启动办公室（OTI）对印尼的资助（1999—2003）**　　（单位：美元）

FY 1999	FY 2000	FY 2001	FY 2002	FY 2003	总计
1617895	8768729	4963354	1867145	2000000	19217123

（本表数据系根据美国国际开发署网站有关报告中所列数据统计得出。参见 http://www.usaid.gov/）

　　美国国务院主要是通过它与美国国防部、美国陆军训练与条例司令部等军事部门联合设立的、由国务院拨款、国务院政治—军事事务局和国防部国防安全援助局负责管理的国际军事教育与培训项目对印尼军政关系改革进行援助和支持。该项目开始时主要是提供资金让外国军事人员（包

---

① Office of Transition Initiatives（OTI, USAID）, *A Decade of Transition*：1994 - 2004, p. 21（http://www.globalcorps.com/sitedocs/oti10yearreport.pdf）.

括军官和士兵）在美国选修一些短期和较长期的课程。在 1990 财政年度，国会对它做出修改，并授权设立"扩大的国际军事教育与培训项目"（E-IMET），把受训者扩大到包括从事有关国防事务的文官以及非政府组织和议会的代表。国际军事教育与培训项目的目的是：第一，在军事技能和军事原则方面向外国学员提供指导和培训，提高对象国的军事能力和军队现代化水平，并让他们接触美国专业的军事组织、程序及其在文官控制之下运作的方式等。第二，通过那些不太正式但却非常重要的信息项目，向外国学员介绍美国民主的要素：司法制度、立法监督、言论自由、平等问题以及美国对国际公认的基本人权的责任等，让他们感受美国的生活方式，特别是对民主价值、个人权利与基本人权的尊重以及对法治的信仰等；通过向他们展示如何克服存在于军队、文官和立法者之间的障碍，促使他们更加尊重和理解文官控制军队的原则并推动发展良好的军政关系。为实现这些目标，国防部通过约 275 所军事院校和相关部门开设的 4100 多门课程，每年为约 9000 名外国学员提供培训。

美国通过国际军事教育与培训项目向印尼军事人员和非军事人员提供的培训主要包括两部分内容：第一是军事技能方面的培训，包括先进武器使用与维护、国防资源管理等；第二是军政关系方面内容的培训，目的是让印尼军事人员和来自行政部门、立法机构和非政府组织的代表接触美国的生活方式，特别是对民主价值、个人权利和基本人权的尊重以及对法治的信仰等，通过与他们接触并讨论诸如国防资源管理、军事审判、军政关系以及人权等问题，进一步改善和强化印尼建设性的军政关系，推动印尼的民主化；同时，也通过这些项目教育印尼人民，使之能够在预算审计与透明度以及人权等问题上监督军队。[1]

从 2002 年到 2004 年，美国通过国际军事教育与培训项目为印尼提供了 130 万美元的援助。[2] 在 2005，2006 和 2007 财年，美国通过该项目分别向印尼提供了 72.8 万美元、93.8 万美元和 139.8 万美元[3]；2008 和

① "2002 Foreign Military Training and DoD Engagement Activities of Interest", U. S. Department of Defense & U. S. Department of State Joint Report to Congress, March 2002

② Adam O'Brien, "The U. S. -Indonesian Military Relationship," October 4, 2005 (https://www.cfr.org/backgrounder/us-indonesian-military-relationship).

③ Thomas Lum, "U. S. Foreign Aid to East and South Asia: Selected Recipients," October 8, 2008, CRS Report for Congress, p. 18 (https://sgp.fas.org/crs/row/RL31362.pdf).

2009 财年通过该项目分别向印尼提供了 103 万美元和 154. 7 万美元。① 这些援助主要是向来自印尼军事部门（包括印尼国防部、印尼国民军陆海空三军、印尼国家情报局、国家安全委员会等）、立法和行政部门（包括印尼议会、外交部、财政部、国内事务部、国家发展计划委员会、最高审计委员会、卫生部等）、高校与科研机构以及非政府组织的数百名代表提供有关军政关系、国防资源管理、国际法、政策制定、预算编列、海上救援以及高级英语语言技巧等的培训。美国试图通过直接接触，向这些人灌输尊重民主制度的意识，培养他们的行为规范。尽管这种接触不能确保杜绝印尼军队侵犯人权的行为，但"它确实提供了一个重要机会促使其信守法治、尊重基本人权并在面对内外挑战时尊重专业行为"。②

　　美国国防部也通过它自己主导的项目积极推动印尼军政关系民主化改革。从 2002 到 2004 财年，美国国防部通过亚太安全研究中心开设的中高级主管进修课程为来自印尼科学院、交通部、国防部、海陆空三军、海军陆战队、国民警察、国家情报局、外交部以及一些非政府组织的 30 多名代表进行了短期培训；2006 财年，有来自印尼军方各部门 16 名代表参加了这类课程的培训。从 2003 到 2006 财年，国防部通过地区防御反恐怖主义奖助金项目资助来自印尼军政有关部门及非政府组织的 350 余名学员参加了反恐、执法、军政关系等课程的学习，共花费约 259. 85 万美元。③此外，由于国会在 1999 年中止美国对印尼的一切军事援助，又在 2002 年以立法形式规定印尼只能获得扩大的国际军事教育与培训项目（E-IMET）的援助。该项目强调的是有关非战斗专业化项目，着重加强文官监督军方的能力，改善军事司法制度和推动保护人权。美国还一直利用联合交互操演（JCET）项目维持着与印尼军方的接触，以最大限度地对其施加影

---

①　Bruce Vaughn, "Indonesia: Domestic Politics, Strategic Dynamics, and U. S. Interests," October 27, 2010, CRS Report for Congress, p. 32 (https://www. everycrsreport. com/files/20101027_RL32394_ ea680eecda7892abfe339f614ff4fcdd31c01baa. pdf).

②　Bureau of Political-Military Affairs, *Foreign Military Training and 2DoD Engagement Activities of Interest Joint Report to Congress*, January 2001 (http://www. fas. org/asmp/campaigns/training/annual-report2001/2568. htm).

③　数据系根据美国国务院政治—军事事务局发布的 2002—2007 各财政年度报告 Foreign Military Training and DoD Engagement Activities of Interest 中相关数据统计得出。各报告详情见（http://www. state. gov/t/pm/rls/rpt/fmtrpt/）。

响①，降低军队对印尼国内事务的卷入。所有这些对于推动印尼军政关系民主化改革、形成印尼民主的军政关系文化都会产生影响。

苏哈托统治下印尼军队和警察一直是一体的，军队的国内警察权力与民事警察权力没有明确划分，因此，推动印尼国民警察与军队分离，建立一支能够保护公民免受不法侵犯的警察队伍也是印尼军政关系民主化改革的重要内容。通过一些援助项目，美国向印尼国民警察提供了大量的培训和装备，为推动印尼国民警察改革并实现专业化也做出了努力。

由国务院国际麻醉品管制与执法局（INL）与经济支持基金（ESF）资助的印尼国民警察援助项目于 2000 年 8 月正式开始，目的是加快警务改革，支持印尼国民警察从军事组织转型为民事执法组织。具体目标有三项：第一，帮助印尼国民警察加速结构性改革。2000 年 9 月，美国在雅加达为 20 名印尼国民警察官员举行了两个高级领导人研讨班，介绍了在民主国家管理民事警察机构的原则。2000 年 9 月到 2001 年 6 月间，美国向印尼国民警察计划与预算司提供了技术援助；通过战略计划试点项目在万隆向 50 名印尼国民警察高级官员提供技术援助和训练；为 80 名警务官员举行 6 次地区性高级领导人研讨班。第二，支持印尼国民警察、其他捐助者、非政府组织以及市民社会的活动，使社区警务在印尼国民警察内部实现制度化。2001 年 1 月和 2 月，美国在雅加达和泗水就警察伦理、民主国家警务以及社区警务等对指导员进行民主警务转型培训，并开展了一项地区性教育与培训援助项目，在各地区开设类似课程，以提高印尼国民警察的组织能力建设。第三，增加公众对印尼国民警察作为合格的调查者和和平守护者的信心。从 2001 年 2 月到 5 月，美国对 135 名印尼国民警察紧急事件指挥官和战地指挥官（line officer）进行了内乱管理培训，还根据美国的标准，帮助印尼国民警察制定了管控内乱的行动准则。

国务院外交安全局资助的反恐援助项目也向印尼警官提供了培训。2000 年有 96 名印尼警官赴美国分别参加了 5 期培训，培训内容包括爆炸后调查、恐怖事件犯罪现场管理等。2002 年 10 月 12 日巴厘岛爆炸案发生后，美国加大了对印尼的反恐支持力度。2003 年国务院外交安全局开展了一项耗资 800 万美元的反恐怖主义援助计划，在印尼国民警察内部培

---

① GAO, "Military Training: Management and Oversight of Joint Combined Exchange Training," July 1999, p. 48（https: //www. gao. gov/assets/nsiad-99-173. pdf）.

训、装备并组建一支反恐分队，也就是第 88 特遣队。该分队成员共 400 人，皆由印尼政府特选且经过美国大使馆审查，由从美国特勤局到中央情报局等多个部门的工作人员对其进行情报、调查能力及尖端装备等方面的培训。① 从成立起到 2004 年 9 月，它已抓获或杀掉 200 多名伊斯兰祈祷团（JI）嫌犯，其中包括阿兹哈里·胡辛（Azahari bin Husin）。②

　　美国司法部通过国际犯罪调查培训援助项目（ICITAP）对印尼国民警察进行了援助。这项援助开始于 2000 年印尼国民警察与军队分离之后，它开始关注的是推动警察机构改革，建立民主的执法架构、制度和程序；后来其活动扩展到印尼海事警察发展、反腐败培训等方面，意在加强印尼国民警察的行动能力。该项目对印尼第三阶段援助始于 2003 年，2003—2004 年间为印尼国民警察 3000 名工作人员提供了各种技术培训，目的是提高管理能力，训练在维护法律和秩序以及调查过程中使用现代技术等能力。③ 2005 年 10 月，美国司法部通过这一项目与印尼国民警察合作开展了一项总额 70 万美元的 VCD 培训项目，用来培训印尼国民警察官员。培训内容涉及包括民主的警务、人权、谈话与讯问、人口贩卖以及服务规范等 48 个与工作有关的问题。④ 司法部麻醉品管制局还为印尼部分警官提供了反毒品培训及技术援助。此外，国务院国际麻醉品管制与执法局通过泰国曼谷的国际执法学会开展的培训项目为印尼国民警察调查人员进行了培训。

　　从法律和制度建设方面推动印尼军政关系民主化改革的活动对美国来说比较容易开展，因为：一方面美国有自身历史经验做参考，它从立国之日起就对军队进行了限制；另一方面，长期以来美国对外扩展民主和支持军政关系改革的经历也可资借鉴。而民主的军政关系文化建设，是一个非常复杂的过程，是民主的军政关系原则在印尼社会内部各阶层中逐步社会

---

① International Crisis Group, "Indonesia: Rethinking Internal Security Strategy", December 20, 2004, Asia Report N°90, Jakarta/Brussels, p. 6 (https://www.files.ethz.ch/isn/28405/090_ indo-nesia_ rethinking_ internal_ security_ strategy. pdf).

② 塞莉纳·雷鲁约、斯科特·斯特普尔顿：《处理巴厘岛事件：一个成功的国际范例》（http://usinfo.org/E-JOURNAL/EJ_ TerroristFin/stapleton. htm）。

③ International Crisis Group, "Indonesia: Rethinking Internal Security Strategy", December 20, 2004, Asia Report N°90, Jakarta/Brussels, pp. 20 – 21.

④ "U. S. Justice Department's VCD Project Helps Train Indonesian National Police," November 15, 2005 (http://www.usembassyjakarta. org/press_ rel/VCD-justice. html).

化的过程，其中不可避免地存在新旧观念及习惯的冲突。"只有通过与军官进行内容丰富的、积极和持续的对话的方式来训练政府官员并与之接触，民主的军政关系模式才能得以建立并持久存在。只有通过在全社会促进关于武装力量适当角色更广泛的了解，特别是在军队曾长期卷入政治的国家，才能成功建立起民主的军政关系模式。"① 美国政府各部门正是在这一认知基础上积极推动和支持印尼军政关系民主化改革的。

第四节　美国国会对印尼施加的压力

冷战后期，特别是在冷战结束后，国会在美国外交政策领域的影响膨胀，它不断利用人权等问题对美国政府行政部门施加影响，也直接向外国政府施加压力。在美国推动印尼民主化的过程中，美国国会的作用也不容忽视。与行政当局不同的是，国会主要是试图通过限制对印尼的各种军事援助，向印尼政府和军方施加压力，推动印尼军队及军政关系民主化改革。

在苏哈托独裁统治的长期历史中，印尼军队侵犯人权的行为一直存在，但在冷战背景下，美国政府立法和行政部门都未予以太多关注。冷战结束之后，美国政府，特别是国会对印尼军队侵犯人权问题的关注增加；但在苏哈托下台之前，印尼政治转型进程尚未开启，美国政府（包括行政和立法部门）对印尼军队的关注更多的只是人权问题，而非军政关系改革问题。印尼政治转型进程开始后，美国国会关注的不再仅仅是印尼军队侵犯人权的问题，印尼军政关系改革也成为它关注的重要方面。更为重要的是，国会已把解决印尼军队在过去和现在侵犯人权的问题看作印尼军队和军政关系改革的不可分割的一部分。

美国国会影响印尼军队和军政关系改革的方式主要三种：第一是以立法的形式约束美国政府行政部门与印尼的军事关系以及对印尼的军事援助；第二是国会议员直接致信总统、国务卿或国防部长，表达自己对印尼军队改革及其所涉人权问题的关切，并提出相关要求；第三是直接向印尼政府施加压力。在印尼政治转型进程开始后，美国国会关注的涉及印尼军

① The USAID Center for Democracy and Governance, *Civil-Military Relations：USAID's Role*, Technical Publication Series, July 1998, pp. 7 – 8.

队的人权问题主要有三个：第一是东帝汶独立引发的问题；第二是 2002 年 8 月发生在西巴布亚的美国教师遇害事件；第三是印尼政府和军队处理亚齐等地的分离主义运动的方式等问题。这三个问题成为美国国会向印尼政府和军方施加压力的主要借口。

一　东帝汶问题及美国国会的反应

印尼在 20 世纪 70 年代吞并东帝汶之后很长时间里不许外界进入。直到 1988 年，印尼才开放东帝汶，允许外国记者、投资者等进入。1991 年 11 月 12 日，印尼国民军用美国提供的 M－16 突击步枪向在东帝汶首府帝力举行庆祝活动的和平示威者开火，270 余名平民被杀害，伤者甚众。军方最初宣布死亡 19 人，政府调查后宣布死亡约 50 人，而东帝汶人和外国人权组织则表示有 200 多人被杀。军方任命了一个委员会负责调查，但拒绝证实伤亡数字。

这次事件激起国际社会的愤怒。亲历这一事件的两位美国记者对该事件进行了报道。印尼占领下东帝汶人的遭遇、美国的武器、训练以及军事支持所扮演的角色等引起了美国人权活动家和国会议员的关注。52 名美国参议员致信当时的美国总统乔治·布什，敦促美国支持东帝汶的自决权。作为对民意压力的直接反应，美国国会在 1992 年 10 月投票表决，中止了国际军事教育与培训项目对印尼的军事培训援助。[①] 这作为 1993 财年《外事行动拨款法》的一部分成为法律，并在 1994 和 1995 财年《外事行动拨款法》得以重申。国会议员对克林顿政府口头上支持人权而又允许印尼购买军事装备表示愤怒。1995 年国会通过的 1996 财年法案中继续禁止"国际军事教育与培训项目"对印尼的援助，只允许提供"扩大的国际军事教育与培训项目"的援助，因为它被局限于课堂教学。1997 年 3 月，众议院外事行动拨款小组委员会就国防部未向国会报告、未经国会同意从 1996 年起一直向印尼提供军事培训一事举行听证会，其直接结果是从 1997 到 2000 财年国会一直维持着对扩大的国际军事教育与培训项目拨款的限制。

苏哈托下台后，东帝汶人独立的要求也愈益强烈。哈比比总统仓促决

---

① J. J. Richardson, "Strange Bedfellows: US Aid for Indonesia," Aug. 26, 1999 (http://www. motherjones. com/news/special_ reports/east_ timor/features/usaid. html).

定由东帝汶人以全民公决形式选择地区自治或者独立。1999 年 8 月，东帝汶举行全民公决，绝大多数东帝汶人选择独立。9 月，印尼国民军及其支持的民兵对东帝汶进行了攻击，许多平民被杀，大量基础设施被毁。事件在美国引起广泛关注，国会做出强烈反应，立刻取消了"国际军事教育与培训项目"对印尼援助。除外交关系外，美国停止了与印尼的一切军事关系。

1999 年 9 月 15 日，参议院对外关系委员会主席杰西·霍尔姆斯（Jesse Alexander Helms Jr.）与参议员罗素·D. 法因戈尔德（Russell D. Feingold）共同提出一项法案，对克林顿总统暂停与印尼一切军事关系的决定，要求只有在东帝汶实现安全，难民返回其家园，印尼陆军停止支持民兵组织并开始撤出时，对军事关系的禁令才能解除。同时，民主党籍参议员帕特里克·莱希也要求克林顿政府调查对在东帝汶支持民兵组织负有责任的印尼军官和部队。① 共和党控制的国会在 1999 年秋通过的 2000 财年《外事行动拨款法》规定，在印尼满足"莱希条件"（Leahy conditions）② 前不得恢复与它的军事关系，不得恢复国际军事教育与培训项目及对外军事资助项目对它的援助。为约束国防部对外国军方工作人员提供的教育和培训，民主党籍众议议员约翰·莫克利（John Mauchly）在 2001 年 4 月提出了《对外军事培训责任法》，要求建立一个工作组对国防部的这些活动进行评估。③

"九·一一"事件之后，反恐被置于布什政府外交政策议程的首要位置。印尼因其特殊地位而成为美国在东南亚反恐的首要关注，两国在反恐问题上逐步走向密切合作。布什政府清楚地看到，由于印尼国民警察刚从军队分离出来不久，无论训练还是装备都无法在短期内满足反恐需要，不得不利用印尼军队开展反恐斗争。因此，在"九·一一"事件之后不久，美国政府从白宫到国务院再到国防部的官员就不断鼓噪恢复与印尼的军事关系。但美国国会并未因美国的反恐需要以及行政当局和军方的这些鼓噪

① Elizabeth Becker, "End to Jakarta Military Aid Urged", *New York Times*, September 20, 1999.

② 以佛蒙特州参议员帕特里克·莱希命名的这些条件包括：允许被迫迁到西帝汶及印尼其他地方的东帝汶人重返东帝汶；采取'有效措施'审判涉及"怂恿或协助民兵组织"的印尼军队成员，及侵犯人权的军队和民兵组织成员；协助调查印尼军队及其民兵组织侵犯人权的行为，防止民兵组织进一步的攻击等，见：*Foreign Operations Appropriations Act of* 2000。

③ Foreign Military Training Responsibility Act (H. R. 1594) (https://www.govinfo.gov/content/pkg/BILLS-107hr1594ih/pdf/BILLS-107hr1594ih.pdf).

而迅速改变在这一问题上的基本立场。

国会参众两院于 2001 年底通过的 2002 财年《外事行动拨款法》再次强调了恢复与印尼军事关系的条件，并予以扩展。该法之第 572 款明确规定：本法案在"国际军事教育与培训项目"和"对外军事资助项目"下的拨款，只有在总统确定印尼政府和印尼武装力量满足以下 7 项条件并向国会有关委员会提交报告之后，才能用于对印尼军事人员的援助。印尼武装力量（1）采取有效措施审判那些有充分证据证明在东帝汶和印尼犯有侵犯人权之罪行的武装力量及民兵团体成员；（2）采取有效措施审判那些有充分证据证明在东帝汶和印尼帮助或怂恿非法民兵团体的武装力量成员；（3）允许被驱离的东帝汶人重返家园；（4）配合调查和检举对在印尼和东帝汶的侵犯人权行为负有责任的印尼武装力量和民兵团体成员；（5）表现出对文官控制武装力量的责任；（6）允许联合国和其他国际人道主义组织以及得到承认的人权组织进入西帝汶、亚齐、西巴布亚和马鲁古；（7）释放政治犯。① 这 7 项条件与前两年《外事行动拨款法》之规定不同的是增加了第（5）点，国会开始把印尼军队和军政关系改革作为恢复对印尼军事援助的条件，而不仅仅是关注它的人权问题。

2001 年 12 月，民主党籍参议员丹尼尔·井上（Daniel Ken Inouye）和共和党籍参议员特德·史蒂文斯（Ted Stevens）在 2002 国防预算案中加入了第 8125 款，为国防部长拨款 1790 万美元以设立一个地区防御反恐怖主义奖助金项目。该款规定，国防部长可以用这笔拨款资助外国军官参加美国军事教育机构和所选择的地区中心提供的非杀伤性训练（non-le-thal training）；美国各战区总司令有权提名候选人及所参加的学校，并由国防部长同意。② 该款未明确限定哪些国家可以参加这一新项目，也就使得印尼有可能获得之前被禁止的援助。国会于 2002 年 1 月通过 2002 年国防预算案，批准了这项拨款。3 月份，布什政府提出增加拨款 1600 万美元的要求，其中 800 万美元用于培训文职和军事人员以支持印尼的人道主义和维和行动，另外 800 万美元用于审查、训练和装备反恐部队。

---

① *Foreign Operations*, *Export Financing*, *and Related Programs Appropriations Act of* 2002, SEC. 572（https：//www. congress. gov/107/plaws/publ115/PLAW-107publ115. pdf）.

② *Department of Defense and Emergency Supplemental Appropriations for Recovery from and Response to Terrorist Attacks on the United States Act*, 2002, SEC. 8125（https：//www. congress. gov/107/plaws/publ117/PLAW-107publ117. pdf）.

　　这两个行动引起美国国会内部反对军事援助印尼的议员的关注。2002年5月14日，参议院六名参议员联名致信国防部长唐纳德·亨利·拉姆斯菲尔德（Donald Henry Rumsfeld）表示，美国军队不能"向继续犯有严重暴行、拒绝为其侵犯人权的行为负责、甚或在某些情况下依然是其自己人民的最大威胁的军队提供援助"，否则，美国将会传递矛盾的对外政策信息，并可能会损害美国的利益以及它在反恐战争中争取全球支持的努力。关于军事援助印尼的问题，他们表示：对印尼的任何援助都必须遵守现存有关法律，实施地区防御反恐怖主义奖助金项目也应符合现存法律的精神实质和字面意思，不应撇开此前对军事援助印尼所施加的限制；在实施任何涉及印尼的军事援助项目时，国防部和国务院应及时与国会进行定期、全面的协商。① 53位国会众议员在6月25日也致信拉姆斯菲尔德和国务卿鲍威尔表达同样的关切。他们在信中表示："我们必须确保不提供更多援助给继续给其人民制造灾难而不承担责任的军队……印尼政府在打击'圣战军'方面动作缓慢，政府及安全力量成员与这一武装组织之间还存在着明显的联系……在这个时刻提供任何其他军事援助，不仅是没有必要的，而且可能会损害改革印尼国民军的努力。"②

二　美国教师遇害事件与国会对军事援助印尼的限制

　　"九·一一"事件之后美国国会对军事援助印尼的态度虽未一夜之间发生根本性变化，但它也不可能不受之后国际反恐形势的影响。应该说，在"九·一一"事件之后美国松动对印尼的军事援助限制是具备一定条件的：一方面，在美国，爱国主义情绪空前高涨，支持反恐成为美国社会内部一个"政治正确"的问题，布什政府也有意争取印尼的反恐合作，通过恢复军事援助，加强印尼国内反恐能力；另一方面，在印尼，从苏哈托下台到2002年中期，尽管对过去侵犯人权的罪行尚未得到彻底清理，但印尼军政关系改革在形式上已取得了一定进展。于是，美国国会参议院拨款委员会在2002年8月决定拨款40万美元恢复"国际军事教育与培训项目"对印尼的援助。

---

① Senators to Rumsfeld, Powell Re. Indonesian Military, May 14, 2002（http：//www.etan.org/et2002b/may/12-18/14sentor.htm）.

② "Members of Congress Oppose Bush Administration Moves to Increase Engagement with Indonesian Military,"（http：//www.etan.org/news/2002a/06house.htm）.

　　但在 2002 年 8 月 31 日，在印尼西巴布亚的提米卡（Timika）又发生了 10 名美国教师和一名六岁儿童以及护送他们的印尼人遭到身穿军装的武装分子袭击的事件，造成其中 3 人死亡。印尼军方迅速宣布该事件为恐怖袭击，系巴布亚独立组织（OPM）所为。警方调查显示，印尼国民军可能卷入其中，但由于它拒绝合作，印尼警方无法完成调查。这一事件成为美国国会坚持限制对印尼进行军事援助的又一借口。美国国会众议院 27 名议员在 9 月 3 日致众议院对外行动拨款小组委员会主席吉姆·科伯（Jim Kolbe）的信中表示，参议院拨款委员会决定恢复"国际军事教育与培训项目"对印尼的援助是一个严重错误，不符合美国的长远利益。①

　　在 2002 年 9 月底通过的《2003 财年对外行动授权法》中指出，美国国会认为印尼政府应该：（1）在结束印尼武装力量侵犯人权的行为方面表现出实质进展；（2）结束印尼国民军对恐怖组织的支持与合作，包括拉斯卡尔圣战组织（Laskar Jihad）以及活跃在马鲁古、中苏拉威西、西巴布亚及其他地方活动的民兵；（3）调查和起诉对侵犯人权行为的责任者，包括印尼国民军军官、拉斯卡尔圣战组织、民兵及其他恐怖组织成员；（4）寻找并起诉杀害巴布亚领导人戴斯·埃尔文（Theys Elvay）、亚齐人权支持者贾法尔·西迪克·哈姆扎（Jafar Siddiq Hamzah）以及美国公民埃德温·L. 伯根（Edwin L. Burgon）和里基·L. 施皮尔（Ricky L. Spier）的凶手。②

　　2003 年 5 月 21 日，美国国会参议院对外关系委员会一致通过了民主党参议员拉塞尔·费恩戈德（Russell Feingold）提出的对 2004 财年《对外援助授权法》（Foreign Assistance Authorization Act for Fiscal Year 2004）的一项修正案，规定在布什总统确证印尼及其武装力量已采取有效措施进行完整调查并惩罚对 2002 年 8 月 31 日袭击美国公民负责的那些人之前，限制"对外军事资助"项目（Foreign Military Financing）和"国际军事教育与培训项目"对印尼的援助。③ 国会于 2004 年 1 月 22 日通过的 2004 财

---

　　①　"Members of House Oppose Renewal of IMET and FMF for Indonesia", September 3, 2002（http：//www. etan. org/news/2002a/09hletter. htm）.

　　②　*Foreign Relations Authorization Act*, *Fiscal Year* 2003, SEC. 703（https：//www. congress. gov/107/plaws/publ228/PLAW-107publ228. pdf）.

　　③　不过，该修正案不禁止美国政府继续与印尼武装力量开展一些项目或进行训练，包括反恐训练、军官访问、港口访问，或者该法案通过之日将开展的教育交流等。见 Rights Groups Praise Senators for Restricting Military Training for Indonesia, May 22, 2003（http：//www. etan. org/news/2003a/05imet. htm#Amendment％20Text）.

年《综合拨款法案》（H. R. 2673）也规定，在国务院确定印尼军队和政府在联邦调查局（FBI）调查该事件过程中进行了合作之前，禁止国际军事教育与培训项目对印尼的援助。① 2004 年 6 月 23 日，美国国会众议院拨款委员会外事行动小组委员会也决定延长对国际军事教育与培训项目的限制。7 月 15 日，众议院全票通过议案，继续禁止国际军事教育与培训项目和对外军事资助项目对印尼的援助。9 月 23 日，参议院投票决定，延长对外军事资助项目及对印尼的非致命性武器出口许可及国际军事教育与培训项目的限制。

三　印尼政府对分离主义运动的军事行动与美国国会的关注

伴随着政治转型进程，印尼国内分离主义运动也在不断发展，成为影响印尼国家稳定和领土完整的严重问题。在很多印尼人看来，东帝汶独立是对印尼国家尊严的一种伤害。东帝汶独立也鼓励了亚齐、巴布亚等地分离主义运动的发展。在和平谈判未能取得进展、分离主义运动愈演愈烈的情况下，印尼政府对亚齐等地的分离主义势力采取了军事行动。

2003 年 5 月 19 日，印尼军队对亚齐的分离主义叛乱发动军事进攻，并造成大量平民伤亡。美国国会参议院于 6 月 26 日致信布什总统，表示严重关切。17 名参议员要求布什总统以尽可能严厉的措辞向印尼当局表示：军方必须尊重人权，停止进攻和威胁平民、人权和政治活动家、记者以及其他面临危险者。他们表示无法容忍这种粗暴侵犯人权的行径，支持印尼政府采取和平战略结束亚齐的冲突，并敦促布什政府继续鼓励印尼政府和自由亚齐运动结束敌对行动，重新回到谈判桌上②。同日，46 名众议员也联名致信国务卿鲍威尔，敦促他要求印尼政府停止在亚齐使用美国提供的武器装备，立即实现停火。他们还要求美国政府在联合国安理会提出亚齐日益恶化的人权灾难。③

美国国会以人权关注为由，利用这些问题直接或通过美国政府行政部

---

① Consolidated Appropriations Act, 2004, SEC. 597. (b) (https：//www. congress. gov/108/plaws/publ199/PLAW-108publ199. pdf).

② "Senate Letter to President George Bush," June 26, 2003 (http：//www. etan. org/action/action2/06acehltr. htm).

③ "House Letter to Secretary of State Colin Powell," June 26, 2003 (http：//www. etan. org/action/action2/06acehltr. htm).

门间接向印尼军方施加压力，以促其对过去侵犯人权的行为负责。应该说，在促进印尼实行军队及军政关系民主化改革方面，美国国会和行政部门的目标是一致的。但在行政部门看来，人权问题在美国与印尼的关系中并不占据非常重要的位置，而且自从苏哈托下台之后，印尼的政治转型进程在逐步推进，军队及军政关系方面的改革也取得一定进展，特别是2004年成功举行了印尼历史上第一次真正民主的总统直接选举；它更多是从宏观角度审视印尼的民主化改革，从现实战略角度看待印尼在东南亚反恐乃至美国的亚太战略中的重要地位的。因此，布什政府在"九·一一"事件之后一直在积极推动恢复对印尼的军事援助，以实现两国军事关系正常化。而对布什政府逐步实现与印尼军事关系正常化，恢复军事援助印尼的举动，持支持和默许态度的国会议员越来越多，只有少数议员保持关注，未能在国会对行政部门形成强有力的立法限制。

2004年8月，因美军太平洋司令部与印尼国民军之间重开双边安全对话，65名国会议员致信国防部长拉姆斯菲尔德表达关切。他们在信中称："考虑到那么多与印尼军方有关的严重的人权问题尚未解决这一事实，我们恭请你重新考虑恢复双边安全对话的问题。我们认为，此时重开对话与国会和行政部门在20世纪90年代后期以来坚持的、在人权问题得以解决之前严格限制对印尼国民军的军事援助、联合演习和交流等的坚定立场是相悖的。"[1] 他们在信中要求国防部在与印尼国民军各级领导人交流时都要对印尼军队严重的人权纪录表示关切，并要求拉姆斯菲尔德重新考虑恢复美国与印尼军方的双边安全对话的问题。对于国务院准备向印尼提供对外军事资助一事，27位国会议员在10月7日致信鲍威尔说："对印尼的对外军事资助项目未经很好的商讨，不应包含在政府2006财年预算要求之中……印尼国民军的人权纪录依然无法让人接受……它依然是一个庞大的腐败机构……我们严重关切印尼真正的军事改革的前景……到目前为止，印尼军队还未进行改革，未承担责任。在2006财年向印尼提供对外军事资助是不成熟的、不合理的，也是不明智的。"[2]

在2004年底印度洋海啸爆发后，美国国防部内有人借海啸灾难救援

---

① "Reps Write Rumsfeld on US-Indonesia Military to Military Ties," (www. etan. org/legislation/ 04rumsfld. htm.).

② "Members of Congress Oppose U. S. Assistance to Unreformed, 'Corrupt' Indonesian Military," (http: //www. etan. org/news/2004/10housefmf. htm).

之机为恢复"国际军事教育与培训项目"对印尼的援助进行游说，部分议员对此表达了关注。美国会众议院军事委员会资深议员莱恩·埃文斯（Lane Evans）在 2005 年 1 月 18 日致信美军太平洋司令部司令托马斯·法戈（Thomas Fargo），要求后者保证美国在印尼的军队的行动符合《对外行动拨款法》关于军事援助限制的字面规定和精神，美国所有军事援助都毫无例外地用于人道主义救援；国防部获得和使用这种救援资金都必须是透明的，不得扩大到人道主义援助最严格界定的范围之外，不能提供军事训练。[1] 因为他认为印尼国民军的人权纪录没有改善，承诺的改革还未见行动；在发生海啸灾难的情况下，它还拒绝在亚齐实现停火，它还支持亚齐的"伊斯兰教守卫者阵线"和"圣战军"等武装组织。

　　到 2005 年上半年，美国与印尼的军事关系基本实现了正常化，美国国会虽依然在关注印尼军队所涉及的人权问题，但它对军事援助印尼的态度总体上已发生了很大变化。这些议员的行动，虽然对布什政府军事援助印尼形成了一定压力，但这种影响与"九·一一"事件之前相比已小了很多；更重要的是，国会内部，特别是参众两院之间对这些问题的看法也有分歧。这明显地体现在参众两院对 2006 财年《对外行动拨款法》的争论之中。众议院在 2005 年 6 月 28 日通过的 2006 财年《对外行动拨款法》版本未对对外军事资助项目援助印尼做出任何限制；参议院在 30 日通过的版本则规定：对外军事资助项目对印尼的援助只能用于印尼海军，否则需要国务卿证明。11 月 14 日，布什总统签署了国会参众两院协商后通过的版本，使之成为正式法律。虽然该法案之第 599 款规定在印尼满足一定条件之前继续禁止通过对外军事资助项目向印尼提供军事装备和训练，同时也禁止向其提供"致命性"装备出口许可。但该法案同时也赋予国务卿以搁置权，即：在他确定并向各拨款委员会报告搁置这些条件符合美国的国家安全利益时，可以搁置这些条件。[2] 这就为行政部门军事援助印尼开了一扇很大的窗子。2005 年 11 月，美国国务院宣布解除对印尼的军售

---

①　"Lane Evans' Letter to Admiral Thomas Fargo Commander, US Pacific Command," January 18, 2005（http://www.etan.org/news/2005/01evans.htm）.

②　这些条件包括：（1）印尼政府按罪行轻重起诉并惩罚被明确证明犯大规模侵犯人权罪行的武装部队成员；（2）武装部队根据印尼总统的指示与民事司法部门及有关国际组织合作解决在东帝汶及其他地方的大规模侵犯人权的行为；（3）武装部队根据印尼总统的指令实施促进文官对军队的控制的改革等。见 H. R. 3057 - Foreign Operations, Export Financing, and Related Programs Appropriations Act, 2006, SEC. 599F（a）（b）.

禁令并通过对外军事资助项目向其提供军事援助，美国与印尼的军事关系全面恢复。至此，国会以立法方式限制美国军事援助印尼、对印尼施加压力的做法走到了尽头。

第五节　美国非政府组织的推动

除美国政府行政部门和国会外，美国一些人权组织和非政府组织也是推动印尼军政关系民主化改革的一支重要力量。它们主要从两个方面施加影响：第一，是努力阻止美国对印尼的军事援助和培训，着眼于制裁和施加压力。从这一角度施加影响的主要是一些人权组织或同时关注这些问题的其他非政府组织。第二，是从积极方面为促进印尼军队和军政关系民主化改革开展一些建设性的活动，包括从事关于军政关系知识的公民教育等等。美国的非政府组织在这个问题上施加影响的方式有很多：第一，直接就有关问题向美国政府行政部门官员表达意见，包括总统、国务卿、国防部长以及负责东亚事务的一些层级较低的官员；第二，游说和影响国会议员，以立法形式约束美国对印尼的军事援助及两国军事关系；第三，与美国政府有关部门，如国务院、国防部、美国国际开发署、司法部等合作，实施一些旨在促进印尼军政关系民主化改革的项目。

一　直接向行政部门表达意见

人权组织及其他非政府组织就美国对印尼的军事援助及两国军事关系等问题向美国政府行政部门表达意见的方式有很多。一种是直接就各自关切的问题透过媒体向美国政府有关官员喊话。比如，在 2001 年 3 月美国国务卿鲍威尔与印尼外长阿尔维·希哈布（Alwi Shihaband）会谈前，印尼人权网络组织（Indonesia Human Rights Network）[①] 事先敦促布什政府坚定地支持印尼的民主化，维持并强化国会对军事援助印尼的禁令。该组织执行委员会共同主席克雷格·哈里斯（Craig Harris）说："我们希望国务卿鲍威尔在会见希哈布外长时能够强调，印尼安全力量及其盟友还在继

---

① 该组织是一草根性组织，主要通过进行公众教育和开展全国性的倡议支持印尼的民主运动，反对美国与印尼军方合作。该联系网由来自美国及世界各地的人权支持者、教育工作者及相关人员组成。

续在西巴布亚、亚齐、马鲁古及其他地方进行着严重侵犯人权的行动。"另一共同主席阿加莎·施马迪克（Agatha Schmaedick）说："在恢复华盛顿与雅加达之间的任何军事关系之前，印尼武装力量必须进行重大改革。美国政府必须以实现文官对军队的控制以及进行不低于国际正义标准的人权审判为恢复与印尼军方关系的前提条件。"① 国际危机组织（International-al Crisis Group）在 2001 年 10 月 11 日发布的报告中向国际社会，特别是美国、欧盟及其成员国和澳大利亚建议，"维持既有的对合作的限制，直到有证据表明对侵犯人权的行为进行了有效惩罚，但在法律起草、规划、教育和培训以及可能有助于政策评估和改革之专业化管理的软件等方面提供援助"。② 再如，在 2005 年 2 月 25 日国务卿赖斯向国会表示印尼已满足了恢复国际军事教育与培训项目援助的法律条件后，东帝汶行动网（ETAN）③ 于 27 日发表声明说："对印尼全面恢复国际军事教育与培训项目，是正义、人权和民主改革所遭受的一大挫败。我们督促（美国）行政当局重新考虑这一决定，呼吁国会更严格、更广泛地限制对印尼的所有军事援助。"④

再就是直接致信美国政府行政部门官员，包括总统、国务卿、国防部长以及一些级别稍低些但专责相关事务的官员。国会于 2002 年 1 月通过 2002 年《国防预算法案》批准拨款 1790 万美元设立一地区防御反恐怖主义奖助金项目；3 月，布什总统又提出增加拨款 1600 万美元的要求。由于国防部在执行这些拨款时可能会绕过国会对军事援助印尼的限制，39 家非政府组织负责人在 2002 年 5 月 7 日联名致信国务卿鲍威尔和国防部长拉姆斯菲尔德表达关切。他们在信中强烈要求行政部门与国会合作，以实现下列目标：第一，必须尊重国际军事教育与培训项目和对外军事资助项目援助印尼国民军的限制条件……不能通过地区防御反恐怖主义奖助金

① "Indonesia Human Rights Network Urges Continued Ban on U. S. Aid to Indonesian Military," February 26, 2001（http://members.pcug.org.au/~wildwood/febban.htm）.

② *Indonesia: Next Steps in Military Reform*, October 11, 2001, ICG Asia Report No. 24, p. iii（https://www.files.ethz.ch/isn/28336/024_indonesia_military_reform.pdf）.

③ 该组织成立于 1991 年 11 月，其目的是与东帝汶人一道，通过影响美国政府及与东帝汶有关的国际组织的政策，支持东帝汶的自决、民主、人权、妇女权利、可持续发展与社会、法律与经济公正等。

④ "East Timor *Action* Network Condemns Restoration of IMET for Indonesia,"（http://www.etan.org/news/2005/02imet.htm）.

项目对其进行训练；第二，反对以任何形式援助印尼国民军；第三，对所开展的任何训练，五角大楼应向国会证明，与五角大楼一起工作的个人、警察或军队不会使用获得的技术来镇压国内冲突等。①

在鲍威尔于 2002 年 8 月初访问印尼时，东帝汶行动网华盛顿协调人卡伦·奥伦斯坦（Karen Orenstein）也给他写信表示：正义的要求、军队改革、冲突地区非军事化以及尊重人权等必须与反恐战争具有同等重要性，或被置于更优先考虑的位置。②他呼吁美国不要为反恐战争而放弃人权。在布什总统于 2003 年 10 月 21 日访问印尼巴厘岛时，东帝汶行动网也敦促他严格限制对印尼国民军的一切援助，要求他向印尼总统梅加瓦蒂传递极其明确的信息：在他考虑把美国的援助给予印尼时，印尼军方必须清除其不良行为。③ 2006 年 3 月 10 日，就在国务卿赖斯即将出访印尼之前，国际人权组织"人权第一"国际项目主任尼尔·希克斯（Neil Hicks）也给她写信表示："'人权第一'组织坚信，支持印尼长期民主发展和健康双边关系的最好办法是促进尊重人权和真正的军事改革。"为达此目的，希克斯敦促赖斯在与印尼总统苏西洛及其他官员的会谈时，提出军事援助、反恐援助等涉及印尼的改革与人权等的问题；美国应坚持，对印尼的军事援助应以印尼在改革和责任承担等方面取得的进展为前提。④

无论选择何种方式，时间点的选择大都有其共同特点，也就是选在两国间有高层互访或有相关重要事件发生之时，这样可以充分引起官方、媒体及社会的关注，从而尽可能放大他们的声音。尽管无法确定这些非政府组织直接的意见表达到底在多大程度上影响了美国政府行政部门的政策选择，但有一点是很明显的：它们所关切的问题，也都是美国与印尼历次高层对话中没有回避的问题。

---

① "NGOs Write Secretary of State Powell and Secretary of Defense Rumsfeld on Military Ties to Indonesia," 7 May 2002, （http：//www. etan. org/news/2002a/05ngoties. htm）.

② "Indonesian Activists Implore US Not to Forsake Human Rights," （http：//etan. org/et2002c/august/01-10/01iactiv. htm）.

③ "Bush Must Set Record Straight：No Military Assistance for Indonesia," （http：//www. etan. org/news/2003a/10bush. htm）.

④ "Secretary Rice Must Raise Human Rights in Dialogue with Indonesia," March 10, 2006 （https：//www. humanrightsfirst. org/2006/03/10/secretary-rice-must-raise-human-rights-in-dialogue-with-indonesia）.

二　游说和影响国会议员

关注人权、安全、军控等问题的非政府组织（包括人权、宗教组织和妇女团体等）形成了一个相互协调、相互支持的网络。它们还试图通过影响美国国会或相关委员会以及直接游说国会议员，进而以立法手段约束美国与印尼的军事关系及其对印尼的军事援助，对印尼政府和军队施加压力，促其改革。

在这些方面，东帝汶行动网（East Timor Action Network）有过成功的经历。该组织于1991年11月成立后一年内就成功地促使美国国会通过法案限制对印尼的军事援助。此后，东帝汶行动网在美国全国范围内建立起草根性的联系网。在1999年8月东帝汶举行全民公决前后，它采取了一系列的游说活动：与50多名众议员和25名参议员积极合作，促成众议员吉姆·麦戈文（Jim McGovern）、参议员杰克·里德（Jack Reed）和汤姆·哈金（Thomas Richard Harkin）等访问东帝汶；1999年5月初，安排利基卡惨案（Liquica massacre）的幸存者达·柯斯塔（Francisco de Jesus da Costa）和东帝汶学者维森特·索尔斯·法利亚（Vicente Soares Faria）以及前印尼军队雇员马奴埃尔·多斯·马蒂瑞斯（Manuel dos Martires）一起到美国国会就利基卡惨案、印尼军队层级以及民兵与军队的勾结等问题作证；在3月和6月，举行了东帝汶行动网第六年度"游说日"活动，100多个草根说客拜访了众议院和参议院300位议员；他们还参与并推动国会众参两院分别通过了众议院版（H. R. 2895）和参议院版（S. 1568）的《东帝汶自决法》（*East Timor Self-Determination Act of* 1999），前者要求在1999年8月30日东帝汶投票结果生效并实施前立即中止对印尼政府的援助，并为恢复对印尼军事援助设定了条件；后者则规定在此之前中止对印尼的安全和经济援助。①

在很多情况下，东帝汶行动网还与其他人权及其他非政府组织合作，以最大限度地放大他们的声音，提高他们的社会能见度，游说议员或影响他们对相关议案的投票倾向和投票行为。2002年7月16日，东帝汶行动网与另外60个非政府组织的代表联名致信美国会参众两院拨款委员会成

---

① H. R. 2895 - East Timor Self-Determination Act of 1999（https：//www. congress. gov/106/bills/hr2895/BILLS-106hr2895ih. pdf）.

员，要求他们支持在 2003 财年对外行动拨款法案中重新恢复国际军事教育与培训项目和对外军事资助项目对印尼的援助限制，并加入排除根据 2003 财年国防拨款法案中规定的地区反恐怖主义奖助金项目为印尼安全部队提供训练的内容。① 2005 年 9 月 20 日，就在国会参众两院准备就 2006 财年《外事行动拨款法》不同版本进行协商时，东帝汶行动网与其他 47 个人权、军控及和平团体的代表联名致信美国国会议员，敦促继续限制对印尼的军事援助，并要求他们在最后的拨款法案中纳入参议院版本中关于向印尼提供对外军事资助项目及致命性防御武器的出口许可的限制、印尼合作情况报告以及亚齐与巴布亚人道主义和人权状况报告等规定。他们在信中说，国会必须对印尼军队保持一贯的立场，否则将会失去促其改革的杠杆。只有胡萝卜没有大棒，只会削弱加强文官控制印尼国民军以及为侵犯人权行为的受害者追求司法公正的努力。② 2005 年底美国全面恢复与印尼的军事关系之后，东帝汶行动网和另外 14 个非政府组织于 2006 年 5 月 18 日又在众议院外事行动拨款小组委员会审定 2007 财年《对外援助拨款法》前致信该委员会，要求它在这一法案中全面限制对外军事资助项目对印尼的援助以及致命性武器项目的出口，恢复对印尼军事援助的限制，以此作为影响它朝积极方向发展的最好办法。他们表示反对布什政府此前通过新的国防部项目向印尼军队提供总额 1900 万美元军事援助的决定。他们认为，对对外军事资助项目及致命性武器出口的法律限制是美国国会影响印尼发生积极变化的最重要的杠杆。③

无论是对行政部门施加压力、表达意见，还是游说国会议员、影响其投票行为和投票倾向，在大多数情况下都是很多相关非政府组织共同采取行动。也只有在联合行动的情况下，这些非政府组织的诉求才有可能最大限度地受到美国政府行政部门、国会乃至整个社会的重视，产生实际影响。

三　与美国政府有关部门合作

除了这些试图以向行政部门和国会施加压力和影响的方式约束美国与

---

① "Groups Urge Congress to Continue Restrictions on U. S. Military Assistance to Indonesia" (http：//www. etan. org/news/2002a/07letter. htm).

② "U. S. Groups Call on Congress to Maintain Restrictions on Military Aid to Indonesia" (http：//www. etan. org/news/2005/09ngo. htm).

③ "Groups Urge Congress to Restrict Assistance to Indonesian Military in Legislative Mark-up" (http：//www. etan. org/news/2006/05forops. htm).

印尼的军事关系，反对军事援助印尼的人权组织和宗教、妇女团体等外，还有一些非政府组织主要是通过与美国政府有关行政部门，如国务院、国防部、国际开发署和司法部等合作，在印尼开展一些军政关系项目，以推动印尼军政关系的民主化改革和民主的军政关系文化的养成。

美国很多非政府组织，包括一些半政府性质或由政府支持的组织，经常会参与到援助和支持其他转型国家军政关系改革的活动当中。在接触对象国的社会时，非政府组织与官方机构相比往往会有一些优势。它们的活动更灵活、更具体，也更容易深入最深层次的社会需要。因此，美国政府也乐于利用这些非政府组织，放大其影响力，来实现其对外政策目标。很多非政府组织，虽然形式上完全独立于美国政府，但在很多议题上与政府有着共同的利益，也愿意与政府部门合作，借此来推进和扩大自己的影响。在推动印尼军政关系民主化改革的过程中，美国的一些非政府组织与美国政府有关部门，如国务院、美国国际开发署、国防部、司法部等部门进行了密切合作。

1998 年初，美国全国国际事务民主学会与印尼日惹市加札马达大学（Gadjah Mada University）的安全与和平研究中心合作，在文官和军事领导人之间推动关于多元主义和民主的对话。该项目把来自加札马达大学和马格朗（Magelang）的全国军事研究院（AKMIL）的参加者拉到一起，讨论转型问题和军队在民主国家的作用等。以这些合作为基础，美国全国国际事务民主学会在 1999 年底起开展了一个旨在加强文官领导和监督军队的能力的项目。它还开展了一系列活动，以加强印尼的对文官领导、指挥、管理和控制至关重要的文官机构，如立法部门、媒体和主要大学等。美国全国国际事务民主学会就有关国防的各种议题为印尼人民代表会议外事、国防与信息委员会（Commission I，该委员会负责监督军队和媒体）提供了培训；就选举后环境中的治理与安全提供专家咨询；提高科研院所和智库研究、分析安全政策和军队制度的能力。它还支持文职与军方领导人之间在地区层次上的对话，开展了一些政治项目以鼓励军官和市民社会领袖之间的对话、为其提供信息，推动公众进入印尼政治转型发展框架。

美国发展选择公司（DAI）在很多议题上与美国政府有关部门进行了合作。2002 年 10 月巴厘岛爆炸案后，美国政府要求美国国际开发署冲突预防和反应局（OCPR）和发展选择公司提出快速、周延的应对方案。冲突预防和反应局与发展选择公司在当地政府和非政府组织的配合下，迅速采取行动，对损失状况进行了评估，向受影响的社区提供了经济援助。2003年雅加达喜来登酒店汽车爆炸案后数小时内，冲突预防和反应局与发展选择公司在当地非政府组织配合下，评估了受害者的需求，制定了一个对美国大使馆决策有指导意义的援助框架。2003年5月，印尼政府与自由亚齐运动的谈判破裂。在印尼政府发动军事进攻后，发展选择公司与冲突预防和反应局向受害者提供紧急状态援助，并通过信息自由流动研究所（Institute for Free-Flow of Information）开展了一个媒体监督项目，以监督和支持言论自由和国有媒体对冲突报道的客观性。① 从2004年8月到2007年9月，发展选择公司与美国国际开发署合作，在亚齐、西伊里安查亚、马鲁古、中苏拉威西等省份实施了名为"支持和平的民主化"的项目，目的是解决在资源分配、权力划分和政治决策参与、认同、地位或价值观等方面利益不相容的集团之间的暴力冲突，通过支持地方组织和机构开展社区复兴活动、培训以及监督等活动，努力从根源上解决印尼的暴力冲突，为整个印尼实现和平、解决冲突培养一种持久的、制度性的能力。② 发展选择公司在实施这一项目过程中，还与印尼当地的非政府组织、大学以及公共研究所等进行了合作。

"英特新闻"是一家独立的媒体组织，但也接受国务院、美国国际开发署以及国际开发署转型启动办公室的资助。2001年6月，在美国国际开发署的资助下，"英特新闻"在西肯塔基大学（Western Kentucky University）开始了国际新闻业与媒体管理培训项目。该项目开展第一年就有印尼记者和媒体管理者参加培训。"英特新闻"特别注重媒体在减少国家间或国内冲突中所能发挥的积极作用。它们认为，无偏见、准确地报道有助于降低冲突地区的紧张状态。该组织在2001年开设的名为"为和平而报道"（Reporting for Peace）的培训班为部分印尼记者进行了培训，其主要目的就是训练记者利用其报道技巧来缓和冲突、降低敌对状态。

民间机构合作协会（Private Agencies Collaborating Together, PACT）作为美国民间志愿组织（PVOs）的成员组织于1971年成立，其目的是为美国国际开发署向从事救济与发展援助的民间志愿组织分配资助提供便利；

---

① David Pottebaum, Ignacio Sainz Terrones & Daniel Ziv, "Fast Action Yields Real Results in Indonesia", *Developments: A Quarterly Newsletter of Development Alternatives, Inc.*, Fall/Winter 2003, p. 1, 15.

② USAID/Indonesia, "Support for Peaceful Democratization" (http://indonesia.usaid.gov/en/Activity. 150. aspx).

20 世纪 80 年代初起直接援助地方非政府组织，提供小额组织发展资助。印尼的政治转型启动之后，该组织与美国国际开发署合作，开展了一些推动印尼民主发展的项目。在其 DISCUSS 项目下，民间机构合作协会在印尼资助社区举行了 1000 多场群众集会，就当地的关注和问题进行讨论，约 5 万人参加。通过讨论，达成共识，数百个地方冲突得以解决。而且又有 23 个新的非政府组织成立，以继续这样的讨论和社区组织工作。①

这些非政府组织的活动，都直接或间接地对推动印尼军政关系民主化改革和民主的军政关系文化的形成产生了一定的影响。其他接受美国国际开发署资助并推动印尼民主发展和军政关系改革的非政府组织还有：美国国际共和学会、美国全国国际事务民主学会、选举制度国际基金会、亚洲基金会、信息自由流动研究所和东南亚报业联盟（Southeast Asian Press Alliance，SEAPA）等。通过与这些非政府组织的合作，来实施美国政府各有关部门推动印尼军政关系民主化改革的项目，可以最大限度地扩大这些项目的影响，帮助美国政府实现效益和影响的最大化；同时，与非政府组织合作，通过它们直接与印尼民众对话，更有助于印尼民众理解和接受，对民主的军政关系文化的形成有积极意义。

第六节　美国对印尼军政关系改革的影响

从维兰托将军于 1998 年 10 月 5 日宣布实施"新范式"改革计划起，印尼国民军正式放弃了"双重使命"原则。到 2004 年，印尼军政关系改革已取得很大进展：逐步取消了军方在立法机构的指定席位，并取消了全国和地区司令部占据的社会政治职位；实现了军队与警察分离；逐步确立了文官对武装力量的牢固控制；军队与专业集团党分离，实现政治上中立；2004 年第 34 号法案禁止军人参与任何商业活动，要求政府到 2009年为止接管军队经营的所有商业活动。印尼的军政关系改革取得了实质性进展。如何认识美国对印尼军政关系改革的影响呢？

一　美国国内关于发展与印尼军事关系的不同认知
美国政府行政部门、国会以及人权和非政府组织都非常关注印尼军政

①　"Foundations of Trust... Capacity Building for These Times", *Private Agencies Collaborating Together*（PACT），2002 Annual Report.

关系改革。在推动印尼军政关系改革这一点上，它们目标一致，都试图在这方面施加影响，但施加影响的方式却不同。这主要是因为它们考虑问题的出发点不同，各自的主要关注也有所不同。行政部门主要是试图通过发展与印尼的军事关系，在接触中影响印尼军方人士，推动印尼军队的民主化改革；而国会限制军事援助印尼的举动，则试图通过惩罚性措施施加压力，促其改革。这些差别主要是基于对"恢复与印尼的军事关系能否有效地促进印尼军队和军政关系的改革？"这一问题的不同判断而引起的。

对于这一问题，美国社会各界存在着两种截然不同的看法。

肯定者认为，通过与印尼军方接触，可以影响它，改变它；印尼军官接受美国的军事培训，可以直接在美国的文化环境中感受美国军队的职业精神，认识美国的军政关系特点，从而使他们更可能接受并尊重文官控制军队的原则。1998 年 6 月 4 日，美国外交关系协会（Council on Foreign Relations）的亚当·施瓦茨（Adam Schwarz）研究员在众议院外交委员会亚洲和太平洋事务小组委员会就美国在印尼的政策选择举行的听证会上表示，军政关系仍然是非常重要的，它是影响民主化速度的关键因素之一，"如果我们能够帮助教育印尼成功的军事人员，让他们知道其他国家，包括我们美国，是如何运作的，我认为这是非常有帮助的。"① 1998 年 8 月17 日，美国传统基金会亚洲研究中心研究员约翰·多利在一篇文章中说，美国应该赞扬印尼把军队置于文官控制之下的努力；促进军事改革的方式之一是恢复美国国际军事教育与培训项目对印尼的援助；让印尼军官到美国学习，使之获得关于美国军队与市民社会之间关系的直观感受，可以促进他们对人权的尊重，也可以促进文官控制军队原则在印尼的发展。②

支持这种看法的人还用印尼前国防部长维兰托在苏哈托下台前后的表现作为例证。在 1998 年 5 月印尼发生权力转移时，维兰托坚持任何变革必须完全符合宪法，并在新总统宣誓就职后立刻公开表示支持。时任美国会众议院外交委员会亚洲和太平洋小组委员会主席道格·贝罗伊特（Doug Bereuter）在国会作证时说，维兰托似乎一直是支持改革的力量，在局势可能

---

　　① Adam Schwarz, "U. S. Policy Options Toward Indonesia: What We Can Expect; What We Can Do", hearing before Subcommittee on Asia and the Pacific of the Committee on International Relations, House of Representatives, June 4, 1998, p. 50.

　　② John T. Dori, "Indonesia's Economic and Political Crisis: A Challenge for U. S. Leadership in Asia", The *Heritage Foundation Backgrounder*, No. 1214, August 17, 1998, p. 11.

导致进一步流血的情况下，他拒绝站在苏哈托一边。维兰托的克制至少部分是由于多年来美国通过"国际军事教育与培训项目"、"扩大的国际军事教育与培训项目"及其他项目开展的军事交流所产生的积极效果。①

　　布什政府的许多人认为，发展与印尼国民军强有力的关系，可能是根本上改变它的最好办法……恢复国际军事教育与培训项目对印尼军队援助，不但可以帮助重建其受到破坏的名声和信誉，还可以向印尼国民军下一代军官灌输民主、人权、法治等价值观。② 在2001年国会决定向印尼提供扩大的国际军事教育与培训项目援助后，助理国务卿詹姆斯·A. 凯利（James A. Kelly）于2002年2月14日在众议院外交委员会东亚和太平洋事务小组委员会作证时说："国会决定允许印尼文职人员参加扩大的国际军事教育与培训项目，这使我们有机会向新一代优秀的印尼人展示美国的教育制度和社会价值观。"③ 4月30日，鲍威尔在参议院拨款委员会作证时也表示，印尼已经历了某些困难时刻，正在沿着正确的方向前进。他说："现在我们应该重新开始支持其军队，以确保它能够接触美国的价值观、西方的价值观，使我们有机会与他们合作，训练他们，对他们作投资以使之成为印尼内部一支积极的力量……在与一个国家合作并试图促进其政治发展时，我们应该准备投资于那些尚未符合标准而我们又迫切希望它们完全符合，且又在沿着正确方向前进的机构"。④ 2003年3月26日，副助理国务卿马修·P. 戴利（Matthew P. Daley）在众议院外交委员东亚和太平洋事务小组委员会作证时也说："印尼军队的改革未能赶上更广泛的民主发展步伐……但与之接触符合美国的国家利益。无论好坏，印尼军队不但会对印尼国家的未来会产生极其重要的影响，还会影响到它的生存。为影响印尼军队成员的行为和态度，为确保对在印尼的美国人和美国利益

　　① "U. S. Policy Options Toward Indonesia: What We Can Expect; What We Can Do", hearing before Subcommittee on Asia and the Pacific of the Committee on International Relations, House of Representatives, June 4, 1998（http://commdocs. house. gov/committees/intlrel/hfa52039. 000/hfa52039_0f. htm）.

　　② Reyko Huang, Priority Dilemmas: U. S. -Indonesia Military Relations in the Anti-Terror War, May 23, 2002（http://www. cdi. org/terrorism/priority. cfm）.

　　③ James A. Kelly, Hearing before the Subcommittee on East Asia and the Pacific of the Committee on International Relations, House of Representatives, 107 Congress, 2nd Session, February 14, 2002.

　　④ Secretary of State Colin Powell Testifies before the U. S. Senate Committee on Appropriations, April 30, 2002（http://www. etan. org/et2002b/may/01-4/00lehy. htm）.

的足够保护，我们必须与他们合作……我们支持恢复对印尼的国际军事教育与培训项目……这种教育可以为印尼军事人员提供机会，使他们接触文官控制军队以及负责任等观念，而这些正是印尼所没有的。在美国学习并熟悉美国制度的军官，更可能为美国提供机会推进美国的利益。"① 2005年3月10日，负责东亚和太平洋事务的副助理国务卿玛丽·胡赫塔拉（Marie Huhtala）在众议院外交委员会亚洲和太平洋事务小组委员会作证时也说："我们坚定地认为，把给印尼军队提供好的训练项目作为帮助其改革的手段，符合我们的利益。"② 2005年9月15日，美国—印尼协会（US-Indonesia Society）前主席保罗·M. 克利夫兰（Paul M. Cleveland）在参议院作证时说："军队和警察的改革需要很长的时间……我们不能等待某种理想状态的出现。现在美国的援助能够对改革过程产生最大影响……通过国际军事教育与培训项目、对外军事资助项目以及警察培训等，我们可以帮助值得信赖的印尼国防领导人进行我们希望看到的改变。不断冷落他们，将只会让他们感到沮丧而与疏远我们……国会应该与行政部门共同努力，进一步推进合作，而不是进一步施加限制。"③ 南加州大学的卡罗尔·阿特金森（Carol Atkinson）认为，美国的军事教育交流项目是其国家安全战略的一个重要方面，要想让民主化成为一种有效的力量，美国必须有意识地开展一些项目；单纯经济援助与推动更加自由的政治认同没有太大关系。继续军事教育交流及其他接触项目对美国而言是一种聪明的政策。从长期来看，这样的项目可以增加自由化的可能性。④

在所有赞同者中，时任美国国防部副部长的保罗·沃尔福威茨（Paul Wolfowit）是最强有力的呼吁者、推动者，他几乎在每一次谈到与印尼的军事关系时都会宣扬美国—印尼军事关系的重要性、印尼对于美国在东南

① Matthew P. Daley, "U. S. Interests and Policy Priorities in Southeast Asia", Testimony before the House International Relations Committee, Subcommittee on East Asia and the Pacific, March 26, 2003 (https: //2001-2009. state. gov/p/eap/rls/rm/2003/19086. htm).

② "Indonesia in Transition: Recent Developments and Implications for U. S. Policy", Hearing before the Subcommittee on Asia and the Pacific of the Committee on International Relations, House of Representatives, 109th Congress, First Session, March 10, 2005, Serial No. 109 – 41, pp. 16 – 17.

③ Paul M. Cleveland, Senate Testimony on Indonesia, September 15, 2005 (https: // www. globalsecurity. org/military/library/congress/2005_ hr/050915-cleveland. pdf).

④ Carol Atkinson, "Constructivist Implications of Material Power: Military Engagement and the Socialization of States, 1972 – 2000", *International Studies Quarterly*, *Vol. 50*, *No. 3*, *September* 2006, p. 534 – 535.

亚和亚太地区利益的重要性等。2002 年 6 月 5 日，他在胡佛研究所举行的研讨会上表示，美国应恢复与印尼的军事联系。他说，"除非安全力量受到约束，并停止过去侵犯自己人民的某些行为，否则，印尼不可能建立起成功的民主"；但军方也必须有能力向所有人提供安全。宗教冲突在印尼的一些地方已经爆发，特别是在苏拉威西和马鲁古等有大量的穆斯林少数族群的基督教地区。"没有有效的军队就无法遏止暴力，为保持国家的稳定必须遏止暴力，必须使之免于成为恐怖分子易于生存的地方。"印尼和美国之间的军事联系可以为印尼军方提供一个可以效仿的榜样。[1] 在他看来，建立这种军事联系是一种建设性的积极力量，可以促使印尼进行军事改革。针对国际军事教育与培训项目、扩大的国际军事教育与培训项目及类似的项目，沃尔福威茨在接受美联社记者史蒂夫·古金（Steve Gugkin）和路透社记者理查德·哈伯德（Richard Hubbard）访问时说："我知道，并不是每一个军事教育的故事都是成功的，但总的看来，我认为经验确实表明，与美国有真正联系的那些军官，视野更开阔，更易于接受文官控制，也更支持民主。"[2] 在沃尔福威茨看来，设计这样的军事教育课程，在这些方面帮助教育民众和官员，有助于民主发展，这种接触也是一种建设性的方式。如果全面恢复军事关系，美国对印尼国民军的影响将会增强；[3] 而美国国会施加的限制条件，对于它欲实现的目标，并无积极作用。[4] 2005 年 1 月访问受海啸袭击的印尼亚齐省返回美国之后，沃尔福威茨又敦促国会重新评估对国际军事教育与培训项目的限制。他认为，通过这些途径，美国可以发挥更积极的作用。

　　持怀疑看法者看到的不是印尼国民军军官参加该项目与其后他们的人权表现之间的相互关系，而是印尼军官参加了这些项目的培训，但印尼军队侵犯人权的行为还在不断发生。2000 年 9 月，克林顿政府准备恢复美

---

①　Jim Garamone, "Wolfowitz Says U. S. Must Encourage Moderate Muslim States," (http: // www. defenselink. mil/news/newsarticle. aspx? id =43784).

②　Deputy Secretary Wolfowitz Interview with AP, Reuters (Interview in Singapore with Steve Gugkin, AP, and Richard Hubbard, Reuters), (http: //www. defenselink. mil/transcripts/transcript. aspx? transcriptid =3481).

③　Jim Lobe, "Bush Uses Tsunami Aid to Regain Foothold in Indonesia," January 18, 2005 (http: //www. etan. org/et2005/january/13/18bush. htm).

④　Kathleen T. Rhem, "Disaster Could Mean Closer U. S. -Indonesia Military Ties," Jan. 18, 2005 (http: //www. defenselink. mil/news/Jan2005/n01182005_ 2005011809. html).

国与印尼的军事交往。美国国防大学国家安全研究所也建议美国政府在
2000 年增加在美国专业军事教育机构学习的印尼官员的人数。而传统基
金会亚洲研究中心高级政策分析家达纳·R. 狄龙（Dana R. Dillon）则认
为，"这种传统的解决军政关系问题的办法不可能解决印尼大量的安全问
题。必须有新的解决办法……解决这种问题的更好的办法是停止军事训
练，直到印尼武装力量处于文官政府的有力控制之下，并表现出对法治的
尊重。"① 狄龙曾在美国陆军服役 20 年，但在对军事援助印尼这个问题
上，他与国防部官员的看法却完全相左。2005 年 3 月 10 日，印尼人权网
络组织（IHRN）理事会高级外事办公室主任埃德蒙·麦克威廉斯（Ed-
mund McWilliams）在众议院外交委员会亚洲与太平洋事务小组委员会作
证时说，在过去十年的大多数时间里，支持在印尼军方和美国军方之间建
立更密切关系者一直争辩说，与印尼军方保持更热络的关系，向印尼国民
军军官提供训练项目和教育课程，可以使他们接触民主观念，给他们提供
一种专业的军事视野。这种看法忽视了 20 世纪 60 年代到 90 年代早期几
十年里美国—印尼不断扩展的密切的军事关系，其间美国训练了印尼
8000 多名军官。但在这 30 年里，印尼军方犯下极其严重的暴行，不受惩
罚的文化变得根深蒂固。这种以接触促改革的论调，还忽视了这样的事
实：美国国防部已在列入人道主义或安全有关的"会议"和联合演习的
伪装下，保持了广泛的联系和援助渠道。"九·一一"事件之后美国在反
恐战争中需要印尼军方合作的说法忽视了印尼军方与国内原教旨主义伊斯
兰恐怖组织的密切关系及其对他们的支持。②

　　持这两种看法者，在美国从政界到学界、从行政部门到立法部门、从
正式的政府组织到民间非政府组织都大有人在，而且往往带有明显的部门
特点，国会和一些非政府组织，特别是一些人权组织，大多持怀疑态度，
而国防部和国务院等多持肯定看法。例如，在 1998 年中期，参议院通过
国防预算法案，禁止国防部与犯有侵犯人权罪行的外国军队举行联合军事
演习，要求停止对印尼的联合交互操演项目，而国防部则辩称该项目目的

　　① Dana R. Dillon, "U. S. Can Help Indonesia Democracy by Cutting Military Ties", *International
Herald Tribune*, September 26, 2000.

　　② Edmund McWilliams, "Testimony on Recent Indonesia Reform," Committee on International Re-
lations U. S. House of Representatives Washington, D. C. (wwwc. house. gov/international_ relations/
109/mcw031005. htm).

是"不断训练和接触印尼一代又一代的军官,与他们互动,并影响他们。"① 1999 年 9 月东帝汶事件发生后,当时的国会领袖认为这一事件表明美国向印尼军队提供更多的军事训练是没有意义的,因为其中一些军官在东帝汶武装并支持了反对独立的民兵组织,因此很多议员要求更加严格地限制与印尼军方的关系;而国防部则认为,在这样的情况下,美国更应该在民主原则、尊重人权等方面教育印尼军官及其部队,并建立起重要的个人关系。② 国务院在 1999 年也曾表示,对印尼军队的军事培训,目的是积极影响其专业精神和行为准则,提高他们对良好军政关系及国际人权标准的理解。③

总的看来,在推动印尼军政关系民主化改革这一问题上,美国政府行政部门、国会和非政府组织都以不同的方式施加了其影响。无论是国务院、国防部、国际开发署等部门从积极方面开展的建设性活动,还是国会及非政府组织从消极方面运用惩罚性手段施加压力,目标都是推动印尼军政关系的民主化改革。行政部门倾向于美国决策者在冷战时期偏爱的"渗透理论"——军队现代化和专业化将不可避免地导致更加民主的军政关系④,试图通过与印尼军方的建设性接触和援助,逐步推动印尼军队和军政关系的民主化改革;而国会和一些人权及非政府组织担心的是:美国在印尼军队尚未对过去侵犯人权的行为承担责任、未完成民主化改造的情况下就向它提供援助,会向它传递错误的信号,不利于进一步推动印尼军事部门的改革,延缓或破坏印尼的民主化进程。在积极手段和消极手段之间形成一种有助于实现其目标的平衡,显然非常困难。同时,在印尼国内面临分离主义运动不断发展、恐怖活动不断发生的情况下,把惩罚性的消极手段运用到极致,可能不会产生国会及人权和非政府组织期望的效果;如果执行力度太弱,也不太可能产生令它们满意的效果。在执行力度的"强"与"弱"之间维持一种积极的平衡也非常困难。

---

① Tim Weiner, "Military Spending Approved With Curbs on Rights Abuses", *New York Times*, August 1, 1998.

② Elizabeth Becker, "End to Jakarta Military Aid Urged", *New York Times*, September 20, 1999.

③ "Foreign Military Training and DoD Engagement Activities of Interest In Fiscal years 1999 and 2000, Volume I," Defense and State Department, Joint Report to Congress, March 1, 2000.

④ Catharin E. Dalpino, "The Bush Administration in Southeast Asia: Two Regions? Two Policies?" in Robert M. Hathaway & Wilson Lee ed., *George W. Bush and Asia: A Midterm Assessment*, Woodrow Wilson International Center for Scholars, Washington, D. C., 2003, p. 106.

二 印尼国内因素对其军政关系改革的制约

美国推动印尼军政关系民主化改革的努力必须通过印尼军队和军政关系改革的具体实践才能体现出其效果，这在很大程度上取决于其内部各种因素对民主化进程的影响。印尼国内有几种因素对美国推动印尼军政关系民主化改革的效果形成制约。

第一，在印尼，对军队传统作用的社会记忆是非常强大的。在很多印尼人看来，军队为国家发展提供了安全、稳定的环境。在整个苏哈托时代，印尼集中关注的是政治稳定、国家团结和经济增长，军队在控制内部种族、宗教和分离主义叛乱方面曾发挥过非常重要的作用。

第二，自 1998 年开启民主化进程以来，印尼国内政治伊斯兰势力迅速发展，涌现出一些伊斯兰政党和团体，其中有些政党和团体与恐怖组织及伊斯兰极端主义势力有密切联系或同情这些组织的活动。由于军队在印尼历史上曾扮演过"潘查希拉"的捍卫者的角色，很多印尼人和西方领导人仍然把印尼国民军视为能够有效制衡伊斯兰极端主义威胁的因素。[①]

第三，印尼国内像亚齐、马鲁古等地的分离主义活动，也是威胁民主在印尼健康成长的重要因素。恐怖主义和分离主义的威胁至少已使军方可以抵制对地区指挥结构的彻底整顿，这使它在印尼全国各级政府都有立足之处，还允许军事人员参与很多商业活动，以支持军事权力。梅加瓦蒂很乐意与军方合作，重新恢复其地位。[②]

这些现实情况使印尼面临着一种困境：一方面，解决冲突要求实现民主；而另一方面，在印尼社会被严重的种族和宗教冲突撕裂且未能实现稳定的情况下，民主难以得到健康地发展。[③] 基本安全对于民主来说非常重要，安全的内部环境是民主制度得以有效运转的必要条件。考虑到印尼军队在历史上的作用、伴随印尼政治转型进程的分离主义运动以及国内恐怖主义活动等各种因素，由于印尼警察不足以应对国内的这些安全挑战，印

---

① Reyko Huang, "Priority Dilemmas: U. S. -Indonesia Military Relations in the Anti-Terror War," May 23, 2002 (http: //www. cdi. org/terrorism/priority. cfm).

② Rita Smith Kipp, "Indonesia in 2003: Terror's Aftermath", *Asian Survey*, Vol. 44, No. 1, January/February 2004, p. 68.

③ Rizal Sukma, "Democratic Governance and Security in Indonesia", *Japanese Journal of Political Science*, Vol. 4, No. 2, 2003, p. 254.

尼军队在国内安全问题上很长时间内都扮演不可或缺的角色。在印尼可能很难在完全意义上建立起西方模式的军政关系，因为这受制于印尼军队独特的历史、政治和文化经历。

与政治转型之前相比，印尼军政关系已发生了质的变化，这些改革也都是在印尼军队根深蒂固的文化的限定下进行的。有评论认为，实际上，也没有必要为实现民主而采取西方的军政关系模式，因为"还存在着其他可供选择的可以在一个社会中的文官和军事部门之间带来和谐的社会关系模式。"[1] 当代世界安全形势已对传统的军政关系理论提出了新挑战，国内安全与政治稳定离不开军队的积极作用。[2] 美国外交与国防政策领域不少知名人士也认为，美国影响印尼内部事件的能力非常有限，但支持维持其领土完整和民主经验生存的积极接触政策只会有助于其转型。他们认为，印尼军方都会在印尼的转型进程中发挥至关重要的作用。与印尼军方接触，当它寻求新模式并对新观念开放的时候，美国就有机会影响其思维。[3] 或许，美国应该注意到印尼军队为印尼民主发展可能发挥的积极作用，而不是完全按照美国意义上的军政关系原则来塑造印尼的军政关系。美国传统意义上军政关系原则，在印尼这样的国家，不得不因时因势适当调整。

本章小结

美国在推动印尼军政关系制度化建设方面发挥了很大作用。对于像印尼这样缺乏充分讨论和民主实践的国家，美国在制度建设方面的支持显得尤为重要。从制度层面确立民主的军政关系相对比较容易，而这种制度一旦形成，面临的最重要的问题是制度运作中可能出现的问题。只有制度还不足以确保民主的军政关系的稳定，这些制度还必须为人们接受、成为人们的信仰，才能形成民主的军政关系文化。如果这种信仰不能确立，美国推动印尼军政关系民主化改革的效果将只能是有限的。

---

[1]　Singh Bilveer, "Civil-Military Relations in Democratizing Indonesia: Change amidst Continuity", *Armed Forces & Society*, Vol. 26, No. 4, Summer 2000, p. 628.

[2]　Rod Lyon, "Civil-Military Relations in an Age of Terror", paper prepared for the Australian-American Fulbright Symposium, "Civil-Military Relations in an Age of Terror", held at the University of Queensland in Brisbane, 5–7 July 2004.

[3]　Frank Carlucci, Robert E. Hunter & Zalmay Khalilzad, *Taking Charge: A Bipartisan Report to the President-Elect on Foreign Policy and National Security*, RAND Corporation, 2001, pp. 49–50.

　　对于塑造和培养印尼民主的军政关系文化，美国（包括美国政府各部门和非政府组织等）也进行了大量投入。但真正符合民主原则的军政关系文化的形成，是一种习惯养成的过程，它需要一个比较长期的历史过程。民主化之前印尼军队的"双重使命"观念在民主化之后还残留着深刻影响。"尽管军队不像在新秩序时代那样强大，但他们依然保持着强大的影响力，并未完全从属于文官的领导。"① 民主的军政关系的原则和精神需要在印尼社会中经历一个内化和社会化的过程，才能成为社会各界普遍接受或信仰的观念。

---

① Rico Marbun, "Democratization and TNI Reform", *UNISCI Discussion Papers*, No 15, October 2007, p. 61.

第五章

美国与印尼的分权改革及地方民主治理

印尼的政治转型过程，首先是其基本政治制度从独裁制度转变为民主制度，各级政府经由"自由"和"公正"的选举产生，实现立法、行政和司法权力相互分离与制衡；与之相适应的是分权改革过程，也就是从高度中央集权的政治体制转变为地方分权的体制，中央政府的权力相对缩小，地方政府的自治权力大大扩充。这也是西方民主制度的基本原则。民主要求定期举行"自由"和"公正"的选举，但民主不仅仅是选举，对持久的民主同样重要的是选举之间出现的问题，如制度安排及其运作等。民主要求政府立法、行政及司法部门具有强大的制度，自由和公正的选举只是达到了一个重要门槛；如果承担着人民授权的制度不能有效运作或反应迟钝，选举对民主发展就不会有太大好处。① 提高公民的政治参与及对政治的关注、加强民主制度的实际运作能力对民主而言更为重要，这决定着民主制度的品质及其实际运作。

分权改革是 1999 年 6 月立法机构选举之后印尼政府开展的最重要的改革之一。对于经历了长期中央集权统治的国家来说，分权改革不可避免地会经历一个相对较长的历史过程。单从制度和法律框架上完成分权改革是不够的，这还不足以确保分权改革的制度框架能够有效运转，也不足以保障民主治理的品质。由于政治转型之前经历了 30 多年高度中央集权的国家管理体制，印尼分权改革过程中面临的诸多挑战，特别是地方政府缺乏分权改革必需的、有关民主治理的技术性知识和技能等，会严重制约这一进程并影响地方民主治理的品质，影响印尼民主的巩固。通过支持分权改革

---

① David Price, "Global Democracy Promotion: Seven Lessons for the New Administration," *The Washington Quarterly*, Vol. 32, No. 1, January 2009, pp. 160–161.

和民主的地方治理，美国国际开发署曾在很多国家支持强化民主发展。1998年印尼政权转移和1999年立法机构选举后，美国国际开发署在印尼实施了一系列民主治理与分权改革项目，为印尼的分权改革和地方民主治理提供了支持和援助，包括加强地方行政、立法和司法机构的能力建设、支持打击腐败、改革司法部门以及保护人权等。本章主要考察美国对印尼的分权改革和地方民主治理的援助与支持及其对印尼民主巩固的影响。

第一节　印尼政治转型进程中的分权改革

一　分权改革是"民主"的内在要求

在高度中央集权的独裁国家转型为民主国家的过程中，都伴随着中央政府和地方政府之间关系的重组。民主，意味着民众通过选举把权力赋予公共官员、公共官员承担相应的责任并对民众诉求表现出高度的敏感、决策部门要有充分的代表性等。无论是对中央政府，还是对地方政府，都要求如此。"民主"内在地要求在中央政府和地方政府之间维持适当的权力划分。"民主"的根基在草根社会。只有在地方政府和草根社会能够按照民主的原则组织起来，草根阶层的民众具备基本的民主知识和民主素养并积极参与到政治生活中时，"民主"才能巩固、持久。

中央政府和地方政府之间关系的重组过程，也就是"分权改革"（decentralization）的过程，即：权力（authority）、义务（responsibility）和责任（accountability）从中央政府向地方政府转移的过程。"分权改革"是一个非常宽泛的概念，包括"分散"（deconcentration）、"委托"（delegation）和"权力下放"（devolution）等内容。"分散"指的是某些责任从中央政府部门向地方行政单位的分散；"委托"指的是地方政府作为中央政府的代理机构，代表后者发挥一定的功能；"权力下放"指的是地方政府不但拥有执行权力，还有做出决策的权力。① 分权改革是民主化的内在要求，但分权改革本身并不足以体现民主的本质。因此，也有人使用"民主的分权改革"（democratic decentralization）这一概念，认为它包含

① Tambunan, Mangara, "Indonesia's New Challenges and Opportunities: Blueprint for Reform after the Economic Crisis," *East Asia: An International Quarterly*, Vol. 18, No. 2, 2000, p. 53.

着"分权改革"和"民主的地方治理"两个层次的内涵。① 本节考察的是印尼政治转型进程中分权改革问题,因而在使用"分权改革"这一概念的时候,指的就是"民主的分权改革"。印尼分权改革的过程,同时也是不断加强民主的地方治理的过程。

分权改革过程涉及三组重要关系的重组:第一,中央政府和地方政府的关系;第二,地方政府与公民之间的关系,或称之为"民主的地方治理";第三,公民与中央政府之间的关系。要想让民主的分权改革运作良好,选举产生的地方政府必须拥有履行其基本权力的行政和财政资源,必须建立强大的责任承担机制(让官僚对选举产生的代表负责,选举产生的代表对公民负责)。因而,在中央政府和地方政府的关系方面,首先要通过宪法和法律改革,向经由民主选举产生的地方政府转移权力;再就是增加地方政府的行动能力,包括财政收入的征集、预算编列和财政管理能力,以及高效的决策,等等。在地方政府与公民之间关系方面,首先是提高地方政府的责任感、透明度和敏感度(responsiveness),包括伦理标准和行为规则、绩效评估、信息开放、审核、透明度、信息系统(information systems)、公民监督以及对民众的需求、看法和要求及时做出反应等。其次,是要提高公民社会的作用,包括和平地竞争政治权力和所有地方政府主要政务官员的自由、公正和竞争性选举,公众有权获得信息并参与各种会议,如市政会议、公民委员会(citizen boards)以及其他共同决策的机制等。还包括有助于推动民众中所有阶层参与的环境,特别需要关注贫困人口和妇女单独或组织起来的参与机会。

"分权改革"进程的顺利展开,有助于加强地方政府及基层社会在民主制度下的运作能力,促进建立能够对公民的要求迅速做出反应、使中央政府机构规模缩小但富有效率的善治结构,制定适应地方社会、经济和环境条件的发展政策与战略。分权改革有助于参与性民主的发展②,有助于推动草根阶层民众的政治参与,促进民主制度在基层社会的巩固和民主精

---

① Camille Cates Barnett, Henry P. Minis & Jerry VanSant, "Democratic Decentralization", Research Triangle Institute December 1997, paper prepared for the United States Agency for International Development under the IQC for Democracy and Governance, p. 2.

② Arellano A. Colongon, Jr., "What Is Happening on the Ground? The Progress of Decentralisation," in Edward Aspinall & Greg Fealy ed., *Local Power and Politics in Indonesia: Decentralisation & Democratisation*, Singapore: Institute of Southeast Asian Studies, 2003, p. 89.

神在草根阶层的养成。在非民主国家的政治转型过程中，分权改革的进展
及其品质对其政治稳定、社会发展及民主巩固具有重要影响。分权改革进
程进展顺利，中央政府与地方政府之间的关系、地方政府与公民之间的关
系以及中央政府与公民之间的关系处理得越好，就越容易实现政治和社会
稳定，也就越容易实现民主的巩固。反之，则不利于政治、社会稳定和民
主的巩固。有效的分权改革，可以为地方的民主改革提供机会，也有助于
全国的民主发展与巩固。

　　美国发展选择公司（Development Alternatives Inc.）长期研究公共政
策问题的研究员、乔治城大学公共政策研究所客座教授乔治·M. 格斯
（George M. Guess）提出了衡量分权改革/权力下放改革（devolution）之
成败有六个主要指标：第一，地方政府应该增加来自其自身的财政收入
（own-source revenues）。分权改革之后，对中央转移支付的依赖应该降低，
地方在预算筹款中的比例应该上升。第二，把基于规定的转移支付的部分
和来源于地方的新的财政收入加在一起，地方政府应该提升其资金稳定性
（funding stability）。第三，地方政府的预算自主性应该得以提升，分权改
革应该增加地方官员的自主性，使之能够转移资金，提升服务水平。第
四，分权改革应该有助于提升诸如健康、教育、水供应等服务提供。第
五，服务绩效和分权改革过程本身应该接受公民组织的监督和评估。民选
和任命的官员应该承担更大责任并对地方公民的诉求及时做出反应。第
六，分权改革应该使地方拥有雇佣和解雇任命官员的更大自主权，地方政
府应该对公民的要求做出更及时的反应。① 这些指标对于本章分析和衡量
印尼分权改革之进展可以提供一些参考。

二　分权改革对于印尼民主发展的重要性

　　在苏哈托统治时期，印尼形成了复杂的统治架构：最上层是全国性
的中央政府；在总统、副总统及内阁各部长领导的中央政府下，是由各
省长领导下的省（propinsi）；由区长（bupati）领导下的区/市和乡镇长
（camat）领导下的乡镇（kecamatan）构成了第三级政府；第四级，即
最低级的政府是村（desa），由村长领导。苏哈托时期，从未认真讨论

---

① George M. Guess, "Comparative Decentralization Lessons from Pakistan, Indonesia, and the Philippines," *Public Administration Review*, Vol. 65, No. 2, March 2005, p. 218.

过向地方转移权力的问题；地方自治因被视为西方式自由主义民主的要素而被否定。苏哈托通过军队、官僚机构（主要是国内事务部）和执政的专业集团党，在很大程度上把权力集中在他本人手中，建立起高度中央集权的政治结构。苏哈托政府制定的关于地方治理的 1974 年第 5 号法令规定，总统有权否决省长的任命，国内事务部有权否决区领导人的任命。苏哈托实际上握有任命省长的权力；国内事务部长有权任命区长和市长（walikota），但他们从不敢质疑苏哈托的意志。1979 年第 5 号法令则规定印尼全国的村庄实行统一的治理结构。这两项法案，基本上否定了地方管理自己事务的权力。在这种高度集中的政治体制下，印尼在财政方面也是高度集中的。中央政府控制的财政资源约占所有财政收入的 90%，中央以下各级政府几乎 60% 的开支依赖中央政府拨款，中央政府的支出（包括分散到省、区及村级管理机构的支出）占整个支出的 80% 多。中央对地方的预算有最终决定权。

　　1. 高度中央集权的体制，在中央政府与部分地方政府之间引起严重的矛盾。公共管理和税收权力高度集中于雅加达，这种倾向严重阻碍了发展，特别是资源丰富省份的发展。20 世纪 80 年代和 90 年代，一些富裕省份，如廖省（Riau）、东加里曼丹、亚齐及当时的伊里安查亚（Irian Jaya）开始反对中央政府对地方事务的过多干预。这些地方的民众对高度中央集权的国家控制，特别是对其发展决策和经济利益的控制，也非常不满。①

　　一般而言，人口众多、国土辽阔的国家，往往宜于采取更分散化的管理体制。因为在这样的国家，如果国家管理体制过于集中，中央政府的治理成本也会大规模增加，难以实现有效的治理。幅员辽阔的国家，不同地区的气候、地理和经济基础也往往具有很大多样性，由中央统一进行管理和提供公共服务的效率也会非常低。因而，许多大国都采取分散的治理和财政模式。特别是在人口多样性的多民族国家，一定程度的自治对实行有效治理和维护国家统一也是必要的。印尼是一个由 17000 多个岛屿组成的狭长群岛国家，面积辽阔，人口众多，且有多种种族和文化。这意味着印

---

　　① Priyambudi Sulistiyanto & Maribeth Erb, "Introduction", in Maribeth Erb, Priyambudi Sulistiyanto & Carole Faucher eds. , *Regionalism in Post-Suharto Indonesia*, London: Routledge Curzon, 2005, p. 6.

尼也需要有效的地方治理制度。①

2. 印尼高度集中的财政和政府管理体制，不但引起中央政府与地方政府之间的矛盾，还恶化了印尼的种族关系，成为刺激分离主义运动不断发展的一个重要因素。印尼的政治中心在爪哇岛上的雅加达。传统上，权力是从爪哇向外扩展到印尼的边远地区的。在其历史上一直存在着边缘地区对这个中心控制的抵抗。这在东帝汶、亚齐和巴布亚表现得很明显。②

自 20 世纪 70 年代被印尼并入其版图之日起，东帝汶人一直未放弃争取独立的斗争，但都遭到印尼军队的镇压。到 20 世纪 90 年代初，东帝汶人独立意识再度崛起。直到 1999 年 8 月 30 日，东帝汶人以压倒性多数投票支持成为一个独立国家。98.6% 的登记选民参与了全民公决投票，78.5% 反对合并于印尼。从 20 世纪 70 年代起，亚齐人就不满自己的自然资源财富被集中到中央政府。这些财富的 80—90% 流到爪哇。一些亚齐人宣称，亚齐是爪哇人殖民主义的目标。这也成为亚齐人要求独立的重要原因之一。③ "自由亚齐运动"领导的争取独立的斗争，一直是印尼国内安全和国家统一的重要威胁。

类似情况也发生在巴布亚（Papua）④。巴布亚有人口约 200 万，面积约 42.2 万平方公里，占印尼陆地面积的 21%，占印尼人口不到 1%。印尼的巴布亚人是美拉尼亚人，不同于印尼群岛的马来人。1949 年印尼独立时，巴布亚并未成为印尼的一部分，仍为荷兰占领。1961 年，苏加诺总统开始对荷属西巴布亚增加军事压力。美国提议印尼与荷兰之间进行对话，并建议把对巴布亚的权力移交联合国。印尼在控制巴布亚之后，于 1969 年实施了《自由选举法案》，巴布亚成为印尼的一部分。但巴布亚人普遍认为，该法案未能代表所有巴布亚人的意志，因而巴布亚一些团体继

---

① Grayson Lloyd, "Indonesia's Future Prospects: Separatism, Decentralisation and the Survival of the Unitary State," June 27, 2000 (http://www.aph.gov.au/library/pubs/cib/1999-2000/2000cib17.htm).

② Bruce Vaughn, "Indonesia: Domestic Politics, Strategic Dynamics, and American Interests," June 20, 2007, CRS Report for Congress, Order Code RL32394, p. 10.

③ Larry Niksch, "Indonesian Separatist Movement in Aceh," CRS Report for Congress, Order Code RS20572, January 12, 2001, p. 3. 另外，15—20 世纪初亚齐作为独立王国的历史、亚齐人因对印尼独立后历届政府的政策不满而逐渐产生的疏离情绪、印尼军队大规模的侵犯人权的行为被公布等也是促使亚齐人诉求独立的重要原因。

④ 以前叫"西伊里安"或"伊里安查亚"，指的是新几内亚岛的西半部分，包括西伊里安查亚和巴布亚两省。

续反对印尼的控制。"自由巴布亚运动"（OPM）就是在反对印尼控制的过程中出现的。很多巴布亚人在认同意识上不同于印尼主体的马来人，他们赞同自治或从印尼独立出来。①

3. 印尼在 1997 年的金融危机爆发后陷入全面的政治和社会危机，印尼人民的民主要求日益强烈，分离主义运动也迅速发展。地方政府领导人抓住 1998 年苏哈托下台的时机，要求更多的权力并分得之前由雅加达控制的自然资源收入的更大份额。当中央政府发现其越来越难以全面、有效地管理整个国家时，分权改革就变得非常必要了。很多人认为，只有扩大分权改革，把权力从爪哇人为主的中心向其他地区转移，民主在印尼才能繁盛。1998 年 10 月举行的人民协商会议就给予地方政府更大的自由达成了共识。哈比比总统建立了一个以莱阿斯·拉西德（Ryaas Rasyid）为组长的"十人小组"，草拟了 1999 年第 22 号法案和第 25 号法案。1999 年，印尼人民代表会议通过这两项法案，2001 年 1 月 1 日生效。

1999 年第 22 号法案②，主要关注的是地方自治问题。该法案规定：中央政府只负责外交事务、国防与安全、财政与货币政策、法律制度和宗教事务以及一些特定职能，如国家宏观经济计划、技术标准的确定和监督等。而区政府在诸如教育、健康、环境、劳工、公共工程以及自然资源管理等方面承担着全部责任。地方立法机构有权选举和解除区政府首脑，决定预算和官僚机构的组织架构。这项法案赋予地方立法机构选举其地方政府领导人的全权，也赋予地方社会对当地政治事务的主权；它取消了省和区政府之间的等级关系，区政府实现了完全自治，区政府领导人不再向省长报告；作为区/市政府领导人的区长和市长都直接对选举产生的地方议会负责。省具有作为自治地区本身及作为中央政府在各地区的代表两种身份。作为自治的地区，省有权管理区之间和市之间的某些事务，调解区之间的争端，推动跨区发展，也行使不由区和市行使的权力，或者它们尚未行使的权力。省与中央政府之间依然保持着等级关系。作为中央政府的代表，省负责实施由总统分派给省长的某些管理任务。省立法机构可以选举省长，但须由中央政府批准。2004 年第 32 号法案又对 1999 年第 22 号法

① Bruce Vaughn, "Indonesia: Domestic Politics, Strategic Dynamics, and American Interests", June 20, 2007, CRS Report for Congress, Order Code RL32394, pp. 13 – 14.

② "Law draft of the Republic of Indonesia No. 22 Year 1999 Regarding Regional Governance," (http://www.indonesia-ottawa.org/current_ issues/autonomy/docs/Law22_ 99_ n_ eluc. pdf).

案做出修改，规定人民直接选举地方政府领导人。

1999 年第 25 号法案①规范的是平衡中央财政与地方财政的问题，也就是财政资源的分权问题。它在中央政府和地方政府之间创设了一个跨政府转移支付安排（transfer scheme）。该法案规定，全国财政收入的25%应作为整笔补助金分配给地方政府；其中10%拨给所有省政府，其余90%拨给所有区和市政府。此外，该法案还对中央政府与地方对来自石油、矿产、森林和渔业等自然资源的财政收入的划分做出了规定。

1999 年 22 号法案和 25 号法案构成了印尼分权改革的法律基础，界定了政府权力在各个层次的分配。需要注意的是，印尼分权改革法案，强调的是从中央政府到区和市的分权改革，或直接从中央向地方政府的第二层级分权。② 如果能得以全面实施，这两个分权改革法案将会大大改变印尼内部的政府间关系，有助于大大提高地方政府官员的责任感，使政府更加贴近人民。③

分权改革为印尼基层民主发展和地方民主治理创造了条件，而基层民主和地方民主治理的发展将有助于巩固其分权改革的成果。可以说，地方民主治理的发展状况，是衡量印尼分权改革成效的重要指标。分权改革的政策及其实施效果如何，最直接的表现就是地方是否实现了有效的民主治理。推动地方民主治理和分权改革，有助于促进印尼基层民主的发展，也是提升印尼的民主品质、促进印尼民主巩固的重要前提。在印尼这样的发生政治转型的国家，如果没有富有生机和活力的基层民主的发展，没有有效的地方民主治理，其作为一个整体的民主品质就不可能是成熟和完善的。

三　印尼分权改革面临的问题

成功的分权改革，需要首先制定一个总体框架，确立广泛和一致的改革目标；在实施分权改革之前，需要进行充分的准备。但印尼政府却完全

---

①　"Draft Law of the Republic of Indonesia No. 25 of 1999 Concerning the Fiscal Balance between the Central Government and the Regions," （http：//www. indonesia-ottawa. org/current_ issues/autonomy/docs/Law25_ 99_ n_ eluc. pdf）.

②　Bambang Brodjonegoro, "Fiscal Decentralization in Indonesia", in Hadi Soesastro, Anthony L. Smith & Han Mui Ling ed. , Governance in Indonesia：Challenges Facing the Megawati Presidency, Singapore：Institute of Southeast Asian Studies, 2003, p. 284.

③　James Alm & Roy Bahl, Decentralization in Indonesia：Prospects and Problems, PEG-USAID, June 1999, p. 6.

忽略了这一步。它直接制定了关于分权改革的法案，也没有提前为分权改革做任何准备；分权改革方案解决了把税收和支出决策权转移给省和区级政府的问题，但这并未明确表明中央政府各部不会对地方政府提供的服务施加规则、发布命令以及制定最低标准。① 关于分权改革的这两项法案也是在较短时间内、未经充分公开协商的情况下完成的，有两个重大缺陷：第一，这两项法案主要是规定了支出而非收入的分权改革。尽管规定了自然资源收入的分配，但它们并未赋予地方政府任何能够由地方控制的、新的、有意义的税收手段。第二，这两项法案都未能详细说明其欲实现的目标，也未对分权改革的整个进程做出明确界定。此外，这两项法案也未对具体实施细节做出任何说明。② 1999 年初这些两项法案通过后，从哈比比总统到瓦西德总统都未进行宣传，也未制定实施这些法案的必要规范。这样，在条件尚不具备且没有任何限制的情况下，就把几乎所有权力和责任都让渡给地方政府。但地方政府尚未适应分权改革条件下的运作，因而，不得不改革其内部结构以适应其大量增加的责任。于是，这些法案在实践中遇到很多问题。

　　1999 年第 22 号法案在 2001 年 1 月生效后不久，印尼国内事务部建立了一个委员会以对其进行修改。2002 年 2 月，该委员会提出了修改草案。这在印尼引起了广泛的争论。2001 年第 34 号法案赋予地方政府的根据已确立的标准和中央政府规定的条件开征新税种的权力，但中央政府难以监督这一法案的执行。在这些法案实施后暴露出一些弊端。许多地方政府在这些法案公布后不久制定了一些新的地方性法规，其中许多关于增加地方财政收入的法规目的是增加地方税费项目，图利地方。这些法规限制了地区间的贸易，阻碍了投资，成为经济发展的障碍。

　　在按照这些法案推行分权改革和地方自治的过程中，腐败之风在印尼也呈愈演愈烈之势。在苏哈托时期，腐败只是在全国层次的高级官员和地方政府行政部门比较盛行；在民主化进程开启之后，无论是全国层次上还是地方层次上的政治人物和政党都非常腐败了，特别是地方立法机构成员也大搞腐败活动。地方政府与立法机构之间的矛盾，导致了地方政治的不

---

　　①　James Alm & Roy Bahl, *Decentralization in Indonesia*: *Prospects and Problems*, PEG-USAID, June 1999, pp. 8 – 10.

　　②　James Alm & Roy Bahl, *Decentralization in Indonesia*: *Prospects and Problems*, PEG-USAID, June 1999, p. 7.

稳定。与种族或宗教观念密切联系的地方意识，也在削弱分权改革的政策。有 70 多项来自地方的建议要求中央政府和人民代表会议给予它们作为独立的区、市甚至省的权力。它们都以不同的种族或宗教为借口来合理化其要求。这对印尼的统一构成了挑战。① 《基督教科学箴言报》特约撰稿人艾林·R. 普鲁舍（Ilene R. Prusher）评论道："瓦希德总统推动地方自治的行动，本来是试图安抚分离主义者，但在一些地方正在被一种无政府状态所取代。"② 梅加瓦蒂也曾多次表示，起于 1998 年的教派间的暴力冲突及分离主义活动，连同分权改革政策一起，威胁着国家的统一。2002年初，梅加瓦蒂还建议修改 1999 年通过的分权改革法案，但遭到区级政府的激烈反对，立法机构成员对她的建议也反应冷淡。③

　　成功的分权改革取决于对各级地方政府及中央政府各自角色的明确界定和高效的地方层级的规划和决策机构的发展。除非满足了这些条件，否则就会导致一些风险，如：地方精英的加强、种族间的社会—政治分裂——有时会导致冲突、缺乏活力的地区的边缘化以及国家凝聚力的弱化等。④ 此外，它还要求地方政府领导人、立法机构成员以及政府雇员理解分权改革的基本原则，具备管理分权改革过程的能力；它还要求地方的政党和公民社会组织能够监督地方政府的活动，使其对社会的期待做出尽可能迅速的反应。

　　然而，无论是地方政府、立法机构，还是诸如公民社会组织等社会组织，都面临着能力不足的问题。地方政府缺乏行政管理经验，地方官员缺乏分权改革条件下的行政管理技能，这与地方化的、严重的腐败又是掺和在一起的。与以前相比，地方立法机构成员的态度已经发生了重大变化，这些地方立法机构也在以更加负责任、更加民主的方式运作。它们对社会的期望反应也更加及时，而且开始试图亲自去弄清并追踪其地方选民的不

① Pratikno, "Exercising Freedom: Local Autonomy and Democracy in Indonesia, 1999 – 2001," in Maribeth Erb, Priyambudi Sulistiyanto & Carole Faucher eds. , *Regionalism in Post-Suharto Indonesia*, London: Routledge Curzon, pp. 31 – 32.

② Ilene R. Prusher, "Aid for Indonesia's buffeted police", *Christian Science Monitor*, April 6, 2001 (https://www.csmonitor.com/2001/0406/p6s1.html).

③ Michael S. Malley, "Indonesia in 2002: The Rising Cost of Inaction", *Asian Survey*, Vol. 43, No. 1, January/February 2003, p. 140.

④ Organization for Economic Co-operation and Development (OECD), *Strategies for Sustainable Development: Guidance for Development Co-operation*, Paris: OECD, 2001, p. 20.

满和需求。地方议会成员开始利用其地位和权力对地方高级公务员的表现实施一定程度的控制，对地方政府的政策也采取了更具批判性的态度。但这些态度的改变常常未能得到足够的技术性的技能和职业精神的支持。因而，由于这些地方立法机构成员的能力往往非常有限，人民的声音还不能通过其代表被有效地引导。[①] 进一步深化分权改革和地方民主治理，还需进一步提高地方立法机构成员的技能，

值得注意的问题还有，印尼新的民主的机构又在很大程度上被"新秩序"时代的既得利益者掌控了，因为这股旧势力并未被改革浪潮清除干净。在印尼政局动荡的情况下，它们通过合纵连横，以新的方式重新塑造了自己的形象，摇身一变，又成为新的民主制度的最大获益者；而改革力量在印尼政治竞争过程中又被边缘化了。[②] 他们通过自我调整，适应并操控着民主运作，谋取自身利益，成为操控政治和政府的寡头精英。权力竞争对分权改革方式的影响比反映意图的政策的影响要大得多，分权改革被像政治流氓一样的"粗野的"集团控制了、利用了。[③] 官僚机构的惯性往往是非常严重的。很多政府雇员已习惯于高度中央集权的政府政策，在完全适应分权改革条件下的政府管理模式之前，需先转变既有的观念。印尼民众也还不习惯有效地参与政府的事务，对自己所拥有的、要求政府提供适当的服务并承担责任的权力也不甚了解。

所有这些问题都表明，印尼的分权改革要想取得成功，需要对地方政府进行改革，以使之能够承担更大的责任；需要对民众进行教育，培养其有效参与地方政府事务的兴趣和能力；中央政府需要完成全面的规范性框架，调整其作为推动者的新角色，为地方政府提供指导和支持。这对印尼的中央政府、地方政府及民众来说，都是学习和适应的过程。在这一过程中，外部的援助和支持非常必要。

---

① Syaikhu Usman, "Indonesia's Decentralization Policy: Initial Experiences and Emerging Problems", A paper prepared for The Third EUROSEAS Conference Panel on Decentralization and Democratization in SouthEast Asia. London, September 2001, p. 16.

② Vedi Hadiz, "Reorganizing Political Power in Indonesia: A Reconsideration of So-called 'Democratic Transition'," in Maribeth Erb, Priyambudi Sulistiyanto & Carole Faucher eds., *Regionalism in Post-Suharto Indonesia*, London: Routledge Curzon, pp. 37–38.

③ Vedi R. Hadiz, "Decentralisation and Democracy in Indonesia: A Critique of Neo-Institutionalist Perspectives," Working Papers Series, No. 47, May 2003, The Southeast Asia Research Centre (SEARC) of the City University of Hong Kong, p. 21.

第二节　美国对印尼分权改革及民主
治理的援助与支持

　　美国对印尼分权改革及地方民主治理的援助和支持，主要是在美国国际开发署领导下开展的。美国国际开发署根据印尼分权改革的需要制定、资助和开展了许多支持印尼分权改革和地方民主治理的项目，主要有："印尼快速分权改革评估"（IRDA，2001—2004）、"印尼地方政府核心管理与预算技能项目"（2000—2005）、"地方政府支持与伙伴关系项目"（LGSPP，2000—2005）、"民主改革支持项目"（DRSP，2005—2009）、"地方治理支持项目"（LGSP，2005—2009）、"绩效导向的区域管理"（PERFORM）项目等。美国的一些非政府组织，如亚洲基金会、国际市/县管理协会（ICMA）、北卡三角洲国际研究院（RTI）、计算机辅助开发公司（CADI）和民主国际（DI）等，作为美国国际开发署的合作伙伴，参与了这些项目的实施。美国国际开发署还与其他捐助者合作，为加强印尼地方民主治理提供了支持。

　　与在其他领域对印尼的援助一样，美国对印尼分权改革及民主治理的援助与支持也是非常全面、深入、有针对性的：第一，对印尼分权改革进程及地方民主治理中存在的各种问题进行评估。客观、准确的评估是美国国际开发署制定和实施任何援助项目的前提；只有以客观地评估为基础，才能设计出符合对象国实际情况和需求的援助项目，才有助于实现其预定的目标。第二，美国对印尼分权改革和地方民主治理的支持，涵盖的内容极其广泛。既着力支持印尼地方政府行政部门的能力建设，也努力推动地方立法机构的能力建设，其中涉及了行政和立法部门的各种职能；它还着力于推动和加强公民社会组织的监督能力，推动公民参与决策过程等。第三，在设计和实施援助印尼分权改革及民主治理的项目时，美国国际开发署充分考虑印尼的需求及地方政府和社会组织的意见，这也是美国能够顺利开展其援助项目并受到印尼政府、公民社会组织及民众欢迎的关键之所在。

一　对印尼分权改革进程及地方民主治理的评估

　　如前文所述，印尼的分权改革是迫于形势而在缺乏全面、认真规划的情况下仓促开始的，关于分权改革的法律规定也不够明确、具体，实施过程中必然会遇到这样那样的问题和挑战。从改革之日起，印尼国内对此也一直存在争论。因而，研究印尼分权改革的政策与相关法律、考察印尼分权改革进程中存在的问题、评估分权改革和地方民主治理的效果，对于美国国际开发署有针对性地开展支持印尼分权改革和民主治理的活动有重要意义：第一，通过调查研究，弄清印尼分权改革及地方治理中面临的问题，有助于美国国际开发署及其他国际捐助者有针对性地设计和实施援助项目；第二，把全面、客观的调查研究结果提交印尼中央政府有关部门如国内事务部，使之了解分权改革的整体状况，从而促其制定全面、具体、详细的分权改革实施细则；第三，在评估过程中广泛接触地方各级政府官员及社会组织代表，促其认识分权改革及地方治理中存在的问题，进而开展有针对性的改革。这就有助于推动印尼的分权改革，实现良好的民主治理。

　　"印尼快速分权改革评估"（IRDA）项目是研究和评估印尼分权改革问题的最重要的项目。该项目由美国国际开发署资助，亚洲基金会具体开展评估活动，为期 3 年。其目的是通过快速、准确、客观地评估分权改革及相关政策在省、区或市和次区的影响，全面认清总的趋势和重要的瓶颈问题，并与决策者、负责管理分权改革进程的组织和机构等共享这些信息，为印尼中央政府的决策者提供推进分权改革所需要的系统性、高质量的信息，包括关于各地区情况的信息；同时，通过调查和评估过程，更多地接触地方政府及社会各界人士，从地方的角度提供关于分权改革状况的简要信息，也为地方政府影响全国层次的政策对话提供了一种渠道。

　　该项目始于 2001 年 7 月，到 2004 年结束时，亚洲基金会根据对印尼分权改革进程中不同问题的考察，共完成并发布了 5 个评估报告。为实现可靠的评估，该项目在调查研究印尼的分权改革时使用的是估价法（appraisal method）。这种评估方法的总体技术是定性的，但收集和分析的信息却是定性和定量数据的混合物。该项目的数据收集主要是通过重要知情人物访谈法（key informant interviews）和焦点小组讨论（focus group discussions）等手段获得的，进行分析和提出建议的过程也是参与性的。该项目主要关注的是描述地方在行使新权力、履行新责任方面的实际经验，强调的是地方的观点，突出的是地方在应对这些新的权力和责任时采取的方式。因而，通过最大限度地使用参与性方法，该项目的开展过程本身就在全国和地方层次的关键行为体之间建立起了对话机制。[①]

第一个评估报告是在 2001 年 12 月—2002 年 2 月完成的。其间，亚洲基金会与北苏门答腊大学（Universitas Sumatera Utara, USU）妇女研究中心等 12 个印尼地方组织合作（这些合作者既是数据源，也是数据分析者），在印尼 13 个省的 4 个市和 8 个县（kabupaten）进行了调查研究，印尼决策者、政府部门以及公民社会和研究组织参与了研究问题的设计、数据分析及经验与教训的总结等。第一份评估报告评估了印尼分权改革进程中的一些主要问题，如人事和财产的转移、地方政府机构的重组、地方政府能力、财政分权改革、公共服务、透明度、责任分担及公民社会参与、地方政府间关系以及对地方自治观念的理解等。该评估报告的研究认为，财政资源和行政领导是决定地方政府能否处理好分权改革和改善治理及人民要求的公共服务的品质的最重要的因素；1999 年第 22 号和第 25 号法案把原属中央政府的权力让渡给地方政府并赋予其新的责任，但地方政府和社群却因缺乏对法律理解与解释的共识、授权规则（enabling regulations）不完善以及财政资源不足等而受到制约；由于地方行政管理效率低下，中央财政支持不足，容纳大量分散到地方政府的工作人员而导致严重的预算压力，地方政府难以提供更多更好的服务。

第二个评估报告是在 2002 年 6—11 月完成的。亚洲基金会把研究地点从第一个项目研究的 13 个扩展到 30 个，其中包括 7 个市（kota）和 23 个区（regencies），其当地的研究合作组织也从 13 个扩展到 25 个。第二个评估报告对第一个评估项目关注的问题依然保持着关注，但随着印尼非集中化进程向前推进，又根据印尼各方关注点的变化，对其框架做了调整，把重点放在各方认为需优先关注的 7 个问题：（1）市（Kota）和县的权力。该报告考察了市和县如何实施 1999 年第 22 号法案规定的领域的治理的，主要集中于教育、卫生、农业、环境和投资等 5 个问题。（2）地区组织结构和人力资源开发，研究的问题包括地方政府管理机构是如何重建的，包括创设或合并组成新的办公室；新架构能够行使必要的职能；选择和指派工作人员到特定职位的机制；人力资源发展项目的性质及参与这项项目的可

---

① The Asia Foundation, "1st Indonesia Rapid Decentralization Appraisal（IRDA）Synopsis of Findings," Conference on Progress in Fiscal Decentralization, Regional University Consortium, July 2002, pp. 3 – 4（https：//pdf. usaid. gov/pdf_ docs/Pnacr463. pdf）.

能性（availability）等。(3) 财政收入与支出。研究的问题包括地方政府总
预算的来源；地方财政收入来源；预算拨款的优先次序；在服务方面，如
卫生和教育等，是否有充足的投资；地方政府和地方立法机构（DPRDs）
是如何制定预算的，包括公民在其中的参与程度；预算在多大程度上反映
社会的优先需求。这份评估报告提供了关于地方政府财政的第一手的计量
数据。(4) 关于参与、责任和透明度，该评估报告研究的问题包括：公民
参与治理过程的程度，包括规划、政策形成、实施及监督；公民影响各级
政府决策使用的战略；地方政府如何对公众的期望做出反应；人民如何知
道他们的诉求已得以解决。(5) 关于地方立法机构，该评估报告研究的问
题包括：地方人民代表会议成员已接受的各类培训及其来源；地方人民代
表会议与其选民之间的关系；地方人民代表会议同意或反对行政部门提交
的年度工作报告（accountability report）的基础等。(6) 关于政府间关系，
该报告研究的问题包括：中央政府和地方政府间关系如何发展及其角色界
定；地方政府为改善其服务提供水平而分享资源和分担成本的领域；地方
政府（包括省）间合作的性质等。(7) 关于特别自治地区的特别问题，研
究内容包括特别自治的观念、制定地方特别法规（如，在巴布亚）和法律
（如，在亚齐）的过程、实施特别法律方面取得的进展等。

　　第三个"印尼快速分权改革评估"项目是在 2003 年 2—6 月间开展
的。亚洲基金会把研究地点又从 30 个扩大到 40 个（其中包括 9 个城市和
31 个区）。该评估项目深入研究了市/县层次的政策及决策过程，目的是
深化理解地方政府如何对实现分权改革目标面临的挑战做出反应。
(1) 关于政策制定（Policy Formulation），该项目主要关注两个问题：第
一，地方决策过程；第二，中央政府如何发挥其政策评估功能以及省政府
在评估过程中的作用。该项目评估报告认为，分权改革开始后发展规划程
序未发生变化；尽管自上而下的方法仍然是基本规则，但某些地方政府已
开始通过制定支持公民参与的地方法规，寻求把公民社会组织纳入决策程
序的创新办法；尽管试图通过各种会议和机制就公民的需求和期望向他们
咨询，但大多数咨询只是象征性的参与；地方政府认为中央政府的政策评
估是不能令人满意的，因为它们未得到任何反馈，省政府在政策评估过程
中未发挥正式作用。该报告建议：在修改 1999 年第 22 号法案及附加实施
规则的过程中，应加入具体条款，以确保公众参与政策形成过程；印尼国
内事务部应制定新规则，赋予地方政府管理公众参与的权力，同时赋予其

制定公众参与的规则的权力；需要开展新项目，以提高民众积极参与政策形成过程的能力，包括拟订法案、理解地方预算以及提供有效支持等；需要通过更多的论坛，围绕地区事务及需要，把公民组织起来等。关于中央政府的政策评估及省政府在评估过程中的作用，该报告建议：中央政府在国内事务部内建立一特别委员会或办公室，并赋予其进行跨部协调的权力；让省政府更广泛地参与地方规范的评估过程之中。①

（2）关于人力及财政资源管理，第三份评估报告考察了地方政府管理人力资源和财政资源的方式。该报告认为，地方政府设法吸纳中央政府转给它们的所有人员，其中66%的人员转向教育部门，这些人员数量充足，但他们能否面对地方自治条件下的新挑战还是问题；地方政府已对人员及培训需要进行了评估，以提高地方官僚机构的质量和效率；已开展了通过专门的培训和对高等教育的支持来提高和更新公务员知识和技能的活动；地方政府把发展资金43%的拨款用于公共工程部门，反映了对基础设施建设的高度重视，但教育拨款只占10%。关于人力资源管理，该报告建议制定一系列全国性规范，加速文官在地区间的流动，特别是要向农村和偏远地区提供具有充分的专业技能的人员；制定一些全国性规范，增加区和市政府的垂直结构的灵活性；需要建立一个评估组织绩效的更可靠的手段。这将会增加政府的责任，提高地方政府工作人员决定支持地方政策和项目所要求的人力和制度资源的能力。关于财政资源管理，该报告建议：根据中央和地方政府会计准则恰当使用绩效预算和财务报告，有助于促进对地区财务状况的分析；地方政府工作人员需要更密集的社会化和关于纳入了绩效评估观念的新预算格式的培训；需要建立严格的关于对等资金（matching funds）使用的管理与责任的规范；中央、省及地方政府对利用其财政资源资助的各种政策，应进行更开放和密集的沟通。②

（3）关于责任承担问题，第三份评估报告主要关注了两个方面：第一，地方人民代表会议如何实施其监督职能及监督地方行政首长及执行机构的活动和计划；第二，公民社会如何参与到地方政府监督及国家机构如何对公民社会负责的。报告指出，地方人民代表会议是用正式的和非正式的两

---

①　The Asia Foundation, "Indonesia Rapid Decentralization Appraisal（IRDA）, Third Report," July 2003, pp. 12 – 20.

②　The Asia Foundation, "Indonesia Rapid Decentralization Appraisal（IRDA）, Third Report," July 2003, pp. 20 – 28.

种机制进行监督的（所谓正式的机制就是要求地方政府部门提交绩效责任报告；所谓非正式机制，包括大众媒体的运用、对村庄的实地考察以及与公民进行直接、面对面的互动等）；公众参与规划、实施、监督以及评估政府项目的要求日益强烈；大多数公民社会组织认为，公民参与的有效性仍然是很低的，公民还只是旁观者。关于地方人民代表会议的监督问题，该报告建议：在建立行政首长对地方人民代表会议负责的机制的同时，还应该建立一个让地方人民代表会议对公众负责的机制，这可以让公众在对地方人民代表会议的表现不满意时采取行动；政党应该修改其招募制度，以便地方人民代表会议候选人的选择能够以其监督表现和履行职责的能力为基础；应该建立一个独立的研究和信息服务机构，以在决策及监督职能等方面帮助地方人民代表会议；在确立评估地方行政首长和地方执行机构绩效的明确且可理解的指标时，地方人民代表会议应接受这方面的技术援助。关于公民的参与机制，该报告建议开展一些项目，增加公众对地方治理过程的认知，以便公民社会组织能够找到让地方官员对人民负责的办法；应开展一些项目，提高公民社会组织发动公民参与地区发展进程的各个方面，特别是责任方面的能力；应在地方政府和地方有关各方之间开展密集和互动的对话，以对责任与参与的重要性和意义形成共同理解。①

第四个"印尼快速分权改革评估"项目是亚洲基金会与印尼28个地方机构合作进行的，重点关注了3个主要领域：（1）对于地方政府直接提供的公共服务，该报告研究了母亲及儿童健康、基本的九年制义务教育、商业许可及结婚登记（civil registry）等问题，对每一个问题都研究了4个因素：第一，可得性（availability），主要是考虑各地区可提供哪些服务，哪些是优先考虑的。第二，可接受度（accessibility/affordability），主要考虑包括公众对服务的认识程度、服务成本、确定服务费用的机制、服务的场所以及交通设施等各种问题。第三，公正性（equity），主要考虑是否有为贫困人口、妇女及居住在偏远地区的人口开展的特别项目，以及为满足这些群体的特殊需要而对服务提供做出的调整。第四，参与及利益攸关者的参与，考虑的是公众如何参与确定服务的优先次序、发展及监督服务等，重点关注的是把公众、特别是妇女的观点和期望引入决策过程

---

① The Asia Foundation, "Indonesia Rapid Decentralization Appraisal（IRDA），Third Report," July 2003, pp. 29 - 34.

中的机制。该评估报告认为，项目研究的这些地区的卫生保健覆盖了母亲及儿童，但总的看来，由于缺乏专家，地方政府提供的服务价格低廉但质量较差；各地实行了基本的九年制义务教育，但也面临缺乏专门教师的问题；偏远地区不但缺少教师，也缺少学校；加快了商业许可的速度，地方政府为吸引投资而采取了简单行动，有些地方政府已创设了一体化的办理商业许可的机构以提高效率，但大多数地方政府抱怨缺乏如计算机等基本设备，阻碍了它们颁发商业许可的效率；地方政府已认识到结婚登记服务也需要改进。（2）关于公共工程，该评估报告主要考察了包括全国及地方性公营公司提供的电讯、供水以及电力服务等三个领域，考察了服务中存在的问题、地方政府和服务提供商采取的行动以及它们二者之间的协调，并有针对性地提出了非常详细的建议。如，针对电力服务中存在的问题，该报告建议：中央政府应扩大关于电力的 2002 年第 12 号法案的社会化；地方政府需要注意新法律规定的责任，制定其辖区内电力需求的总体规划；国家电力公司、地方政府及警察部门应密切监督并制裁非法用电的行为；中央和地方政府，以及国家电力公司，应该推动电力的替代能源，如太阳能等。（3）公共秩序和公共安全，如该报告所言，并非严格意义上的分权改革问题。但公共秩序和公共安全得以保护的程度会影响投资者对这些地区的信心，而投资的增加将有利于地方政府并支持非集中化改革；另外，这些问题也反映出分权改革条件下地方治理的复杂性。[①] 第四份评估报告从公民与安全部门工作人员的角度研究了公共秩序和公共安全中存在的问题，考察了地方政府采取的行动以及地方层次上关于安全问题的合作与协调等，并提出了一系列建议。

　　第五个"印尼快速分权改革评估"项目是在 2004 年 1—7 月间开展的。该项目在印尼成功举行全国性选举（4 月的立法机构选举和 7 月的总统选举）的情况下对印尼 39 个区和市在分权改革后地方民主的发展进行了评估。它主要考察了 4 个问题：（1）全国性选举对地方政府的影响。该评估报告认为，地方政府发布了规范人力资源（如地方政府工作人员）分配以及其他支持运行（operational support）的规则，如为实施选举提供额外资助等，为确保选举和平和公正地进行提供了资源，从而提供了使民

---

① The Asia Foundation, "Indonesia Rapid Decentralization Appraisal (IRDA), Fourth Report," p. 59.

主能够繁荣的环境；但从总体上看，地方政府以提供工作人员和办公设备的形式对选举的支持并未对公共服务产生重大影响。（2）直接选举地方政府领导人的前景。该评估报告在对地方政府及公民社会的主要利益攸关者进行访问和会谈的基础上，提出了一系列关于地方政府领导人直接选举的建议，包括选举的施行与监督、确立候选人资格的标准、提出候选人的程序、选举规则、选举日的确定、竞选运动进程、对地方选举的资助以及撤销和弹劾选举产生的地方政府领导人等方面的建议。（3）新行政区的建立。到 2004 年 1 月，印尼新建了廖省（Riau Islands）、邦加－勿里洞（Bangka Belitung）、万旦省（Banten）、哥沦达洛（Gorontalo）、北马鲁古以及西伊里安查亚省等 6 个省。该评估报告认为，建立新的行政区并不必然导致公共服务或基础设施的改善。因为，这一过程中，没有更多更好的工作人员。（4）地方利益谈判（bargaining interests）的政治。项目研究涉及的很多地方政府制定了大量关于透明度及公民参与的地方性规则，这反映出利益攸关者之间对通过公民社会参与决策、实现良好的地方治理的共同责任。但是，有些因素仍然是有问题的：第一，对政策的内容以及有关各方的角色与职能的理解存在差别；第二，在政策规划、形成及讨论过程中几乎没有实质性的公民参与；第三，政策未能满足地方期望；第四，地方社会反对其认为是偏向特定方面或利益的政策。该报告建议：支持公民社会组织的能力建设，特别是培养其在政策支持、游说以及与地方政府讨价还价的技巧；制定确保公民社会组织及民众积极参与所有地方决策阶段的法律和规范；地方政府应建立一个定期的影响评估机制，以定期评估地方规范是否符合其最初目标等。

　　从对上述五份评估报告内容的简要介绍可以看出，美国对印尼分权改革进程的评估有以下几个特点：第一，评估项目关注的内容非常广泛，涉及地方政府行政部门、地方立法机构、地方社会、公民社会组织以及公民等各种影响分权改革的因素；第二，评估项目关注的问题非常具体、深入，而且也都是印尼各种社会力量非常关注的问题，因而项目评估报告中提出的政策建议也是非常有针对性和可操作性的；第三，该评估项目参与性非常高，项目开展过程本身就可以帮助印尼在全国和地方的关键行为者之间建立对话机制。基础广泛的对话对于把分权改革的原则转变为实践非常重要。前四个评估报告广泛考察了印尼分权改革过程中的各个方面，特别是集中关注了地方政府行使和处理从中央政府转移来的大量职能和资源的方式，并从地方政府推动分权改革的促进因素及其提供更好的公共服务所面临的挑战两个方面分析了分权改革中存在的问题。这无论是对印尼中央及地方政府进一步深化分权改革，调整相关的法律和制度，还是对于美国及其他国际捐助者进一步在印尼开展推动其分权改革的援助项目，都极具参考价值和指导意义。亚洲基金会确实也希望其评估报告的结论和建议能够成为政府、公务员以及其他有关方面宝贵的资源，使之参与分权改革进程、推动关于分权改革对话、更高的透明度、更广泛的公众协商以及分权改革成功依赖的其他善治行动。在印尼实施分权改革之前，曾有很多捐助部门、非政府组织和学术机构等向印尼政府提出了许多建议，但在改革开始后，"印尼快速分权改革评估"项目成了关于分权改革进展情况及出现的问题与机会等的唯一信息来源。① 这也充分表明了该评估项目对推动印尼分权改革所能发挥的重要作用。

除资助"印尼快速分权改革评估"项目的评估活动外，美国国际开发署资助和支持一些科研机构或学者对印尼分权改革问题进行了研究。这也是美国国际开发署推动印尼分权改革与民主治理活动的一部分，也有助于它调动社会资源来服务其自身的活动目标。科研机构或学者的研究视角及对问题的认识与实际操作层面的工作人员往往会有所不同，他们与对象国的社会组织及民众的接触也具有不同于实际操作层面的工作人员的优势。他们的研究成果，可以为美国国际开发署及其他国际捐助者在选择援助重点、设计援助项目时提供参考。如，乔治亚州立大学政策研究学院经济系的詹姆斯·阿尔姆（James Alm）和罗伊·巴尔（Roy Bahl）在美国国际开发署资助下于 1999 年 6 月完成了一份题为《印尼的分权改革：展望与问题》的报告，其中列举了外国捐助者为帮助印尼的分权改革可以采取的行动：帮助印尼制定关于其分权改革政策的政策战略，提供技术援助和咨询，促进捐助者之间的协调，提供相关培训等；在分权改革计划实施前进行大量研究，研究的领域包括财政收入/支出平衡、政府间转移支付、平等化与财政征收（equalization versus revenue mobilization）以及评估等；为草拟分权改革实施规则提供建议；帮助制定分权改革计划等。② 他们还认为，外国

① The Asia Foundation, "Indonesia Rapid Decentralization Appraisal (IRDA), Second Report," Nov. 2002, p. 4.

② James Alm & Roy Bahl, "Decentralization in Indonesia: Prospects and Problems," June 1999 (http://aysps.gsu.edu/publications/1999/990601_ IndonesiaReport. pdf).

捐助者的研究可以推动印尼政府的行动。显然，类似的研究成果可以为美国开展的支持印尼分权改革和地方民主治理的活动提供智力支持。

二　支持印尼完善分权改革及民主治理的政策规范

关于分权改革的法案是在未经充分意见征询的情况下完成的，存在明显的问题和缺陷，不利于民主治理。在这些法案正式生效后，地方政府及立法机构又纷纷制定了一些地方性的法律和法规，其中也不乏违背分权改革精神、不利于地方民主治理的规定。为推动印尼的分权改革和地方民主治理，美国国际开发署及其合作伙伴与印尼国内事务部、财政部、分权改革协调局（DPOD）以及一些地方政府合作，对印尼有关分权改革和民主治理的一些全国性和地方性法规进行了评估，帮助它们修改了原有法规中不完善或明显存在弊端的部分，制定了一些新的法规。

（一）为印尼相关法律的调整与改革提供技术支持

美国国际开发署在 2001—2005 年资助实施的"绩效导向的区域管理"（PERFORM）项目在有关印尼分权改革的几个重要法律修改问题上为印尼财政部和国内事务部提供了技术支持，其中包括提供政策分析和建议，帮助准备和修改法律、规则等。印尼财政部是管理财政分权改革的领导机构。该项目与财政部合作，为修改财政分权改革法案中的条款提供了技术支持。

在 1999 年第 25 号法案修改过程中，"绩效导向的区域管理"项目与印尼财政部进行了密切合作。该项目提供了关于实行新的单一综合财政拨款补贴（general allocation grant，DAU）和引入单一的专用财政补贴（special purpose grant，DAK）的信息（input），还研究了加大地方的自然资源收入份额以及通过税收和使用费等增加地方财政收入的可能性等问题。在 2000 年第 34 号法案修改过程中，该项目也与印尼财政部进行了密切合作，法案赋予地方使用地方财政收入的更大灵活性。该项目工作人员还研究了转移支付部分土地和财产税及个人收入所得税给地方政府的可行性等问题。他们还对印尼地方政府进入信贷市场的能力问题进行了研究，与印尼财政部合作，分析了地方借贷中出现的问题、解决问题的方法并为未来审慎贷款提供了建议。

印尼国内事务部在指导全面的行政分权改革框架及监督地方政府的管理和运作方面发挥着重要作用。"绩效导向的区域管理"项目与国内事务部合作，对 1999 年第 22 号法案的修订、各部门制定的不符合分权改革原则的新旧法律进行了深度分析，并提出改革建议。它还为草拟和修改国内事务部的规范财政管理的 2002 年第 29 号法令提供了重要的技术支持。在分权改革之前，规划和编列预算被视为独立的活动，"绩效导向的区域管理"项目已推动国内事务部在部内及在地方政府都把二者更紧密地联系起来。

　　针对分权改革后涌现出的大量新法规，亚洲基金会在美国国际开发署的资助和支持下在印尼 28 个地区开展了"法规影响评估"（Regulatory Impact Assessment，RIA）项目，其目的是帮助印尼政府评估是否真正需要这些法规、实施这些法规的代价与收益如何、是否有代替这些法规的解决办法等。亚洲基金会在对印尼任何地方开展这一项目时都会与当地合作伙伴及咨询专家密切合作，对当地政府的法规进行全面评估。在这一过程中，地方政府官员、企业主和非政府组织领导人也接受了"法规影响评估"项目的法规评估方法训练。亚洲基金会及其合作伙伴还与地方政府团队合作，制定实施改革的计划。[1]

　　美国国际开发署在 2005 年 4 月到 2009 年 4 月间与北卡三角国际研究院合作在万丹（Banten）、西爪哇、中爪哇、南爪哇、巴布亚、北苏拉威西、南苏门答腊和北苏门答腊等省开展的"民主改革支持项目"（DRSP）也把支持印尼进行分权政策改革作为其重要关注，积极加强分权政策改革的地方反馈平台，为政策制订提供技术支持。在 2007 年底印尼国内事务部准备修改 2004 年关于地方治理的第 32 号法案时，"民主改革支持项目"为印尼国内事务部及其专家组提供了技术援助，支持其对该法案条款进行了修改。为征求地方对这些修改的意见，印尼国内事务部和专家组邀请"民主改革支持项目"和"地方治理支持项目"于 2007 年 11 月12—13 日在泗水组织了关于公民参与的听证会。来自中爪哇、东爪哇、南苏拉威西和西巴布亚的代表参加了听证会；11 月 14—15 日在棉兰也举行了听证会，来自西苏门答腊、北苏门答腊和亚齐的代表参会。参加者有来自地方立法机构的成员、政府官员、公民社会活跃分子等。中央政府代表也参加了听证会。地方的参与者为专家组提供了重要的反馈意见。之前，该项目已为草拟《亚齐自治法》（LoGA）提供法律技术支持。

---

　　① The Asia Foundation，"Regulatory Impact Assessment（RIA），"（http：//asiafoundation. org/resources/pdfs/IDRIAeng. pdf）.

除支持印尼修改其关于分权改革和民主治理的法律和制度外，美国国际开发署还通过一些项目推动其合作伙伴以及整个印尼社会对相关法案的了解和理解，从而推动这些法律和规定的实施。为实施 2005 年关于政府会计标准的第 24 号法案和 2005 年关于管理地方政府财政的第 58 号法案，印尼国内事务部在 2006 年 5 月制定了新的第 13 号规定，要求地方政府在 2007 年预算中实施新规定。2007 年 10 月，"地方治理支持项目"就第 13 号规定在班达亚齐（Banda Aceh）、东爪哇的谏义里（Kediri）、邦给（Pangkep）和南苏拉威西的帕洛波（Palopo）等 4 地举行了讨论会，其主要目的就是为印尼地方政府根据 2006 年第 13 号规定改革其财政管理做准备。

（二）推动加强印尼各级政府间的协调

根据关于分权改革的法案，除国防、外交及宏观经济政策等属于印尼中央政府职权外，其他权力均让渡给地方政府。但无论从机构安排、人员配置还是管理经验来看，地方政府都不足以承担从中央政府转移来的责任。地方政府还需要中央政府以明确的政策等形式为其提供指导和支持。因而，地方政府和中央政府之间就分权条件下各自的新角色和新职能进行对话和沟通对于分权改革的成功是非常重要的。

"绩效导向的区域管理"项目也在中央层次上与地方政府合作，推动关于政策制定和需求的双向交流，为分权改革进程提供重要的技术指导。区域自治咨询理事会（DPOD）是印尼政府于 2005 年建立的一个跨部门的机构。它主要在各部和各机构之间协调改革，并为总统提供建议。区域自治咨询理事会由国内事务部内所设的秘书处支持，但它从制度上是独立于国内事务部的。为支持和加强区域自治咨询理事会及其使命，北卡三角洲国际研究院在亚洲开发银行和印尼政府资助下开展了"支持财政分权改革的有效制度框架"项目，向人民代表会议、区域自治咨询理事会、国内事务部、财政部和规划部（Ministry of Planning）等提供技术援助。

三　支持印尼地方行政部门能力建设

在民主化和分权改革条件下，印尼地方政府的权力大大增加，在提供各种公共服务及确保有效的地方民主治理方面也承担着全面的责任。地方政府应该能够有效地维护公共秩序与安全，提供教育、卫生、公共设施等基本服务。如果地方政府没有或不能为公众提供这些基本服务，就意味着分权改革的失败。高效、负责任的地方民主治理，需要地方政府能够制定符合民主原则和地方需求的政策，在财政预算及开支等方面保持较高的透明度，并能够对地方民众的诉求及时做出反应。所有这些，都要求加强印尼地方政府、地方政府官员和工作人员的能力建设。

美国国际开发署及其合作伙伴开展的一些项目，从多方面支持了印尼地方政府的能力建设，以使之更加民主，更能胜任核心治理任务并能更好地提供公共服务，进行资源管理，主要内容包括：就其作用与责任、选区建设（constituency building）、透明度、结构改革、参与式决策方法及冲突管理等对新当选官员进行培训；就预算与会计制度等对选举产生的地方政府及其雇员提供培训；通过组织和实施社区改进项目，改善政府官员与普通公民之间的交流沟通；增加地方官员与中央政府之间的积极联系；增加对政府决策与过程的责任承担等。

（一）支持强化地方政府管理

分权改革条件下民主的地方治理，要求地方政府管理具有这样几个要素：第一，民主选举产生的地方政府领导人应该以民主、规范的方式管理地方事务；第二，地方政府管理及其提供的公共服务应该有合理的规划，能够反映地方需求和选民需要；第三，对地方政府管理及其提供的公共服务应该有一套科学的评估机制。

印尼分权改革开始后，国际市/县管理协会①开始接受美国国际开发署的资助，与印尼财政部和国内事务部合作开展了两个"构建善治制度"项目（BIGG）："地方治理支持与伙伴关系项目"（LGSPP）和"印尼地方政府核心管理与预算技能项目"（CMBSILGP）。前者为印尼城镇和农村地区新建立的地方政府协会提供培训和技术援助，以加强其倡议（advocacy）、组织管理、沟通、网络化（networking）、培训以及其他会员服务等方面的能力，促进地方管理专业化。② 国际市/县管理协会的"城市链接"项目（City Links）还把来自美国的最好的城市管理专业人员与来自印尼的地方官员组织到一起，通过这一项目分享资源和专业知识。参加这一项目的印尼的地方官员关注的是关于教育、水资源服务管理、公民参

---

① 成立于1914年，其使命是通过在全世界范围内支持和发展地方政府的专业管理，实现良好的地方治理。

② International City/County Management Association（ICMA），"Changes in the LGU Structure for the Budgeting Process," research report prepared for U. S. Agency for International Development, November 2003.

与、财政管理、旅游业与历史文化遗产保护以及自然资源管理等方面的信息。① 国际市/县管理协会还与"地方治理支持项目"合作，组织印尼官员赴印度和美国进行研究考察，与相应的官员交换看法。这些交流项目有助于印尼地方政府管理者提高其管理地方事务的能力。

　　"地方治理支持项目"还与其他合作伙伴合作开展了一些支持印尼地方政府改善管理、规划及评估等的活动。2001—2005 年间，北卡三角洲国际研究院向印尼 6 个省的 80 个地方政府提供了参与性规划和资本投资项目的培训，并建立了一个地方培训组织网络，以确保使之获得长期技术援助。② 为鼓励对地方规划和预算过程的参与，"地方治理支持项目"为印尼地方政府制定了地方规划指导原则。2007 年 3 月 29 日，该项目在泗水举行了一次"地方规划指导原则专题讨论会"，来评估它制定的这份地方规划指导原则。有 60 人参加了这一讨论会，其中包括印尼国家开发计划署（BAPPENAS）和国内事务部地方发展规划局（Bappeda）的官员、美国国际开发署"分权后的基础教育项目"（DBE）和"环境服务项目"（ESP）的全国和地区代表、若干大学的学术机构的代表等。与会者一致认为，"地方治理支持项目"制定的指导原则是有帮助的，将会继续推动改善规划过程。③ 2007 年 4 月 4—5 日，"地方治理支持项目"与联合国开发计划署（UNDP）等合作，在班达亚齐举办了一个为期两天的管理者发展论坛——"从政府到治理"。亚齐新当选的县和市正副领导人参会。论坛的目的是，向新当选领导人提供关于地方治理过程的信息。该项目涵盖了官员日常职能的许多技术性方面的内容，包括理解预算和规划过程、管理重要的关系以及在各级政府间进行协调等。"地方治理支持项目"还帮助印尼制定了"被印尼政府、省和地方政府、非政府组织以及其他国际捐助者视为制定可持续的政策和管理政府规划过程的重要工具"的"地方政府年度工作计划测量与评估的指导原则"和"中期地区发展计划的测量与评估的指导原则"。④ 2008 年 1 月 8 日，"地方治理支持项目"与

　　① "City-to-City Partnerships,"（http：//www. icma. org/inter/bc. asp? bcid = 1087&p = 1）.

　　② RTI International，"Experience in Indonesia,"（http：//www. rti. org/brochures/experience_in_ indonesia. pdf）.

　　③ "LGSP Conducts Workshop on Local Planning Guidelines（March 29, 2007），" *USAID Activity Highlights*，April 4, 2007.

　　④ "Two Guidelines Developed by LGSP Formally Issued as SK MENDAGRI, Jakarta（June 27, 2007），" *LGSP Activity Highlight*，July 2, 2007.

西巴布亚省凯马纳（Kaimana）区达成协议，共同推动提高地方政府及相关方面在预算、规划及监督等方面的能力。①

（二）支持地方政府的财政与预算制度改革

地方政府实行规范、透明的财政管理和预算制度对民主的地方治理是非常必要的。印尼的分权改革也要求地方政府改变"新秩序"时代的财政管理和预算制度，加强对地方发展规划的研究，增加预算程序的透明度，并加强对其执行的监管。规范、透明的财政管理和预算制度，有利于民众及社会力量对地方预算决策过程的参与，有助于增进民众对地方政府的信任，有助于地方民主治理的各个方面形成一个良性循环。

国际市/县管理协会在美国国际开发署资助下开展的"印尼地方政府核心管理与预算技能项目"（CMBSILGP）为印尼400多个地方政府提供了预算和财政管理援助。它与西苏门答腊、西爪哇、中爪哇、东爪哇、南苏拉威西、东加里曼丹的46个地方政府及巴布亚的鸟头地区（Bird's Head Region of Papua）密切合作，提供了现场咨询、技术援助、培训及出版等援助。该项目制作了各种自助的、互动的培训模式、手册和关于绩效预算及其他财政与管理问题的出版物。这些材料还被用于印尼全国的大学；接受"构建善治制度"项目集中培训的地方政府也都使用"构建善治制度"项目的培训材料训练其所有工作人员。

帮助印尼地方政府强化其财政和预算管理活动是这些项目关注的一个重点问题。在2003—2004年间，这些项目共对印尼47个地方政府进行了绩效预算及其他财政管理技能培训。2003年11月，国际市/县管理协会为美国国际开发署准备了一份报告，集中考察了印尼地方政府的预算准备及决策过程，并建议改变地方政府负责预算过程的部门的结构。2005年，国际市/县管理协会作为北卡三角洲国际研究院的转包商参与了"地方治理支持项目"（LGSP），帮助印尼地方政府强化其财政和预算活动，如财政和预算、地方政府管理制度、绩效监督与评估等。国际市/县管理协会帮助印尼地方政府把其会计制度从单一表目记账法转变为复式记账法，并帮助它们准备工作单位层次的财政报告；它还举办了研讨班，为地方政府有关工作人员提供了培训，以培养其关于财政及预算问题等的意识，增加知识，提

---

① "LGSP Starts Helping Kaimana District in Improving Good Governance Practices（January 8，2008），" *USAID Activity Highlights*，January 18，2008

供技术援助以帮助地方政府把观念诉诸实践，并进行项目分析与评估，以确保新的经验得以恰当运用。为推广财政管理及预算过程中好的做法，国际市/县管理协会还在棉兰为来自亚齐和北苏门答腊的地方官员和立法机构成员，在泗水为来自东爪哇和中爪哇的参加者，在望加锡为来自南苏拉威西和西巴布亚的法官及国内事务部和财政部的官员举行了地方性会议。

（三）支持印尼地方教育发展与教育管理

地方教育的发展与地方民主治理有密切关系。地方教育改革与教育管理是印尼分权改革的重要内容。支持印尼地方教育发展和教育管理是地方政府能力建设项目的重要内容。美国国际开发署及其合作伙伴在印尼开展了一些支持印尼地方教育管理的项目和活动。

2003—2007年，北卡三角洲国际研究院帮助中爪哇、东爪哇、亚齐和雅加达23个区地方政府及449所学校的教育管理者，弄清学校管理结构中的制度性缺点；设计了可复制的教育与管理模式；还培训了1万名教师及其他相关人员。北卡三角洲国际研究院与美国国际开发署合作，计划在2005年到2010年间开展更有效的"分权改革后的教育管理与治理项目，"支持印尼10省内62个区的小学和中学及地方政府，加强教育管理、资助、社会参与等。[①]

作为该项目组成部分之一的"更有效的分权教育管理与治理"（DBE1）项目在亚齐及爪哇地区与"地方治理支持项目"及"管理基础教育"项目进行了合作。2006年5月中爪哇地震之后，它还与美国国际开发署及其他合作伙伴合作，特别向严重受损的克拉特恩区（Klaten）提供了援助。管理基础教育（MBE）项目从2003年起与地方政府进行了合作，以加强东爪哇和中爪哇、亚齐以及雅加达的20个区/市有效管理基础教育服务的能力，推动学校提高发展规划与预算中的透明度、责任承担及参与等。2006年12月，东爪哇省莫佐克托市（Mojokerto）地方教育主管部门向地方立法机构提交了关于教育问题的地方政府法规草案。从这时起，通过举行几次专题讨论会和提供技术援助，"地方治理支持项目"和"管理基础教育"项目一直在帮助公民社会组织和莫佐克托地方教育部门完善这一草案。2007年8月27—30日，它们又支持举行了为期3天的会

---

① RTI International, "Experience in Indonesia," (http：//www. rti. org/brochures/experience_ in_ indonesia. pdf).

议，来自地方教育部门、地方人民代表会议立法委员会和教育委员会的代表参加了会议。在这两个项目支持下，会议最终成功把莫佐克托地方政府教育法规的内容确定下来。9月7日，莫佐克托市正式通过了关于教育问题的地方法规。

为推动印尼民主的教育的发展，亚洲基金会也实施了一些援助项目。亚洲基金会认为，教育改革是改善印尼教育和强化一个民主、宽容和繁荣社会的长期投资。它支持印尼一些公民社会组织在伊斯兰学校中促进民主价值发展和传播；为一些地区宗教学校（madrassa）的教师提供了参与性教学方法的培训，教会他们在宗教教育课程中融入诸如性别平等、法治和宗教多元主义等内容。亚洲基金会还开展了一个培训宗教学校和伊斯兰寄宿学校（pesantre）从事公民教育的教师的项目，目的是使他们能够从伊斯兰视角传授公民教育的内容，在课堂教学实践中使用参与性教学方法。从2000年起，亚洲基金会开始在雅加达的国立伊斯兰大学用通过灌输对民主和善治的理解强化民主的新课程取代过时的、国家规定设立的公民教育课程。该项目已扩展到全国的私立伊斯兰院校。在国立伊斯兰大学成功开设这种课程的基础上，在亚洲基金会的支持下，"穆罕默迪亚"的大学系统开发了自己的公民教育课程。新课程在"穆罕默迪亚"的所有35所大学和学院中都是必修课。通过这些项目，在印尼150多所伊斯兰大学和学院中每年有10万名学生了解了公民权和民主。[1]

美国国际开发署及其合作伙伴在开展这些项目的过程中，既加强了地方政府对教育的管理，提高了教育和教学质量，也把美国人所推崇的自由、民主等价值融入教育管理和教学内容之中。这对印尼的分权改革和民主发展，都是发挥了积极作用。

（四）培训地方服务提供商，改善地方公共服务

除支持改善教育管理、提高教育质量外，美国国际开发署及其合作伙伴还特别注重提高印尼地方政府及有关方面在提供其他公共服务等方面的能力，如卫生、环境管理、饮用水、食品、电力、通讯和交通等。

在印尼，这些服务大都是地方政府或者地方政府的企业提供的，也有一些是全国性的企业提供的。印尼是发展中国家，地区发展不平衡，存在大量低收入、没有实质政府补助金的民众。地方政府在向这些民众提供高

---

[1]　Improving Education in Indonesia, The Asia Foundation

质量服务时往往会遇到困难。"绩效导向的区域管理"（PERFORM）项目通过准备一个公司计划（corporate plan），帮助一些地方政府企业把其服务公司化，以实现税收并提供高质量的公共服务，同时把补助金保持在可控制的水平上。该项目还推动地方政府与地方工商业界之间的交流，促使地方政府和私营工商业者找到共同的基础，来满足他们的利益，提高公共服务的品质。

为改善地方公共服务，"地方治理支持项目"（LGSP）还比较注重对地方服务提供商的培训。2007 年 8 月 1—10 日，该项目与中爪哇省苏科哈佐区（Sukoharjo）的地方发展规划署合作举行了一系列规划专题讨论会，为来自苏科哈佐区的 60 个村子的 60 个地方服务商提供培训，使之更好地理解如何制定各村的 5 年发展计划。2008 年 1 月 7—9 日，"地方治理支持项目"驻中爪哇办公室在杰帕拉区（Jepara）为该区的规划与预算服务商进行了为期 3 天培训。来自杰帕拉区下级政府的 30 位服务商参加了培训。

为改善地方公共服务的管理，"地方治理支持项目"还对地方政府部门采购流程中的透明度和责任承担进行了评估，以推动采购过程的透明化。2007 年 8 月 7 日，该项目支持莱巴克（Lebak）的一个公民社会组织"透明和参与委员会"（KTP）举行了一个专题讨论会，并把其对莱巴克的卫生与社会福利部门及教育部门的采购过程的评估结果提交会议讨论。

另外，"地方治理支持项目"还支持了一些地方服务提供商为改善公共服务问题进行的研讨活动。从 2007 年 4 月起，该项目支持南苏拉威西省塔卡拉区（Takalar）的"一站式服务（OSS）工作组"组织了一系列焦点小组讨论和技术性讨论。该工作组在这些讨论的基础上，于 12 月 10 日向区领导人易卜拉欣·里瓦（Ibrahim Rewa）提出了改善公共服务的建议。

四　支持印尼地方立法机构能力建设

印尼五级政府（中央、省、区或市、次区及村）中，除次区外，各级地方政府都设有地方人民代表会议（DPRD）。区所辖为农村地区，选举产生的区长为行政部门负责人。市所辖为城镇地区，选举产生的市长为行政部门负责人。省级立法机构的成员，一般依各省内区及市的数量，有 35—100 人；区或市级立法机构依其所辖的次区的数量，一般有 20—45人。由于在民主化之后印尼的行政区划经历了一些改变，到 2008 年 2 月，印尼一共由 33 个省级立法机构和 465 个区/市级立法机构。

地方立法机构对于区域自治、善治以及地方民主的成功都非常重要。印尼的分权改革，从法律和制度层面上确立了地方立法机构在地方自治和地方民主治理中的重要作用。理论上讲，在经历了 1999 年的立法机构选举、2004 年的立法机构和总统选举及 2009 年的立法机构和总统大选之后，印尼地方立法机构应该能够代表印尼民众的需求、期望、关注和利益等，成为印尼民众表达其利益和诉求并使之转变为政策的机构；在拟订法律和规则时，包括政府预算等，应该对民众的诉求做出反应，体现民众的利益；还应该能够发挥监督作用，确保地方政府行政部门承担政治和财政责任。2004 年关于区域治理的第 32 号法案对此也做出了明确规定。印尼的分权改革已为实施民主的地方治理创造出一种制衡制度。但地方立法机构在印尼地方治理中的表现远未达到民主制度下的成熟状态。

美国国际开发署及其合作伙伴对印尼地方立法机构能力建设的援助和支持，目的就是让印尼地方立法机构逐步克服各种问题和陋习，发展成为能够有效运作、充分代表民众的利益、反映民众的需求、对行政部门发挥积极的监督作用的机构。为此，美国国际开发署及其合作伙伴开展了许多非常有针对性的活动。

（一）通过各种培训项目，提供技术援助，促进地方立法机构有效运作

分权改革使印尼地方立法机构拥有了巨大的权力，而不再是"新秩序"时代的"橡皮图章"了。在政治转型条件下，需要克服和解决可能会阻碍地方立法机构运作的各种因素，为其有效运作提供物质的、人事的和制度的保障。美国国际开发署为印尼一些省、区立法机构提供了制度性支持，包括培养其草拟和分析法案及可行的预算的能力，建立政党间联盟，改善立法程序等。

2002 年 5 月，美国国际共和学会在印尼巴厘省的登巴萨（Denpasar）为地方立法机构成员开展了一个网站发展培训项目，其目的是通过改善其内外沟通，帮助巴厘省人民代表会议更有效地运作。该项目关注的是文件管理、数据库和内联网创建以及网络和网站管理与设计技术，并教会巴厘省议会成员有效组织和管理内部沟通。①

---

① "Local Legislators Learn Website Development," June 25, 2002 （http：//www. iri. org/asia/indonesia/2002-06-25-Indonesia. asp）.

　　由于地方人民代表会议的秘书处（setwan）在地方人民代表会议的行政管理、法案制定、预算规划与监督等方面都对议员的工作发挥着重要的支持作用，美国国际开发署"地方治理支持项目"也开展了一些提高其秘书处工作人员的能力的活动，帮助他们解决工作中的问题。2007年7月25—26日，该项目为来自中爪哇45个地方议会秘书处的工作人员举行了一次会议。"地方治理支持项目"的治理顾问汉斯·安特洛夫（Hans Antlov）和规划顾问维佐诺·恩戈迪乔（Widjono Ngoedijo）、印尼国内事务部能力发展与地区绩效评估总局的努尔博沃·埃迪·苏巴吉奥（Nurbowo Edy Subagio）、印尼人民代表会议秘书处的普沃·桑托索（Purwo Santoso）、印尼地方立法机构秘书处协会（Indonesia Local Council Secretariat Association）主席马斯·乌德（Mas Ud）等作为主要发言人发言。与会者在会上分享了他们的经验，认识到如何通过有效的沟通更好地做好他们的工作。

　　美国国际开发署通过选举制度国际基金会、美国国际共和学会和美国全国国际事务民主学会等开展的"民主与治理项目"（2005—2007）和"民主与分权的治理"项目（2005—2008）也都把加强地方立法机构的代表功能作为项目关注的一个重点问题。前者强调通过提供技术性建议和信息、培训、举行研讨班和专题讨论会、加强研究能力等，发展和强化地区代表会议（DPD）的代表功能并提高其在新的政治制度中的监督和制衡作用，推动地区代表会议在公民社会、省政府与地方议会之间建立有效的联盟，并推动支持对地区代表会议关注的涉及地区利益的重要问题的研究；① 后者也强调加强地方立法机构的代表功能，为新当选的地区代表会议成员提供技术援助。②

　　（二）通过培训及专题讨论会等方式，提升地方立法机构议员个人技能

　　地方立法机构议员个人的能力决定着地方立法机构运转的效率和效果，影响着地方民主治理的水平。议员拟订法案的能力，直接决定着他们能否很好地代表和表达民众的利益和诉求、能够制定出符合地方需求的法律、法规等；议员个人在预算、资产管理等方面的专业素养，直接决定着

---

　　①　Post Elections Support to the DPR, DPD and DPRDs,

　　②　USAID Mission/Indonesia, "Democratic and Decentralized Governance," Date Sheet（http://www.usaid.gov/policy/budget/cbj2006/ane/pdf/id497-020.pdf）.

他们能否对行政部门进行有效的监督；他们的沟通技巧，既可能会影响地方议会内部对法案和政策的协调与妥协，也可能会影响他们自身与选民之间的关系。美国国际开发署通过其合作伙伴向地方立法机构议员提供了技术援助和培训，训练议员及立法机构工作人员在立法和草拟法律方面的技能。

　　1999 年 5 月印尼大选后，美国国际开发署与发展选择公司（DAI）支持了加强印尼地方人民代表会议议员及地方组织的能力以及鼓励它们之间合作的活动，推动冲突预防与调停，强化地方治理等。

　　在 2004 年印尼选举之后，美国国际共和学会把解决印尼政治分权改革的挑战作为其项目关注的重点。相应地，其项目也主要是在省和地方立法机构层次上展开的。为保证新当选的议员了解其角色和责任，美国国际共和学会在 2004 年 4 月印尼立法机构选举后就组织了一系列培训活动，并在 7 月底到 9 月中期派出 4 名美国专家①提供治理培训。为提高议员的能力，它还与印尼的区、省人民代表会议合作，为当选议员与其选民之间的互动制定战略；通过使用信息和沟通技术，改善地方议员与选民之间的双向沟通。美国国际共和学会还与"英特新闻"联合为立法机构议员提供培训，主要集中关注媒体关系和政治的媒体战略。②

　　（三）提高地方立法机构对政府的监督能力，特别财政管理及预算的监督

　　在民主化条件下，地方立法机构在代表公民利益和监督地方政府的表现等方面发挥着重要作用。预算监督是地方议会监督行政部门的一种非常正式的、重要的手段。美国国际开发署"地方治理支持项目"开展了一些培训活动，用必要的技能武装地方人民代表会议，使之能够监督地方政府和规划与预算过程。

　　为了加强地方人民代表会议议员通过透明的财政管理支持善治实践的能力，美国国际开发署"地方治理支持项目"于 2007 年 5 月 9—10 日为南苏拉威西省地方人民代表会议议员提供了关于资产管理的培训，他们在培训期间讨论了资产管理的原则及如何有效管理那些资产等。美国国际开

---

　　①　他们是：佛罗里达州议会众议员莱斯利·沃特斯（Leslie Waters）、内布拉斯加州议会参议员米克·迈因斯（Mick Mines）、康涅狄格州议会众议员凯文·德尔戈伯（Kevin DelGobbo）、以及科罗拉多州议会前众议员格伦·斯科特（Glenn Scott）。

　　②　First-time Legislators Receive Training, August 19, 2004.

发署"地方治理支持项目"于 3 月 28—29 日举行了一次关于"恩勒康县
（Enrekang）议会预算监督"的专题讨论会，目的是提高地方政府官员负
责、高效地监督预算的能力。4 月 18 日，该项目邀请有关的利益攸关方
在南苏拉维西省望加锡市参加"预算监督培训讨论会"，就地方预算的一
般原则提供培训，目的是推动戈瓦（Gowa）区的规划和预算的透明度，
帮助在地方行政与立法部门之间建立对善治的共识。立法机构顾问也参加
了讨论会。7 月 23—25 日，该项目又为谏义里市（Kediri）的地方人民代
表会议举办了一次预算监督专题讨论会。当地所有议员都参加了讨论会。
谏义里市人民代表会议主席及各派别的领导人都出席了讨论会并积极参与
了讨论。与会者了解了预算监督原则和程序，对预算监督有了更好的理
解。为增加公民参与及预算过程的透明度，"地方治理支持项目"还与地
方立法机构负责预算分配及资助项目选择的委员会合作。①

　　通过这些项目开展的种种培训活动，地方立法机构也参与到预算过程
之中；与过去不同，现在立法和行政部门开始共同确定预算的优先次序
了。地方行政部门领导人开始把其绩效预算、资产负债表、损益表以及现
金流量报表等与他们的年度工作报告联系起来。这有助于地方立法机构对
政府预算过程及预算执行情况的监督。

五　支持印尼公民社会组织及社会力量参与地方民主治理

　　在其他国家推动公民社会发展是美国对外援助的一个重要目标。在许
多捐助者和接受者以及民主理论家看来，公民社会经常是一种积极的力量
这种思想是不容置疑的。富有活力的公民社会，既是一种能够让政府负责
任的力量，也是真正民主的政治文化得以建立的基础。因而，推动公民社
会发展是民主建设的关键。② 地方公民社会组织的发展水平与地方民主治
理的品质之间的关系比较复杂。一般而言，在民主化条件下，地方公民社
会组织越发达、对地方决策等问题的参与度越高，它对地方民主治理的积
极作用也会越大。

　　印尼公民社会组织对地方民主治理的影响，主要有这样几种方式：第

---

　　① "Local Governments Play Key Role in Building Democracy in Indonesia," (http://
www. rti. org/brochures/indonesia_ lgsp. pdf).

　　② Marina Ottaway and Thomas Carothers eds, *Funding Virtue: Civil Society Aid and Democracy
Promotion*, Washington, D. C.: Carnegie Endowment for International Peace, 2000, p. 4.

一，参与地方政府决策。通过表达其代表的民众或团体的诉求，游说地方政府官员和地方议会议员，促其制定或通过符合其诉求的政策。第二，通过直接与地方政府或地方立法机构合作或接受它们的咨询等，利用其自身在专业方面的优势，参与地方法律和法规的草拟。第三，直接与地方政府合作，改善和提高地方政府为民众提供各项基本服务的能力。第四，地方公民社会组织还对监督地方政府及立法机构等发挥着积极作用。第五，公民社会组织还通过动员和组织公民参与等，特别是学生等特殊群体，发挥对地方治理的影响。实际上，早在苏哈托统治时期，美国政府在从政治上和外交上支持苏哈托政权的同时，美国国际开发署已经聚焦于为印尼关注法律援助、环境保护以及人权倡议等的非政府组织提供援助。这些非政府组织积累的大量经验可能使它们在后苏哈托时代发挥重要作用。①

除支持印尼地方政府行政和立法部门的能力建设以使之能够胜任和承担民主化及分权改革条件下的各种职能和责任外，美国对印尼分权改革和地方民主治理的支持还体现在其对印尼地方公民社会组织能力建设的关注和支持，包括援助和支持地方媒体的发展等。其目的是通过强化公民社会的能力，推动民众对决策的参与，发挥公民社会组织和民众对政府的监督功能，并通过加强地方媒体改善政府与公民之间沟通等。

（一）支持公民社会组织在地方民主治理中发挥积极作用

美国国际开发署及其合作伙伴支持公民社会组织在印尼地方民主治理中发挥作用，主要是通过：第一，与印尼的这些公民社会组织合作，开展一些活动，以促其在活动中推动政府增加透明度和责任承担，推动印尼地方民主治理的发展。比如，为促进印尼地方政府的责任承担和透明度以及公民的参与，北卡三角洲国际研究院通过美国国际开发署资助的"民主改革支持项目"（DRSP）与印尼的公民社会组织进行了合作。北卡三角洲国际研究院还与公民社会组织、公共及私营部门合作，推动印尼在法治、信息自由、司法部门、自由及公正的选举等领域的政策改革，帮助新的宪法法院强化其监督和制衡制度。② 亚洲基金会与"穆罕默迪亚""伊斯兰教师联合会"等非政府组织合作开展了"反贫困公民社会行动"，支

① Marina Ottaway and Thomas Carothers eds, *Funding Virtue: Civil Society Aid and Democracy Promotion*, Washington, D. C.: Carnegie Endowment for International Peace, 2000, p. 145.

② RTI International, "Experience in Indonesia," (http://www.rti.org/brochures/experience_in_indonesia.pdf).

持它们开展活动。该项目利用在村和区层次上开展的公民论坛,代表贫困人口的利益,支持改善服务,改革阻碍对贫困人口非常重要的部门的经济发展的规范和其他障碍,改善治理。①

第二,对印尼的公民社会组织进行培训,使之具备监督、评估地方政府运作及其绩效的能力。2007年7月26—27日,美国国际开发署"地方治理支持项目"(LGSP)支持在南苏拉威西省帕雷帕雷(Parepare)举行了为期两天的专题讨论会,目的是为公民社会组织提供培训,使之更好地理解监督和评估的重要性,同时提高它们对关于参与性监督与评估工具的知识和技能的理解与运用。来自帕雷帕雷和平朗(Pinrang)的32名公民社会组织代表参加了讨论会。2005—2009年,北卡三角洲国际研究院通过该项目为印尼62个地方议会和大约600个地方性非政府组织提供了支持,通过它们促进公民参与立法、预算和规划过程以及服务提供等。② 亚洲基金会在性别回应预算(gender-responsive budget)方面为公民社会组织提供了培训和技术援助。"印尼妇女联盟"制定了关于理解预算和预算支持(budget advocacy)的指导原则。

在印尼进行分权改革之前,民众对每年的预算一无所知,不知预算为何,也不知道预算是如何制定的。他们无法得到关于政府制定的任何发展计划的信息,也不知道款项是如何拨给修路、学校、商业发展或其他公共服务的。在推动地方政府实现预算透明的活动中,美国国际开发署"地方治理支持项目"对印尼的一些公民社会组织进行了培训,使之理解自己在预算评估与监督方面的作用。同时,该项目还引导地方政府公布最后通过的预算,以便公众能够监督其执行。③ 美国全国国际事务民主学会开展的"参与式预算与开支追踪(PBET)项目"也为印尼民众和地方民间团体提供了培训,帮助他们清楚理解预算周期,学会监督公共服务品质的方法,并弄清为预算编列和分配提供意见的途径等。

这些培训项目提高了地方公民社会组织提供公共服务或监督地方政府

---

① The Asia Foundation, "*Civil Society Initiative against Poverty*," (http: //asiafoundation. org/resources/pdfs/IDCSIAP. pdf).

② RTI International, "Experience in Indonesia," (http: //www. rti. org/brochures/experience_in_ indonesia. pdf).

③ " Budget Transparency: Local Governments Hold Public Consultations," (http: //indonesia. usaid. gov/en/Article. 291. aspx).

运作的能力，这对于地方民主治理的发展意义极大。因为分权改革的成功，确实在很大程度上有赖于富有生机和活力的地方公民社会的发展。

（二）支持地方媒体发展

媒体是一支重要的社会力量。"独立的媒体对于建立一个能够有效运作的民主制度来说，是一个至关重要的因素。民主化的成功，往往取决于信息和观念的自由和不受限制的流动……如果公民被剥夺了他们期望的读、说和写的自由，法治就无法建立。"[1] "没有独立媒体，政府只能是部分透明的；法治是不完全的，多党选举也不会是真正开放和自由的。加强独立的媒体仍然是多党民主最有效和持久的工具。"[2] 在苏哈托时代，印尼政府保持着对媒体的高度控制。在政治转型进程开启之后，印尼各种媒体如雨后春笋般出现，并在印尼民主发展中发挥了重要作用。美国在推动印尼民主发展时也特别重视发挥印尼媒体的作用。

在支持印尼分权改革和民主治理的过程中，美国国际开发署及其合作伙伴也非常重视印尼地方媒体在其中的作用，开展了一些援助和支持地方媒体发展的活动，如：提供媒体发展的技术支持，提供更好的装备以扩大记者的现场报道（field reporting）；开展培训活动，培训记者的调查技能，帮助记者理解和报道政治事务，提高其作为"看门狗"的能力；强化媒体规范和职业标准；改善媒体准入等。

2005 年，美国国际开发署资助了一个名为"建立基础：强化印尼专业、负责和反应迅速的广播媒体"的媒体发展项目，其目的是建立一个专业、以信息为基础的地方媒体，及时对印尼各区的发展和改革做出反应。该项目在北苏门答腊、亚齐和爪哇等地援助建立了地方广播电台，支持关于媒体规范的对话，并向亚齐的"媒体与媒体教育"（Media and Media Education）提供了支持。

美国国际开发署的"民主改革支持项目"（DRSP）还把推动保护媒体和信息自由作为其关注的重点问题，支持独立的印尼广播委员会，推动

---

① Krishna Kumar, *Promoting Independent Media: Strategies for Democracy Assistance*, London: Lynne Rienner Publishers, 2006, p. 5.

② Adam Clayton Powell III, "Public Diplomacy and International Free Press," Hearing before the Committee on Foreign Relations, United States Senate, One Hundred Eighth Congress, Second Session, February 26, 2004, p. 30（https://www.govinfo.gov/content/pkg/CHRG-108shrg93694/pdf/CHRG-108shrg93694.pdf）.

保护媒体自由的立法，支持通过《信息自由法》。2005 年，印尼通讯与信息部发布了一系列规定，限制地方电视台和广播电台现场直播外国新闻，这与印尼广播公司（KPI）的许可及监督责任产生了冲突。根据印尼 2002年《广播法》建立的印尼广播公司有权提供许可、监督广播内容以及确立广播与媒体文化（literacy）等。在"民主改革支持项目"帮助下，地方公民社会组织"技术美学与科学基金会"（SET）一方面试图循法律途径解决这一冲突，澄清转播权（broadcasting rights）；另一方面，则把公众和政府官员拉到一起，就政府法规的影响进行对话。该组织还在日惹和雅加达的社区电台上举行了公共论坛，举行了新闻发布会，并安排了电视谈话节目。

通过支持印尼地方媒体的发展，使之能够对地方政府及立法机构的决策过程、预算过程及财政管理、服务交付等方方面面的问题做出报道，有助于动员民众对地方各项事务的决策过程的参与和理解；也有助于政府信息公开，提高其决策及执行的透明度，便于民众对政府的监督。因此，地方媒体的发展有助于地方民主治理的顺利发展。

（三）支持印尼的反腐败运动

腐败问题是印尼社会中的痼疾。随着印尼分权改革的推进，腐败也从中央向地方政府扩散开来，并严重影响着分权改革和地方民主治理的发展。美国在支持印尼分权改革及地方民主治理的过程中，也与印尼中央及地方政府合作，支持了它们开展的反腐败运动；特别是与印尼公民社会组织合作，以提高它们监督和揭露政府腐败的能力。

2006 年 2 月 9 日，美国国际开发署的"地方治理支持项目"与"印尼采购观察"（IPW）在日惹共同主办了题为"地方政府采购诚信大会"的反腐败会议。来自印尼各地的非政府组织、地方政府、捐助机构及其他组织的 120 多人参加了为期 4 天的会议，目的是制订一项战略，预防和清除产品及服务采购中的腐败行为。会议讨论的问题包括从印尼根除腐败委员会（KPK）面临的挑战到捐助者和媒体在反腐败中的作用等。[1] 2007 年5 月 10 日，"地方治理支持项目"和印尼根除腐败委员会在班达亚齐举行了一次关于采购监督的讨论会，目的是加强公民有效监督采购过程的能

① "USAID Supports Anti-Corruption Conference in Yogyakarta," February 9, 2006（http://www.usembassyjakarta.org/press_rel/USAID-anti%20corruption.html）.

力，具体目标是向与会者介绍监督和分析地方政府用于物资及服务采购的预算开支的方法。来自 5 个区政府的 30 个公民社会组织的代表参加了讨论会。拥有有效监督政府办公室采购过程的必要知识和技能的公民社会组织代表在会上做了报告，向与会者介绍了关于腐败问题的法律、案例研究和采购活动中具体的腐败事例等。美国国际开发署支持这些活动，目的是加深公民社会组织及民众对政府采购程序的了解，提高其监督能力；同时也帮助改进印尼地方政府的采购程序，把腐败降低到最低程度。

除支持公民社会组织在反腐败运动发挥积极作用外，美国国际开发署及其合作伙伴还特别注重利用媒体支持印尼的反腐败运动，支持动员民众参与反腐败运动，加强对地方政府的监督。如：2006 年 10 月 12 日，美国国际开发署"地方治理支持项目"（LGSP）资助和支持日惹 X-Code 电影公司制作的反腐败电视片《无底洞》（Lubang Tanpa Ujung）在日惹正式发布。这个电视片长达 65 分钟，讲述了印尼日常的腐败行为，把关于公众参与根除腐败活动的信息带给千家万户，让民众全面了解了印尼的种种腐败行为。美国国际开发署还通过"地方治理支持项目"和"管理基础教育"（MBE）项目把反腐败和预算透明问题引入到印尼各地的学生当中。由"地方治理支持项目"和"印尼采购观察"组织制作的、宣传反对采购过程的腐败行为的海报被散发到 23 个地方政府的 402 所小学、初级和高级中学。通过张贴这些海报，美国国际开发署希望能够提高印尼青少年对反腐败活动的认识。亚洲基金会也开展了支持地方政府减少腐败的项目。它曾在西努沙登卡拉（West Nusa Tenggara）开展了一个支持建立"无腐败"村的活动。村民被动员起来监督村级支出，以确保村干部在提供服务时是透明和负责任的。

本章小结

从本章的考察可以看出，美国推动印尼分权改革及地方民主治理发展的活动有如下几个特点：

第一，多部门参与了对印尼分权改革及地方民主治理的援助和支持。在支持和援助印尼分权改革和地方民主治理发展的过程中，美国国际开发署发挥着领导作用；美国的一些非政府组织，亚洲基金会、发展选择公司、北卡三角洲国际研究院、国际市/县管理协会、民主国际以及计算机辅助开发公司（CADI）等也作为国际开发署的合作伙伴或承包商参与其中。美国国际开发署是一些重要援助项目，如"地方治理支持项目"和"民主改革支持项目"等的设计者和资助者；亚洲基金会等非政府组织是这些项目的具体执行者。

第二，重视支持印尼分权改革及地方民主治理的制度建设。不良的制度性因素在许多发展中国家经常会阻碍其发展政策实现预期目标。对印尼的分权改革而言，制度性因素同样重要。印尼的分权改革和地方民主治理，不但要求建立一套规范其发展的法律和制度，还要求形成一种有利于这种制度运作的环境，包括习惯、惯例的形成等。美国国际开发署及其合作伙伴的援助和支持，推动印尼中央政府部分修改了关于分权改革的法律，纠正了地方政府颁布的一些阻碍商业发展的地方性法规，改善了分权改革和民主的地方治理的法律和制度环境，也改善地方政府的功能和运作；它所提供的援助、支持和培训，促进了地方政府官员、立法机构成员、非政府组织及民众对有关非集中化的法律的理解，提高了它们在分权条件下的行动能力和政治参与水平，推动了公民社会组织及民众对决策过程的参与。

第三，重视推动印尼内部不同部门间的对话和社会力量发展。在推动印尼分权改革及地方民主治理发展的过程中，美国国际开发署及其合作伙伴在开展援助项目时与印尼中央和地方政府（包括立法机构）、公民社会组织、大学及媒体等进行了合作并为其提供了援助和支持，还推动它们之间的对话，以形成对分权改革以地方民主治理的共识。同时，它们积极推动民众对地方政府决策过程的参与，特别是对财政管理和预算过程的参与，大大增加了地方政府工作的透明度。这有助于在社会各部门间形成良性循环，实现良好的民主治理。

第四，美国开展的支持印尼分权改革及地方民主治理的项目关注内容既全面，又具体、深入：既关注印尼政府宏观的分权改革政策的制定与执行，对其进行研究并为印尼中央政府相关决策部门提供信息和改革建议，也关注印尼地方政府执行相关政策和法令的情况，并特别关注地方政府制定的一些规则；既关注地方政府官员及立法机构成员的能力建设，也注重推动地方公民社会组织的能力建设，培养民众的政治参与意识和兴趣。

任何制度的执行，其效果都取决于对细节问题的处理。分权改革的成败和地方民主治理的品质，同样也取决于具体规则的实施和日常事务的处理。因此，美国国际开发署及其合作伙伴在印尼开展的援助和支持项目，关注的内容不但全面，而且具体，基本涵盖了分权改革和地方民主治理的所有内容；所开展的活动，几乎涉及印尼省和区/市及地方政府等各个层级的地方治理，甚至深入到村庄和社区。印尼的分权改革大大提高了地方政府领导人的权力和权威，同时也创设了问责机制，建立起监督与制衡以防止任何滥权行为。从 2005 年 6 月开始了印尼地方领导人的直选过程，到 2007 年 6 月，印尼 440 个区中有 285 个，33 个省中的 12 个已举行了选举。① 让地方领导人直接对其选民负责，有助于加强治理；随着政治人物和候选人学会如何与选民沟通，并兑现其承诺，也有助于促进政治文化的根本变革。李光耀在 2013 年出版的《李光耀观天下》一书中评论民主化对印尼的影响时写道："1999 年，接任苏哈托总统职位的哈比比悄悄地签署法令，从雅加达向全国约 300 个县政府下放权力。法令于 2001 年生效，并取得了非凡的效果。每个地区能够让当地选举出的官员负责地方事务，整个国家也因此出现生机。经济发展更趋均匀化，而地方自治也缓和了分离主义压力，让国家保持团结，权力分散对印尼而言将更加有利，让它更有可能充分发挥潜能。"② 美国的援助和支持，无疑有助于推进印尼的分权改革和地方民主治理的发展。

---

① The Asia Foundation, "Elections and Good Governance in Indonesia," (http：//asiafounda-tion. org/resources/pdfs/IDelectionseng. pdf).
② ［新加坡］李光耀：《李光耀观天下》，北京大学出版社 2018 年版，第 146 页。

结　　论

本书分析了美国在印尼扩展民主的动力，对美国为推动印尼政治转型进程所采取的政策、开展的活动进行了尽可能全面的描述和比较深入的分析，目的是要说明美国对印尼政治转型进程的启动及印尼民主发展与巩固的影响（美国如何发挥作用以及在多大程度上产生了影响）。但要准确地判断和评估美国在其中发挥的作用，即使不是不可能，也是非常困难的。因为影响印尼政治转型进程和民主巩固的因素很多，其中既有对印尼政治转型进程起决定性作用的各种内部因素，也有对其产生复杂影响的外部因素。从内部看，涉及各个部门和阶层的互动，各种因素的交织。从外部看，影响印尼政治转型进程的因素也有多种，如地区形势与国际环境，国际经济形势等。应该说，印尼民主转型发展到目前的状态，是印尼内部各种因素与各种外部因素相互交织、相互作用、相互影响的产物。

一　评价美国的作用需首先明确的两个问题

本书主要从"外部因素对一国政治转型的影响"这一角度考察美国对推进印尼政治转型进程所发挥的作用。欲恰当、客观地评判美国在其中发挥的作用，必须首先明确以下两个问题：第一，民主是否可以对外输出（或曰扩展）？第二，如果民主是可以向外输出的，那么是在多大程度或怎样的限度内上向外输出的？这两个问题都涉及"如何看待民主的扩展"这一问题。就第一个问题而言，应首先明确：很多思想、观念和制度是可以传播的。从人类历史的发展来看，民主，无论是作为一种思想，还是作为一种制度，都是在不断传播和扩展的，尽管传播过程中可能会遇到障碍，甚至可能会出现反复。民主，作为一种思想和一种制度，其产生、发展和传播反映了人类社会历史的进步。即便在人类文明高度发达的今天，一些反文明、反人类的邪教思想和观念都依然能在部分人群中传播，更何况反映人类社会进步的"民主"呢！尽管"民主"在传播到不同的国家和文化中时往往会表现出不同的形态，但这并不妨碍生活在不同的国家、有着不同民族和文化背景的人们对"民主"（无论是作为思想，还是作为制度）这一概念的基本内涵有大致一致的看法。虽然"民主"作为政治制度在具体实施过程中还存在各种缺点和弊端，但"民主是个好东西"已成为各个国家和各种具有不同历史文化背景的人可以接受的共识；至少很少有人公开反对"民主"。作为人类文明进步成果的"民主"，不但是可以传播的，而且也应该得到传播。关键是如何传播，其传播必须尊重对象国民众的意愿和选择，必须为对象国民众所认可和接受，也必须反映对象国的历史文化传统和社会政治现实。

美国学术界对于"美国能否对外扩展民主和多元主义"这一问题也曾有激烈的争论。美国政治学家格雷厄姆·T. 阿里森（Graham T. Allison, Jr.）和毕思齐（Robert Beschel Jr.）在《美国能扩展民主吗?》一文中明确指出："美国对外扩展民主不但是可能的，而且我们相信，证据已表明美国已经开展了扩展民主的活动，而且正在对外扩展民主。"① 民主的传播方式与文化交流的方式大致相同，一个国家接受民主价值和民主制度，既可能是主动地学习和接受，也可能是外部压力使之被动接受。从人类历史上民主发展的历程来看，无论是主动接受还是被动接受的民主，都有成功的事例。这说明，民主不但是可以传播的，而且也是可以被向外扩展的。

但当一个出于自身的利益考虑而把民主强加于另一国家时，其效果肯定远逊于对象国主动接受的方式。美国在对外输出/推动民主的时候，针对不同对象，也经常会交替使用"胡萝卜"和"大棒"：前者指的是，在对象国接受和走向民主时，给予其积极的支持和援助；后者指的是，在对象国拒绝民主时，施加压力，甚至武力，扩展民主。综观冷战时期及冷战后美国对外"扩展民主"的历史可以看出，它的这两种方式都有成功和失败的案例。② 2006 年 9 月 19 日，国际危机小组（ICG）负责人加雷

---

① Grham T. Allison, Jr. & Robert P. Beschel, Jr. , "Can the United States Promote Democracy?" *Political Science Quarterly*, Vol. 107, No. 1, Spring 1992, pp. 81 – 98.

② Mary Fran T. Malone, "Can the United States Export Democracy?" (2007) The University Dialogue. 25 (https: //scholars. unh. edu/discovery_ ud/25).

斯·埃文斯（Gareth Evans）在企业研究所的演讲中说，不要考虑竭力用武力强加民主，这会起反作用；不要把"扩展民主"作为国家安全战略的看得见的部分；要以各种方式把用来"扩展民主"的政府资源用于加强公民社会和民主的制度性基础；要承认，外国政府经常不是"推进民主"的最好的基本行为体；要承认，对新生的民主运动的最成功的支持从根本上讲是通过非政府组织把私人资金运用于地方组织；争取民主的斗争必须从内部发起，除非内部反对力量发展成积极的、至关重要的民众力量，否则外部支持只能发挥边缘性的影响。因而，他说谦逊是最好的政策。① 埃文斯的说法如果单纯作为一种政策选择可能，似乎是非常完美的。但如果考虑国际政治现实的各方面，包括国际形势、美国与对象国之间关系的性质、美国维护和实现其利益的轻重缓急等，这种政策选择在执行起来就会变得复杂了。

　　一国政治转型进程，只有得到其国内行为体的推动和支持，才能取得成功；没有内部支持而从外部强加民主，如果不是适得其反的话，也很可能是无法维持的；外部因素可以作为发动者在政治转型进程中发挥重要作用，影响有可能支持民主改革的战略性国内行为体的利益、定位和偏好。② 任何一个国家对外"扩展民主"都必然会受到一些条件的制约：对象国的社会文化状况、精英阶层的政治倾向、对象国民众对"扩展民主"的国家的看法等。因而，在这种情况下衡量外部力量对一国政治转型的影响，必须考虑"时间"这一重要变量——是看对外"扩展民主"的活动的短期效果，还是看其长期效果？是看其显而易见的效果，还是看一些隐含着的效果（有时候，"民主"虽未形成一种政治运动或制度安排，但作为一种观念或精神可能已经被传播并为人们所接受）？另外，还须有能够为人们大致接受的评判和衡量民主发展程度的标准。

　　只有明确上述两个问题，评价美国在推动印尼政治转型过程中的作用

---

　　① Gareth Evans, "Promoting Democracy: What We Have Learned," Presentation to American Enterprise Institute Symposium, How Much do we Really Know about Democracy Promotion?, (Panel with William Kristol, J Scott Carpenter and Judy Van Rest), Washington DC, 19 September 2006 (http://www. crisisgroup. org/home/index. cfm? id = 4430&l = 1).

　　② Lise Rakner, Alina Rocha Menocal & Verena Fritz, "Democratisation's Third Wave and the Challenges of Democratic Deepening: Assessing International Democracy Assistance and Lessons Learned," Research project (RP-05-GG) of the Advisory Board for Irish Aid, Working Paper 1, August 2007, p. 47.

才是有意义的。

二　印尼政治转型所取得的进展

自 1998 年 5 月苏哈托下台以来，印尼的政治转型进程虽一直面临挑战，但也在不断向前发展。从目前印尼社会与政治发展的基本状态来看，民主制度在印尼已基本巩固。2007 年，"自由之家"把印尼列为东南亚唯一完全"自由"和"民主"的国家。①

自苏哈托下台到 2009 年，印尼经历了 1999 年（立法机构选举）和 2004 年两次大选（立法机构及两轮总统选举），4 任总统的统治；从 2005 年起，印尼各地又开始了地方领导人的直接选举，到 2009 年，印尼完成了全部地方政府领导人的直接选举。通过这几次关键的选举，印尼确立了自由和竞争性的选举制度，确立了完全不同于苏哈托时代的权力获得与转移的制度。印尼的选举过程，是参与竞选的政党和政治人物按照民主的游戏规则进行的不断竞争的学习过程，也是对整个国家的公民进行民主教育的过程；在这一过程中，民主的原则和精神进一步发展。在这一过程中，印尼的政治文化逐步发生了改变，形成了一种适合印尼社会、文化、历史传统的民主精神，成为这个国家进一步实现政治与社会稳定的精神保障。

军政关系改革是决定印尼政治转型进程的一项重要内容。经过一系列的法律和制度改革，基本确立了文官对军队的控制，实现了警察与军队的分离，降低了军队对社会政治生活的直接干预，使之处于民主原则的规范之下。

印尼的分权改革虽然还存在种种问题和弊端，但毕竟在很大程度上释放了地方政府、社会和民间的力量，在很大程度上提高了地方民主治理的品质。随着相关法律和制度建设的不断完善，逐步理顺了中央政府和地方政府之间的关系，精英及民众的民主意识及实践民主的能力也逐步加强，印尼地方民主治理的品质也进一步提高了。

随着印尼政治转型进程不断推进，其司法制度改革也在民主的原则下不断进步，法治建设取得了积极进展。印尼的政党法及其他相关政治性法

---

① "Table of Independent Countries-Freedom in the World 2007," (http://www. allianceau. com/ pics/advant/2006_ Freedom_ House. pdf).

案的实施，对言论自由限制的取消，以及对宪法进行的修改，确立了印尼基本的政治和法律架构，为国家权力机构的组成、选举制度、军政关系改革、分权改革及地方民主治理等基本改革提供了法律保障。四项宪法修正案确保了对政府权力的制衡。

不过，印尼的政治转型也让在苏哈托统治下受到压制和镇压的各种力量得以释放，成为威胁印尼政治转型进程的重要问题。其中最重要的有两个：一个是政治伊斯兰的崛起，其表现之一是许多伊斯兰政党的出现；另一个是分离主义运动的发展。

政治伊斯兰是一种很复杂的现象，也是一个很复杂的问题。本书不拟多做讨论，但需指出：第一，政治伊斯兰包含着各种力量，涵盖了宗教和政治光谱中从温和到极端的各种势力，它们不是一个统一的整体，但都打着伊斯兰的旗号；第二，正因为它是复杂的，所以不能把政治伊斯兰等同于伊斯兰极端主义和激进势力；第三，正因为它是复杂的，所以需要对其中各种力量在政治转型进程中的作用做出恰当区分，搞清楚它是具有民主精神的民主力量，还是民主力量的同路人，抑或是客观上反独裁但本身却是非民主的力量。尽管大多数政治伊斯兰势力使用和平的声音，但也有一些使用暴力的语言，更有甚者，会诉诸暴力。尽管伊斯兰激进主义在政治伊斯兰运动中只占有极少数，但它曾一度声音大，因而更能吸引公众注意，也就显得更有影响力。①

在印尼，政治伊斯兰也包含着多种势力，对政治转型进程的影响也比较复杂。政治伊斯兰在印尼的崛起，开始于苏哈托统治的后期。苏哈托为利用伊斯兰势力来平衡军队中滋长的不服从的力量和情绪，放松了对伊斯兰势力的压制；政治转型进程开始后，出现了一系列伊斯兰政党和组织，人们在日常生活中的伊斯兰教的表现日益增加，印尼全国各地出现了很多新的清真寺，越来越多的妇女穿着吉尔巴布（jilbabs，伊斯兰女子穿的罩袍）。在印尼政治转型之前和政治转型进程启动的时期，印尼各种政治伊斯兰势力对于反抗苏哈托的统治曾经发挥过积极作用，是印尼民主力量的合作者和支持者。

在印尼的政治伊斯兰问题上，人们最大的担心可能就是其中的激进

① Endy M. Bayuni, "Terrorism Undermines Political Islam in Indonesia", *YaleGlobal*, 26 November 2003 (http://yaleglobal.yale.edu/display.article?id=2886).

势力建立伊斯兰教国的诉求，因为这既与印尼世俗民族主义的传统不符，也与现实状况不合，更与政治转型的进程相悖。但印尼绝大多数穆斯林是具有宽容和包容精神的，名义上的自由派穆斯林在精英阶层占绝大多数，他们对政治伊斯兰持怀疑和批判态度。[1] 他们信奉传统的、包容性的伊斯兰教，支持多样性，更希望建立一种"文化上伊斯兰化但政治上多元化"的制度。而且，与20世纪50年代自由民主时期和"新秩序"早期不同，那时政治伊斯兰意味着支持伊斯兰议程，现在的政治伊斯兰的特点是"穆斯林"诉求的多样性和实用主义。[2] 民主化时代的政治过程本身也鼓励温和，凡欲谋求成为国家领导的人，其视野必须超越穆斯林。[3] 在1999年和2004年印尼的两次立法机构选举中，大多数穆斯林把票投给了世俗政党，与激进伊斯兰势力有密切联系的政党未能在选举中取得好成绩。印尼日常生活中日益增加的伊斯兰教的表现，并没有转化为对印尼大量出现的伊斯兰政党的支持。在1999年的选举中，民族主义、世俗和多元主义的政党获得了约66%的席位。民众通过选举约束了政治伊斯兰的力量和影响。[4] 这充分表明了激进政治伊斯兰势力在印尼的命运。

已故印尼伊斯兰学者努尔霍利什·马吉德（Nurcholish Madjid）曾表示，为宗教问题而进行的选战对国家统一是灾难性的，所有人都应关注公正的现实问题和消除贫困等。[5] 自由主义伊斯兰网络（Jaringan Islam）协调人乌利·阿布萨·阿卜杜拉（Ulil Absar Abdalla）说："许多印尼人，无论年轻的还是年长的，似乎都反对建立伊斯兰国家。……建立伊斯兰国家的观念是很陈旧的，在这代人中已不再流行。我们已经向前进了。"[6]

雅加达国立伊斯兰大学校长艾祖玛迪·阿兹拉（Azyumardi Azra）说，

---

① Leo Suryadinata, "Islam and Suharto's Foreign Policy: Indonesia, the Middle East, and Bosnia", *Asian Survey*, Vol. 35, No. 3, March 1995), p. 303.

② Anies Rasyid Baswedan, "Political Islam in Indonesia: Present and Future Trajectory," *Asian Survey*, Vol. 44, No. 5, September/October 2004, p. 689.

③ Nicole Gaouette, "Democracy in Indonesia dilutes Islam in election", *Christian Science Monitor*, May 21, 1999, p. 1

④ Endy M. Bayuni, "Terrorism Undermines Political Islam in Indonesia", *YaleGlobal*, 26 November 2003

⑤ "Indonesian politics become more Islamic", *Melbourne Age*, 18 *June* 1998.

⑥ Robin Wright, "Islam's New Face Visible in a Changing Indonesia", *Los Angeles Times*, December 27, 2000 (http://www.islamfortoday.com/indonesia.htm).

如果伊斯兰政党在选举时"兜售"伊斯兰教法，它们在选举中将不会得到太多支持。因为实施伊斯兰教法的想法早已出现在"市场"上了，但已成为令人厌烦的、过时的观念。更重要的是，历史已表明，尽管印尼人是恪守宗教信仰的人，但他们并未受到宗教光谱中极端力量的吸引。① 确实，在选举过程中，一些伊斯兰政党并未实行伊斯兰教法、建立伊斯兰教国，而是把反腐败等议题作为它们的政纲，以争取选民、吸纳成员。有的政党，如团结建设党把伊斯兰教法从其政纲中删除了。这些政党在选举中也都遵守民主的游戏规则。激进伊斯兰势力的威胁，在印尼政治转型过程中被逐步消解。

分离主义运动的发展，也曾是威胁印尼国家统一和领土完成的重要问题，同时也是印尼政治转型进程面临的一大挑战。印尼政治转型进程开始后，首先是东帝汶在1999年8月以全民公决的方式选择独立；随后其他地区，如亚齐、马鲁古、巴布亚等都要求独立或高度自治。印尼国内及国际上都有人曾一度担心这会导致印尼分裂。印尼政府还对"自由亚齐运动"采取了军事行动。到2005年，印尼政府与"自由亚齐运动"代表在国际社会支持下达成了和平协议，印尼人民代表会议也最终通过了《亚齐自治法案》。2006年，亚齐举行了地方领导人的直接选举。亚齐问题最终和平解决，为解决其他地区的分离主义活动提供了良好示范。在印尼政府努力及国际社会的帮助下，因政治转型而日趋活跃的分离主义运动开始逐步走向沉寂。民主在印尼的发展，也逐步消解了分离主义运动对国家统一的威胁；分离主义运动的解决，也有助于为印尼民主的发展和巩固创造良好的政治和社会氛围。

在《瓦希德：穆斯林民主人士，印度尼西亚总统》一书的结论部分，格雷格·巴顿（Greg Barton）在总结瓦希德总统面临的挑战时提到这样几个因素：精英和民众对改革怀有高度的期望，而他们所期望的改革，包括司法改革等，都不是短期内可以完成并见效的；强大的反对力量，当改革触及其既得利益时，他们就会成为改革的巨大阻力，他们只顾及自己的利益，害怕进一步的改革；虚弱的公民社会，不能为瓦希德的改革提供强大支持，甚至在改革不能及时见效时会站在瓦希德的对立面；苏哈托遗留下

① "South East Asian Islam," April 15th, 2006（http://www.indonesiamatters.com/257/south-east-asian-islam/）.

的不正常的、自利的官僚机构，往往因自身利益而抵制改革；不正常的
公共服务是新政府的沉重负担；不正常的法律制度，新政府面临的很多问
题的核心是，对很多人来说，法治是不存在的；军队与有组织犯罪结合产
生的破坏性影响超过了一般的犯罪。①

自印尼开启政治转型进程起来，经过10余年的改革和制度建设，瓦
希德总统当初面临的这些问题似乎在逐步得以解决。公民社会得到迅速发
展，并在公共政策与服务领域愈来愈多地发挥着积极作用。教育制度和教
育内容改革取得了进展，适应民主化改革要求的公民教育也取得了很大发
展。媒体的社会监督作用在增加。印尼的经济状况也在不断改善。民主的
政治文化在逐步形成和发展。所有这些，既是印尼民主化进程取得进展的
表现，反过来也是推动印尼民主发展与巩固的积极力量。

尽管其政治转型进程曾面临着各种挑战，但经过多年的改革与发展，
印尼已成功地转型为"多元式民主"（Polyarchal Democracy），并在转变
为一个巩固的民主政体方面取得了实质性的进展。② 印尼已基本建立起巩
固的民主制度。2005年3月10日，美国国会众议院外交委员会亚洲与太
平洋事务小组委员会主席詹姆斯·利奇（James A. Leach）就"转型中的
印尼：最近的发展及其对美国的政策意涵"作证时说，印尼作为东南亚
的大国和世界上最大的穆斯林人口占多数的国家，"只是在6年前才从独
裁统治中走出来，期间经历了长期的、严重的经济和社会混乱。自那时
起，它已让外部某些怀疑论者的预言落空了。印尼既没有分裂，也没有成
为失败国家。相反，它已开始了从苏哈托时代的独裁和极其腐败的结构向
能有效运作的、去中心化的民主的引人注目的转型过程。"③ 同年5月25
日，印尼总统苏西洛访美期间在美国—印尼协会（USINDO）发表演讲时
说："我最喜欢的专栏作家托马斯·弗里曼（Thomas Friedman）在2001
年说印尼'是一个混乱的国家，因太大而失败，因混乱而不能正常运

---

① Greg Barton, *Abdurrahman Wahid*: *Muslim Democrat*, *Indonesian President*, Honalulu: University of Hawai'i Press, 2002, pp. 376 – 84.

② Douglas Webber, "A Consolidated Patrimonial Democracy? Democratization in Post-Suharto Indonesia." *Democratization*, Vol. 13, No. 3, 2006, p. 415.

③ "Indonesia in Transition: Recent Developments and Implications for U. S. Policy", Hearing before the Subcommittee on Asia and the Pacific of the Committee on International Relations, House of Representatives, 109th Congress, First Session, March 10, 2005, Serial No. 109 – 41, p. 1.

转'，如果他今天再访问印尼，我让他看到的印尼将不再是'混乱的国家'，而是一个'完全有效运转的民主国家'。"① 2008 年 11 月 14 日，苏西洛总统在美国首都华盛顿发表演讲时说："在有些民主国家还在跌跌撞撞的世界里，印尼已成为东南亚最强大的民主国家。"② 2009 年 3 月 31日，印尼总统苏西洛在伦敦经济学院演讲中说，现在印尼已经成为世界上第三大民主国家，经过 1999 年、2004 年和 2009 年三次选举，印尼的民主已不可逆转。印尼人不但作为不可争辩的事实接受民主，而且热情地拥抱它，并愿意在它受到威胁时捍卫它。"印尼已被普遍视为民主、伊斯兰教和现代性可以和谐共存的鲜活证据。"③ 2014 年 8 月 13 日，美国国务卿约翰·克里（John Kerry）在演讲中说，世界第三大民主国家为世界树立了一个非常好的范例……印尼不仅仅是不同文化、语言和信仰的表达。通过深化其民主和保持其宽容的传统，印尼还可以为亚洲价值观和民主原则相互影响和相互强化提供一个范例。④

当然，印尼的民主制度，和其他民主国家一样，也不可能是完美无缺的。因为民主，只是提供了解决问题的一种方式或途径，它不可能一劳永逸地解决任何问题，也不可能阻止新问题的出现。社会政治生活中的问题层出不穷，在不同领域、不同时代都还会出现各种各样的问题。重要的是，一种负责任的、能够确保其公民有意义地参与国家政治生活的、高效的政治制度在印尼已经基本建立起来了。有评论认为，民主已成为"雅加达新国家形象的中心主题"。⑤

---

① "Keynote Address by H. E. Dr. Susilo Bambang Yudhoyono, President of the Republic of Indonesia," at a dinner tendered by USINDO, Washington DC, May 25, 2005 (http: // www. indonesianembassy. org. uk/press_ 2005_ 05_ 25_ sby_ 1. html).

② Speech by Dr. Susilo Bambang Yudhoyono, President Republic of Indonesia, "Indonesia and America: A 21st Century Partnership," at a USINDO Luncheon, Washington DC, November, 14, 2008.

③ H. E. Susilo Bambang Yudhoyono, "Indonesia: Regional Role, Global Reach," Speech at the London School of Economics and Political Sciences (LSE), London, 31 March 2009 (http: // www. indonesianembassy. org. uk/file_ pdf/PSBY_ 0903_ LSE. pdf).

④ Secretary of State John Kerry at East-West Center on U. S. Vision for Asia-Pacific, Honolulu, Hawaii, August 13, 2014 (http: //iipdigital. usembassy. gov/st/english/texttrans/2014/08/ 20140814305641. html#axzz3EsX6Iztm).

⑤ Michael J. Green and Daniel Twining, "Power and Norms in U. S. Asia Strategy: Constructing an Ideational Architecture to Encourage China's Peaceful Rise", in Abraham Denmark and Nirav Patel eds. , China's Arrival: A Strategic Framework for a Global Relationship, Center for a New America Security, September 2009, p. 125.

三　美国对印尼政治转型进程的推动和支持

美国的推动和支持与印尼的民主发展之间到底有多大的关联呢？如上所述，支持和援助印尼民主发展的外部因素有很多，除美国外，日本、澳大利亚、葡萄牙等国家以及联合国开发项目、欧盟、世界银行、国际货币基金组织、亚洲开发银行等组织也都以各种方式为印尼民主发展提供了支持和援助。但由于美国的国际地位及其在印尼的影响力，可能没有其他任何一个国家或国际组织的影响能与它匹敌：首先，美国在国际事务中对部分国家、在某些议题上确实发挥着领导作用。在向发展中国家及发生冲突的国家扩展民主这一议题上，美国就发挥着领导作用。在推动印尼民主发展的过程中，美国既与其他捐助国保持了密切合作与协调，也参与了多边国际组织的援助活动，并在其中发挥着重要的影响。其次，美国在印尼有很大的影响力。在苏哈托时代，美国一直与印尼保持着良好的关系，两国间的文化交流与人员交往频繁。一批曾在芝加哥大学的印尼留学生后来在印尼经济发展中曾发挥了重要作用，成为影响印尼经济政策的经济学家。另外，美国与印尼还曾保持着密切的军事交流，许多印尼军官曾在美国的军事院校学习或接受培训。两国之间关系越好，越有助于美国对印尼施加影响。

美国对印尼民主发展的推动和支持，在不同时期、针对不同的问题采取了不同方式。在印尼政治转型过程启动之前，美国主要在印尼开展了一些"为民主化做准备"的活动，包括通过各种方式传播民主观念、支持政治上的反对派、推动和援助印尼公民社会的发展、就人权问题向苏哈托政府施加压力等。民主观念主要是以美国对印尼开展公共外交的方式传播的，其中文化与学术交流在其中扮演着重要角色。推动印尼公民社会发展的活动，主要是经由美国的一些非政府组织推动的。就人权问题向苏哈托政府施压，主要是美国政府采取的行动。在苏哈托统治后期，美国国务院发布的年度国别人权报告，都会批评印尼的人权状况；美国一些人权组织也通过各种方式向印尼施加压力。

（一）美国与印尼政治转型进程的启动

在印尼政治转型进程的启动阶段，克林顿政府开始似乎是静观其变，它从未直接、积极地敦促苏哈托下台。在危机开始后的很长一段时间里，克林顿政府关注的是经济危机的解决，根本未把在印尼推动民主提到政策议程，因而只是敦促苏哈托进行改革。肯尼迪纪念学会（Robert F. Kennedy Memorial）人权中心亚洲和中东项目主任阿比盖尔·艾布拉什（Abigail Abrash）在 1998 年 11 月所做的评论或许可以准确说明克林顿政府当时的考虑："过去 30 多年里，美国一直支持苏哈托政府实现经济的高速增长和国家统一，而没有民主的政治参与、责任承担和透明度。直到印尼经济崩溃，国际货币基金组织、世界银行以及像美国等捐助国一直忽视印尼政府的镇压行为，而是把它视为经济发展成功的一种模式。美国现在没有一个促进和平政治转型和实质结构性改革的清晰、确定的政策。由于担心印尼作为一个民族国家彻底分裂，美国决策者一直不愿考虑一种取代目前雅加达占主导地位、以军队为支柱的治理结构的选择。"① 只是到最后一刻，国务卿奥尔布赖特才发表了一个极具外交辞令的声明，表明立场，敦促苏哈托下台。奥尔布赖特发表声明在前，苏哈托辞职在后，给外界留下的印象是美国政府的声明促使苏哈托下台了。但从当时印尼国内的社会政治形势来看，即便没有美国的声明，苏哈托恐怕也不得不辞职了。因为，苏哈托当时已面临众叛亲离的局面。但如果全面考察克林顿政府前前后后的表现，应该说美国在其中发挥的作用是很大的。随着危机加深，克林顿政府逐步认识到苏哈托本身就是问题所在，它们内部开始讨论苏哈托的去留问题，但并未形成明确政策。不过，在危机加深的情况下，美国不但自己直接施加压力推动印尼进行必要的改革，也通过国际货币基金组织向苏哈托政府施加压力，为对印尼的援助附加了大量条件，促其进行更深刻的改革。这不但未能帮助苏哈托解决问题，反而使印尼在经济危机中越陷越深，最终导致印尼国内社会政治的混乱，使苏哈托不得不黯然辞职下台。克林顿政府是在借经济危机把苏哈托搞掉吗？客观效果似乎如此。这至少可以表明，美国在客观上为促使苏哈托下台、开启印尼政治转型进程发挥了重要作用。

（二）美国对印尼政治转型进程的支持和援助

在政治转型进程启动之后，印尼便进入了民主的发展与巩固时期。国际社会的援助和支持，对于一个转型国家的民主发展是非常重要的。在苏哈托辞职后的混乱时期，美国政府提供了重要的外交和经济支持。1998

---

① Abigail Abrash, "Indonesia After Suharto", *Foreign Policy in Focus*, Vol. 3, No. 34, November 1998, p. 2.

年，美国的民主发展组织最先到达印尼。美国为印尼的民主发展与巩固提供了全面的援助和支持。

公平、公正、自由的选举是发生民主转型的国家确立权力合法性的唯一手段，对于转型国家的民主发展和制度建设、社会与政治的稳定具有至关重要的意义。美国推动印尼民主发展的一项重要内容就是支持和援助印尼进行自由、公开和公正的选举。为此，美国向印尼提供了资金和技术援助、为印尼选举制度和法律建设提供了技术支持、对印尼的选举进行了选举监督、提供了选举方面的技术培训、帮助开展了选民教育活动以及支持印尼民主政党的发展与改革等。美国的选举援助，对确保印尼选举的平稳进行发挥了积极作用。

军政关系改革对于经历了长期独裁统治的国家的民主改革具有决定性意义。军队曾经深深卷入到印尼社会、政治生活之中，其影响根深蒂固。改革军政关系，确立文官对军队的领导和控制，防止军队干预政治，对于印尼民主制度的发展和巩固来说至关重要。美国对印尼军队可能危及印尼政治转型进程的言行施加了压力；支持了印尼军队的专业化和民主化改革，为其提供了各种培训；同时，也为印尼政府行政部门的官员和立法部门成员提供了关于军政关系方面的培训项目，目的是培养他们在军事预算编列等方面的技术，也使之具备监督军队活动的能力，以形成一种民主的军政关系文化。

分权改革和地方民主治理是印尼民主化改革的重要内容，也是反映印尼民主品质的重要指标。进行分权改革，充分尊重地方差异，把权力下放到地方政府，有利于最大限度地动员民众的政治参与热情，促进地方基层民主的发展，从而提高印尼民主的品质。只有基层民主富有生机和活力时，才能确保民主制度在整个国家的巩固，才能保证民主制度的有效运作。美国在法律和制度建设方面支持了印尼的分权改革；为印尼地方政府官员和地方议会议员及地方公民社会组织的代表提供了各种技术培训，使之能够适应民主化条件下的地方治理，等等。在印尼这样经历了高度中央集权统治的国家，只有完成分权改革，才能确保民主制度在各个层次上的有效运作，才能解决由中央集权导致的种种问题。

公民社会的发展程度，与一个国家的民主发展及其品质具有很大的相关性：一个国家的公民社会越发达，其民主转型可能就越容易，转型后也就越容易实现民主的巩固。只有富有活力的公民社会组织的存在下，民主制度才能有效运作，民主精神和素养才能更好地发展。美国在推动印尼民主发展的过程中，也为推动印尼公民社会的发展提供了援助和支持，包括对独立媒体、公民支持组织、工会、环境组织、妇女组织、人权组织等的支持和援助。美国对印尼公民社会发展的支持，主要是通过开展民主支持项目进行的。美国为支持印尼选举、军政关系改革、分权改革及地方治理等而开展的众多项目，都有很多印尼公民社会组织参与其中。在参与、实施美国的这些援助项目的过程中，印尼的公民社会组织也得到发展。

　　美国为印尼民主发展提供了援助和支持，涵盖的内容非常宽泛，从宏观的国家制度建设到操作层面具体的技术性能力建设，凡涉及民主发展与治理的内容都包含其中。除支持印尼的民主制度建设外，美国还努力推动印尼形成民主的政治文化。民主作为一种政治制度，只有为社会各个阶层所接受后才能巩固。密歇根大学政治学教授罗纳德·英格尔哈特（Ronald Inglehart）在《文化与民主》一文中指出："长期来看，民主不能仅仅通过制度性变革或者精英阶层的操控而实现。其生存还取决于普通民众的价值观和信仰。"① 也就是说，实现民主的巩固，还必须同时形成社会各阶层，尤其是普通民众的民主精神和民主素养。

　　在支持印尼政治转型进程的过程中，美国多个政府部门（包括国务院、国防部、国际开发署、司法部、驻外使领馆等）和众多的公民社会组织也都参与其中。特别是公民社会组织，在美国对外扩展民主过程中发挥了很大作用。与政府组织相比，公民社会组织在开展对外扩展民主的活动时更具有优势，其专业性也更强，也给美国对外扩展民主的行为涂上了中立的色彩，使之更易于为对象国民众接受。比如，亚洲基金会就为帮助美国政府实现其在亚洲的战略目标发挥了重要作用。亚洲基金会的声誉使之能够开展对美国政府而言难以直接实施的项目（包括与宗教和种族有关的问题），承担推动改革的风险，利用其经验和地方关系对出现麻烦的地区迅速做出反应。亚洲基金会在印尼开展的项目和活动，也充分说明了这一点。非政府组织的反应往往比政府部门快得多。如，美国全国民主基金会具有快速设计和实施项目的能力，其反应比美国国际开发署及其他参与扩展民主的美国政府部门要快得多；它还把世界不同地方的人们聚集到

---

① Ronald Inglehart, "Culture and Democracy" in Lawrence E. Harrison & Samuel P. Huntington eds., *Culture Matters: How Values Shape Human Program*, New York: Basic Books, 2000, p. 96.

一起，分享他们在民主转型方面的经验；它所组织的选举观察代表团、政党研讨会、公民教育项目等都是有多国人员参加的。[①] 美国全国民主基金会的工作，还帮助确立了选举监督工作的较高的国际标准，对美国及非美国的其他组织的工作产生了积极的影响。对于美国资助的推动善治议题的非政府组织的存在，虽然有时也有零星的抵制，但整体而言，印尼政府是持欢迎态度的，对非政府组织之活动的整体接受度也很高。[②]

美国的援助和支持与印尼政治转型进程所取得的成果之间的相关性，恐怕是难以用数字准确量化的。与经济和技术性援助不同，政治性的援助和影响是复杂的、在很多情况下也是不可测量的，它所提供的技巧、技术和价值观等是难以教育的，它应对的抽象的观念也是难以转变的。[③] 但对美国全面、具体和深入的援助活动的考察可以充分地说明：美国推动印尼民主发展的活动和项目，确实促进了民主观念在印尼的传播和民主制度在印尼的巩固，其影响不可低估。

四　　美国对印尼民主发展与巩固产生影响的条件

如前所述，"民主"无论是作为观念，还是作为制度，都是可以传播的，但要具备一定条件。任何国家或组织作为外部因素推动对象国的民主发展，其效果都会受到各种因素的制约。美国的援助和支持能否对印尼民主发展与巩固产生影响以及在多大程度上产生影响，也是受一些因素限定的。时任负责东亚和太平洋事务的副助理国务卿拉尔夫·L. 博伊斯（Ralph L. Boyce）在美国众议院外交委员会作证时说："我们的目标是建立一个统一、民主、稳定和繁荣的印尼。但是，我们必须承认，我们——或者任何一个外部行为者——影响发生在印尼的各种事件的能力是有限的。"[④] 哪些因素决定了美国影响的有限性呢？又有哪些因素有助于扩大

① Carothers, Thomas. "The Ned at 10," *Foreign Policy*, No. 95, Summer 1994, pp. 136 – 137.

② "Nongovernmental Organizations and Democracy Promotion 'Giving Voice to the People'," A Report to Members of the Committee on Foreign Relations, United States Senate, One Hundred Ninth Congress, Second Session, December 22, 2006, p. 5.

③ Packenham, R. A., "Political-Development Doctrines in the American Foreign Aid Program," *World Politics*, Vol. 18, No. 2, 1966, p. 231.

④ Ralph L. Boyce, Indonesia and the United States' Interests, Testimony before the Subcommittee on East Asia and the Pacific, House Committee on International Relations, Washington, DC, July 18, 2001（http://www.state.gov/p/eap/rls/rm/2001/4151.htm）.

美国在其中的影响？

（一）印尼的历史文化传统和社会现实状况有助于美国施加其影响

任何国家的民主发展，有其内在的规定性。这既与它的历史文化传统有关，也与民主化进程发生的现实状态有关。印尼的历史文化传统和现实社会政治形势都具备一些有助于其民主发展和巩固的因素。

从印尼的历史文化传统看。在伊斯兰教逐步和平地传入到一种已深受印度教和佛教影响的、具有高度文化和文明的社会时，伊斯兰教在印尼必须具有一定的灵活性，并能适应当地的情况。这使得伊斯兰教与当地土生土长的万物有灵论、印度教和佛教融合在一起。因而，伊斯兰教在印尼演化成一种温和、开放的宗教，包含了许多来自其他信仰和宗教的内容。[1]在各种宗教与文化间的长期交流和互动的历史过程中，形成了印尼伊斯兰教宽容的传统。印尼穆斯林人口的构成，也确保了这种宽容传统的延续与发展。印尼学者厄恩斯特·乌特勒支（Ernst Utrecht）在 1978 年的一篇文章中讲到：绝大多数印尼人不能被视为虔诚的穆斯林；当时印尼人口的70% 生活在爪哇，他们可以分为虔诚的穆斯林（santri）和名义上的穆斯林（abangan）两类：前者是由其观点深受穆斯林教条影响的人组成的，后者是由受这些教条影响较小的人组成的。显然，只要名义上的穆斯林及类似于名义上的穆斯林的民众构成人口的绝大多数，虔诚的穆斯林及类似虔诚穆斯林的印尼人将无法建立一个穆斯林神权国家。在印尼历史上从未出现过真正的伊斯兰国家。[2]

宽容精神，特别是宗教宽容，是在任何宗教性很强的国家建立和实现民主的前提条件。可以说，没有宽容，就没有民主。印尼历史上形成的多元主义、宗教宽容等文化特点，特别是多元的伊斯兰教的发展，对印尼的政治转型及其后民主巩固发挥着积极影响。

印尼大多数穆斯林是宽容的。印尼最大的两个宗教组织，"伊斯兰教师联合会"和"穆罕默迪亚"也都坚持着和平、温和的传统，反对任何暴力，反对激进伊斯兰势力建立伊斯兰教国的企图。它们在印尼政治转型进程中都发挥了重要的领导作用，二者都公开支持：民主不但是印尼最好

---

[1]　Jusuf Wanandi, "Islam in Indonesia: Its History, Development and Future Challenges", *Asia-Pacific Review*, Vol. 9, No. 2, 2002, p. 105.

[2]　Ernst Utrecht, "Religion and Social Protest in Indonesia", *Social Compass*, Vol. 25, No. 3 - 4, 1978, pp. 396 - 7.

的政府制度，而且与伊斯兰教的原则是完全一致的。① 在 2001 和 2002 年的人民协商会议会期内，"雅加达宪章"受到广泛讨论，这两个穆斯林组织都明确地表示反对把伊斯兰教法写入宪法。

好战的、极端主义的穆斯林只占印尼社会总人口很少的一部分。自印尼独立以来，伊斯兰激进主义在印尼宗教生活中一直存在，但从 20 世纪 60 年代初到 90 年代末一直受到压制。印尼政治转型进程开启之后，激进的伊斯兰政党也不足以对这一进程构成威胁。像伊斯兰教守卫者阵线组织（FPI）、拉斯卡尔圣战组织以及"圣战军"（Laskar Mujahidin）等这样的极端组织的存在对印尼国内政治稳定造成破坏，但随着警察职业化改革加深，文官对军队控制的加强，这些野蛮势力及活动在社会的存在完全有望受到遏制和有效控制；超越政党界限的穆斯林民主人士在各政党的存在，有助于在民众中提高民主形象（civility）；具有民主倾向的穆斯林民间组织的说服和教育，从长期来看，也能够抑制并最大限度地降低青年中具有暴力倾向的伊斯兰分子的发展。② 正是由于印尼在长期的历史发展过程中形成了多元的宗教宽容和文化宽容传统，激进的或极端主义的穆斯林势力在民主化时代的印尼虽然有时声音会很大，但都不足以对民主制度构成威胁。对于使用伊斯兰教作为政党基础、要求实施伊斯兰教法、试图把"雅加达宪章"塞进宪法以及反对梅加瓦蒂就任总统等现象，国立伊斯兰大学（Islamic State University）讲师巴提尔·艾芬迪（Bahtiar Effendy）甚至认为是印尼政治制度的钟摆从独裁转向了民主统治的一方。③

从印尼现实政治发展看。在亚洲金融危机之前，从 20 世纪 80 年代中期起到 90 年代中期，印尼国内的民主力量和反对苏哈托独裁统治的力量一直存在，而且不断发展，并对苏哈托的统治构成了一定威胁。亚洲金融危机爆发，导致印尼深陷全面的社会政治危机，为开启印尼政治转型进程提供了契机。

在这种宏观的经济、政治和社会背景下，印尼精英阶层的分裂更为严

---

① Anthony L. Smith, "What the Recent Terror Attacks Mean for Indonesia", paper presented at an Address to the Foreign Correspondents' Association, Singapore, 30 October 2001.

② Mitsuo Nakamura, "Islam and Democracy in Indonesia: Observations on the 2004 General and Presidential Elections," Occasional Publications 6, December 2005, Islamic Legal Studies Program Harvard Law School, p. 32.

③ Bahtiar Effendy, *Islam and the State in Indonesia*, Singapore: Institute of Southeast Asian Studies, 2003, pp. 222 – 223.

重，其中有许多具有民主素养的政治人物，如：瓦希德、梅加瓦蒂和阿米安·赖斯等，在印尼政治转型进程中发挥了重要的领导作用。他们都支持民主，因而对美国的作用看法比较积极，愿意接受美国的民主援助和支持。这有助于扩大美国对印尼政治转型进程的影响。瓦希德，曾在开罗和巴格达学习，形成了对世俗民族主义的政治观点，对伊斯兰教持传统主义的看法，坚定地坚持在印尼实现民主的多元主义，而非伊斯兰国。瓦希德本人就是一种温和的力量，主张不同种族和宗教集团之间互相尊重。他已表现出对各种政治力量相互协调和宽容的信念。阿米安·赖斯作为国家使命党的领导人，也支持自由民主改革原则，宣扬团结和宽容。尽管梅加瓦蒂和苏西洛之间关系并不和谐，但二者都表现出了良好的民主政治素养。在其胜选演说中，苏西洛说：“绝对有必要进行沟通与合作。梅加瓦蒂总统的政府和我的政府之间不应存在任何差距。”“在这样的民主现实下，有时进行竞争，有时开展团结。现在是我们强化我们的友谊和团结的时刻。”梅加瓦蒂在 10 月 5 日庆祝印尼国防力量成立 59 周年纪念仪式上表示，苏西洛的胜利是全体印尼人民的胜利。她说：“我们的选举可能不同，但我们都有共同的希望，也就是把这个国家引向美好的未来。有着共同的期望，我们会团结一致支持一个团结无间的印尼国家。”[1] 这些具有高度民主素养的政治人物，在印尼政治发展过程中成熟的政治表现[2]，对于印尼民主发展及民主制度的巩固发挥了举足轻重的作用；在印尼政治发展充满不确定性的时刻，是他们把握了印尼民主改革与发展的方向。

此外，印尼的政治精英中有相当一批是美国培养出来的，他们熟悉美国的文化和价值观，受到美国价值观念的潜移默化的影响，了解民主的运作；他们曾与苏哈托政权紧密结合在一起，成为印尼裙带资本主义的一部分；苏哈托下台后，他们又都成为支持印尼政治转型的政治人物。特别是印尼军队中，有不少人参加了美国提供的关于军政关系改革的项目等，苏西洛就是一个典型代表。

印尼内部的这些因素，基本决定了印尼民主发展的方向和未来。这些因素有助于印尼的民主发展，也有助于美国在其中发挥影响。

---

① "Ramadhan Accepted Moment for SBY, Megawati to Meet, Says Indon Ebserver", *Antara*, Jakarta, Oct 15, 2004, p. 1.

② Qodari, Muhammad, "Indonesia's Quest for Accountable Governance," *Journal of Democracy*, Vol. 16, No. 2, April 2005, pp. 82 – 87.

（二）美国推动印尼民主发展时充分尊重了印尼的文化传统和现实
需求

　　民主必须扎根到一个国家的历史文化传统之中并与之实现融合，转变为其本国人民的选择，才能发展、巩固。这决定了外部因素影响的限度：外部因素要想在对象国推进和扩展民主，第一必须尊重对象国的历史文化传统；第二必须符合对象国人民的需要。

　　美国在推动印尼民主发展的过程中，也认识到其自身影响的有限性和尊重印尼的历史文化传统的重要性。1998 年 6 月 4 日，美国会众议院外交委员会亚洲和太平洋小组委员会就美国在印尼的政策选择举行听证会。该小组委员会主席道格·贝罗伊特（Doug Bereuter）在关于美国对印尼的政策选择问题的听证会上表示："我们不应该支持特定的政治制度。印尼人是新的政治制度的最合适的设计者，但我们必须明确表示，旧的政治制度没有有效运转，新政府必须尽快采取行动，倾听印尼人民的要求。"①美国国务院负责东亚和太平洋事务的副助理国务卿奥瑞利亚·布拉泽尔（Aurelia Brazeal）说："我们告诉新当选的哈比比总统的是，我们支持他的意图，印尼政府的意图……我们没有试图强加美国的方案。我们没有试图向印尼人之间正在进行的那种对话施加任何细微的影响。主要是因为我们认为，如果我们这么做了，会让形势两极分化，总会有人要么赞成我们的建议，要么反对我们的建议，他们将会停止对话。"②国际关系委员会研究员、前《远东经济评论》驻印尼记者亚当·施瓦茨（Adam Schwarz）也认为："美国及其他世界大国可以发挥很大作用，帮助印尼从经济和政治上恢复，但我认为，应该牢记心头的是：印尼的问题要求用印尼的解决办法，要用印尼的时间表。"③

　　美国在印尼推进民主的过程中，确实也充分尊重了印尼的历史和文化

---

① "U. S. Policy Options Toward Indonesia: What We Can Expect; What We Can Do", hearing before Subcommittee on Asia and the Pacific of the Committee on International Relations, House of Representatives, June 4, 1998, p. 12.

② "U. S. Policy Options Toward Indonesia: What We Can Expect; What We Can Do", hearing before Subcommittee on Asia and the Pacific of the Committee on International Relations, House of Representatives, June 4, 1998, p. 27.

③ "U. S. Policy Options Toward Indonesia: What We Can Expect; What We Can Do", hearing before Subcommittee on Asia and the Pacific of the Committee on International Relations, House of Representatives, June 4, 1998, p. 42.

传统，更多的是在法律与制度改革、民主制度运作、地方民主治理等方面提供了技术性援助和支持。亚洲基金会"印尼伊斯兰教与公民社会项目"主任罗宾·布什（Robin Bush）博士也指出，由于穆斯林人口占绝大多数，印尼的民主化只能在穆斯林社会背景下进行。从印尼独立到推翻苏哈托政权，再到过去10年建设民主、多元社会的努力，伊斯兰教在印尼的国家发展过程中发挥了极其重要的作用。亚洲基金会在印尼的作法，也一直是以承认伊斯兰教（Islam）的核心地位为基础的。① 对印尼历史与文化传统的尊重，无疑有助于美国在印尼开展推动民主发展的项目，也更易于为印尼民众接受。

同时，美国在开展援助和支持印尼民主发展的项目时，还力求维持中立，避免卷入内部的政治纷争，顺应了印尼民众对发展民主的要求，也为印尼政府和各种政治势力所接受。1999年3月4日，美国国务卿奥尔布赖特会见印尼外长后在记者会上说："美国不支持特定的候选人，但我们确实支持我们期望的和平、自由和公正的过程，无论在选举前，还是选举后，在这一过程中，人民的声音能够被听到，受民众欢迎的支持政治和经济改革的候选人得到承认。为实现这一目标，美国已与国际社会的其他国家一道，向印尼那些为确保举行可靠和诚实的选举而努力工作的人提供了由联合国协调的援助。"②

对于印尼民众非常关注的国家主权和领土完整问题，美国也表示尊重和支持。尽管美国也非常关注印尼安全力量在亚齐、巴布亚和东帝汶等发生分离主义冲突的地区实施的滥权行为，但它也认识到：不支持印尼的领土完整会损害美国的利益。因而，它坚定地支持印尼的领土完整，不支持任何可能导致印尼国家分裂的行动。③ 美国积极支持印尼政府与"自由亚齐运动"通过谈判达成协议，以和平方式解决冲突。它还支持和敦促印尼政府以民主的方式、和平地解决其他地区的分离主义冲突。

此外，美国为推动印尼民主发展而开展的许许多多的项目，大都有印

① Robin Bush, "Muslim Civil Society and Democracy", The Asia Foundation, April 26, 2005.

② Madeleine K. Albright, Press Conference with Indonesian Minister of Foreign Affairs Ali Alatas, Jakarta, Indonesia, March 4, 1999.

③ Eric G. John, "Indonesia: Positive Trends and the Implications for U. S. Strategic Interests," Statement for Hearing on Indonesia, Subcommittee on East Asian and Pacific Affairs, Committee on Foreign Relations, U. S. Senate, Thursday, September 15, 2005

尼各级政府（包括立法机构）、公民社会组织、媒体、民众等以各种形式的参与。只有通过印尼社会各部门的参与，美国开展的项目和活动才能更好地为印尼民众理解和接受。

美国对印尼政治转型进程的援助和支持之所以能够发挥重要影响，是因为它能够尊重印尼的历史文化传统，同时顺应了其社会政治形势之需要，与印尼内部推动民主发展的力量是一致的。美国推进民主的活动，是在印尼内部政治转型进程已经开启的情况下提供的，符合了印尼民众的期待，因而能够为印尼政府和民众接受和欢迎。

（三）世界范围内民主发展的趋势与美国对印尼政治转型进程的影响

冷战结束以后，世界上很多国家发生了政治转型，民主作为一种观念也早已传播到世界上大多数国家和地区。在全球化条件下，国际政治（包括世界范围内民主发展趋势、地区形势等）的变动必然会对转型国家的政治发展产生影响，也会影响美国在这些国家推动民主发展的活动的效果。国际形势和时代背景对印尼民主发展及美国推动印尼政治转型进程的活动的影响，可以从两个方面来看：

第一，从世界范围内民主发展的形势看，自苏东剧变、苏联解体以来，中东欧、前苏联地区、东亚地区的一些国家和地区纷纷实现了民主转型。这也使得西方发达国家，特别是美国更把对外"扩展民主"作为其外交政策的一项重要内容和目标。自20世纪90年代初以来，"民主和平论"不但风行美国学界和政界，在整个西方世界其他国家似乎也得到广泛回应。向"非民主"国家扩展民主制度和价值观念似乎成为西方世界的共识。在20世纪70年代和80年代，美国曾是其他国家民主化的主要外部推动者；但从90年代初起，西方世界其他国家也加入到这个行列中，并逐步加大了在这一方面的投入。所有援助印尼的国家和组织可分为两类：第一类是年度援助额接近10亿或10亿以上的，如国际货币基金组织、世界银行、亚洲开发银行和伊斯兰银行以及日本的双边项目；第二类是年度项目和预算大约2.5亿或更少的，如美国国际开发署、欧盟以及澳大利亚、德国、英国、法国、意大利、荷兰、加拿大、新西兰和韩国的双边项目，以及美国、德国和荷兰的私人基金会等。虽然从总量来看，美国的双边援助数额不是最多的，在总量中占的比重不是太大，但它在国际货币基金组织、世界银行握有最大的投票权，在亚洲开发银行也有很大的影响力，这些组织都会考虑美国的利益，寻求与美国国际开发署合作。美国国际开发署是第二类捐助者中的最大捐助者，并在其中发挥着领导作用；其全面影响力还因其工作人员的知识和相对延续性以及对印尼政府强大的影响力而进一步加强。^①而且，在很多情况下，这些国家扩展民主的活动，与美国的目标是一致的或重叠的。这无疑会扩大美国影响对象国政治转型进程的能力。"自由之家"的执行理事珍妮弗·温莎（Jennifer Windsor）说："没有美国的积极参与，国际上推进民主的努力无疑会效果不彰。另一方面，很明显，民主不能只是美国的目标。它要求美国与其民主的盟国（其中应该包括但不应局限于欧洲国家）之间建立强大的伙伴关系。确实，让其他国家在反美情绪在内部政治中占控制地位的某些国家发挥领导作用，在战略上是非常明智的。"^②在推动印尼民主发展的过程中，美国确实也与澳大利亚、日本、葡萄牙、德国等国家及联合国开发项目、世界银行、国际货币基金组织、亚洲开发银行等国际组织进行了协调与合作。比如，美国全国国际事务民主学会在印尼开展的项目，就曾从美国国际开发署、美国全国民主基金会、花旗集团基金会（Citigroup Foundation）、世界银行、联合国开发计划署（UNDP）、澳大利亚国际开发署、加拿大外交事务和国际贸易部以及丽诗·加邦基金会（Liz Claiborne Foundation）等获得资助。在对外"扩展民主"这一问题上，美国与其他国家和国际组织支持和援助民主发展的活动形成了有力的互补，它们的共同努力实现了效果的最大化，有助于实现美国在印尼的政策目标。

第二，从东南亚的地区形势来看，也有利于美国开展支持印尼政治转型进程的条件。首先，东盟国家中已有多国实现了政治转型。1986年"人民力量"在菲律宾推翻马科斯的独裁统治，曾给印尼人民以极大震撼；泰国的民主发展，也曾在印尼产生回响。也就是说，在印尼政治转型进程开始之前，周边国家民主转型的经历已对印尼产生了示范作用，对印尼的政治发展产生了潜移默化的影响。印尼的一些政治人物在谈到外部因素对印尼政治转型的影响时，也经常提及苏东剧变给其带来的示范效应。另外，印尼是东南亚最大的国家，对东南亚的地区和平与稳定具有重要影

---

①　The U. S. Agency for International Development's (USAID) FY 2000 Congressional Presentation (CP) reflects the Administration's program and budget justification for the bilateral foreign economic assistance program, "Indonesia," (http：//www. usaid. gov/pubs/cp2000/ane/indonesia. html).

②　Jennifer Windsor, "Advancing the Freedom Agenda: Time for a Recalibration?" *The Washington Quarterly*, Vol. 29, No. 3, Summer 2006, p. 30.

响。在 1997 年亚洲金融危机打击下，印尼的动荡也对整个东南亚地区其他国家的稳定、安全与繁荣产生了消极影响。因而，美国推动印尼的民主发展，促进印尼实现政治社会稳定和经济复兴，也与东南亚地区其他国家的利益相符。这样的地区环境，也有助于美国开展支持印尼政治转型进程的活动并对该进程产生重要影响。

五　美国在印尼"扩展民主"对中国的战略意涵

美国对外"扩展民主"，既有源自美国文化传统的道德理想追求，也有其明确的现实利益追求，二者是一体的。有时候，现实政治和战略利益的考虑可能更多些，而道德利益追求则被搁置一边；有时候，口头上把对道德理想的追求喊得很响亮，但背后却有着深刻的现实利益追求。如第一章所述，美国推动和支持印尼的政治转型进程，其中现实考虑之一就是通过支持印尼民主发展，实现其社会政治稳定，从而促进整个东南亚地区的稳定与繁荣，借此抗衡中国在东南亚日益增长的影响力。

美国在东亚和东南亚的条约盟国，包括日本、韩国、澳大利亚、菲律宾、泰国等都是美国意义上的民主国家。"九·一一"事件之后，美国还赋予印尼等国非北约盟国地位。经过十余年的政治转型进程，印尼与美国的关系到 2010 年似乎已经发生了质的变化。美国和印尼有了共同的利益和价值基础，并建立起"全面伙伴关系"。印尼已经从一个"问题国家"变成了美国的"合作伙伴"。[①] 美国在印尼乃至整个东亚和东南亚扩展民主的活动，既在地缘战略上对中国形成潜在压力，也在意识形态方面对中国构成挑战；这些压力和挑战虽然是潜在的，但可能也是巨大的。

自近代中美两国开始外交关系以来，美国试图以各种方式改变中国的意图始终未变，无论是在两国关系出现波折和问题之时，还是在两国关系平稳发展的时期，都是如此。当前，美国"和平演变"中国的意图一直未变，只是其手法和活动更加隐蔽。美国长期以来一直试图以各种方式把"自由""民主"等价值观念和美国的生活方式传播到中国，从而影响中国的知识精英和民众，改变中国的发展方向。而且，自冷战结束以来，对外"扩展民主"已不再是美国外交政策独有的特点和内容，许多西方国

---

①　Ann Marie Murphy, "U. S. Rapprochement with Indonesia: From Problem State to Partner," *Contemporary Southeast Asia*, Vol. 32, No. 3, 2010, pp 362 - 387.

家及其他完成了民主转型的国家也都把"扩展民主"作为其对外政策的一项重要内容。美国斯坦福大学政治学教授迈克尔·麦克福尔（Michael McFaul）指出：扩展民主作为一种外交政策目标，已越来越多地为国际社会的大多数国家所接受；而且，已经成为一种为其他国家和国际组织等所拥护的国际规范。[1] 在应对"和平演变"及意识形态挑战方面，中国面临的压力实际上也变得更艰巨了。

要应对这些挑战，应立足于世界形势和改革开放以来中国现实发展，还应该着眼于中国的未来发展。世界越来越紧密的联系，国家间相互依存度大大增加；国家间存在利益分歧和利益冲突是很正常的事情，而且这些分歧会在不同时期以不同的方式表现出来，但寻求共赢正越来越多地成为大多数国家处理国家间分歧的一个重要原则。经过 40 年的改革开放，中国经济发展取得巨大成就，社会、政治生活面貌发生了重大变化。中国的发展道路和发展模式引起国际社会的高度关注。

在中国综合国力日益强大、国际影响力日益增长的情况下，透过美国在印尼"扩展民主"的活动，或扩大开来，从美国对外"扩展民主"的整个战略来考察其对中国的战略意涵，既要看到并高度重视它在地缘政治和意识形态方面给中国构成的挑战，还应该超越从"地缘政治"和"和平演变"这两种角度认识和理解中美关系的思维模式，用更大的格局和更高的视野来审视和应对这些挑战。

所谓超越，不是忽视，而是用历史的、发展的眼光审视美国对外"扩展民主"的活动，既要看到美国对外强制推行民主给对象国社会与人民造成的灾难，也要认识到美国资产阶级革命以来的民主发展对人类历史的意义，把美国对外"扩展民主"的活动看作跨文化的交流过程，不同文明相互激荡、交流和融合的过程。如果从人类历史发展和进步这一角度看，美国的民主经验是美国人民贡献给全人类的一笔精神财富。美国的革命和民主经验，曾被世界上许多国家奉为榜样。马克思曾高度赞扬美国资产阶级革命对世界意义；中国革命的先行者孙中山也曾对美国的制度推崇有加。民主有多种实现形式，美国式民主只是其中之一。实际上，美国努力向外扩展的并非美国式民主，而是民主的精神。因为他们（包括政

---

[1]　McFaul, Michael, "Democracy Promotion as a World Value," *Washington Quarterly*, Vol. 28, No. 1, 2005, pp. 147 – 63.

界和学界）都知道，对外扩展民主并非易事，不能不考虑对象国的历史文化传统。世界各国有权选择适合其自身发展阶段和历史文化传统的实现形式。美国对外扩展民主，有其私利之考虑，存在严重的问题，而且在很多地方也曾给对象国的社会政治发展造成破坏。但这恐怕很难否认民主作为一种精神所具有的积极意义和价值，世界上确实也没有哪一个国家或政权明确表示自己是反民主的。"民主"作为一种观念并非源自美国，但美国对它在世界范围内的传播却发挥了重要作用。近代以来人类社会历史的进步大概可以说明这一点。

进入 21 世纪之后，国家间的竞争越来越成为文化影响力的竞争。任何一个世界性大国，其之所以为大国，关键在于它能够为人类贡献什么。从人类历史的长河观察，美国为人类贡献的决不仅仅是科技的进步，更重要的是通过其自身的民主实践，向人类展示了民主的精神，而且影响了近代以来世界上的很多国家和民族的发展。这是任何一个真正用历史的眼光看问题的人都无法否认的事实。在冷战后期，特别是在冷战结束后，美国一直在积极推动转型国家的民主发展，而且在一些国家取得了效果，既传播了美国的价值观念，也增强了美国的影响力，获取了地缘政治利益。

中国作为一个日益崛起的负责任的大国，除了应该在物质文明方面为人类做出贡献外，还必须有能够为世界上其他国家的人民理解、接受和效法的价值观念。中国有责任进一步发掘自身文化传统中的核心价值，吸纳世界各种文明中的精华要素，融入当代中国的伟大实践，形成一种更具活力的文化价值观，提升中国的文化软实力。这将是中国能够作为一个负责任、具有强大影响力的国家立于国际社会的根本之所在。一个稳定、繁荣、强大、和谐和自信的中国，能够化各种挑战于无形。这都需要中国超越从"地缘政治"和"和平演变"这两种角度认识和理解中美关系及美国对外"扩展民主"之努力的思维模式。

附　录

相关政府机构和非政府组织

澳大利亚选举委员会（Australian Electoral Commission，AEC）

北卡三角洲国际研究院（Research Triangle Institute，RTI）

参议院对外关系委员会（Senate Foreign Relations Committees）

残障公民参与 2004 年选举委员会（Committee for Citizens with Disabilities-
　Access to Elections 2004，CCD – AE）

冲突预防和反应局（Office of Conflict Prevention and Response，OCPR）

东帝汶行动网（East Timor Action Network，ETAN）

东南亚报业联盟（Southeast Asian Press Alliance，SEAPA）

独立选举监督委员会（KIPP）

发展选择公司（Development Alternatives Inc.，DAI）

非裔美国人研究所（African-American Institute）

管理与减轻冲突办公室（Office of Conflict Management & Mitigation）

广播管理董事会（Broadcasting Board of Governors）

国防安全合作局（Defense Security Cooperation Agency）

国防安全援助局（DSAA）

国防部（Department of Defense，DOD）

国际安全和不扩散事务局（ISN）

国际地球村学会（Global Awareness Society International，GASI）

国际发展法协会（International Development Law Institute，IDLI）

国际麻醉品管制与执法局（International Narcotics and Law Enforcement Af-
　fairs Bureau，INL）

国际民主政治运动议员代表团（International Movement of Parliamentarians
　of Democracy）

国际市/县管理协会（International City/County Management Association，ICMA）

国际私人企业中心（Center for International Private Enterprise，CIPE）

国际危机小组（International Crisis Group，ICG）

国际执法学会（International Law Enforcement Academy，ILEA）

国务院（Department of State，DOS）

国务院反恐怖主义协调办公室（State Department Office of the Coordinator for Counterterrorism）

国务院—国际开发署管理委员会（Department-USAID Management Council）

国务院—国际开发署政策委员会（Department-USAID Policy Council）

技术美学与科学基金会（Sains Estetika Teknology，SET）

计算机辅助开发公司（Computer Assisted Development Incorporated，CADI）

卡特中心（Carter Center）

凯托研究所（Cato Institute）

陆军训练与条例司令部（TRADOC）

麻醉品管制局（Drug Enforcement Administration，DEA）

美国外交关系协会（Council on Foreign Relations）

美国国际共和学会（International Republican Institute，IRI）

美国国际开发署（United State Agency for International Development）

美国国际劳工团结中心（The American Center for International Labor Solidarity，ACILS）

美国海岸警卫队学院（US Coast Guard Academy）

美国海军研究院（Naval Post-Graduate School）

美国全国国际事务民主学会（National Democratic Institute for International Affairs，NDI）

美国全国民主基金会（National Endowment for Democracy of America，NED）

美国—印尼协会（United States-Indonesia Society）

民间机构合作协会（Private Agencies Collaborating Together，Inc.，PACT）

民主、人权和劳工事务局（Bureau of Democracy，Human Rights and Labor，DRL）

民主国际（Democracy International，DI）

民主行动办公室（Office of Democratic Initiatives，ODI）

民主扩展咨询委员会（Advisory Committee on Democracy Promotion）

民主信息与沟通技术集团（Democracy Information and Communications Technology Group）

民主研究机构网络（Network of Democracy Research Institutes）

民主与治理办公室（Office of Democracy and Governance）

欧亚基金会（Eurasia Foundation）

青年民主积极分子网络（Network of Young Democracy Activists）

区域自治咨询理事会（Regional Autonomy Advisory Council，DPOD）

全国公民自由选举运动（National Citizens' Movement for Free Elections，NAMFREL）

全国选民教育信息交换中心（National Voter Education Clearing House，CHPPS，Yogya）

人权第一（Human Rights First）

人权和民主基金会（Human Rights and Democracy Fund，HRDF）

瑞典国际民主与选举援助研究所（International IDEA）

瑞士亨利·杜南中心（Henry Dunant Centre of Switzerland）

首创联合国际公司（Creative Associates International Inc.）

司法部（Department of Justice，DOJ）

透明国际（Transparency International，TI）

外交安全局（Bureau of Diplomatic Security）

伍德罗·威尔逊国际学者中心（Woodrow Wilson International Center for Scholars）

信息自由流动研究所（Institute for the Free Flow of Information）

选举制度国际基金会（International Foundation for Elections Systems，IFES）

亚太安全研究中心（Asia-Pacific Center for Security Studies）

亚洲基金会（The Asia Foundation，TAF）

亚洲自由选举观察网络（Asia Network for Free Elections，ANFREL）

印尼公民教育中心（Center for Indonesian Civic Education，CICED）

印尼科学院（Lembaga Ilmu Pengetahuan Indonesia，LIPI）

印尼民主与人权研究中心（Indonesian Centre for Democracy and Human Rights Studies）

印尼人权网络组织（Indonesia Human Rights Network，IHRN）

印尼世界事务委员会（Indonesian Council on World Affairs）

英特新闻（Internews）

政策协调委员会（Policy Coordinating Committee，PCC）

政治—军事事务局（PM）

众议院民主援助委员会（House Democracy Assistance Commission，HDAC）

众议院外事行动拨款小组委员会（House Foreign Operations Appropriations
　　Subcommittee）

转型启动办公室（Office of Transition Initiatives）

自由选举—大学网络（University Network for Free Elections，UNFREL）

自由之家（Freedom House）

参考文献

"2002 Foreign Military Training and DoD Engagement Activities of Interest", U. S. Department of Defense & U. S. Department of State Joint Report to Congress, March 2002.

"A Giant Muslim Success", *Christian Science Monitor*, Boston, Mass. , September 21, 2004.

"Budget Transparency: Local Governments Hold Public Consultations," (http: // indonesia. usaid. gov/en/Article. 291. aspx).

"Bush Must Set Record Straight: No Military Assistance for Indonesia," October 21, 2003 (http: //www. etan. org/news/2003a/10bush. htm).

"Carter Cener to Send 57 Election Monitors to Indonesia", Antara, Jakarta, Sep 15, 2004.

"City-to-City Partnerships," (http: //www. icma. org/inter/bc. asp? bcid = 10 87&p =1).

"Conference Brings Together Indonesian Women to Encourage Political Participation, IRI Hosts Women Political Leaders for 2009 Election", August 9, 2007 (http: //www. iri. org/asia/indonesia/2007-08-10-indonesia. asp).

"Congratulating the people and Government of the Republic of Indonesia on successfully completing elections for national, provincial, and regional parliamentary representatives, and praising the growing friendship between the United States and Indonesia (108th Congress 2nd Session H. RES. 666, 2004), " (https: //www. congress. gov/108/bills/hres666/BILLS-108hres666ih. pdf).

"Consolidated Appropriations Act of 2004," (https: //www. congress. gov/108/plaws/publ199/PLAW-108publ199. pdf).

"Democracy, Conflict and Humanitarian Assistance," (http: //www. usaid. gov/

about_ usaid/usaidorg. html).

"Department of Defense and Emergency Supplemental Appropriations for Recovery from and Response to Terrorist Attacks on the United States Act of 2002," (https://www. congress. gov/107/plaws/publl117/PLAW-107publ 117. pdf).

"Deputy Secretary Wolfowitz Interview with AP, Reuters (Interview in Singapore with Steve Gugkin, AP, and Richard Hubbard, Reuters.)," (http: // www. defenselink. mil/transcripts/transcript. aspx? transcriptid = 3481).

"Draft Law of the Republic of Indonesia No. 25 of 1999 Concerning the Fiscal Balance between the Central Government and the Regions," (http: // www. indonesia-ottawa. org/current_ issues/autonomy/docs/Law25_ 99_ n_ eluc. pdf).

"East Timor*Action* Network Condemns Restoration of IMET for Indonesia," February 27, 2005 (http://www. etan. org/news/2005/02imet. htm).

"East Timor Self-Determination Act of 1999 (H. R. 2895)," (https: // www. congress. gov/106/bills/hr2895/BILLS-106hr2895ih. pdf).

"First-time Legislators Receive Training," August 19, 2004.

"Foreign Assistance Act of 1961 (P. L. 87 – 195)".

"Foreign Military Training Responsibility Act of 2001 (H. R. 1594)," (https: // www. govinfo. gov/content/pkg/BILLS-107hr1594ih/pdf/BILLS-107hr1594ih. pdf).

"Foreign Military Training and DoD Engagement Activities of Interest in Fiscal years 1999 and 2000, Volume I," Defense and State Department, Joint Report to Congress, March 1, 2000.

"Foreign Operations, Export Financing, and Related Programs Appropriations Act of 2000," (https://www. congress. gov/106/bills/hr2606/BILLS-106hr2606 enr. pdf).

"*Foreign Operations, Export Financing, and Related Programs Appropriations Act of 2002*," (https://www. congress. gov/107/plaws/publl115/PLAW-107publ115. pdf).

"Foreign Operations, Export Financing, and Related Programs Appropriations Act, 2006 (H. R. 3057)," (https://www. govinfo. gov/content/pkg/BILLS-109hr30 57enr/pdf/BILLS-109hr3057enr. pdf).

"*Foreign Relations Authorization Act, Fiscal Year* 2003," (https: //

www. congress. gov/107/plaws/publ228/PLAW-107publ228. pdf).

"Foundations of Trust... Capacity Building for These Times", *Private Agencies Collaborating Together* (PACT), 2002 Annual Report.

"Groups Urge Congress to Continue Restrictions on U. S. Military Assistance to Indonesia" (http://www. etan. org/news/2002a/07letter. htm).

"Groups Urge Congress to Restrict Assistance to Indonesian Military in Legislative Mark-up" (http://www. etan. org/news/2006/05forops. htm).

"House Letter to Secretary of State Colin Powell," June 26, 2003 (http://www. etan. org/action/action2/06acehltr. htm)

"Indon's Elections: A Model for World's Democracies—U. S. Embassy", *Antara*, Jakarta, Sep 27, 2004, p. 1.

"*Indonesia: A Report on Public Opinion And the 2004 Elections*," Qualitative Research Survey, February, 2003, carried out by ACNielsen and Charney Research of New York for The Asia Foundation.

"*Indonesia: Next Steps in Military Reform*," October 11, 2001, ICG Asia Report No. 24, p. iii (https://www. files. ethz. ch/isn/28336/024 _ indonesia _ military_ reform. pdf).

" Indonesia—Memorandum of Economic and Financial Policies," Jakarta, Indonesia, January 15, 1998 (https://www. imf. org/external/np/loi/011598. htm).

"Indonesia—Supplementary Memorandum of Economic and Financial Policies," Jakarta, Indonesia, April 10, 1998 (https://www. imf. org/external/np/loi/041098. htm).

"Indonesia as a Beacon", *Christian Science Monitor*, September 24, 2004, p. 8.

"Indonesia Human Rights Network Urges Continued Ban on U. S. Aid to Indonesian Military," February 26, 2001 (http://members. pcug. org. au/ ~ wildwood/febban. htm).

"Indonesia in Transition: Recent Developments and Implications for U. S. Policy", Hearing before the Subcommittee on Asia and the Pacific of the Committee on International Relations, House of Representatives, 109th Congress, First Session, March 10, 2005, Serial No. 109 −41.

"Indonesia Letter of Intent," October 31, 1997 (https://www. imf. org/external/

np/loi/103197. htm#memo).

"Indonesia's First Diect Pres'l Election Fair, Says Australian Election Observer", *Antara*, Jakarta, July 8, 2004, p. 1.

"Indonesian Activists Implore US Not to Forsake Human Rights," August 1, 2002 (http：//etan. org/et2002c/august/01-10/01iactiv. htm)

"Indonesian politics become more Islamic", *Melbourne Age*, 18 *June* 1998.

"IRI Co-hosts Strengthening Indonesian Political Parties Conference," July 5, 2002 (http：//www. iri. org/asia/indonesia/2002-07-05-Indonesia. asp).

"IRI Helps Parties Prepare for Parliamentary and Presidential Elections," October 10, 2003 (http：//www. iri. org/asia/indonesia/2003-10-10-Indonesia. asp).

"IRI Hosts Conference on Electing Women to Office," May 16, 2003 (http：// www. iri. org/asia/indonesia/2003-05-16-Indonesia. asp).

"IRI Launches New Website, December 19, 2003," (http：//www. iri. org/asia/ indonesia/2003-12-19-Indonesia. asp).

"IRI Releases Survey of Indonesia Public Opinion," August 15, 2008, (https： // www. iri. org/resource/iri-releases-survey-indonesia-public-opinion-0).

"IRI Releases Survey of Indonesia Public Opinion," February 19, 2009, (https：//www. iri. org/resource/iri-releases-survey-indonesia-public-opinion).

"IRI Sponsored Multi-Party Youth Conference," July 23, 2002 (http：// www. iri. org/asia/indonesia/2002-07-23-Indonesia. asp).

"IRI Trains Political Party Poll Watchers," March 12, 2004 (http：// www. iri. org/asia/indonesia/2004-03-12-Indonesia. asp).

"IRI Trains Women Candidates for 2004 Elections," February 25, 2003 (http：// www. iri. org/asia/indonesia/2003-02-25-Indonesia. asp).

"IRI Work in Indonesia Showcased," February 16, 2011 (https：//www. iri. org/ web-story/iri-work-indonesia-showcased).

"Japan Sends Election Monitors to Various Regions in Indonesia", *Antara*, Jakarta, April 3, 2004, p. 1.

"Jimmy Carter Meets with Chief of Indon Constitutional Court", Antara, Jakarta, July 4, 2004

"Joint Statement between the United States of America and the Republic of Indonesia," September 19, 2001 (http：//www. usembassyjakarta. org/joint.

html).

"Joint Statement Between the United States of America and the Republic of Indonesia," October 22, 2003 (http: //63. 161. 169. 137/news/releases/2003/10/20031022-1. html).

"Joint Statement Between the United States of America and the Republic of Indonesia," May 25, 2005 (http: //63. 161. 169. 137/news/releases/2005/05/20050525-11. html).

"Joint Statement Between the United States and the Republic of Indonesia," November 20, 2006 (http: //www. whitehouse. gov/news/releases/2006/11/20061120-3. html).

"Joint Statement Indonesia-United States Security Dialogue III," Jakarta, 2 – 3 August 2005 (http: //www. indonesianembassy. org. uk/press_ 2005_ 08_ 03_ prdeplu. 1. html).

"Joint Statement Indonesia-United States Security Dialogue V," Jakarta, 19 April 2007 (http: //jakarta. usembassy. gov/press _ rel/joint _ statement _ defence. html).

"Lane Evans' Letter to Admiral Thomas Fargo Commander, US Pacific Command," January 18, 2005 (http: //www. etan. org/news/2005/01evans. htm).

"Law draft of the Republic of Indonesia No. 22 Year 1999 Regarding Regional Governance," (http: //www. indonesia-ottawa. org/current_ issues/autonomy/docs/Law22_ 99_ n_ eluc. pdf).

"LGSP Conducts Workshop on Local Planning Guidelines (March 29, 2007)," USAID Activity Highlights, April 4, 2007.

"LGSP Starts Helping Kaimana District in Improving Good Governance Practices (January 8, 2008)," USAID Activity Highlights, January 18, 2008.

"Local Governments Play Key Role in Building Democracy in Indonesia," (http: //www. rti. org/brochures/indonesia_ lgsp. pdf).

"Local Legislators Learn Website Development," June 25, 2002 (http: //www. iri. org/asia/indonesia/2002-06-25-Indonesia. asp).

"Members of Congress Oppose Bush Administration Moves to Increase Engagement with Indonesian Military," June 26, 2002 (http: //www. etan. org/news/2002a/06house. htm).

"Members of Congress Oppose U. S. Assistance to Unreformed, 'Corrupt' Indonesian Military," October 12, 2004 (http: //www. etan. org/news/2004/ 10housefmf. htm).

"Members of House Oppose Renewal of IMET and FMF for Indonesia", September 3, 2002 (http: //www. etan. org/news/2002a/09hletter. htm).

"Mondale to Visit Jakarta to Press Suharto on IMF Reform Plan," *New York Times*, Feb 25, 1998, p. A. 6.

"NDI Handbook on How Domestic Organizations Monitor Elections: An A to Z Guide," 1995 (https: //www. ndi. org/sites/default/files/How% 20Domestic% 20Organizations% 20Monitor% 20Elections% 2C% 20An% 20A% 20to% 20Z% 20Guide_ Bahasa. pdf).

"NGOs Write Secretary of State Powell and Secretary of Defense Rumsfeld on Military Ties to Indonesia," 7 May 2002 (http: //www. etan. org/news/2002a/ 05ngoties. htm).

"Nongovernmental Organizations and Democracy Promotion 'Giving Voice to the People'," A Report to Members of the Committee on Foreign Relations, United States Senate, One Hundred Ninth Congress, Second Session, December 22, 2006 (https: //irp. fas. org/congress/2006_ rpt/democracy. pdf).

"Political Parties Trained in Campaign Finance, Fundraising," May 30, 2003 (http: //www. iri. org/asia/indonesia/2003-05-30-Indonesia. asp).

"Post Elections Support to the DPR, DPD and DPRDs," "Press Conference at the Borobudor Hotel, Jakarta, Indonesia," October 01, 1999 (http: // www. defenselink. mil/transcripts/transcript. aspx? transcriptid = 326).

"Ramadhan Accepted Moment for SBY, Megawati to Meet, Says Indon Ebserver", *Antara*, Jakarta, Oct 15, 2004, p. 1.

"Reps Write Rumsfeld on US-Indonesia Military to Military Ties," (www. etan. org/ legislation/04rumsfld. htm.).

"Rights Groups Praise Senators for Restricting Military Training for Indonesia," May 22, 2003 (http: //www. etan. org/news/2003a/05imet. htm # Amendment% 20Text:).

"Secretary Cohen and Minister Moore Joint Press Conference Darwin, Australia," September 29, 1999 (http: //www. defenselink. mil/transcripts/transcript. aspx?

transcriptid = 381).

"Secretary Cohen Press Conference in Jakarta, Indonesia," September 18, 2000 (http: //www. defenselink. mil/transcripts/transcript. aspx? transcriptid = 1813).

"Secretary Rice Must Raise Human Rights in Dialogue with Indonesia," March 10, 2006 (https: //www. humanrightsfirst. org/2006/03/10/secretary-rice-must-raise-human-rights-in-dialogue-with-indonesia).

"Security Sector Reform in Indonesia," (http: //www. bicc. de/ssr_ gtz/pdf/ indonesia. pdf).

"Senate Letter to President George Bush," June 26, 2003 (http: //www. etan. org/action/action2/06acehltr. htm).

"Senators to Rumsfeld, Powell Re. Indonesian Military," May 14, 2002 (http: // www. etan. org/et2002b/may/12-18/14sentor. htm).

"Sixty-Five EU EOM Members Arrive to Monitor RI's Election", *Antara*, Jakarta, Sep. 2, 2004.

"South Dakota Lieutenant Governor Conducts Women in Politics Training," September 3, 2002 (http: //www. iri. org/asia/indonesia/2002-09-03-Indonesia. asp).

"South East Asian Islam," April 15th, 2006 (http: //www. indonesiamatters. com/ 257/south-east-asian-islam/).

"Special Objective Agreement between the Republic of Indonesia and the United States of America to Support and Strengthen Democratic Initiatives and Electoral Processes in Indonesia," May 12, 1999.

"Statement of the National Democratic Institute (NDI) and the Carter Center International Election Observation Delegation to Indonesia's June 7, 1999, Legislative Elections", Jakarta, June 9, 1999.

"Table of Independent Countries-Freedom in the World 2007," (http: // www. allianceau. com/pics/advant/2006_ Freedom_ House. pdf).

"The Budget in Brief-Fiscal Year 2006," (http: //www. state. gov/documents/ organization/41676. pdf).

"The Doctors at the Door", *Economist*, March 7, 1998, Vol. 346, Issue 8058.

"Two Guidelines Developed by LGSP Formally Issued as SK MENDAGRI, Jakarta (June 27, 2007)," *LGSP Activity Highlight*, July 2, 2007.

"U. S. Election Observation Team Finds Election Free of Intimidation", *Antara*, Jakarta, July 12, 2004.

"U. S. Embassy Election Observation Team Statement on the April 5, 2004 Legislative Elections in Indonesia," April 13, 2004 (http: //jakarta. usembassy. gov/press_ rel/election_ observer. html).

"U. S. Embassy Election Observation Team Statement on the September 20, 2004 Presidential Election in Indonesia," September 27, 2004 (http: // jakarta. usembassy. gov/press_ rel/election_ observer04. html).

"U. S. Embassy to Send Election Observers to Aceh," November 20, 2006.

"U. S. Government Grants Additional US $17. 5 Million to Indonesia To Support Democratic Initiatives and the Electoral Process," 29 September 2003 (http: // jakarta. usembassy. gov/press_ rel/election_ grants. html).

"U. S. Groups Call on Congress to Maintain Restrictions on Military Aid to Indonesia", September 22, 2005 (http: //www. etan. org/news/2005/09ngo. htm).

"U. S. Indonesia discuss ways to deepen military ties," June 3, 2007 (http: // www. iiss. org/whats-new/iiss-in-the-press/press-coverage-2007/june-2007/us-indonesia-discuss-ways-to-deepen-ties/).

"U. S. -Indonesia Military Ties Moving Toward Full Normalization," (http: // www. fas. org/asmp/resources/govern/109th/StateIndonesia05jan06. htm).

"U. S. Justice Department's VCD Project Helps Train Indonesian National Police," November 15, 2005 (http: //www. usembassyjakarta. org/press _ rel/VCD-justice. html).

"U. S. Policy Options Toward Indonesia: What We Can Expect; What We Can Do", hearing before Subcommittee on Asia and the Pacific of the Committee on International Relations, House of Representatives, June 4, 1998 (http: // commdocs. house. gov/committees/intlrel/hfa52039. 000/hfa52039_ 0f. htm).

"USAID and the Coordinating Ministry for Economic Affairs Announce 2004 Election Assistance Program," July 15, 2003.

"USAID Mission/Indonesia, Democratic and Decentralized Governance, Date Sheet," (http: //www. usaid. gov/policy/budget/cbj2006/ane/pdf/id497-020. pdf).

"USAID Supports Anti-Corruption Conference in Yogyakarta," February 9, 2006 (http: //www. usembassyjakarta. org/press ＿ rel/USAID-anti% 20corruption. html).

"USAID/OTI Indonesia Field Report," March 2001 (http: //www. usaid. gov/our＿ work/cross-cutting＿ programs/transition＿ initiatives/country/indones/rpt0301. html).

Abrash, Abigail, "Indonesia After Suharto", *Foreign Policy in Focus*, Vol. 3, No. 34, November 1998, p. 2.

Abuza, Zachary. "Funding Terrorism in Southeast Asia: The Financial Network of Al Qaeda and Jemaah Islamiya. " *Contemporary Southeast Asia*, Vol. 25, No. 2, August 2003, pp. 169 – 199.

Abuza, Zachary, "Funding Terrorism in Southeast Asia: The Financial Network of Al Qaeda and Jemaah Islamiyah," *NBR ANALYSIS*, Vol. 14, No. 5, December 2003.

Acharya, Amitav, "Democratising Southeast Asia: Economic Crisis and Political Change", Working Paper No. 87, August 1998, Asia Research Centre, Murdoch University, Perth, Western Australia.

Albright, Madeleine K. , "Press Conference with Indonesian Minister of Foreign Affairs Ali Alatas," Jakarta, Indonesia, March 4, 1999

Albright, Madeleine K. , " Secretary of State Madeleine K. Albright, Commencement Address to the United States Coast Guard Academy," New London, Connecticut, May 20, 1998 (https: //1997 – 2001. state. gov/ statements/1998/980520. html).

Allison, Grham T. , Jr. & Robert P. Beschel, Jr. , "Can the United States Promote Democracy?" *Political Science Quarterly*, Vol. 107, No. 1, Spring 1992, pp. 81 – 98.

Alm, James & Roy Bahl, "Decentralization in Indonesia: Prospects and Problems," June 1999 (http: //aysps. gsu. edu/publications/1999/990601 ＿ Indonesia Report. pdf).

Ames, W. M. "Beyond the New Order: Decentralization's Effect on Communities in Indonesia. " Asia Society, Open Society Institute, 2002.

Ananta, Aris, Evi Nurvidya Arifin & Leo Suryadinata, *Emerging Democracy in*

Indonesia, Singapore: Institute for Southeast Asian Studies, 2005.

Asia Foundation, "2004 Indonesia Election Program," (http: //www. asiafoundation. org/pdf/indo_ election2004. pdf).

Asia Foundation, *America's Role in Asia: Asian and American Views*, 2008.

Asia Foundation, "*Civil Society Initiative against Poverty*," (http: // asiafoundation. org/resources/pdfs/IDCSIAP. pdf).

Asia Foundation, "Democracy and Elections in Indonesia," (http: // www. asiafoundation. org/pdf/Indo_ Democracy-Elections. pdf).

Asia Foundation, "Elections and Good Governance in Indonesia," (http: // asiafoundation. org/resources/pdfs/IDelectionseng. pdf).

Asia Foundation, "Gender and Women's Participation in Indonesia," (http: // asiafoundation. org/resources/pdfs/IDgender. pdf).

Asia Foundation, "Improving Education in Indonesia,"

Asia Foundation, "Indonesia National Voter Education Survey", pp. 10 – 11.

Asia Foundation, "1st Indonesia Rapid Decentralization Appraisal (IRDA) Synopsis of Findings," Conference on Progress in Fiscal Decentralization, Regional University Consortium, July 2002 (https: //pdf. usaid. gov/pdf _ docs/ Pnacr463. pdf).

Asia Foundation, "Indonesia Rapid Decentralization Appraisal (IRDA)," Third Report, July 2003.

Asia Foundation, "Indonesia Rapid Decentralization Appraisal (IRDA)," Fourth Report.

Asia Foundation, "Indonesia Rapid Decentralization Appraisal (IRDA)," Second Report, November 2002.

Asia Foundation, "Regulatory Impact Assessment (RIA)," (http: // asiafoundation. org/resources/pdfs/IDRIAeng. pdf).

Atkinson, Carol, "Constructivist Implications of Material Power: Military Engagement and the Socialization of States, 1972 – 2000", *International Studies Quarterly*, Vol. 50, No. 3, September 2006, pp. 509 – 537.

Atran, Scott, "In Indonesia, Democracy Isn't Enough," *New York Times*, October 5, 2005.

Azca, Muhammad Najib, "Security Sector Reform, Democratic Transition, and

Social Violence: The Case of Ambon, Indonesia," in Clem McCartney, Martina Fischer & Oliver Wils ed. , *Security Sector Reform: Potentials and Challenges for Conflict Transformation*, Berghof Handbook for Conflict Transformation Dialogue Series No. 2, Berghof Research Center for Constructive Conflict Management, 2004.

Baker, James, "Democracy and Foreign Policy," Speech to the World Affairs Council, March 1990 (https://patriotpost.us/documents/266).

Baker, Richard W. , "Indonesia in Crisis", Analysis from the East-West Center, No. 36, May 1998.

Baliga, Sandeep, David O. Lucca & Tomas Sjöström, "Domestic Political Survival and International Conflict: Is Democracy Good for Peace?" (https://www.biz.uiowa.edu/econ/seminars/Sjostrom.pdf).

Barnett, Camille Cates, Henry P. Minis & Jerry VanSant, "Democratic Decentralization", Research Triangle Institute December 1997, paper prepared for the United States Agency for International Development under the IQC for Democracy and Governance.

Barry, Tom, "World Movement for Democracy—Made in the USA", July 29, 2005 (http://rightweb.irc-online.org/rw/175.html).

Barton, Greg. *Abdurrahman Wahid: Muslim Democrat, Indonesian President*, Honalulu: University of Hawai'i Press, 2002.

Baswedan, Anies Rasyid. "Political Islam in Indonesia: Present and Future Trajectory." *Asian Survey*, Vol. 44, No. 5, 2004, pp. 669–690.

Bauzon, Kenneth E. , "Demonstration Elections and the Subversion of Democracy", Centro Argentino de Estudios Internacionales, Programa Teoría de las Relaciones Internacionales / IR Theory Program (https://d1wqtxts1xzle7.cloudfront.net/35980871/Demonstration_ Elections_ and_ the_ Subversion_ of_ Democracy_ as _ published _ in _ CAEI _ website-with-cover-page-v2. pdf? Expires = 1636195229&Signature = Sqbz4SyKTG-yaGpEH ~ 7Ld3QisTYmY-U2nAu N0EVM1 ptEp2gWZZqLbiVFNZdxnw-DIaMB5sUCXfx4 Wcgl9cidTyyxhbS ~ U-hw7iDqtQE tSjJSqYQfK2Z2RQzLjVD4qs WuDUhGHW ~ eCXTuPzCYZAC43ZId ~ Rf2EVqN VKyC1m7lzpiUehiY98V20PpCVKM3Xx CaG2lKeIVdpzJY ~ FR0H1DMgP9Xmg AIgczF2nkbJKNiDcfZWKnuK3VifOD GfO1K8Q ~ -2eRQCf0FgxAcmZU198jt8-JJy

R40aP0QM9OhLYhX0bNlq gvyfjFgT ~ qvUvz9X59rTXY4almz ~ ttwwbgTUOklq Q_ _ &Key-Pair-Id = APKAJLOHF5GGSLRBV4ZA).

Bayuni, Endy M. "Terrorism Undermines Political Islam in Indonesia: Islamic Parties Face Public Pressure to Condemn Radical," *Yale Global*, November 26, 2003, (https: //archive-yaleglobal. yale. edu/content/terrorism-undermines-political-islam-indonesia).

Becker, Elizabeth, "End to Jakarta Military Aid Urged", *New York Times*, September 20, 1999.

Becker, Elizabeth & Philip Shenon, "With Other Goals in Indonesia, U. S. Moves Gently on East Timor," *New York Times*, September 9, 1999, Section A, Page 1 (https: //www. nytimes. com/1999/09/09/world/with-other-goals-in-indonesia-us-moves-gently-on-east-timor. html).

Berrigan, Frida, "Indonesia at the Crossroads: U. S. Weapons Sales and Military Training," Arms Trade Resource Center, October 2001 (http: //worldpolicy. org/indonesia-at-the-crossroads-u-s-weapons-sales-and-military-training/).

Berrigan, Frida, "Indonesia at the Crossroads: U. S. Weapons Sales and Military Training," A Special Report, October 2001 (https: //worldpolicy. org/indonesia-at-the-crossroads-u-s-weapons-sales-and-military-training/).

Bhakti, Ikrar Nusa, "The Transition to Democracy in Indonesia: Some Outstanding Problems", in Jim Rolfe ed. , *The Asia-Pacific: A Region in Transition*, Asia-Pacific Center for Security Studies, 2004, pp. 195 –206.

Bilveer, Singh, "Civil-Military Relations in Democratizing Indonesia: Change amidst Continuity", *Armed Forces & Society*, Vol. 26, No. 4, Summer 2000, pp. 607 –633.

Bjornlund, Eric C. , *Beyond Free and Fair: Monitoring Elections and Building Democracy*, Washtington, D. C. : Woodrow Wilson Center Press, 2004.

Blair, Harry. "Assessing Civil Society Impact for Democracy Programmes: Using an Advocacy Scale in Indonesia and the Philippines. " *Democratization*, Vol. 11, No. 1, 2004, pp. 77 –103.

Boix, Carles, "The Roots of Democracy," *Policy Review*, No. 135, February & March 2006, pp. 3 –21.

Boyce, Ralph L. , "Indonesia and the United States' Interests," Testimony before the Subcommittee on East Asia and the Pacific, House Committee on International Relations, Washington, DC, July 18, 2001 (http: //www. state. gov/p/eap/rls/rm/2001/4151. htm).

Brahm, Eric, "Election Monitoring," September 2004 (http: //www. beyondin- tractability. org/essay/election_ monitoring/).

Brazeal, Aurelia E. , Testimony Before the House International Relations Committee, Subcommittee on Asia and the Pacific, Washington, DC, May 7, 1997 (http: //www. fas. org/irp/news/1997/970507 – brazeal. htm).

Bresnan, John, "Indonesia and U. S. Policy", Discussion Paper No. 4, Discussion Paper Series, APEC Study Center Columbia University, June 1997.

Brodjonegoro, Bambang, "Fiscal Decentralization in Indonesia", in Hadi Soesastro, Anthony L. Smith & Han Mui Ling ed. , *Governance in Indonesia: Challenges Facing the Megawati Presidency*, Singapore: Institute of Southeast Asian Studies, 2003.

Bunbongkarn, Suchit, "The Role of Civil Society in Democratic Consolidation in Asia", in Yoichiro Sato ed. , *Growth & Governance in Asia*, Honolulu, Hawaii: Asia-Pacific Center for Security Studies, 2004.

Bureau of Political-Military Affairs, *Foreign Military Training and 2DoD Engagement Activities of Interest Joint Report to Congress*, January 2001 (http: //www. fas. org/asmp/campaigns/training/annualreport2001/2568. htm).

Bush, George W. , "Second Inaugural Address," January 20, 2005 (http: // www. bartleby. com/124/pres67. html).

Bush, Robin, "Muslim Civil Society and Democracy", The Asia Foundation, April 26, 2005 Washington DC

Carlucci, Frank, Robert E. Hunter & Zalmay Khalilzad, *Taking Charge: A Bipartisan Report to the President-Elect on Foreign Policy and National Security*, RAND Corporation, 2001.

Carothers, Thomas. *Aiding Democracy Abroad: The Learning Curve*. Washington, DC: Carnegie Endowment for International Peace, 1999.

———. "The End of the Transition Paradigm," *Journal of Democracy*, Vol. 13, No. 1, January 2002, pp. 5 –21.

———. "The Ned at 10. " *Foreign Policy*, No. 95, Summer 1994, pp. 123 – 138.

Carter Center, "Postelection Statement on Indonesia Elections", July 7, 2004 (http://www.cartercenter.org/news/documents/doc1744.html).

Carter Center, "Postelection Statement on Indonesia Elections," Aug. 2, 2004 (http://www.cartercenter.org/news/documents/doc1789.html).

Carter Cener, "Postelection Statement on Indonesia Election", Sept. 22, 2004 (http://www.cartercenter.org/news/documents/doc1828.html).

Carter Center, "Final Report of the Carter Center Limited Observation Mission to the April 9, 2009, Legislative Elections in Indonesia," August 2009 (https://www.cartercenter.org/resources/pdfs/news/peace _ publications/election _ reports/FinalReportIndonesia2009.pdf).

Carter Center, *International Election Observation Delegation to Indonesia's June 7, 1999, Legislative Elections*, Statement of the National Democratic Institute (NDI) and the Carter Center, Jakarta, June 9, 1999 (https://www.cartercenter.org/documents/indonesiapreliminary%20statement%20june %209,%201999.pdf).

Carter Center, Statement of the National Democratic Institute (NDI) and The Carter Center International Election Observation Mission, Indonesia's June 7, 1999, Legislative Elections, Counting and Tabulation of Votes, Jakarta, June 20, 1999 (https://www.cartercenter.org/documents/Indonesia_ second_ post_ election_ statement_ 062099.pdf).

Carter Center, *Indonesia's June 7, 1999, Legislative Elections Vote Tabulation and the Electoral Process*, Post-Election Statement No. 3 of the National Democratic Institute (NDI) and The Carter Center International Election Observation Mission, Jakarta, July 15, 1999 (https://www.cartercenter.org/documents/Indonesia_ third_ post_ election_ statement_ 071599.pdf).

Carter Center, *Post-Election Developments in Indonesia, the Formation of the DPR and the MPR*, Post-Election Statement Number 4, August 26, 1999 (https://www.cartercenter.org/documents/Indonesia% 204th% 20post% 20election% 20statement%2008.26.99.pdf).

Carter Center, "Pre-Election Statement on Indonesia Elections", June 25, 2004 (http://www.cartercenter.org/news/documents/doc1734.html).

Carter Center, "Carter Center Commends Indonesia's Progress in Campaign Finance Regulations, Encourages Stronger Reporting and Disclosure Requirements," April

30, 2009 (https: //www. cartercenter. org/news/pr/indonesia_ 050109. html).

Carter Center, "Carter Center Offers Steps for Indonesia to Strengthen its Electoral Dispute Mechanisms," May 20, 2009 (https: //www. cartercenter. org/news/ pr/indonesia_ 052209. html).

Center for Democracy and Governance (USAID), *Civil-Military Relations: USAID's Role*, Technical Publication Series, July 1998, p. 7 (https: //www. usaid. gov/ sites/default/files/documents/2496/200sbf. pdf).

Center for Democracy and Governance (USAID), "*Democracy and Governance: A Conceptual Framework*," Technical Publication Series, Bureau for Global Programs, Field Support, and Research, U. S. Agency for International Development, Washington, D. C. , November 1998

Center for Democracy and Governance (USAID), "USAID Political Party Development Assistance," April 1999, Bureau for Global Programs, Field Support, and Research, U. S. Agency for International Development, pp. 7 – 8 (https: //www. usaid. gov/sites/default/files/documents/2496/200sbd. pdf).

Chandra, Siddhart & Douglas Kammen, "Generating Reforms and Reforming Generations: Military Politics in Indonesia's Democratic Transition and Consolidation," *World Politics*, Vol. 55, No. 1, October 2002, pp. 96 – 136.

Charney, Craig& Tim Meisburger, "Indonesia's Elections: Nation Builders at Work", *Strait Times*, October 14, 2004 (http: //www. charneyresearch. com/ 101404_ straitstimes_ indon_ nationbuilders. htm).

Choi, Nankyung. "Local Elections and Party Politics in Post-Reformasi Indonesia: A View from Yogyakarta," *Contemporary Southeast Asia*, Vol. 26, No. 2, 2004, pp. 280 – 302.

Chozin, M. , "The IMF's Structural Adjustment Program (SAP) in Indonesia," (http: //www. kau. or. id/index. php? option = com_ content&task = view&id = 43&Itemid =4).

Christopher, Warren, "Democracy and Human Rights: Where America Stands," Remarks as delivered by U. S. Secretary of State, World Conference on Human Rights, June 14, 1993, Vienna, Austria (http: //dosfan. lib. uic. edu/ERC/ briefing/dossec/1993/9306/930614dossec. html).

Clear, Annette, "International Donors and Indonesian Democracy," *Brown Journal of World Affairs*, Vol. 9, No. 1, 2002, pp. 141 –155.

Cleveland, Paul M. , Senate Testimony on Indonesia, September 15, 2005 (https：//www. globalsecurity. org/military/library/congress/2005 _ hr/050915-cleveland. pdf).

Clinton, William J. , "Statement on the Resignation of President Soeharto of Indonesia," *Weekly Compilation of Presidential Documents*, May 25, 1998, Vol. 34, Issue 21

Colaresi, Michael, and William R. Thompson, "The Economic Development-Democratization Relationship: Does the Outside World Matter?" *Comparative Political Studies*, Vol. 36, No. 4, May 2003, pp. 381 –403.

Colongon, Arellano A. , Jr. , "What Is Happening on the Ground? The Progress of Decentralisation," in Edward Aspinall & Greg Fealy eds. , *Local Power and Politics in Indonesia: Decentralisation & Democratisation*, Singapore: Institute of Southeast Asian Studies, 2003.

Commission on America's National Interests, *America's National Interests: A Report from The Commission on America's National Interests*, July 1996 (https：// www. belfercenter. org/sites/default/files/legacy/files/americas_ interests. pdf).

Cox, Dan G. , "Political Terrorism and Democratic and Economic Development in Indonesia", in William Crotty ed. , *Democratic Development & Political Terrorism: The Global Perspective*, Boston: Northeastern University Press, 2005, pp. 255 –270.

Cox, Michael, "Wilsonianism Resurgent? The Clinton Administration and the Promotion of Democracy," in Michael Cox, G. John Ikenberry & Takashi Inoguchi eds. , *American Democracy Promotion: Impulse, Strategies, and Impacts*, Oxford University Press.

Cox, Michael, G. John Ikenberry, & Takashi Inoguchi, *American Democracy Promotion: Impulses, Strategies, and Impacts*, New York: Oxford Unoversity, 2000.

Crouch, Harold, "Democracy Prospects in Indonesia", in David Bourchier & John Legge ed. , *Democracy in Indonesia: 1950s and 1990s*, Center of Southeast Asian Studies, Monash University, 1994, pp. 115 –127.

Crouch, Harold, *The Army and Politics in Indonesia*, London: Cornell University

Press, 1978.

Daley, Matthew P. , "U. S. Interests and Policy Priorities in Southeast Asia", Testimony before the House International Relations Committee, Subcommittee on East Asia and the Pacific, March 26, 2003.

Dalpino, Catharin E. , "Indonesia's Democratic Difficulty: The Center Will Not Hold", *The Brown Journal of World Affairs*, Volume IX, Issue 1, Spring 2002, pp. 85 –94.

Dalpino, Catharin E. , "The Bush Administration in Southeast Asia: Two Regions? Two Policies?" in Robert M. Hathaway & Wilson Lee ed. , *George W. Bush and Asia: A Midterm Assessment*, Woodrow Wilson International Center for Scholars, Washington, D. C. , 2003.

DeYoung, Karen, "Powell Says U. S. to Resume Training Indonesia's Forces", *Washington Post*, August 3, 2002, p. A15.

Diamond, Larry, "Is The Third Wave OF Democratization Over? The Imperative of Consolidation", Working Paper #237-March 1997.

Diamond, Larry, "Can the Whole World Become Democratic: Democracy, Development, and International Policies," Center for the Study of Democracy, University of California (Irvine), Paper 03 –05.

Diamond, Larry. "Promoting Democracy," *Foreign Policy*, No. 87, 1992, pp. 25 –46.

Dibb, Paul, "Indonesia: The Key to South-East Asia's Security," *International Affairs*, Vol. 77, No. 4, 2001, pp. 829 –842.

Dillon, Dana Robert, "New U. S. -Indonesia Relations: From Myth to Reality," *Backgrounder* #1439, May 11, 2001 (http: //www. heritage. org/Research/ AsiaandthePacific/BG1439. cfm).

Dillon, Dana R. , "U. S. Can Help Indonesia Democracy by Cutting Military Ties", *International Herald Tribune*, September 26, 2000.

Dobriansky, Paula J. , "Promoting Democracy Through Diplomacy", Testimony before the House International Relations Committee, Washington, DC, May 5, 2005 (http: //www. state. gov/g/rls/rm/2005/46358. htm).

———. *Strategies on Democracy Promotion: Remarks to the Hudson Institute* 2005 (https: //2001 –2009. state. gov/g/rls/rm/2005/48394. htm).

Dori, John T. , "Indonesia's Economic and Political Crisis: A Challenge for U. S. Leadership in Asia", The *Heritage Foundation Backgrounder*, No. 1214, August 17, 1998.

Economy, Elizabeth, "China's Rise in Southeast Asia: Implications for the United States", *Journal of Contemporary China*, Vol. 14, No. 44, August 2005, pp. 409 – 425.

Effendy, Bahtiar, *Islam and the State in Indonesia*. Athens, Ohio: Ohio University Press, 2003.

Encarnación, Omar G. "The Follies of Democratic Imperialism," *World Policy Journal*, Vol. 22, No. 1, 2005, pp. 47 – 60.

Epstein, Susan B. , Nina M. Serafino, and Francis T. Miko, "Democracy Promotion: Cornerstone of U. S. Foreign Policy?" December 26, 2007, CRS Report for Congress.

Erb, Maribeth, Priyambudi Sulistiyanto & Carole Faucher eds. , *Regionalism in Post-Suharto Indonesia*, London: Routledge Curzon, 2005.

Ethier, Diane, "Is Democracy Promotion Effective? Comparing Conditionality and Incentives," *Democratization*, Vol. 10, No. 1, 2003, pp. 99 – 120.

Evans, Gareth, "Promoting Democracy: What We Have Learned," Presentation to American Enterprise Institute Symposium, How Much do we Really Know about Democracy Promotion? (Panel with William Kristol, J Scott Carpenter and Judy Van Rest), Washington DC, 19 September 2006 (http://www. crisisgroup. org/home/index. cfm? id = 4430&l = 1).

Friend, Theodore, *Indonesian Destinies*, Cambridge: Harvard University Press, 2003.

Fukuyama, Francis, "Do We Really Know How to Promote Democracy?", speech at New York Democracy Forum, May 24, 2005 (http://www. fpa. org/usr_doc/Francis_ Fukuyama. pdf).

Fukuyama, Francis & Michael McFaul, "Should Democracy Be Promoted or Demoted?", *Washington Quarterly*, Vol. 31, No. 1, Winter 2007 – 08, pp. 23 –45.

GAO, "Military Training: Management and Oversight of Joint Combined Exchange Training," July 1999 (https://www. gao. gov/assets/nsiad-99-173. pdf).

Gaouette, Nicole. "Democracy in Indonesia Dilutes Islam in Election. (Cover Story)." *Christian Science Monitor* 91, No. 123, May 21, 1999, p. 1.

Gaouette, Nicole, "Indonesians kept waiting for election result Suspicions of fraud taint a historic election before there's evidence, raising expectations for protests", *Christian Science Monitor*, Jun 11, 1999

Garamone, Jim, "East Timor: Tiny Crack in U. S. -Indonesian Relations Grows", American Forces Information Service News Articles, Sept. 9, 1999

Garamone, Jim, Wolfowitz Says U. S. Must Encourage Moderate Muslim States (http://www. defenselink. mil/news/newsarticle. aspx? id =43784).

Gelbard, Robert S., "U. S. and Indonesia Common Goals", *International Herald Tribune*, November 20, 2000.

Ghoshal, Baladas, "Political Transition in Post-Suharto Indonesia," in Satish Chandra & Baladas Ghoshal eds., *Indonesia: A New Beginning?*, New Delhi: Sterling Publishers Private Limited, 2002, pp. 43–44.

Goh, Evelyn, "The Bush Administration and Southeast Asian Regional Security Strategies", in Robert M. Hathaway & Wilson Lee eds., *George W. Bush and East Asia: A First Term Assessment*, Washington, D. C.: Woodrow Wilson International Center for Scholars, 2005.

Green, Michael J. and Daniel Twining, "Power and Norms in U. S. Asia Strategy: Constructing an Ideational Architecture to Encourage China's Peaceful Rise", in Abraham Denmark and Nirav Patel eds., *China's Arrival: A Strategic Framework for a Global Relationship*, Center for a New America Security, September 2009.

Greenwald, John and Bruce Van Voorst, "What Asian Crisis?" *Time*, Vol. 151, No. 9, March 9, 1998 (http://content. time. com/time/subscriber/article/0, 33009, 987947, 00. html).

Guess, George M., "Comparative Decentralization Lessons from Pakistan, Indonesia, and the Philippines," *Public Administration Review*, Vol. 65, No. 2, March 2005, pp. 217–230.

Gunawan, I Ketut, "Military Withdrawal from Politics: Discourse and Reform Agenda", *Jurnal Sosial-Politika*, No. 2, Januari 1999, pp. 13–34.

Haass, Richard N., "Toward Greater Democracy in the Muslim World," *The Washington Quarterly*, Vol. 26, No. 3, Summer 2003, pp. 137–48.

Hadiz, Vedi R. , "Decentralisation and Democracy in Indonesia: A Critique of Neo-Institutionalist Perspectives," Working Papers Series, No. 47, May 2003, The Southeast Asia Research Centre (SEARC) of the City University of Hong Kong.

Hadiz, Vedi, "Reorganizing Political Power in Indonesia: A Reconsideration of So-called 'Democratic Transition'," in Maribeth Erb, Priyambudi Sulistiyanto & Carole Faucher eds. , Regionalism in Post-Suharto Indonesia, London: Routledge, 2005.

Hanke, Steve H. , "Regime Change Revisited" (http: //cato. org/pub_ display. php? pub_ id =6496).

Hartung, William D. & Jennifer Washburn, "U. S. Arms Transfers To Indonesia 1975 – 1997", in European Network Against Arms Trade (ENAAT), Indonesia: Arms Trade to A Military Regime, Amsterdam, June 1997, pp. 25 – 41.

Head, Mike, "US Warns against Indonesian Military Coup", 19 January 2000 (http: //www. wsws. org/articles/2000/jan2000/indo – j19. shtml).

Huang, Reyko, Priority Dilemmas: U. S. -Indonesia Military Relations in the Anti-Terror War, May 23, 2002 (http: //www. cdi. org/terrorism/priority. cfm).

Human Rights Watch, "A Return to the New Order? Political Prisoners in Megawati's Indonesia", Human Rights Watch, Vol. 15, No. 4, July 2003, pp. 1 – 22.

Hyde, Susan D. & Nikolay Marinov, "Information and Self-Enforcing Democracy: The Role of International Election Observation", International Organization, Vol. 68, No. 2, Spring 2014, pp. 329 – 359.

John B. Haseman, "National interests and mil-to-mil relations with Indonesia", Joint Force Quarterly, Autumn 2002, pp. 20 – 26.

Hay, William Anthony, "What Is Democracy? Liberal Institutions and Stability in Changing Societies", Orbis, Winter 2006, pp. 133 – 151.

Huang, Reyko, Priority Dilemmas: U. S. -Indonesia Military Relations in the Anti-Terror War, May 23, 2002 (http: //www. cdi. org/terrorism/priority. cfm).

Huhtala, Marie T. , "The Future of U. S. -Indonesian Relations: Building Mutual Understanding", Remarks to the Conference Sponsored by tte U. S. -Indonesia Society and the Center for Strategic and International Studies, Washington, DC, November 17, 2004 (https: //2001-2009. state. gov/p/eap/rls/rm/2004/

38337. htm).

Huntington, Samuel P. , "How Countries Democratize," *Political Science Quarterly*, Vol. 106, No. 4, Winter 1991 –92, pp. 579 –616.

Huntington, Samuel, *The Soldier and the State: The Theory and Politics of Civil-Military Relations*, New York, NY: Vintage Books, 1957.

IFES, "2004 Elections in the Republic of Indonesia: Looking Back and Looking Forward," Priorities for Democratic Renewal, December 2005 (https://www. ifes. org/sites/default/files/ifes_ indonesia_ election_ report. pdf).

Ikenberry, G. John, "America's Liberal Grand Strategy: Democracy and National Security in the Post-War Era," in Michael Cox et al. eds. , *American Democracy Promotion: Impulse, Strategies, and Impacts*, Oxford University Press, pp. 103 – 126.

Inglehart, Ronald, "Culture and Democracy" in Lawrence E. Harrison & Samuel P. Huntington eds. , *Culture Matters: How Values Shape Human Program*, New York: Basic Books, 2000.

International City/County Management Association (ICMA), "Changes in the LGU Structure for the Budgeting Process," research report prepared for U. S. Agency for International Development, November 2003.

International Crisis Group, "*Indonesia: Next Steps in Military Reform*," October 11, 2001, ICG Asia Report No. 24 (https://www. files. ethz. ch/isn/28336/024_ indonesia_ military_ reform. pdf).

International Crisis Group, "Indonesia: Rethinking Internal Security Strategy", December 20, 2004, Asia Report N° 90, Jakarta/Brussels (https://www. files. ethz. ch/isn/28405/090_ indonesia_ rethinking_ internal_ security_ strategy. pdf).

International IDEA, "Democratization in Indonesia: An Assessment", Capacity-Building Series 8, Forum for Democratic Reform, 2000, International Institute for Democracy and Electoral Assistance (https://www. idea. int/sites/default/files/publications/democratization-in-indonesia-an-assessment. pdf).

Jayanth, V. , "Trouble Spots—East Timor, Aceh, Ambon and Irian Jaya," in Satish Chandra & Baladas Ghoshal eds. *Indonesia: A New Beginning*? New Delhi: Sterling Publishers Private Limited, 2002.

John, Eric G. , "Indonesia: Positive Trends and the Implications for U. S. Strategic Interests", Statement before the Senate Foreign Relations Committee, Subcommittee on East Asian and Pacific Affairs, Washington, DC, September 15, 2005 (http: //www. state. gov/ p/ eap/ rls/ rm/ 2005/ 53275. htm).

Kassim, Yang Razali. *Transition Politics in Southeast Asia: Dynamics of Leadership Change and Succession in Indonesia and Malaysia*, Singapore: Marshall Cavendish Academic, 2005

Kelly, James A. , Hearing before the Subcommittee on East Asia and the Pacific of the Committee on International Relations, House of Representatives, 107 Congress, 2nd Session, February 14, 2002.

Kelly, James A. , Overview of Top Goals and Objectives for East Asia-Pacific Region, Statement before the Senate Foreign Relations Committee, Washington, DC, March 26, 2003 (https: //2001-2009. state. gov/ p/ eap/ rls/ rm/ 2003/ 19066. htm).

Kennedy, Ryan. *Re-Conceptualizing the Social Requisites of Democracy: A Conditional Probability Analysis of Modernization Theory* (http: //web. missouri. edu/ ~ umcasisam/ Awards/ Kennedy. pdf).

Kerry, John, Secretary of State John Kerry at East-West Center on U. S. Vision for Asia-Pacific, Honolulu, Hawaii, August 13, 2014 (http: //iipdigital. usembassy. gov/ st/ english/ texttrans/ 2014/ 08/ 20140814305641. html#axzz 3EsX6Iztm).

Kerrey, J. Robert, and Robert A. Manning. "The United States and Southeast Asia: A Policy Agenda for the New Administration. " New York: Council on Foreign Relations, 2001.

Kipp, Rita Smith, "Indonesia in 2003: Terror's Aftermath", *Asian Survey*, Vol. 44, No. 1, January/February 2004, pp. 62 –69.

Kirkpatrick, Jeane J. , *The United States and the World: Setting Limits*, American Enterprise Institute for Public Policy Research, 1986.

Kivimäki, Timo. "U. S. -Indonesian Relations during the Economic Crisis: Where has Indonesia's Bargaining Power Gone", *Contemporary Southeast Asia*, Vol. 22, No. 3, December 2000, pp. 527 –549.

Libby, I. Lewis, " American Perspectives on Civil-Military Relations and Democracy," February 10, 1993, Heritage Lecture # 433 (http: //

www. heritage. org/Research/NationalSecurity/HL433. cfm).

Liddle, R. William, "Indonesia in 1999: Democracy Restored", *Asian Survey*, Vol. 40, No. 1, 2000, pp. 32 –42.

Liddle, R. William & Saiful Mujani, "Indonesia in 2004: The Rise of Susilo Bambang Yudhoyono", *Asian Survey*, Vol. 45, No. 1, January/February 2005, pp. 119 –126.

Lloyd, Grayson, "Indonesia's Future Prospects: Separatism, Decentralisation and the Survival of the Unitary State," 27 June 2000, Current Issues Brief, No. 17, 1999 –2000 (https://parlinfo. aph. gov. au/parlInfo/download/library/prspub/7VV16/upload _ binary/7VV16. pdf; fileType = application/pdf # search = % 22current%20issues%20BRIEFS%20%202000s%202000%22).

Lobe, Jim, Bush Uses Tsunami Aid to Regain Foothold in Indonesia, January 18, 2005 (http://www. etan. org/et2005/january/13/18bush. htm).

London, Herbert I. , Curt Smith, "The Upcoming Indonesian Election", May 20, 1999 (http://www. hudson. org/index. cfm? fuseaction = publication _ details&id =319).

Lord, Winston, "US relations with Indonesia," *U. S. Department of State Dispatch*, Sept 16, 1996 (http://findarticles. com/p/articles/mi _ m1584/is _ /ai _ 18820032).

Lord, Winston, " U. S. Relations with Indonesia ", Statement before the Subcommittee on East Asian and Pacific Affairs of the Senate Foreign Relations Committee, September 18, 1996 (https://1997-2001. state. gov/regions/eap/lord9-18. html).

Lum, Thomas, U. S. Foreign Aid to East and South Asia: Selected Recipients, October 8, 2008, CRS Report for Congress (https://sgp. fas. org/crs/row/RL31362. pdf).

Lyon, Rod, "Civil-Military Relations in an Age of Terror", paper prepared for the Australian-American Fulbright Symposium, "Civil-Military Relations in an Age of Terror", held at the University of Queensland in Brisbane, 5 – 7 July 2004 (http://citeseerx. ist. psu. edu/viewdoc/download; jsessionid = 4612D037 64E757238726856D63961AE1? doi =10. 1. 1. 188. 9440&rep = rep1&type = pdf).

Mainwaring, Scott, & Timothy R. Scully, *Building Democratic Institutions: Party*

Systems in Latin America, Stanford: Stanford University Press, 1995.

Malley, Michael, "Beyond Democratic Elections: Indonesia Embarks on a Protracted Transition," *Democratization*, Vol. 7, No. 3, 2000, pp. 153 – 180.

——. "Indonesia in 2002: The Rising Cost of Inaction." *Asian Survey*, Vol. 43, No. 1, 2003, pp. 135 – 146.

Malone, Mary Fran T., "Can the United States Export Democracy?" (2007) The University Dialogue. 25 (https://scholars. unh. edu/discovery_ ud/25).

Marbun, Rico, "Democratization and TNI Reform", *UNISCI Discussion Papers*, No 15 (October 2007) (https://www. ucm. es/data/cont/media/www/pag-72514/ UNISCI15_ Marbun. pdf).

Marshall, Paul, "The Southeast Asian Front: Creeping Towards Islamization in Indonesia", *The Weekly Standard* (http://www. hudson. org/index. cfm? fuseaction = publication_ details&id =4657)

McFaul, Michael. "Democracy Promotion as a World Value." *Washington Quarterly*, Vol. 28, No. 1, Winter 2004 – 05, pp. 147 – 163.

McFaul, Michael, Amichai Magen & Kathryn Stoner-Weiss, "Evaluating International Influences on Democratic Transitions: Concept Paper," Center on Democracy, Development, and the Rule of Law, Freeman Spogli Institute for International Studies, Stanford, CA (http://iis-db. stanford. edu/res/2278/ Evaluating _ International _ Influences _ -_ Transitions _ -_ Concept _ Paper. pdf).

McWilliams, Edmund, "Testimony on Recent Indonesia Reform," Committee on International Relations U. S. House of Representatives Washington, D. C. (wwwc. house. gov/international_ relations/109/mcw031005. htm).

Meernik, James, "United States Military Intervention and the Promotion of Democracy," *Journal of Peace Research*, Vol. 33, No. 4, November 1996, pp. 391 –420.

Melloan, George. "What, Exactly, Does Clinton Want from Indonesia?" *Wall Street Journal. (Eastern edition)*, March 10, 1998.

Merkel, Wolfgang, "Embedded and Defective Democracies", *Democratization*, Vol. 11, No. 5, December 2004, pp. 33 –58.

Mietzner, Marcus, "Abdurrahman's Indonesia: Political Conflict and Institutional

Crisis," in Grayson Lloyd and Shannon Smith eds. , *Indonesia Today*: *Challenges of History*, New York: Rowman & Lifflefield Publishers, INC. , 2001.

Modelski, George & Gardner Perry III, "Democratization in Long Perspective," *Techonological Forecasting and Social Change*, Vol. 39, No. 1 – 2, March/April 1991, pp. 22 – 34.

Montaperto, Ronald N. , James J. Przystup, Gerald W. Faber, and Adam Schwarz, "Indonesian Democratic Transition: Implications for United States Policy", *Strategic Forum*, April 2000

Morlino, Leonardo, "What Is a 'Good' Democracy?" *Democratization*, Vol. 11, No. 5, 2004, pp. 10 – 32.

Murphy, Ann Marie, "U. S. Rapprochement with Indonesia: From Problem State to Partner," *Contemporary Southeast Asia*, Vol. 32, No. 3, 2010, pp 362 – 387.

Mydans, Seth, "Mondale, Clinton's 2d Envoy, Urges Suharto to Press Reforms", *New York Times*, March 3, 1998

Nababan, Asmara et al. , *Toward An Agenda for Meaningful Human Rights-Based Democracy*: *Early Conclusions from the 1st and 2nd Round of the National Survey on Problems and Options of Indonesian Democratisation*, The Indonesian Centre for Democracy and Human Rights Studies, Executive report, January 20, 2005.

Nagendra, Prasad, M. , *Indonesia's Role in the Resolution of the Cambodian Problem*, Burlington: Ashgate, 2001.

Nakamura, Mitsuo. *Islam and Democracy in Indonesia*: *Observations on the* 2004 *General and Presidential Elections*, Occasional Publications 6, December 2005, Islamic Legal Studies Program Harvard Law School (http: //www. law. harvard. edu/programs/ilsp/publications/nakamura. pdf).

National Democratic Institute for International Affairs, "Indonesia's Road to Constitutional Reform: The 2000 MPR Annual Session," October 2000 (https: //www. ndi. org/sites/default/files/1077_ id_ constireform_ 5. pdf).

Newberg, Paula R. , and Thomas Carothers. " Aiding—and Defining: Democracy," *World Policy Journal*, Vol. 13, No. 1, Spring 1996, pp. 97 – 108.

Niksch, Larry, "Indonesia: May 1998 Political Crisis and Implications for U. S. Policy," May 18, 1998, CRS Report for Congress (https: //digital. library. unt. edu/ark: /67531/metadc816369/m2/1/high _ res _ d/98-468 _ 1998May

18. pdf).

Niksch, Larry, "Indonesian Separatist Movement in Aceh," CRS Report for Congress, Order Code RS20572, January 12, 2001.

Nowels, Larry Q. , "Foreign Assistance Budget and Policy Issues", in Valerie Bailey Grasso & Susan B. Epstein, *Foreign Affairs, Defense, and Trade Policy: Key Issues in the 107th Congress*, CRS Report for Congress, February 27, 2001, Order Code RL30776.

Nuechterlein, Donald E. , *America Recommitted: United States National Interests in A Restructured World*, Lexington: University Press of Kentucky, 1991.

O'Brien, Adam, "The U. S. -Indonesian Military Relationship," October 4, 2005 (https: //www. cfr. org/backgrounder/us-indonesian-military-relationship).

Office of Transition Initiatives (USAID), *A Decade of Transition: 1994 – 2004* (http: //www. globalcorps. com/sitedocs/oti10yearreport. pdf).

Organization for Economic Co-operation and Development (OECD), *Strategies for Sustainable Development: Guidance for Development Co-operation*, Paris: OECD, 2001.

Ott, Marvin C. , "Southeast Asian Perspectives", in *East Asia and the United States: Current Status and Five-Year Outlook*, September 2000 (https: // irp. fas. org/nic/east_ asia. html).

Ott, Marvin C. , "Southeast Asian Security Challenges: America's Response?" *Strategic Forum*, No. 222, October 2006 (https: //www. files. ethz. ch/isn/ 46275/SF222. pdf).

Ottaway, Marina and Thomas Carothers eds, *Funding Virtue: Civil Society Aid and Democracy Promotion*, Washington, D. C. : Carnegie Endowment for International Peace, 2000.

Packenham, R. A. "Political-Development Doctrines in the American Foreign Aid Program. " *World Politics* Vol. 18, No. 2, 1966, pp. 194 –235.

Pastor, Robert A. , "The Role of Electoral Administration in Democratic Transitions: Implications for Policy and Research," *Democratization*, Vol. 6, No. 4, Winter 1999, pp. 1 –27.

Perwita, Anak Agung Banyu. *Terrorism, Democratization and Security Sector Reform in Indonesia*, (http: //www. indonesia-research-unit. com/IRU-2005-11. pdf.).

Perwita, Banyu, "Terrorism, Democratization and Security Sector Reform in Indonesia," *IRU Indonesia Research Unit Working Paper Series*, Vol. 1, No. 9, December 2005.

Pottebaum, David, Ignacio Sainz Terrones & Daniel Ziv, "Fast Action Yields Real Results in Indonesia", *Developments: A Quarterly Newsletter of Development Alternatives, Inc.*, Fall/Winter 2003, p. 1, 15.

Powell, Adam Clayton III, "Public Diplomacy and International Free Press," Hearing before the Committee on Foreign Relations, United States Senate, One Hundred Eighth Congress, Second Session, February 26, 2004, p. 30 (https://www.govinfo.gov/content/pkg/CHRG-108shrg93694/pdf/CHRG- 108shrg93694.pdf).

Powell, Colin, Secretary of State Colin Powell Testifies before the U. S. Senate Committee on Appropriations, April 30, 2002 (http://www.etan.org/et2002b/may/01-4/00lehy.htm).

Pratikno, "Exercising Freedom: Local Autonomy and Democracy in Indonesia, 1999 – 2001," in Maribeth Erb, Priyambudi Sulistiyanto & Carole Faucher eds., *Regionalism in Post-Suharto Indonesia*, London: Routledge, 2005.

Price, David, "Global Democracy Promotion: Seven Lessons for the New Administration," *The Washington Quarterly*, Vol. 32, No. 1, January 2009, pp. 159 – 170.

Prusher, Ilene R. "Aid for Indonesia's buffeted police", *Christian Science Monitor*, April 6, 2001 (https://www.csmonitor.com/2001/0406/p6s1.html).

Przeworski, Adam, Michael Alvarez, Jose Antonio Cheibub, and Fernando Limongi. "What Makes Democracies Endure?" *Journal of Democracy*, Vol. 7 No. 1, 1996, pp. 39 – 55.

Qodari, Muhammad. "Indonesia's Quest for Accountable Governance." *Journal of Democracy*, Vol. 16, No. 2, April 2005, pp. 73 – 87.

Rachmianto, Andy, "Reform and Democratization in Indonesia", Seminar on Indonesia at the University of West Indies, Kingston, Jamaica, 26 October 2005.

Rais, Amien, "Islam and Politics in Contemporary Indonesia," in Forrester, Geoff, ed., *Post-Suharto Indonesia: Renewal or Chaos*? Singapore: ISEAS, 1999.

Rakner, Lise, Alina Rocha Menocal & Verena Fritz, "Democratisation's Third

Wave and the Challenges of Democratic Deepening: Assessing International Democracy Assistance and Lessons Learned," Research project (RP-05-GG) of the Advisory Board for Irish Aid, Working Paper 1, August 2007 (https://cdn. odi. org/media/documents/241_ eIMS9CN. pdf).

Ramage, Douglas E. , "Indonesia Under SBY: Consolidating Democracy", The Asia Foundation, Tuesday, March 8, 2005, Washington, DC.

Ravich, Samantha F. , "Eyeing Indonesia through the Lens of Aceh", *Washington Quarterly*, Vol. 23, No. 3, Summer 2000, pp. 7 – 20.

Rice, Condoleezza, Remarks of Secretary of State Condoleezza Rice At the Indonesian Council on World Affairs Jakarta, Indonesia, Wednesday, March 15, 2006 (http: //jakarta. usembassy. gov/press_ rel/rice-icwa. html).

Reagan, Ronald, "Address to Members of the British Parliament," June 8, 1982 (https: //www. reaganlibrary. gov/archives/speech/address-members-british-parliament).

Rhem, Kathleen T. , "Disaster Could Mean Closer U. S. -Indonesia Military Ties," January 18, 2005 (https: //www. globalsecurity. org/military/library/news/2005/01/mil-050118-afps02. htm).

Richardson, J. J. , "Strange Bedfellows: US Aid for Indonesia," August 26, 1999 (http: //www. motherjones. com/news/special_ reports/east_ timor/features/usaid. html).

Richardson, Michael, "Coup Rumors Prompt Strong Show of U. S. Support for Wahid," *International Herald Tribune*, January 17, 2000.

Rieffer, Barbara, and Kristan Mercer. "U. S. Democracy Promotion: The Clinton and Bush Administrations. " *Global Society*, Vol. 19, No. 4, 2005, pp. 385 – 408.

RTI International, "Experience in Indonesia," (http: //www. rti. org/brochures/experience_ in_ indonesia. pdf).

Sanger, DavidE. , "Clinton Phones Suharto, Insisting on Commitment to I. M. F. Plan," *New York Times*, January 9, 1998, p. D. 2.

Sanger, David E. , "Clinton Tells Indonesia to Stick to Reform", *New York Times*, February 15, 1998, p. 1. 12.

Sanger, DavidE. , "Halting Loans Isn't Enough, Both Parties Tell Clinton", *New*

York Times, May 19, 1998, p. A. 10.

Sanger, David E., "U. S. Faces Hard Choice as Suharto Balks at Economic Reform," *New York Times*, February 27, 1998, p. A. 3.

Sanger, David E., "U. S. Warning to Indonesia: Comply on Aid", *New York Times*, January. 8, 1998.

SATO, Yuri, "Democratizing Indonesia: Reformasi Period in Historical Perspective", IDE Research Paper No. 1, August 2003.

Schiller, Jim, The 1997 Indonesian Elections: 'Festival of Democracy' or Costly 'Fiction'? *Occasional Paper* #22, May 1999, pp. 17 – 18 (https://www. uvic. ca/research/centres/capi/assets/docs/Schiller _ Indonesian _ Elections. pdf).

Schmitz, Hans Peter, "Domestic and Transnational Perspectives on Democratization," *International Studies Review*, Vol. 6, No. 3, September 2004), pp. 403 –426.

Schwarz, Adam, "U. S. Policy Options Toward Indonesia: What We Can Expect; What We Can Do", hearing before Subcommittee on Asia and the Pacific of the Committee on International Relations, House of Representatives, June 4, 1998.

Shari, Michael & Dean Foust, "The IMF Bailout: Up in Smoke", *Business Week* (http://www. businessweek. com/1998/22/b3580019. htm).

Shattuck, John, "U. S. Democracy Promotion Programs in Asia", hearing before the Subcommittee on Asia and the Pacific of the Committee on International Relations, House of Representatives, One Hundred Fifth Congress, 1st Session, September 17, 1997.

Shattuck, John, & F. Brian Atwood, "Defending Democracy: Why Democrats Trump Autocrats," *Foreign Affairs*, Vol. 77, No. 2, March/April 1998, pp. 167 –170.

Shenon, Philip, Clinton Welcomes Suharto's Exit but Says Indonesia Still Needs 'a Real Democratic Change', *New York Times*, May 21, 1998, p. A. 8

Shenon, Philip, "U. S. Officials, in Indonesia, Warn Rulers to Respect Rights", *New York Times*, August 2, 1998

Shenon, Philip, "U. S. to Appeal to Indonesia Military to Stop Crackdown", *New York Times*, May 14, 1998

Shin, Doh Chull, "On the Third Wave of Democratization: A Synthesis and Evaluation of Recent Theory and Research," *World Politics*, Vol. 47, No. 1, October 1994, pp. 135 – 170.

Shin, Doh Chull & Junhan Lee, "Comparing Democratization in the East and the West", *Asia Pacific: Perspectives*, May 2003, pp. 40 – 49.

Shiraishi, Takashi, "Technocracy in Indonesia: A Preliminary Analysis", RIETI Discussion Paper Series 05 – E –008, March 2006.

Sidwell, Thomas E. , "The Indonesian Military: Dwi Fungsi and Territorial Operations," 1995 (http://www.fas.org/irp/world/indonesia/indo-fmso.htm).

Simpson, Brad. " 'Illegally and Beautifully': The United States, the Indonesian Invasion of East Timor and the International Community, 1974 – 76. " *Cold War History*, Vol. 5, No. 3, August 2005, pp. 281 – 315.

Smith, Anthony L. , "What the Recent Terror Attacks Mean for Indonesia", paper presented at an Address to the Foreign Correspondents' Association, Singapore, 30 October 2001

Stevenson, Richard W. , "8 World Leaders Urge Suharto to Show Restraint in Handling Indonesian Turmoil", *New York Times*, May 16, 1998, p. A. 7

Stevenson, Richard W. , "IMF. Opposing Indonesia's Plan for Currency", *New York Times*, February 14, 1998.

Sukma, Rizal, "Democratic Governance and Security in Indonesia", *Japanese Journal of Political Science*, Vol. 4, No. 2, November 2003, pp. 241 – 255.

Sukma, Rizal, "Elections in Indonesia", Paper presented at IFRI Paris, 16 – 17 September 2004.

Sukma, Rizal, " Indonesia's 2009 Elections: Defective System, Resilient Democracy," in Edward Aspinall and Marcus Mietzner eds. , *Problems of Democratisation in Indonesia: Election, Institutions and Society*, Singapore: Institute of Southeast Asian Studies, 2010, pp. 54 –60.

Sumarkidjo, Atmadji, "The Rise and Fall of the Generals: The Indonesian Military at A Crossroads," in Grayson Lloyd & Shannon Smith ed. , *Indonesia Today: Challenges of History*, New York: Rowman & Littlefield Publishers, INC. , pp. 137 – 142.

Suryadinata, Leo, "Democratization and Political Succession in Suharto's Indonesia," *Asian Survey*, Vol. 37, No. 3, March 1997, pp. 269 – 280.

Suryadinata, Leo, *Interpreting Indonesian Politics*, Singapore: Times Acadamic Press, 1998.

Suryadinata, Leo, "Islam and Suharto's Foreign Policy: Indonesia, the Middle East, and Bosnia", *Asian Survey*, Vol. 35, No. 3, March 1995, pp. 291 – 303.

Sussman, Gerald. "The Myths of 'Democracy Assistance': U. S. Political Intervention in Post-Soviet Eastern Europe, " *Monthly Review: An Independent Socialist Magazine*, December 2006, pp. 15 – 29.

Sutter, Daniel, "The Transition from Authoritarian Rule: A Game Theoretic Approach", *Journal of Theoretical Politics*, Vol. 12, No. 1 (January 2000), pp. 67 – 89.

Sutter, Robert G. , "China's Rise in Asia: Promises, Prospects and Implications for the United States," Occasional Paper Series, Asia-Pacific Center for Security Studies, February 2005.

Tambunan, Mangara. "Indonesia's New Challenges and Opportunities: Blueprint for Reform after the Economic Crisis. " *East Asia: An International Quarterly*, Vol. 18, No. 2, 2000, pp. 50 – 74.

Tan, Paige Johnson. "Indonesia Seven Years after Soeharto: Party System Institutionalization in a New Democracy", *Contemporary Southeast Asia*, Vol. 28, No. 1, 2006, pp. 88 – 114.

Thornley, Andrew, "As Indonesia Waits Much Has Already Been Achieved," *International Herald Tribune*, June 22, 1999 (http://www.iht.com/articles/1999/06/22/edthorn. 2. t. php).

Tilly, Charles, *Democracy*, Cambridge University Press, 2007

Törnquist, Olle, "Assessing Democracy from Below: A Framework and Indonesian Pilot Study", *Democratization*, Vol. 13, No. 2, 2006, pp. 227 – 255.

———. "What's Wrong with Indonesia's Democratization?" *Asian Journal of Social Science*, Vol. 30, No. 3, September 2002, pp. 547 – 69.

Tyson, James L. , " 'Dollar Diplomacy' Rises again as Foreign-policy Tool," *Christian Science Monitor*, February 10, 1999 (https://www.csmonitor.com/1999/0210/p2s2. html).

U. S. Department of Defense, *U. S. Security Strategy for the East Asia-Pacific Region*, November 23, 1998 (http: //www. usconsulate. org. hk/ushk/others/ 1998/1123. htm).

U. S. Department of State& U. S. Agency for International Development, *Security, Democracy, Prosperity: Strategic Plan, Fiscal Years* 2004-2009 (https: //2009-2017. state. gov/documents/organization/24299. pdf).

Uhlin, Anders. *Indonesia and The "Third Wave of Democratization ": The Indonesian Pro-Democracy Movement in a Changing World*, Palgrave Macmillan, 1997.

Usman, Syaikhu, "Indonesia's Decentralization Policy: Initial Experiences and Emerging Problems", A paper prepared for The Third EUROSEAS Conference Panel on Decentralization and Democratization in SouthEast Asia. London, September 2001.

Utrecht, Ernst, "Religion and Social Protest in Indonesia", *Social Compass*, Vol. 25, No. 3 –4, 1978, pp. 395 –418.

USAID, *Foreign Aid in the National Interest: Promoting Freedom, Security, and Opportunity*, Washington D. C. , 2002.

USAID, "USAID Strategic Plan for Indonesia 2004 – 2008: Strengthening a Moderate, Stable, and Productive Indonesia," July 28, 2004, Washington DC: USAID.

USAID/Indonesia, "Support for Peaceful Democratization" (http: //indonesia. usaid. gov/en/Activity. 150. aspx).

USAID Mission/Indonesia, "Democratic and Decentralized Governance, Date Sheet," (http: //www. usaid. gov/policy/budget/cbj2006/ane/pdf/id497 – 020. pdf).

Valenzuela, J. Samuel. "Democratic Consolidation in Post-Transitional Settings: Notion, Process, and Facilitating Conditions", *Kellogg Institute working paper* # 150, Helen Kellogg Institute for International Studies, December 1990.

Vaughn, Bruce, "Indonesia: Domestic Politics, Strategic Dynamics, and American Interests", June 20, 2007, CRS Report for Congress, Order Code RL32394.

Vaughn, Bruce, Indonesia: Domestic Politics, Strategic Dynamics, and U. S. Interests, October 27, 2010, CRS Report for Congress (https: //www.

everycrsreport. com/files/20101027 _ RL32394 _ ea680eecda7892abfe 339f614 ff4fcdd31c01baa. pdf).

Vaughn, Bruce, et al. "Terrorism in Southeast Asia," February 7, 2005, CRS Report for Congress, Order Code RL31672 (http: //www. fas. org/sgp/crs/ terror/RL31672. pdf).

Waldman, Peter, "Clinton's Personal Ties with Indonesia's Suharto Help So Far, but the Future Could Prove Trickier," *Wall Street Journal*, January 16, 1998.

Wall, Alan, April 2004, Legislative elections in Indonesia, presentation to Australian Parliamentary Observer Delegation-copy of slides, slide 19, cited from: The Parliamentary Elections in Indonesia – 5 April 2004, Report of the Australian Parliamentary Observer Delegation, May 2004, Canberra.

Wanandi, Jusuf, "Islam in Indonesia: Its History, Development and Future Challenges," *Asia-Pacific Review*, Vol. 9, No. 2, June 2010, pp. 104 – 112.

Wanandi, Jusuf, "Theory and Practices of Security Sector Reform: The Case of Indonesia," (https: //www. un. org/ruleoflaw/files/Wanandi. pdf).

Webber, Douglas. "A Consolidated Patrimonial Democracy? Democratization in Post-Suharto Indonesia." *Democratization*, Vol. 13, No. 3, 2006, pp. 396 –420.

Weiner, Tim, "Military Spending Approved with Curbs on Rights Abuses", *New York Times*, August 1, 1998.

Weiner, Tim, "U. S. Has Spent ＄26 Million since '95 on Suharto Opponents", *New York Times*, May 20, 1998, A. 11.

Weiner, Tim, "U. S. Has Spent ＄26 Million since '95 on Suharto Opponents", *New York Times*, May 20, 1998, A. 11.

Weiss, Meredith L. "What a Little Democracy Can Do: Comparing Trajectories of Reform in Malaysia and Indonesia", *Democratization*, Vol. 14, No. 1, February 2007, pp. 26 –43.

Welzel, Christian, "Theories of Democratization," in Christian Haerpfer et. al eds., *Democratization*, 1st Edition, Oxford University Press, 2009.

Wessel, David & Carla Anne Robbins, "Clinton Avoids Calling for Suharto to Step Down," *Wall Street Journal*, May 19, 1998.

White House, A National Security Strategy for a New Century, October 1998 (https: //nssarchive. us/wp-content/uploads/2020/04/1998. pdf).

White House, *National Security Strategy of the United States*, March 1990 (https://nssarchive.us/wp-content/uploads/2020/04/1990.pdf).

White House, *National Security Strategy of the United States*, January 1993 (https://nssarchive.us/wp-content/uploads/2020/04/1993.pdf).

White House, A *National Security Strategy of the United States*, July 1994 (https://nssarchive.us/wp-content/uploads/2020/04/1994.pdf).

White House, *National Strategy for Combating Terrorism*, September 2006 (https://www.globalsecurity.org/security/library/policy/national/nsct_sep 2006.pdf).

White House, *The National Security Strategy of the United States of America*, March 2006 (https://nssarchive.us/wp-content/uploads/2020/04/2006.pdf).

Widjojo, Agus, "Repositioning of the Indonesian Military: A Process of Reform Necessity or a Political Issue?" in Uwe Johannen & James Gomez, ed., *Democratic Transitions in Asia*, Singapore: Select Publishing Pte Ltd, 2001.

Windsor, Jennifer, "Advancing the Freedom Agenda: Time for a Recalibration?" *The Washington Quarterly*, Vol. 29, No. 3, Summer 2006, pp. 21 −34.

Windsor, Jennifer L. "Promoting Democratization Can Combat Terrorism." *The Washington Quarterly*, Vol. 26, No. 3, 2003, pp. 43 −58.

Winters, Jeffrey A., "Uncertainty in Suharto's Indonesia", *Current History*, No. 95, December. 1996, pp. 428 −431.

Wirajuda, N. Hassan. "The Democratic Response." *The Brown Journal of World Affairs*, Vol. 9, No. 1, Spring 2002, pp. 15 −21.

Wolfowitz, Paul, "Active Engagement: U. S. -Indonesia Relations", An Interview by Jaideep Singh, Washington D. C., April 7, 2002, *The Brown Journal of World Affairs*, Vol. 9, No. 1, Spring 2002, pp. 3 −8.

Wood, Alan T., *Asian Democracy in World History*, New York: Routledge, 2004.

Woodward, Mark R. "Indonesia, Islam, and the Prospect for Democracy", *SAIS Review*, Vol. 21, No. 2, Summer-Fall 2001, pp. 29 −37.

Wright, Robin, "Islam's New Face Visible in a Changing Indonesia", *Los Angeles Times*, December 27, 2000 (http://www.islamfortoday.com/indonesia.htm).

Yudhoyono, Susilo Bambang, "Keynote Address by *H. E.* Dr. Susilo Bambang Yudhoyono, President of the Republic of Indonesia," at a dinner tendered by

USINDO, Washington DC, May25, 2005（http：//www. indonesianembassy. org. uk/press_ 2005_ 05_ 25_ sby_ 1. html）.

Yudhoyono, Susilo Bambang, "Indonesia and America：A 21ˢᵗ Century Partnership," Speech by Dr. Susilo Bambang Yudhoyono, President Republic of Indonesia, at a USINDO Luncheon, Washington DC, November 14, 2008.

Yudhoyono, Susilo Bambang. "A Second Wave of Reform for Indonesia", Presentation before Melbourne Business and Expert Group Organized by Asialink and Tasman Asia Pacific, Tasman Institute, October 10, 2003.

Yudhoyono, H. E. Susilo Bambang, "Indonesia：Regional Role, Global Reach," Speech at the London School of Economics and Political Sciences（LSE）, London, 31 March 2009（http：//www. indonesianembassy. org. uk/file_ pdf/ PSBY_ 0903_ LSE. pdf）.

Yuri, Sato. "Democratizing Indonesia：Reformasi Period in Historical Perspective." IDE Research Paper No. 1, August 2003

Zakaria, Fareed, "The Rise of Illiberal Democracy," *Foreign Affairs*, Vol. 76, No. 6, Nov/Dec 1997, pp. 22－43.

中文参考文献：

《面向和平与繁荣的战略伙伴关系》，2003 年 10 月 8 日（http：//www. asean-china-center. org/2003-10/09/c_ 13272570. htm）。

［澳］史蒂文·德拉克雷：《印度尼西亚史》，郭子林译，商务印书馆 2009 年 1 版。

［美］布鲁斯·布尔诺·德·梅斯奎塔、阿拉斯泰尔·史密斯：《独裁者手册》，骆伟阳译，江苏文艺出版社，2014 年版。

［美］戴安娜·拉维奇编：《美国读本：感动过一个国家的文字》，林本格等译，许崇信校，生活·读书·新知三联书店 1995 年版。

［美］丹尼尔·布尔斯廷：《美国人：民主历程》，中国对外翻译出版公司译，生活·读书·新知三联书店 1993 年版。

［美］华·惠·罗斯托：《美国在世界舞台上：近期历史试论》，世界知识出版社 1964 年版。

［美］卢瑟·S·利德基：《美国特性探索》，龙治芳等译，中国社会科学出版社 1991 年版。

〔美〕罗伯特·达尔:《多头政体——参与和反对》,谭君久、刘惠荣译,商务印书馆 2003 年版。

〔美〕罗伯特·古丁、汉斯－迪特尔·克林格曼主编:《政治科学新手册》(上),生活·读书·新知三联书店 2006 年版。

〔美〕罗伯特·鲁宾:《在不确定的世界:从华尔街到华盛顿的艰难选择》,李晓岗等译,中国社会科学出版社 2004 年版。

〔美〕塞莉纳·雷鲁约、斯科特·斯特普尔顿:《处理巴厘岛事件:一个成功的国际范例》,美国国务院电子期刊第 9 卷第 3 期《经济视角》2004 年 9 月,"打击恐怖主义融资的全球战争"(http://usinfo.org/E-JOURNAL/EJ_ TerroristFin/stapleton. htm)。

〔美〕塞缪尔·亨廷顿:《第三波:20 世纪后期民主化浪潮》,刘军宁译,上海三联书店 1998 年版

〔美〕塞缪尔·亨廷顿等:《难以抉择——发展中国家的政治参与》,汪晓寿等译,华夏出版社 1989 年版

〔美〕塞缪尔·亨廷顿:《变化社会中的政治秩序》,王冠华等译,生活·读书·新知三联书店 1989 年版。

〔美〕汤姆·普雷特:《李光耀对话录》,张立德译,现代出版社 2011 年版。

〔美〕西蒙·马丁·李普塞特:《政治人:政治的社会基础》,张绍宗译,上海人民出版社 1997 年版。

〔美〕约瑟夫·熊彼特:《资本主义、社会主义与民主》,吴良健译,商务印书馆 1999 年版。

〔新〕尼古拉斯·塔林 主编:《剑桥东南亚史》II,王士录等译,贺圣达审校,云南人民出版社 2003 年版。

〔新加坡〕李光耀:《李光耀观天下》,北京大学出版社 2018 年版。

〔英〕戴维·赫尔德:《民主的模式》,燕继容译,中央编译出版社 2004 年版。

杜继锋:《后苏哈托时期印尼军队的职业化改革》,《当代亚太》2006 年第 11 期。

王晓德:《美国文化与外交》,世界知识出版社 2000 年版。

温家宝:《中国的发展和亚洲的振兴——在东盟商业与投资峰会上的演讲》,2003 年 10 月 7 日(https://www.fmprc.gov.cn/ce/cemy/chn/zt/

dyhzzywj/dmxlfh2003/t300016. htm）。

张锡镇：《当代东南亚政治》，广西人民出版社 1995 年第 2 版。

朱世达主编：《美国市民社会研究》，中国社会科学出版社 2005 年版。

主要网站

Carter Center：http：//www. cartercenter. org/homepage. html

Development Alternatives Inc.（DAI）：http：//www. dai. com/

East Timor Action Network（ETAN）：http：//www. etan. org/

Freedom House：http：//www. freedomhouse. org/）

International Crisis Group（ICG）：http：//www. crisisgroup. org/home/index. cfm？

International Foundation for Elections Systems（IFES）：http：//www. ifes. org/

International IDEA：http：//www. idea. int/）

International Republican Institute，IRI：http：//www. iri. org/

Internews：http：//www. internews. org/

National Democratic Institute for International Affairs（NDI）：http：//www. ndi. org/

National Endowment for Democracy of America（NED）：http：//www. ned. org/

Private Agencies Collaborating Together，Inc.（PACT）：http：//www. pactworld. org/

Research Triangle Institute（RTI）：http：//www. rti. org/

The Asia Foundation（TAF）：http：//asiafoundation. org/

Transparency International（TI）：http：//www. transparency. org/）

U. S. Agency for International Development（USAID）：http：//www. usaid. gov/

U. S. Council on Foreign Relations：http：//www. cfr. org/

U. S. Department of Defense（DOD）：http：//www. defenselink. mil/

U. S. Department of Justice（DOJ）：http：//www. usdoj. gov/）

U. S. Department of State（DOS）：http：//www. state. gov/

United States-Indonesia Society（USINDO）：http：//www. usindo. org/index. php

索　引

后　记

　　本书是在本人博士毕业论文基础上略作修改而成的。按照内心的想法，我实在是不愿再多写一个字。因为，第一，本人对问题的研究不够精深，对书稿并不满意，出版只是给自己曾经付出的努力做一个小结；第二，本书出版的过程，也未让我有非常愉悦的感受，完全没有一种按捺不住非吐不可的冲动。但出版一部书，没有"后记"似乎是不完整的。照例写上三言两语，装腔作势，谈谈个人的一些体会，这部书才算完整。个人学术之路虽不成功，但一路走来，得到许多老师、领导、同事和朋友们的抬爱及各种形式的帮助，借本书出版之机向他们表达诚挚谢意也是必须的。

　　先谈一点个人体会。把学术作为志业与把学术作为谋生的手段，是完全不同的价值取向，也体现着完全不同的学术境界。年轻时好高骛远，竟曾奢想在学术上有所成就。但理想与现实之间的鸿沟，经常会随着年龄的增长而变得越来越大。随着年龄的增长，个人的理想和抱负往往会由宏大变得渺小。阅读和阅历的增加不见得会提升自己的自信，反而会让自己在复杂的历史和现实面前产生更多怀疑，在学问面前变得更加自卑。人过中年，痛感年轻时入错了行，但为时已太晚。记得当时博士论文答辩时导师问："接下来你打算研究什么问题？"我的回答是："我觉得不如回老家种地踏实！"十多年过去了，面对自己的研究工作，我心中一直是忐忑不安。目睹二十年学界、学者、学术之种种现象，我似乎有很多话想写，但要想写出得体的文字恐怕很难，索性摘录伟大导师恩格斯和著名学者季羡林先生的两段话，与读者共勉。

　　恩格斯在1885年7月24日致奥古斯特·倍倍尔的信中写道："你从考茨基身上发现的正是他的主要弱点，他那种年轻人爱草率下结论的倾向，由于在一些大学尤其是在奥地利的一些大学里受到恶劣的历史讲授法的影响，而更加严重了。那里一直是这样教学生写历史著作的：明知材料不充分，也得把它看作是充分的，因而写的东西明知不对，也得认为是正确的。这些事情考茨基当然是干得很出色的。其次是他的文人生活方式，就是为稿费而写作，而且写得很多。因此，什么叫做真正科学的工作，他一无所知。"①

季羡林先生在其回忆文章中描述了遭导师瓦尔德·施密特教授"棒喝"时的情景及感受。施密特教授这样评论了季老第一篇规模较大的论文："你的文章费劲很大，引书不少。但都是别人的意见，根本没有你自己的创见。看上去面面俱到，实际上毫无价值。你重复别人的话，又不完整准确。如果有人对你的文章进行挑剔，从任何地方都能对你加以抨击，而且我相信你根本无力还手。"季老接着写道："我感激这一次打击，它使我终生头脑能够比较清醒。没有创见，不要写文章，否则就是浪费纸张。有了创见写论文，也不要下笔千言，离题万里。空洞的废话少说不说为宜。"②

恩格斯在130多年前批考茨基的这段话，现在依然可以作为从事学术研究者的一面镜子。季老的经历和体会依然可以给后世学子提供一些警示。真正做到这些，实在不易。实事求是地说，本书和本人都未做到。

感谢恩师王缉思先生。2005 年，蒙先生不弃之恩，使我有机会在中国社会科学院研究生院完成博士阶段学习。先生的学术品格和家国情怀，一直令学生景仰和敬佩。学生深知自己的学术境界和个人修养与先生内心的期望和要求还相距甚远，惟愿自己在日常学习、工作和生活过程中能够保持初心，老老实实做人，踏踏实实做事，在学问面前规规矩矩，使自己不断有所进步，也算不辜负恩师的教导。多年来，先生还在生活上给予许多帮助，但学生拙于言辞，一直把感激之情深藏心底，在此表达诚挚谢意。

感谢恩师王立新先生。1999 年 9 月，我考入北京大学历史学系，开始硕士研究生阶段学习，跟随先生学习欧美现代史和中美关系史。王先生人品、学问俱佳，在各方面都给学生许多积极影响。特别是在学术研究方

①《马克思恩格斯文集》（第十卷），人民出版社 2009 年版，第 537 页。

② 季羡林：《怀旧集》，北京大学出版社 1996 年版，第 51 页。

面，王先生反复强调，做学问需要"聪明人下苦功夫"，学者"要爱惜自己的羽毛"，严格遵守学术规范。在生活上，先生及师母马春英老师也都给予很多帮助。

感谢我的博士论文评议人孙哲老师和答辩委员会的牛军、黄平、倪峰、朱锋、张立平五位老师！他们在我完成博士论文写作及答辩过程中提出了许多中肯的建议和一些能够让人受益终生的批评。感谢陶文钊、胡国成、黄平、倪峰、袁征、李晓岗等领导和老师！在我学习过程中及论文开题和写作的各阶段，他们都曾给予过慷慨的支持、热情的鼓励和无私的批评。感谢赵梅、潘小松、樊吉社、张帆、姬虹、魏南枝等老师！他们都曾非常认真、坦率地批评过我的部分文章，提出了一些宝贵意见，或者分享他们的感悟，他们的真诚令我感动！李玲燕老师在我从入学到论文答辩的各个阶段都曾给予过无私的帮助，在此也表示衷心感谢。

感谢王亚平老师、周彦杰老师和梁玉玉老师，她们在图书资料方面为我提供了慷慨的帮助！感谢社会科学文献出版社的张晓莉博士，她曾在百忙之中帮我查找、复印了大量资料！

特别感谢中国社会科学出版社责任编辑赵丽博士，没有她的建议、鼓励并再三催促，拙著就不可能面世；没有她细致和专业的编校工作，书中肯定会有更多错谬之处。当然，文中不妥或错谬之处，概由笔者负责，欢迎读者不吝赐教。

最后，要感谢我的父母和妻女，虽然他们不懂我的"研究"，有时甚至对我的工作"嗤之以鼻"，但也都在以不同的方式默默支持着我！他们的看法也时时提醒着我，别自认为真得把事情搞明白了。

仇朝兵

2022 年 3 月 2 日